ACRO
POLIS
衛城
出版

ACRO
POLIS
衛城
出版

太平天國之秋

史蒂芬・普拉特 Stephen R. Platt 著
黃中憲 譯

使人和睦的人有福了，因爲他們必稱爲神的兒子。

——〈馬太福音〉五：九

目次

第三部：太平

導讀：太平天國研究的中西鴻溝

黃宇和

史蒂芬·普拉特的《太平天國之秋》，[1] 值得中國學者借鑑者有二大端：思想靈活，文筆優美。

目前共同主宰著中國史學界者，有兩種指導思想：實證史觀的研究方法及學院派的文風。持實證史觀者認為：治史必須「有一分證據說一分話，沒有證據不說話」。發展到極端就變成沒思想的純考證，以致思想僵化到連最明顯的道理也不敢說，甚至反對別人說出來。學院派的文風不苟言笑，行文嚴謹。發展到極端，作品就變成乾巴巴的，讀來枯燥得讓人要哭。兩者加在一起，就把作品與廣大讀者遠遠隔離開來，害得它可望而不可及，犧牲了文以載道的功能，只留待小圈子的文人自遣無聊而已。

太平天國研究就是很好的例子。

蔣中正時代的史學名家簡又文先生，畢生從事太平天國研究，其一套三冊的洋洋巨著《太平天國全史》，[2] 及同樣是一套三冊的《太平天國典制通考》，[3] 皆其代表作，並分別蒙胡適、董作賓等先生題詞，以壯聲威。他集大成而用英語寫成的《太平天國革命運動》，[4]更由著名的美國耶魯大學出版社出版。簡又文先生感動之餘，把其畢生蒐集到的太平天國史料、文物等，捐獻給耶魯大學珍藏。此外，郭廷以先生編著的《太平天國史事日誌》，[5]同樣是研究太平天國不容或缺的典籍。

毛澤東執掌政權以後，傾全國之力替中國近代史各大事件編輯了大型的《中國近代史資料叢刊》。首先推出的正是《太平天國》，一九五二年面世，共八冊；[6]二〇〇四年再推出續編，共十冊。[7]考證方面，有羅爾綱先生的《太平天國史料辨偽考》（一九五五年）、《太平天國史事考》（一九五五年）、《太平天國史料考釋集》（一九五六年）、《太平天國史記載訂謬集》（一九五五年）、《太平天國史跡調查集》（一九五八年）、《太平天國史叢考甲集》（一九八一年重印）等。[8]專著方面，有酈純的《太平天國軍事史概述》上下編共五冊（一九八二年），[9]郭毅生的《太平天國經濟制度》（一九八四年），[10]茅家琦的《太平天國對外關係》（一九八四年），[11]王慶成的《太平天國的歷史和思想》（一九八五年）[12]等。當然，還有位於太平天國發源地廣西的人民出版社，奮力組織全國專家撰寫的一套大型寫作計畫：《太平天國叢書》，書名分別為太平天國的《地主階級》（一九九一年）、《地理誌》（一九九一年）、《經濟史》（一九九一年）、《開國史》（一九九二年）、《與列強》（一九九二年）、《避諱》（一九九三年）、《軍事史》（一九九四年）、《經籍志》（一九九三年）、《綜論》（一九九三年）、《政權建設》（一九九五年）、《刑法、曆法》（一九九三年）等。位於前太平天國首都南京的太平天國歷史博物館也不甘後人，獨力編輯了一套兩巨冊的《太平天國文書彙編》（一九七九年）。北京中華書局更慨然負責出版《太平天國學刊》，便利廣大專家投稿。筆者手頭就有五輯，平均每輯五百頁……有關太平天國各式各樣的書籍，堪稱汗牛充棟。

耶魯大學以研究中國近代史著名的講座教授史景遷（Jonathan Spence）先生，近水樓臺，率先充分利用了簡又文先生捐獻給該校的史料、文物，進而深入檔案鑽研，又通讀大量的現成著作；更親自到金田等地做實地調查。最後用其生花妙筆，以英語寫就其不朽名著《上帝的中國兒子》。[13]

史蒂芬．普拉特師承史景遷先生的優秀史學傳統，加上唸大學本科時主修英語，又於畢業後曾因緣際會，到過平定太平天國的名將曾國藩的老鄉湖南待了兩年，故能駕輕就熟，像乃師一樣，既採取動人的文學風格，用生動翔實的手法，把枯燥乏味的史料用怡人的語言奉獻給讀者；又由於做過實地調查，因此故事由他娓娓道來，倍感親切。當然，要成為歷史名著，光靠優美的文筆、檔案鑽研與實地調查，仍然是不足的。關鍵是，還必須有豐富的歷史想像（historical imagination）。正如牛津大學前欽定皇家近代史講座教授（Regius Professor of Modern History）修．崔姆—路普（Hugh Trevor-Roper）所說：沒有想像力的人不配治史。[14] 為什麼？

曾深受西方學術影響的陳寅恪先生，把歷史想像的治史方法發揮得淋漓盡致。他說：「古人著書立說，皆有所為而發。故其所處之環境，所受之背景，非完全明瞭，則其學說不易評論……吾人今日可依據之材料，僅為當時所遺存最小之一部，欲藉此殘餘斷片，以窺測其全部結構，必須備藝術家欣賞古代繪畫雕刻之眼光及精神，然後古人立說之用意與對象，始可以真瞭解。所謂真瞭解者，必神遊冥想，與立說之古人處於同一境界，而對於其持論所以不得不如是之苦心孤詣，表一種之同情，始能批評其學說之是非得失，而無隔閡膚廓之論。」[15]

普拉特運用這種歷史想像，從美國歷史的角度宏觀地察看太平天國及當時的世界局勢，成果非同凡響。他寫道：「一八六一年美國內戰的爆發，迫使英國有所行動，從而使美國內戰從旁影響了中國內戰的結局。中國與美國是當時英國最大的兩個經濟市場，為瞭解英國在這兩場戰爭中的角色，我們得記住，英國面臨了同時失去這兩大市場的風險。英國得想辦法恢復其中一個的秩序……英國本可能介入美國以重啟棉花貿易，但卻選擇投入中國的內戰。事後英國首相會把介入中國一事，當作英國為何得以在不干預美國內戰下仍能熬過經濟崩潰的原因。或者換句話說，英國靠著對中國內戰放棄中立，才得以對美國內戰保持中立。」到目前為止，兩岸三地還沒有一位學者能寫出這樣的洞識。

筆者得衛城出版邀請，從「國際關係的格局觀照英國當時角色」。故不揣冒昧，藉先後研究並寫成拙著《兩廣總督葉名琛》、[16]《中英關係，一八三九—一八六〇》、[17]《鴆夢》、[18]《三十歲前的孫中山》[19]所得，擴大普拉特的宏觀角度來審視此問題。準此，當時的美國，國力遠遠不是今天之雄霸全球。當時雄霸全球者，乃日不落的大英帝國。而支撐著這超級大帝國的支柱，正是其全球性的貿易網。這貿易網當中重要的一環，也正是普拉特所說的美國棉花，它替英國工業革命之中流砥柱——棉紡業，提供了原料。雖然當時英國已經在印度開拓了殖民地，而印度又盛產棉花。可惜印棉纖維太短，只宜手紡而不能機紡，一機紡棉紗就斷。結果，英國必須高價向其前殖民地之美國購買全世界纖維最長的優質棉花。

英國人憑什麼取得大量的美國棉花？憑一紙匯票。

美國人把售賣棉花而得來的英國匯票，兌換後到中國去購買茶葉，並開出自己的匯票付款。中國人把售賣茶葉後取得的美商匯票，兌換後用來購買英商的鴉片。英商把售賣鴉片所得，向華商購買茶葉運回英國售賣，所值遠遠超過本來用以購買美國棉花所開出的匯票。於是英商把所得的多餘白銀從中國運走，造成中國白銀嚴重短缺。當時中國老百姓繳稅必須用白銀，但日常使用的卻是銅幣。繳稅時用銅幣換白銀，但由於白銀外流而奇缺，一年遞一年必須用愈來愈多的銅幣才能購得足夠的白銀繳稅！無疑賦稅倍增！民不聊生。而且，白銀嚴重短缺又導致通貨膨脹，民眾受不了，直接引起太平天國的爆發。

重要的是，英國人不用花一毛錢，就從美國取得其工業革命最需要的原材料——上好的美國棉花。因為，英國售賣給中國的鴉片，在其印度殖民地用各種威逼利誘的手段榨取農民的勞動力，故成本幾乎等於零。筆者做過比較，種植和製造鴉片的成本，比把海水引進低窪地帶曬乾成鹽的成本還要低！

英商把中國茶葉運回英國售賣，結果徹底改變了英國上下人等的飲喝習慣：他們深深地愛上了熱茶，以其具有取暖及調劑精神等功能也。中國茶成了英國人日常生活必需品，至今如此。[20]準此，英國政府向茶葉徵收一〇〇%的進口稅。每年所得，幾乎足以支付那強大的、替英國打天下守天下的皇家艦隊（Royal Navy）的開支。所以，對英國政府來說，維護中國茶葉出口供應穩定，對英國無比重要。若中國由於內亂而減少甚至停止出口茶葉，一直不斷運轉的英國全球經濟網當中最重要的英、美、中（包括印度）這個經濟圈就會停頓下來，以致整個網也要塌下，大英帝國也會散架。例如，光是在英國本土，沒錢買美國棉花，工廠就倒閉，失業人軍會衝擊政府。沒錢對付海軍開支，軍艦就停駛，整個大英帝國就癱瘓，散兵游勇同樣會衝擊政府。所以對英國政府來說，中國比美國重要得多。至於干預美國內戰，會有甚麼好處？無論南北誰勝誰負，美國人還是要賣棉花的。這與干預中國的太平天國運動，維持茶葉出口穩定，不可同日而語。

但是，太平天國早在一八五三年已經定都南京，而長江中下游正是盛產茶葉的地方。故太平天國早已干擾了茶葉的正常出口，英國為何遲到一八六〇年才幫助清廷對付太平軍？因為英國的如意算盤是首先發動第二次鴉片戰爭，待等到一八六〇年把清廷打敗，並在北京強迫其簽訂城下之盟後，才幫助清廷鎮壓太平軍。英國此舉是一矢雙鵰：既消滅太平軍這股長期干擾茶葉出口的勢力，又穩定清朝政權以便自己繼續發大財，可謂聰明絕頂。

而英國發動第二次鴉片戰爭的主要原因之一，是因為事前通過談判來迫使清廷取消釐金的嘗試，徹底失敗了。事緣太平軍興，清廷早已國庫空虛，無力應付。曾國藩在湖南辦團練（後稱湘軍）對付太平軍，同時在湖南各地開設關卡抽釐，以支付軍費。結果李鴻章又依樣葫蘆在安徽設卡抽釐辦團練（後稱淮軍）。從此茶葉由出產地運到上海外銷，沿途被抽釐無數，茶葉成本大漲，直接影響其在英國的售價，嚴重傷害英國上下人等的生計！故那場第二次鴉片戰爭，英國是非打不可的。待英國打敗清軍，並強迫清廷容許英商在茶葉原產地採購後，於運往出口港時免被抽釐，就保護了英國人的生計，保障了英國的經濟！誰會想到，在中國並不如何驚天動地的釐金，在國際局勢中竟然引起如此軒然大波！如此種種，均詳見拙著《鴆夢》。[21]

筆者稱二次鴉片戰爭為準世界大戰，理由之一正是當時世界上最強大的國家——中、英、美、法、俄——都牽涉進去了，並採取不同形式從中國掠奪了重大利益。唯一沒有染指的大國是奧匈帝國，因為它沒有海軍，又無法從陸路遠征。其實俄國的海軍也鞭長莫及，但它在中國東北的邊疆駐紮重兵，並趁英法聯軍占據北京時，揮兵進入中國東北並予以占據，做為榨取利益的重要籌碼。之所以不能稱之為世界大戰的理由之一，是世界大戰一般是由多國各自組成兩大陣營廝殺，但當時中國是孤零零地奮力抵抗外來侵略，以致單方面受敵：屍橫遍野，血流成河。

筆者之所以能夠從太平天國運動當中抽釐這微觀研究，發展到放眼世界，關鍵在於以蒐集到大量堅實史料為基礎，充分運用歷史想像，把具體的微觀實例連繫到當時的世界大勢。反觀中國蔣中正時代，毛澤東時代，以及一直延續至今的實證觀歷史研究方法，由於堅持「有一分證據說一分話，沒有證據不說話」，結果老是在史料上原地踏步，無法像《太平天國之秋》那樣，脫穎而出。

其實，太平天國運動本身，也是由英國之推動其全球經濟網所引起的。自從英國從中國進口大量茶葉，而熱茶成為英國上下熱愛的飲品之後，英國就決意打破當時清朝政府把所有對外通商限制於廣州的政策。又由於當時英國的自由貿易思想盛行，並率先廢除英國東印度公司在華貿易的專利，故隨而矢志摧毀清朝在廣州執行專利的行商制度。更重要的是，英國要強迫清朝把鴉片貿易合法化，以便擴大鴉片在中國的銷售量，於是終於發動了第一次鴉片戰爭。南京條約開闢了本來是一座小漁村的上海為通商港，從此在長江流域盛產的茶葉，可以順流而下，不費吹灰之力就運到上海出口。比起過去必須翻山越嶺地運到珠江流域的廣州出口，成本銳減何止千倍！英國人喜出望外，但由此卻替廣東造成了成千上萬的失業大軍——那些肩挑背負茶葉翻山越嶺的運輸工人，又肩挑背負洋貨回長江流域的運輸工人，大部分失去生計；沿途的服務行業，紛紛倒閉。[22] 筆者曾多次親自翻越那分開珠江流域與長江流域的崇山峻嶺——贛粵邊界的大庾嶺、湘粵邊界的金雞嶺。[23] 神遊冥想當時龐大的失業隊伍之苦況，深切體會到為何他們走投無路之餘，最後紛紛參加太平軍及廣東紅兵了！[24] 準此，英國發動第一次鴉片戰爭，正是導致太平天國爆發的重要原因之一。而曾國藩、李鴻章等，先後抽釐辦湘軍、淮軍以鎮壓太平軍，又正是導致英國發動第二次鴉片戰爭的關鍵原因之一。三者之間的連鎖反應，有著不可分割的密切關係。當然也與後來孫中山之決定投身革命，同樣有著直接的關係：孫中山從老家翠亨村以南的金檳榔山頂，以北的犁頭尖山山腰，就能清楚看到鴉片煙船雲集的金星門！太平天國老兵馮觀爽又經常向童年的孫中山說洪楊造反的故事。[25] 如此種種的內外互動的關係、一環接一環的連鎖反應，正是專治內政史諸如太平天國，或專治外交史諸如鴉片戰爭，或專治人物傳記諸如孫中山，而不及其餘者，對其研究專題的理解，就只可能是片面的。

《太平天國之秋》另一個不同於海峽兩岸學術界的視角，是其認為太平天國乃一場內戰，此說不同於臺灣的教科書稱為「太平天國之亂」，亦不同於共產中國視之為革命或農民起義。容筆者對這三種視角略做分析比較。

先談臺灣教科書的「太平天國之亂」。孫中山所領導的國民黨，很長時間沒有從革命黨的心態轉換成執政黨的風格，以致其治下之史家仍然歌頌太平天國。國府遷臺已經超過一甲子了，國民黨也早已從革命黨變成執政黨，臺灣史家治史之出發點也相應地改變了，再也不能讚揚造反的人了，否則是自尋煩惱。難怪臺灣的教科書冠以「太平天國之亂」。

次談普拉特自己所稱之「內戰」(civil war)。按國際法,若某國之內的某種勢力用武裝對抗政府,而其他國家公認其為交戰的一方(belligerent party),這樣的戰爭才能稱之為內戰。這就是為什麼,一八九五年孫中山領導乙未廣州起義前夕,委託香港《德臣西報》編輯黎德(Thomas H. Reid)起草宣言;並恭請其恩師、香港大律師何啟先生等修訂,以便屆時通告各國,要求他們承認起義軍為「民主國家交戰團體」,[26]即 belligerent party。這也是為什麼,武昌起義成功,孫中山等人立即努力爭取列強承認革命派為交戰的一方。[27]太平軍雖然建都天京多年,但當時列強長期沒有承認其為交戰的一方,所以內戰之名不正,害得普拉特之言也不順了。但這只是小瑕疵,不影響其大作的優越性。又按照國際慣例,若造反成功,則稱之為革命(revolution),若失敗,則只能貶之為叛變(revolt)。這與中國之「成王敗寇」論,有異曲同工之妙。國民黨史家簡又文先生堅稱太平天國是革命,耶魯大學出版社不同意,折衷辦法就協定英文書名採取革命運動(revolutionary movement)之詞。以此類推,共產黨的史家稱太平天國為革命,同樣不符合國際慣例。

三談中共史家稱之為革命或農民起義的根據。毛澤東以領導農民起義崛起,所以在他奪取中國政權之後,大陸掌管意識形態的部門,就動員大量的人力物力來研究轟動近代中國的農民起義——太平天國。後來毛澤東發動文化大革命的十年期間(一九六六至一九七六年),更強調不斷革命,企圖藉此永遠煥發國人的革命精神。就是說,雖然毛澤東從一九四九到一九七六年共執政二十八個寒暑,他所領導的共產黨還沒有從革命黨轉型為執政黨。諺云:「馬上得之,焉能馬上治之?」結果毛澤東把中國經濟推向崩潰邊緣,而龐大的太平天國研究隊伍,也由於意識形態的局限,而無法寫出一本足以娘美《太平天國之秋》的書。

其實，年輕時代的毛澤東是非常仰慕那位曾經成功地鎮壓了太平軍之湖南老鄉曾國藩的。他曾寫道：「愚於近人，獨服曾文正，觀其收拾洪楊一役，完滿無缺。使以今人易其位，其能如彼之完滿乎？」[28]只是由於毛澤東後來從事革命，才改變初衷，以致大約十年之後，他轉軚寫道：「打倒太平天國出力最多的是曾國藩，他當時是地主階級的領袖。曾國藩是團練出身，團練即是地主階級壓迫農民的武力，他們見洪秀全領導一班農民革命，於他們不利，遂出死力來打倒他。故太平天國之事，不是滿漢的戰爭，實是農民和地主的階級鬥爭。」[29]真是見仁見智！再到了後來毛澤東強調不斷革命的意識形態，宣傳部奉命行事，結果就出現上述大量有關太平天國的書籍。

鄧小平在一九七九年推行改革開放政策，共產黨的行事方式慢慢地由革命黨轉型為執政黨，也愈來愈討厭人民造反。這就難怪普拉特近期訪華時發覺，曾被數代中國人痛罵為漢奸的曾國藩，竟然變成「今日中國境內最受歡迎的歷史人物之一，在任何機場書店裡都陳列了數十本有關他生平與書信的書籍。拙著則是八十多年來試圖重現他生平的第一本英語作品」。[30]

數代曾痛罵曾國藩為漢奸的中國人，當然包括蔣中正時代的中國歷史學家。他們把太平天國之反清與孫中山中山先生之反清相提並論，並由此而一口咬定中山先生的革命思想，來自洪楊。例如簡又文先生，就堅稱孫中山所領導的辛亥革命，是太平天國反清的延續，是自然而然的一脈相承，沒絲毫間斷。[31]中共的史家更繪形繪聲地說，孫中山的故鄉翠亨村，有位曾經參加過太平軍的老人，名字叫馮觀爽，他經常坐在孫中山家前的大樹下乘涼，並因而常常對孫中山講述太平天國的故事。[32]又說孫中山非常愛聽馮觀爽所講的故事，而愈聽愈敬慕洪秀全，結果自己也決定投身推翻滿清的革命事業。[33]如此這般，國共雙方的史家都把孫中山走向革命道路那極其漫長、複雜、反覆的心理歷程，簡單化、絕對化了。小孩子聽了故事就造反？筆者充分肯定洪楊故事曾在孫中山的幼小心靈打下不可磨滅的烙印，蓋孫中山曾親身經歷過苛政猛於虎，故對於洪楊之奮起反抗，是由衷佩服的。[34]但由此而說一個不到十歲的孩童就決心義無反顧地投身革命，既言之過早也言過其實。小孩子不會成長的嗎？思想不會成熟的嗎？思維不會愈來愈複雜嗎？成長以後他會懂得，造反是殺頭的事兒，是誅九族的事兒，可不是兒戲。在這個問題上，孫中山本人是怎樣說的？

宮崎：「先生，中國革命思想胚胎於何時？」

孫：「革命思想之成熟固予長大後事，然革命之最初動機，則予在幼年時代與鄉關宿老談話時已起。宿老者誰？太平天國軍中殘敗之老英雄是也。」[35]

竊以為孫中山所言不虛，並謹舉下列兩個實例以證明之。又藉此等實例，進一步闡明歷史想像，乃治史不容或缺之方法：

實例之一，是孫中山自言其一八七九年乘坐火輪船前往檀香山時，在該船上產生了強大的慕西學之心。[36]竊以為西學泛指西方文化，但具體是哪國文化？德國？法國？俄國？英國？美國？筆者經過多年鑽研，終於證實了孫中山所乘坐的火輪船，乃英國人所製造並經營之船；船長、水手、設備等等，全部是英國的。孫中山所讚嘆的船粱，是英國人製造的。孫中山所驚嘆的、推動該船乘風破浪前進的機器，是英國人發明的。孫中山所驚駭的海葬水手禮儀，同樣是英國文化的一部分。該船的每一寸甲板，每一口釘，都是英國人的工藝。於是筆者進一步收窄孫中山所言西學之範圍，證明具體所指乃英學。孫中山所仰慕的，正是當時雄霸全球、如日中天的大英帝國文化，在兩次鴉片戰爭中把中國打得一敗塗地的盎格魯撒克遜文化。當然更不是澳門大學霍啟昌教授所堅稱的、當時已日暮西山的澳葡文化。[37]孫中山熱切盼望中國強大起來，不再受列強等諸如英國之欺負，就必須從事改變中國的工作。如此這般，筆者把孫中山這次旅行小節及其由此而爆發的思想感情，運用歷史想像，馬上就能感覺到它是誘發孫中山革命思想的一個強大因素。

實例之二，是筆者發現，一八八四至一八八六年間，孫中山在香港中央書院讀書期間，大考時有下列這麼一道漢譯英的考試題目：「水為朝夕烹飪之需必求清潔方合飲食之宜鄉村近山之地水多不潔飲之輙易生病此其故亦緣中國以近山附郭之區為墳墓所在掩埋淺薄猝遇暴雨沖刷綦多積屍穢水不免混注於溪澗之中人所食之癘疾遂起。」[38]這個發現，非同小可。筆者連忙再次趕往翠亨村實地調查，考察孫中山童年汲水回家飲用的山水井。結果發覺該井就在金檳榔山的山腳，且赫然看到山上有多穴墳墓。後來楊鶴齡去世，竟然也葬在這山水井之上的金檳榔山山腰。[39]當孫中山讀到上述引文，突然想起他多年以來從金檳榔山山腳的水井中挑回家飲用的山水，原來滲有死屍水！心裡會怎麼想？接下來會產生怎麼樣的情緒？他憤怒地對翠亨村的同鄉說：「天子替你們在這翠亨村幹了甚麼事呢？沒有！」[40]怎可以把翠亨村的汙水怪罪於遠在北京的皇帝？因為孫中山在香港所喝的乾淨水來自水塘，而水塘是以英女王的名義修建的。[41] 此王與彼皇相比較，猶如天淵之別！把這平淡無奇的日常生活細節，甫一運用歷史想像，馬上能感覺到它誘發孫中山革命思想的巨大威力，不待太平老兵藉洪楊說教也。[42]

諸如此類的實例，在孫中山前半生近乎三十年的光景慢慢堆積如山[43]——別忘記，孫中山發動一八九五年的乙未廣州起義時，已經快三十歲了，三十而立！而且，在這近乎三十個寒暑當中，他有非比尋常的親身經歷：翠亨村、檀香山、翠亨村、香港、廣州、香港、澳門、石岐、廣州、檀香山、香港、廣州等地不同時代、不同環境、不同價值觀的生活。他的革命意嚮，幾經波折，既複雜又反覆。他也曾竭力呼籲和平改革，並專程北上天津，上書李鴻章，結果失敗。哪怕孫中山因此而義無反顧地立志革命，並採取實際行動，專程赴檀香山動員他的老同學等共同組織興中會。但是，若當時清軍不是在甲午中日戰爭中兵敗如山倒，國家可能毀於旦夕；而是倒過來打敗日本，讓中國人吐氣揚眉，孫中山的革命意志可能馬上就軟下來，他的同儕更是如此。

筆者列舉上述兩個有關孫中山的實例，目的除了提出在堅實豐厚的證據基礎上做歷史想像是治史的合理方法以外，還在於藉它們來強調普拉特《太平天國之秋》的另一個重大貢獻——洪仁玕的新政研究。革命所為何事？孫中山不顧個人安危，義無反顧地從事革命，最終目標是促使中國現代化，爭取中國的獨立自主，並使中國強大起來，再不受列強欺負。洪仁玕的新政，也是朝著這個目標邁進。

先談孫中山。他在夏威夷受過三年英國基督教聖公會（Church of England）所辦意奧蘭尼（Iolani）學校的正規教育（一八七九至一八八二），半年美國基督教綱紀慎會（Congregational Church）所辦歐胡（Oahu）書院的正規教育（一八八三上半年），再在香港接受了半年英國基督教聖公會所辦拔萃書室（Diocesan Home）的正規教育。[44]在理論上對基督教心悅誠服之餘，才於一八八四年接受了喜嘉理（Charles Robert Hager）牧師之施洗，成為基督徒。[45]讓他心悅誠服的理論基礎，是他發覺基督教的教義與時俱進，不斷自我更新來滿足人類對現代化如饑似渴的要求。反觀中國的儒家佛家和道家，把中國綑綁了兩千多年，令中國一直裹足不前。若中國人要重新建立起自己的現代文化，用什麼做為根基才會受到世人尊敬？他愈來愈覺得基督教那種忘我奉獻的精神可取，不是取其純粹的宗教信仰，而是取其實用價值以促使中國現代化。[46]

由此轉入普拉特筆下的洪仁玕。一八五二年洪仁玕到香港，認識瑞典籍傳教士韓山文（Theodore Hamberg）。韓山文回憶他們第一次見面時，讓他感到最奇怪者，乃洪仁玕似乎已經非常熟識上帝和耶穌，但聽洪仁玕娓娓道來，卻一頭霧水：什麼異夢和戰鬥，軍隊與禮拜會，清朝特務追捕，易名到處躲藏等等。無他，洪仁玕是洪秀全一八四三年創立的拜上帝會最先的信徒之一（另一人為馮雲山）。同樣的，洪仁玕也覺得與韓山文無法溝通，不吭一聲就離去。

翌年韓山文到廣東傳教，洪仁玕再度找上門來。但此次兩人卻結成密友：「一個是三十四歲的傳教士，一個是三十一歲的難民。一八五三年九月洪仁玕終於在韓山文主持下受洗入教，然後隨韓山文回香港。韓山文細心教導洪仁玕認識路德宗教義，打算把他培養成外國傳教士的助手，最終則希望他把他們的基督教派帶到南京的太平天國。」[47]但洪仁玕心在天京，故一八五四年即趕往上海，欲赴天京，未果。在上海期間，他住在倫敦傳道會（London Missionary Society）的墨海書館。該館是一八四三年倫敦傳道會傳教士麥都思（Walter Henry Medhurst）、艾約瑟（Joseph Edkins）等在上海創建的書館，乃上海最早的一家現代出版社，培養了一批通曉西學的學者如王韜、李善蘭等。他們和艾約瑟、偉烈亞力（Alexander Wylie）等撰寫、翻譯了許多介紹西方政治、科學、宗教的書籍。墨海書館設有宿舍，洪仁玕投宿該館時，麥都思和王韜都住在那裡。洪仁玕與他們共處了半年之後，又回到香港，成為倫敦傳道會傳道人，並繼續學習西方事物。

一八五八年六月，洪仁玕從香港出發，採陸路經廣東、江西、安徽，於次年四月，輾轉到達天京。洪秀全見面後得知洪仁玕曾學習西方文化，大喜，封為軍師、干王，讓他總理天國政事。洪仁玕即根據他在香港及上海多年所見所學的西方知識，提出《資政新篇》，做為太平天國長遠發展的綱領。例如，在經濟上要學習西方：興商業，辦銀行，建設鐵路、開礦、辦郵政；而且還提出要有保護人身的司法制度、辦報紙傳遞訊息、監督政府等等。外交上，放棄萬方來朝的幻想，向西方開放，雙方平等對待。

洪仁玕《資政新篇》有些改革，比日後清廷的洋務運動及維新運動更為全面及徹底。但當時太平天國處於長期戰爭狀態，故一直未獲實行，也一直遭到偏重革命心態的中國史家冷落。現在無論是共產黨還是國民黨，都早已從革命黨變成執政黨，但兩岸史家似乎仍然未追上時代，反而被普拉特《太平天國之秋》迎頭趕上。孫中山的《實業計劃》（*The International Development of China*）所提出的改革與各項重大建設，當然比《資政新篇》更為先進，更為豐富，更切實際與更有長遠眼光。但由於當時中國局勢長期動盪不安，也無法付諸實踐，卻由當今的中國政府逐步推行。例如，改革開放，引進外資與技術，建設全國的鐵路網，皆孫中山夢寐以求的理想。此外，從華北之開拓渤海經濟區、開發大西北，到華中的建築長江大壩，再到華南的海南島建省等等，無處不見到孫中山及其《實業計劃》的影子。其實，從《資政新篇》到《實業計劃》到當今中國政府的新政，自有其虛心學習西方強項的一脈相承。

若本導讀能引起中國史學界同仁討論，於願足矣。總之，衛城出版史蒂芬·普拉特的《太平天國之秋》，便利中國學者借鑒其靈活的思想、優美的文筆，造福學林之處，功德無量。

本文作者為澳洲社會科學院院士暨人文科學院院士、雪梨大學近代史講座教授

1 Stephen R. Platt, *Autumn in the Heavenly Kingdom: China, the West, and the Epic Story of the Taiping Civil War* (New York: Knopf, 2012), 512 pages。
2 香港：猛進書屋，一九六二。
3 香港：猛進書屋，一九五八。
4 Jen Yu-wen, *The Taiping Revolutionary Movement* (New Haven: Yale University Press, 1973).
5 上海：商務印書館，一九四九年；幾經修訂後又由臺灣商務印書館於一九七六年再版。
6 上海：上海人民出版社，一九五二年七月。
7 《中國近代史資料叢刊續編——太平天國》（桂林：廣西師範大學出版社，二〇〇四年六月）。
8 均由北京三聯書店先後出版。
9 均由北京中華書局出版。

10 北京：中國社會科學出版社。

11 北京：人民出版社。

12 北京：中華書局。

13 *God's Chinese Son: The Taiping Heavenly Kingdom of Hong Xiuquan*（New York: W. W. Norton & Company, 1996）。中文繁體版書名為《太平天國》（臺北：時報出版，二〇〇三）。

14 這是他在牛津大學退休演說會上所說的話，可以說是總結了他一生教研歷史的經驗。演講全文刊 Hugh Trevor-Roper, *History and Imagination*（Oxford: Clarendon Press, 1980）。

15 陳寅恪，〈馮友蘭中國哲學史上冊審查報告〉，《金明館叢稿二編》（上海：古籍出版社，一九八二），第二四七頁。

16 見拙著 *Yeh Ming-ch'en: Viceroy of Liang Kuang, 1852-1858*（Cambridge University Press, 1976）. 中文版見《兩廣總督葉名琛》（北京：中華書局，一九八四；上海：上海書店出版社，二〇〇四）。

17 John Y. Wong, *Anglo-Chinese Relations, 1839-1860*（Oxford University Press, 1984）.

18 John Y. Wong, *Deadly Dreams: Opium, Imperialism, and the Arrow War*（1856-60）*in China*（Cambridge University Press, 1998）. 中文增訂本將於二〇一五年由香港中華書局出版，以資紀念孫中山先生逝世九十週年。

19 香港：中華書局，二〇一一；北京：三聯書店，二〇一二。

20 BBC One，「Victoria Wood's Nice Cup of Tea」專題節目，二〇一三年四月十日星期三晚間九點播出，我在節目中接受訪問。

21 John Y. Wong, *Deadly Dreams: Opium, Imperialism, and the Arrow War*（1856-60）*in China*（Cambridge University Press, 1998）.

22 見拙著 *Yeh Ming-ch'en: Viceroy of Liang Kuang, 1852-1858*（Cambridge University Press, 1976）. 中文版見《兩廣總督葉名琛》（北京：中華書局，一九八四；上海：上海書店出版社，二〇〇四）。

23 黃宇和：〈南雄實地調查報告〉二〇〇九年二月十日，二〇〇九年二月十一日，二〇〇九年十二月二十日，二〇〇九年十二月二十一日，二〇〇九年十二月二十二日；〈樂昌實地調查報告〉，二〇〇九年十二月二十三日，二〇〇九年十二月二十四日。

24 見拙著《葉名琛》第三部分及拙文〈太平軍初起是北上還是東進的問題初探〉，《太平天國史譯叢》，第一輯（北京：中華書局，一九八一），第二五八至二八〇頁。

25 均見拙著《三十歲前的孫中山》，第三章。

26 馮自由，〈廣州興中會及乙未庚子二役〉，載馮自由《革命逸史》，第四集，第十一頁。

27 Liam Burgess, "Cheque Book Revolution 1911", Honours thesis, University of Sydney, 2002.

28 毛澤東，〈致黎錦熙信〉，一九一七年八月二十三日，《毛澤東早期文稿》（長沙：湖南出版社，一九九〇），第八十五頁。

29 毛澤東，〈紀念巴黎公社的重要意義〉，一九二六年三月十八日，《毛澤東文集》卷一（北京：人民出版社，一九九三），第三十五頁。

30 見該書自序。

31 Jen Yu-wen, 'The Youth of Dr Sun Yat-sen', *Sun Yat-sen: Two Commemorative Essays*（Hong Kong: University of Hong Kong Centre of Asian Studies, 1977）, pp. 1 – 22.

32 李伯新採訪陸天祥（八十三歲），一九五九年無月日，載李伯新，《孫中山史蹟憶訪錄》中山文史第三十八輯（中山市：中國人民政治協商會議廣東省中山市委員會文史學習委員會，一九九六），第五十九至六十四頁：其中第六十頁。據說翠亨村村民中曾參加過太平軍者，就只馮觀爽一人，孫子亞容，後死在南洋，後繼無人。見李伯新採訪陸天祥（八十八歲），一九六四年五月十三日，載同上第七十三至七十八頁：其中第七十六頁。

33 李伯新採訪陸天祥（八十三歲），一九五九年無月日，載李伯新，《孫中山史蹟憶訪錄》中山文史第三十八輯（中山市：中國人民政治協商會議廣東省中山市委員會文史學習委員會，一九九六），第五十九至六十四頁：其中第六十頁。

34 見拙著《三十歲前的孫中山》，第三章第五節「社會學校」；又參考第七章第十節「行醫目睹『苛政猛於虎』」。

35 孫中山，〈與宮崎寅藏的談話〉，一八九七年秋，《孫中山全集》，第一卷，第五八三至五八四頁：其中第五八三頁。

36 孫中山，〈覆翟理斯函〉，手書墨蹟原件，藏中國國民黨中央黨史委員會，刊刻於《國父全集》（一九八九），第二冊，第一九二至一九三頁。又載《孫中山全集》，第一卷，第四六至四八頁：其中第四十七頁。又見〈孫中山學術研究資訊網－國父的求〉，http://sun.yatsen.gov.tw/content.php?cid=S01_01_02_03。

37 見拙著《三十歲前的孫中山》，第四章第五節「鐵樑英風」。

38 Translation from Chinese into English, First Class Examination, January 1888, Tables and Papers connected with the examination of the First Class at the Government Central School, Government Notification No. 37, *The Hongkong Government Gazette*, 28 January 1888, pp. 89-93: at p. 93.

39 黃宇和，〈翠亨調查報告〉（手稿），二〇〇七年九月二十八日。

40 林百克著，徐植仁譯，《孫逸仙傳記》（上海：三民公司，一九二七），第一三七頁。更詳細的分析，見拙著《三十歲前的孫中山》，第五章第二十三節「『推』、『拉』之間」。

41 見拙著《三十歲前的孫中山》，第五章第十四至十五節。

42 見拙著《三十歲前的孫中山》，第四章第五節。

43 見拙著《三十歲前的孫中山》。

44 見拙著《三十歲前的孫中山》，第四章第五章。

45 見拙著《三十歲前的孫中山》，第五章第十八節。

46 孫中山對林百克所表明之心蹟。見 Linebarger, *Sun Yat-sen*（1925）, p. 152.

47 普拉特，《太平天國之秋》（臺北：衛城，二〇一三），第三章。

作者序

一八五一至一八六四年席捲中國大片江山的戰爭，不只是十九世紀破壞最烈的戰爭，也可能是史上死傷最慘重的戰爭。這場戰爭在英語裡稱作太平叛亂（Taiping Rebellion），戰爭一方是名叫太平天國的漢人叛軍，另一方是立朝已兩百年而國力日衰的滿清王朝。慘烈的十四年戰爭期間，至少有兩千萬人因為這場戰事及它帶來的恐怖饑荒和瘟疫而喪命。太平叛亂最後幾年期間，美國上演了南北戰爭，而中國這場內戰的死亡人數至少是美國內戰的三十倍之多。

大部分美國人受完正規教育，不知什麼是太平天國，我也不例外。我受完十二年公立教育，讀完四年大學，在中國待了大半年，才首度讀到有關這段歷史的資料，而這樣的經驗，我想並不罕見。在美國，這場戰爭仍鮮有人知，原因不只是因為我們自然而然把本國的內戰當作這段時期歷史的中心，也因為存在已久的一個錯誤認知，誤以為十九世紀的中國基本上是個封閉體系，因而中國的內戰，不管規模多大，只與發生內戰的這個國家有關係。

撰寫此書的目的之一，是協助恢復中國在十九世紀世界應有的位置。中國不是個封閉體系，全球化也談不上是我們有時以為的晚近現象。大清帝國透過貿易深深融入世界經濟，有數千名外國人住在香港及上海。因此，中國這場內戰與地球彼端的歐美有千絲萬縷的糾葛，受到外界即時的關注。此外，讓已經疲於奔命的中國王朝統治者更為焦頭爛額的，英、法兩國於一八五〇年代晚期為了通商權與派駐大使的問題向他們開戰。這場戰爭與尚在進行的太平叛亂同時撲來，把清帝國推到完全瓦解的邊緣。

美國人該認識太平叛亂，不只是因為該瞭解中國歷史，或因為有美國自己人涉入其中，還因為這有助於闡明美國內戰在美國國外的遙遠異地所產生的更廣大影響。中國與美國兩場內戰的同時進行，絕非不值一顧的小事，而本書的基本論點之一，乃是一八六一年美國內戰的爆發迫使英國有所行動，從而影響了中國內戰的結局。中國與美國是當時英國最大的兩個經濟市場，為瞭解英國在這兩場戰爭中的角色，我們得記住，英國面臨了同時失去這兩大市場的風險。英國得想辦法恢復其中一個的秩序，而基於本書後面會解釋的幾個理由，英國本可能介入美國以重啟棉花貿易，但卻選擇投入中國的內戰。事後英國首相會把介入中國一事，當作英國為何得以在不干預美國內戰下仍能熬過經濟崩潰的原因。或者換句話說，英國靠著對中國內戰放棄中立，才得以對美國內戰保持中立。

本書目的不在全面敘述這場中國內戰的來龍去脈，畢竟以這場戰爭規模的浩大，如果這麼做，很容易就落得一長串令人麻木的日期、戰役和傷亡數據。本書嘗試從各個方面來呈現這場戰爭，並嘗試重現當時的人對這場戰爭的看法——包括被捲入這場衝突的中國人，還有冷眼旁觀的、下場參與的、火上加油掀起別的戰爭的外國人。我緊扣住兩方陣營某些人的經驗，試圖藉此穿透這個混亂時局的事件，在我看來，這些人最深刻體現了那個時代的抉擇、恐怖與機會。本書的主要人物，乃是我眼中最直接將這場戰爭導向其結局的那些人，他們各個可以說都左右了這場捲入數千萬人之戰爭的面貌。

這些人從會說英語、傳布基督教、夢想建立有著自由貿易、鐵路與報紙之中國的太平天國總理；到受了在中國內戰打仗的報酬利誘而來到上海的美國傭兵；到試圖瞭解自身周邊陌生的異國世界，而在最終塑造了那個世界的西方外交官和傳教士；形形色色，非常多樣。就清廷這邊來說，讀者得按捺住最大性子等待登場的人物是曾國藩，因為他直到第六章才終於登場，成為主角。這個貧窮農家出身，後來統率家鄉子弟兵的將領，其部隊人數之多、之忠心、之殘酷無情，一如美國內戰時與他角色相同的格蘭特（Ulysses S. Grant）所統率的軍隊，而到了中國這場內戰末期，這位將領的權力之大，則使格蘭特相較之下像是個下級軍官。曾國藩在現代中國的身後評價頗為曲折：由於支持異族滿清王朝，曾國藩被數代人痛罵為漢奸，晚近則得到平反，被捧為中國人的典範，或更具體地說，是以未受西方影響的道地本土儒家方式，體現道德、強毅與克制精神的典範。他是今日中國境內最受歡迎的歷史人物之一，在任何機場書店裡都陳列了數十本有關他生平與書信的書籍。拙著則是八十多年來試圖重現他生平的第一本英語作品。

描述這場戰爭時，必然得談到外國因素，因為中國這場內戰的雙方勢均力敵，勝負在很大程度上取決於一八六〇年代初期外國人的外交與軍事干預。英、美史家已針對訓練及帶領中國部隊投入這場戰爭的兩位最重要的外國人——華爾（Frederick Townsend Ward）與戈登（Charles Gordon）——寫了不少有溢美之嫌的傳記。我重新檢視他們的經歷，對他們所投入的這場可怕戰爭的內部情勢抱著應有的諒解，再以此角度探究他們，發覺他們大不同於那些傳記所呈現的形象。歷來都把華爾和戈登稱作英雄，稱他們是衝進中國撥亂反正的外國人（不只一本傳紀把華爾稱作「神」）。中國受到兩次鴉片戰爭的欺凌，在槍炮威脅下被迫開放通商口岸，從這樣的時代背景來看，他們兩人代表了中國與列強罕見的積極合作時刻。但這一觀點主要是因為對更廣大戰爭情勢的無知，而如果說有什麼契機使我起心動念想回頭探索這一時期，那就是我在無意中看到並在本書結語裡引述的一次採訪紀錄。那次採訪發生於一九〇九年，受訪者是日本知名政治家伊藤博文。他告訴採訪記者，英國介入中國內戰其實不是中外合作的絕佳範例，反倒是英國在中國所犯下的最大錯誤。

但剛開始為本書的撰寫爬梳資料時，我以為會得到外國介入其實對大局毫無影響的真相。畢竟，西方史家長久以來喜歡誇大外國人在中國歷史上的角色，而在當時的上海，英國人無疑太過膨脹自己對中國的重要性——即便他們對中國國內情勢的瞭解極其有限。相對的，以中文寫成的太平天國戰爭史書籍，往往把焦點放在地方軍隊和其他國內勢力，而對華爾與戈登之類人物少有著墨。上海沿岸的洋人只是中國內部更廣大戰爭邊緣不值一顧的小角色——因此，在發覺他們的角色其實必不可少時我才會那麼驚訝。外國介入不只至關緊要，而且（這也是最讓我感到驚訝的一點）大體上是非正式的、往往半推半就的、充滿道德情懷的介入，且從許多方面來看，其收到成效純屬偶然。但值得注意的是，儘管幾乎完全是無心插柳，洋人的行動與來自中國內陸的地方民兵部隊的行動，卻恰好彼此協同一致。比對過記述這場戰爭的中外史料，我們發現一個奇特的情況，就是兩股勢力基本上在打同一場戰爭，但各打各的，各都自認是左右大局的唯一力量。因此，本書的敘事循著兩條交織的軸線：一條來自外部，通往外國介入，另一條來自內部，通往湘軍興起。到了這場戰爭的最後階段，兩條軸線會一起構成全部的戰事經過。

至於非軍人身分的洋人的參與，這段時期的各種事件正提醒我們，將人道主義干預與帝國主義兩者隔開的那條線是如何的細薄——以及那條線的走向和曲率，往往只取決於誰成功讓本國人相信自己對另一國的情勢有特別深入的瞭解。書中論及國際的部分，主要著墨於外部觀察者如何努力接受並處理清帝國內部正發生的事——不管在他們眼中那是一場叛亂、一場內戰、一次民族革命，或只是漸漸墮入無政府狀態——以及他們如何根據自己的推斷，努力說服本國政府站在其中一方去積極介入。位在這個過程的核心人物，是在領事館、商界、新教傳教圈、新聞界與在政府工作的一群人，他們彼此的意見往往針鋒相對。其中許多人按良心辦事，心懷善意，有些人則不是。但一如這類情況下所常見的，就連其中的窮凶惡極之徒，都在某種程度上深信自己的所作所為是為了造福人類。

已熟稔太平天國歷史的讀者，會發現我筆下的這段歷史與他們的認知有不同之處。關於這場叛亂的根源和太平天國的宗教信仰，已有極出色的英文著作著墨，因此我把心思擺在別的地方。本書的重點在戰爭的結局而非其根源，著重在叛軍試圖以民族訴求來鼓動人心之舉，而非叛軍的宗教意識形態。有很長一段時間，西方的中國史學者深信，在這一時期，統治的滿人和被統治的漢人之間的族群差異可以略而不談，或起碼難以察覺。傳統看法認為，滿人之類入侵中國的外族，久而久之就變得跟漢人無異，因此，太平天國的種族層面——乃至種族滅絕層面——遭到貶低，而他們的宗教訴求，則相對受到特別著墨。

但晚近幾年，研究滿人的學者發現，在他們自己的語言和文獻裡，滿人其實深切意識到自己與漢人的民族差異。從戰爭後期太平軍散發的文宣研判，這類心態看來是雙方皆有的。因此，對於叛軍較偏民族主義的訴求——亦即主張推翻異族統治以讓漢人重新當家作主——我們必須以比過去更嚴正的心態來看待。光是宗教皈依本身，即使再加上強徵入伍的補強，仍無法說明為何戰爭晚期太平軍能像變魔術般組建出人數達數十萬的大軍。當時，叛軍的民族訴求在國外的確受到嚴正看待。西方世界支持太平天國的最有力依據，不只在於太平天國據認的基督教信仰，還在於他們被認定為是讓漢人擺脫滿人統治的解放者。

讀者可能也會注意到，我提到這場衝突時，基本上傾向於稱之為內戰（當時普遍用來指稱它的字眼），而非今人較熟悉的太平叛亂。長久以來，西方史家撰述這場衝突時站在王朝那一邊，至少在術語的選用上是如此。太平天國的確是叛軍，但把這整場戰爭稱作太平叛亂，就是判定叛軍永遠站在不對的一方，就是責怪他們反抗其合法統治者，摧毀可能在某些人看來原本是承平穩定的帝國。但回到當時，很難分辨哪一邊的破壞較大、比較暴力，尤以戰爭最後幾年為然。中華人民共和國的史家通常採取相反的立場，把太平天國視為原始共產主義的農民叛亂，把這場戰爭叫做「太平革命」或「農民起義」。我希望讀者看過這本書後會明瞭，一如稱太平天國是造成這場戰禍的唯一凶手並不公允，聲稱他們在打造某種農民烏托邦，同樣流於誇大不實。

對這個時期最中立的中文稱呼，而且是最吸引人的稱呼，乃是單純的「太平天國」。那是絲毫不帶戰爭或破壞意味的字眼，那使人認識到，不管你對這個政權的評價為何，這個政權統有中國最富饒、人口最多地區的一大部分十餘年，把它稱作國家最為理想。我就是抱持這種態度探究它，而當時許多外國人也以這種態度看待它：把它當作內戰中敵對的政府之一、國家之一，代表對中國該走之路的另一種不同於當道的追求。

最後我還要說，這本書旨在為十九世紀世界一隅的騷亂開一扇窗，幫助讀者深入瞭解中國近代史上的一個轉捩點，但這本書也可單純當作以衰落帝國為背景，講述良心和命運的一則道德故事來讀。故事中的主要中國人物，無緣像外國人那樣可以一走了之。這是他們的世界，供他們打造或摧毀的世界。這是少數幾個人的故事，這些人被扯離安穩的家庭生活，身不由己地扮演起他們做夢都想不到而影響歷史深遠的角色。這本書在談人所無法回頭的慎重選擇，在談一旦做下，其影響就無法打消的作為，在談危機時代可走的路愈來愈少，終至除了挺身衝進天翻地覆的巨變，冀望巨變過後能找到平和安穩的人生，別無他路可走。

貝加爾湖
黑
龍
江
1860年割讓給俄國
黑龍江
外蒙古
直隸
吉林
北京
天津
日本海
長城
韓國
山東
西安
河南
山西
安徽
江蘇
日本
湖北
南京
武昌
安慶
蘇州
上海
江
長
杭州
寧波
黄海
鄱陽湖
浙江
南昌
太平天國
最大控制區
(1851-1864)
貴州
湖南
江西
福建
梅關
南雄
廣西
廣州
廣東
臺灣
香港
南海
太平洋
菲律賓

0
500 公里
俄羅斯帝國
當代中國邊界
大清
帝國
（約1860年）
西藏
四川
孟加拉
雲南
印度
緬甸
安南
暹羅

0
100 公里
江蘇
黃海
揚州
長江
浦口
南京
鎮江
丹陽
常州
無錫
蘇州
蕪湖
太湖
吳淞
青浦
上海
松江
柘林
乍浦
長江
湖州
杭州
黃山
祁門
徽州
休寧
浙江
寧波
太平天國
最大控制區
(1851-1864)
福建
東海

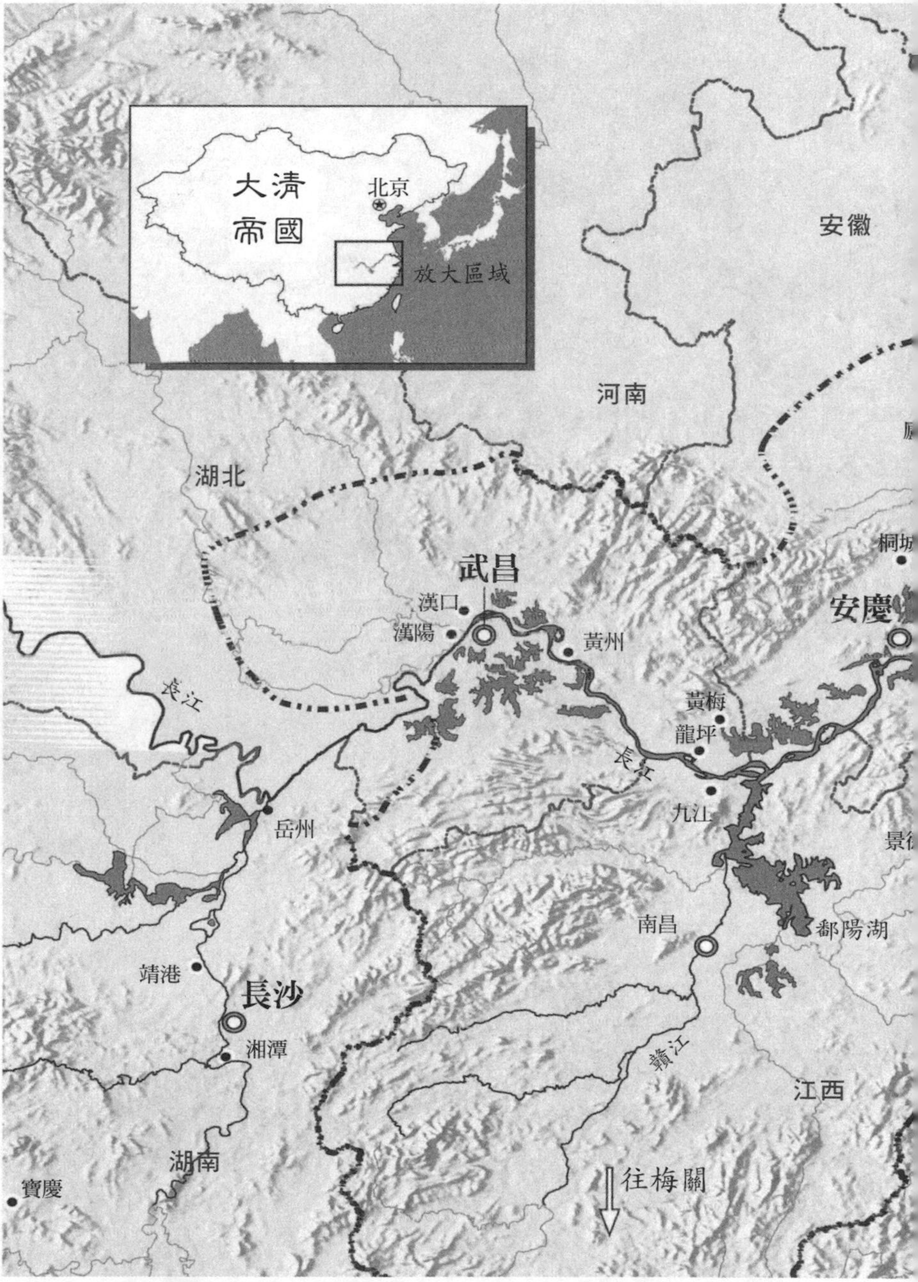
大清帝國
北京
放大區域
安徽
河南
湖北
武昌
漢口
漢陽
黃州
安慶
長江
黃梅
龍坪
長江
九江
岳州
南昌
鄱陽湖
靖港
長沙
湘潭
贛江
江西
湖南
寶慶
往梅關

南京
長江
外城牆
天保城
玄武湖
地保城
南京城
明孝陵
天王宮
龍脖子
護城河
滿城
護城河
城牆
雨花臺
0 1 2 公里
大清
帝國
北京
南京
太平洋

太平天國之秋

前言：天子

一八五三年某個初春早上，北京正西北邊，太陽靜靜升到圓明園上方。這時當家的皇帝是咸豐，清朝第七個皇帝。圓明園占地遼闊，花木扶疏，由八百畝園林和精心建造的殿宇亭閣組成，成為中國世界中的世界。咸豐帝，一如其歷代先皇，鮮少需要出到圓明園之外。圓明園裡有木造的馳道、湖與戲樓。帝國內最壯麗的風景，化為小巧的假山假水，精巧重現於圓明園裡，供皇帝欣賞。二十一歲的咸豐登基才三年，但他就出生於圓明園，他這輩子唯一確知的事，就是準備成為天子，治理中國。

咸豐是滿人，不是漢人。他的先祖原居於長城以北，以游牧狩獵為生。更早的中國王朝建造長城，以將他這樣的民族拒於門外（漢人稱他們是蠻夷）。但一六四四年明朝遭滿人消滅後，他的家族統治中國至今已兩百多年，他們的統治手法頗為寬容，扮演中國傳統文化的管家，讓肩負實際管理與行政工作的漢族文人不致生出異心。一如過去的中國王朝，他們以科舉取士，吸收忠貞漢人替他們治理帝國。而這時，經過好幾代之後，已少有人質疑滿人統治是否天命所歸，滿人皇帝是否是上天選派來統治中國的人。

咸豐過著只他一人獨有的生活——全天下只有皇帝能穿黃色衣服，只有皇帝能用朱砂墨，只有皇帝能以朕自稱。從某個角度來看，帝國內更廣大地區的滿人也過著特權生活。他們是人數甚少的菁英（征服中國時滿人與漢人的比例是三比一千），有自己的語言和習俗，只跟自己族人通婚。一如深居宮中的咸豐，大部分滿人住在專為他們而闢的幾個城裡，也就是所謂的滿城。滿城位在築有城門的更大城市裡面，本身也有城門，以環城的高牆將自己與城外廣大的漢人隔開。

過去，滿人凶猛驃悍，每到夏天滿人男子會回北方的祖居地，練習他們得以讓採定居生活的漢人臣服的騎射之術。但隨著習於安逸，情況跟著改變。皇帝不再像過去的皇帝那樣關注外界的變化，滿族男人不再那麼熱衷於訓練體能、精進武藝。於是，一八五三年這個春天早上，當叛軍——另一個天命所歸者——衝破咸豐皇宮南邊一千一百多公里外的南京城外廓，大聲叫城民帶路找滿妖時，當叛軍推進到更裡面的滿城邊，一個個爬上將滿城裡的居民與外界隔開的城牆時，住在滿城內兩萬左右的滿人並未拿起武器抵抗，反倒猛然趴下求饒。叛軍像宰畜牲般殺了他們，然後殺掉他們的妻子，還有他們的兒女。

第一部

帝國的黃昏

一、傳教士助理

一八五二年的香港是個潮濕又疾病肆虐的地方，大清帝國南方海岸外的多岩島嶼。有人說島上「到處開挖土地釋出瘴氣」，島上居民終日害怕瘴氣纏身。山與海灣之間座落著小小的英國人聚落，但翠綠與湛藍的山海風光使人看不到表象底下的陰暗。殖民地的主要街道，街名散發思鄉情緒（皇后大道、威靈頓街、荷里活道），貨棧、兵營、商行緊挨著矗立在主要街道上。離開這些建築，走上從海岸通往山丘的石子路，能看到最壯麗的景致，但走不久即離開白人聚落，觸目所見是散落於水稻田和甘薯田之間的華人房舍。自十年前英國人靠著鴉片戰爭拿到這座島嶼當戰利品之後，這一農村景致一直沒變。有些較有錢的商人在那些山丘上蓋了豪宅，宅邸中呈階梯狀布局的花園將山下的港灣和城區盡收眼底。但這些大宅的主人好似離開殖民地的保護圈太遠，宅中居民於是生病，然後死亡。這些陰森森的宅邸被冠上「熱病屋或死人屋」之名，靜悄悄座落在山間，人去樓空，其空洞的眼神向山下的移民發出冷冷的批判。[1]

韓山文（Theodore Hamberg）是那些移民之一。他是瑞典籍的年輕傳教士，薄薄的落腮鬍襯出他秀氣、幾乎女孩子氣的五官。他天生有著迷人的嗓音，年輕時在斯德哥爾摩曾與「瑞典夜鶯」珍妮・林德（Jenny Lind）同臺合唱。但林德繼續走歌唱之路，風靡歐美歌劇院，令蕭邦與安徒生之類仰慕者拜倒在她石榴裙下時，韓山文的人生有了一百八十度的轉折。他雄渾有力的男高音，在講道壇上找到注定的發揮舞臺，一八四七年離開故鄉瑞典，坐船來到地球另一端，瘧疾橫行的香港殖民地，心裡只想著要以另一種方式讓中國人臣服。

韓山文本來大有可能沒沒無聞度過一生，因為他最自豪的成就，在小小的新教傳教士圈子以外沒人看在眼裡。他是他那一代最早勇闖中國鄉間的歐洲人之一。他離開較安全的香港，到中國商港廣州之外，珠江更上游一百六十公里處的一個村子傳教（但後來基於健康考量，他還是回到香港殖民地）。他也是第一個學會客家話的歐洲人。客家人是吉普賽似的少數族群，在華南人數頗多。若非一八五二年晚春某日，有位因他而皈依天主的鄉下人帶了一個客人來找他，他這一切努力大概得不到世人多大重視。那是個矮小圓臉的客家人，名叫洪仁玕，有著一段精采的人生經歷要說。

韓山文憶起他們第一次見面的情景，說這個客家人最讓他奇怪的地方，是他似乎已非常瞭解上帝和耶穌，儘管他來自的地方離香港傳教士狹小的活動範圍很遠。韓山文帶著好奇，聽洪仁玕講述使他踏上香港的眾多機緣，聽得一頭霧水。他說到異夢和戰鬥，說到由信徒組成的軍隊和禮拜會，說到一名客家人出身的先知。他被清朝特務追捕，易名到處躲藏，至少他是這麼說。他曾遭綁架，然後逃脫，曾在森林裡住了四天，在山洞裡住了六天。但這一切聽來太光怪陸離，韓山文坦承：「我搞不清楚這是怎麼回事。」[2] 他不知道洪仁玕說這些遭遇的用意，於是請洪仁玕寫下來，洪仁玕照做，然後——韓山文原以為他會留下來受洗——沒說什麼就離去。韓山文把洪仁玕寫下自身遭遇的那疊紙放進書桌抽屜，將心思擺在其他事情上。此後將近一年，他沒把這些紙放在心上，直到一八五三年春得知南京已倒在鮮血洪流中，韓山文才意會到洪仁玕粗略交待的那些怪事，意義超乎他想像。

* * *

韓山文跟香港及上海的其他移民，完全是透過零星含糊的傳聞，得知中國境內情勢日益動盪。從中國的政府報告，似乎看不出一八五〇年代初期日益升高的混亂有什麼模式，看不出存在什麼原則或勢力集結之處。中國鄉間的地方暴亂和小股盜匪橫行，始終是帝國當局的困擾，談不上是新鮮事或值得一顧，儘管在鴉片戰爭後這幾年，這類事的確變多了。深入中國內陸的本國旅人和見不得光的天主教傳教士，說起他們聽到的傳言：有個更大的運動團體出現，那個團體由名叫「天德」的人領導。但許多傳聞說那人已經死在官兵手裡，或說根本沒那個人。在沒有明確消息下，沿海港口的洋人對這類事情不大關心，只擔心土匪使茶葉和絲的生產停擺。

但一八五三年南京城的陷落，把一場龐大內戰直推到上海租界的大門前。上海位於長江出海口，距更上游的南京只約三百公里。五十萬名自稱太平天國的叛軍，從華中搭乘大批徵來的船，浩浩蕩蕩湧向南京，所過之處，城市變成空城，政府防禦工事變成廢物。情勢非常清楚，這不只是土匪作亂。上海人心惶惶，與南京的直接通訊斷絕，情況渾沌不明（美國汽輪蘇士貴限拿號〔Susquehanna〕想溯江而上到南京查個清楚，結果擱淺在路上）。謠傳叛亂分子接下來會進軍上海攻打洋人，上海縣城裡的本國居民把門窗封死，收拾家具，搭上河船或逃到鄉間避難。洋人倉促著手防禦，臨時找來一批志願者組成防守隊守城牆，並備好幾艘船，打算情勢不妙就上船離開——兩艘英國汽輪和一艘雙桅橫帆戰船，還有供法國人與美國人搭乘的汽輪各一艘。[3]

但太平軍到南京就停住，至少目前是如此。太平軍並未進軍上海，上海警戒解除。叛軍把矛頭朝北，指向滿清都城北京，以南京為作戰基地，掘壕固守，準備打一場漫長且慘烈的戰役。他們把南京改名「天京」，天京距上海不近又不遠，令上海洋人想一探究竟。一八五三年四月下旬，就有艘英國船排除萬難抵達南京，但帶回來的南京動態消息卻相互矛盾。最明確的看法出自英國全權代表之口，他宣稱太平天國擁有由「迷信與胡說八道」構成的意識形態。[4] 那些去過的人對叛軍的出身一無所悉。[5]

儘管欠缺明確的訊息，有關中國內戰的第一手陳述還是從上海和香港往外傳，引起西方世界的注意。歐洲剛在五年前經歷過一八四八年革命的巨變，中國的動亂似乎與之有明顯的相似之處：悲慘的中國人民，遭滿人主子欺壓，如今終於挺身要求改變。《經濟學人》稱那是「與最近歐洲所遭遇者類似的社會變動或動亂」，說「亞、歐同時發生類似的騷亂，史上絕無僅有」。[6] 由此可見，地球另一端的帝國如今和西方的經濟及政治制度有了連結。

一八五三年擔任《紐約每日論壇報》倫敦通訊記者，正埋頭理清他對資本主義之看法的馬克思，也認為中國這場叛亂表示中國融入全球經濟，稱它是英國在最近的鴉片戰爭中強迫中國開港通商的最終結果。照馬克思的說法，中國正發生的事，不只是叛亂或數場暴動的合流，而是「一場令人讚嘆的革命」，那革命表明工業世界的息息相關。他甚至主張，正是在中國，可以看到西方的未來：「歐洲人民的下一場起義，他們下一個為了共和自由與政府經濟的運動，其成敗或許更可能取決於目前在天朝上國——與歐洲完全相反的國度——發生的事，而較不可能取決於如今存在的其他任何政治大業。」7

誠如他所說明的，中國這場動亂肇因於鴉片貿易；十年前英國用戰船強行打開中國的市場，從中削弱了中國人對其統治王朝的「盲目相信」。他深信，與外面世界的接觸將摧毀舊秩序，因為「腐爛必然隨之發生，就像任何細心保存在密封棺材裡的木乃伊，一旦與室外空氣接觸，就必會腐爛一樣」。但受清朝腐爛影響者，不會只有中國自己。在他看來，整個太平革命是英國所造成，而英國海外作為的影響，如今將回傳到國內；他寫道：「不確定的是那場革命最終會如何反作用在英格蘭身上，並透過英格蘭反作用在歐洲身上。」8

馬克思預測，中國市場落入太平革命團體之手，將削弱英國的棉花與羊毛出口。在動亂的中國，商人將只接受用金銀條塊換取他們的商品，從而使英國的貴金屬存量愈來愈少。更糟糕的是，這場革命將切斷英國的茶葉進口來源，大部分英國人所嗜飲的茶葉，在英格蘭的價格將暴漲，同時，西歐境內的農作物欠收看來很可能使糧價飆漲，從而進一步降低對製成品的需求，削弱英國經濟所倚賴的整個製造業。最後，馬克思斷言：「或許可以篤定地說，這場中國革命會將火星擲入現今工業體系已然過載的礦場，使醞釀已久的大危機爆開，然後在往國外擴散之後，緊接著歐陸會爆發政治革命。」如果說馬克思一心想讓《紐約每日論壇報》的讀者相信，這場中國內戰是與歐洲境內的運動類似的階級鬥爭和經濟革命運動，那麼美國南方奴隸港紐奧良的《每日瑣聞報》（*Daily Picayune*）的主編則從他們自身的世界觀出發，以大不相同的角度看待這件事。誠如這些主編所認為，這是場種族戰爭，中國是劇變中的奴隸國。他們解釋道，太平軍發跡於廣西和廣東這兩個南部省分，兩省居民「基本上是中國原始種族」。相對的，北方的滿人是「中國的統治種族」，自兩百年前入主中國之後，「中國一直被其主子當成受征服國家來統治」。他們解釋道，這兩個種族從未混合，然後，與他們的美國南方觀點，也就是以奴隸為基礎的和諧社會觀相一致的，該報表示，在中國，「不多言、有耐心、刻苦的數百萬人，以足堪表率的溫柔敦厚，接受他們主子的統治。」這個主奴和平共處的滿漢國，唯一威脅其穩定的是這些不願接受宰制的華南「原始」人。於是，太平叛亂與美國黑奴的暴動，有了令人神傷的相似之處。[9]

倫敦《泰晤士報》最有先見之明，立即抓住問題核心，探討英國是否該派海軍投入這場中國內戰，以及如果這麼做，該站在哪一邊。在一八五三年五月十七日，也就是南京陷落的消息傳到倫敦後不久，《泰晤士報》某篇社論指出，太平天國似乎所向披靡，「據各種可計算的機率，他們會推翻中國政府。」《泰晤士報》還轉載了上海某報的一篇報導，問道「換人當家作主」是否是大部分中國人所想要，並表示太平天國雖然在華北不大受喜愛，卻代表了一股漢人所樂見的改變力量，「認為不該再忍受官員橫徵暴斂和壓迫的心態，似乎在全國各地都愈來愈濃。」[10] 到了夏末，《泰晤士報》直截了當宣告，中國這場叛亂「就各方面來看，都是世人所見過最大的革命」。[11]

但叛軍本身卻是個謎。《泰晤士報》的讀者會輕易斷言，太平天國得到漢人的支持——至少得到勉強的支持——準備推翻滿人，開啟新政。但該報主編也就英國的無知發出告誡之意。「關於叛亂的源起或目標，我們沒有具體的訊息，」他們寫道。「我們知道現在的中國政府可能在內戰中遭推翻，但就只知道如此。」他們憂心英國不夠瞭解叛軍的本質或意識形態，而無法決定該不該予以支持或鼓勵：「在這件事情上，我們無法斷定我們的利益或職責該落在哪一邊——這場叛亂有正當理由或無正當理由，前途看好或不看好；民心向背如何，或它的成功會促成我們與中國人的關係往好或往壞的方向改變，或是否會促成改變。」但事實表明，其中最迫切的問題——叛亂的根源、太平天國是什麼樣的組織、他們的信念為何——答案將在香港尋得。答案就潦草寫在幾張紙上，而那些紙就塞在韓山文書桌的抽屜裡。

* * *

同年秋天，洪仁玕再度找上韓山文。這時人在廣州郊外村落傳教站的韓山文知道他是什麼人：太平天國創建人的族弟和終身奮鬥夥伴，這時與太平天國斷了聯繫，因緣際會流落香港。洪仁玕是唯一對興起於中國內陸的這股勢力有第一手瞭解且又與外國人有接觸的人——而這時，在世人終於注意到且遠遠注視下，這股勢力有可能從帝國內部摧毀統治王朝。韓山文與洪仁玕結為密友，一個是三十四歲的傳教士，一個是三十一歲的難民。一八五三年九月洪仁玕終於在韓山文主持下受洗入教，然後隨韓山文回香港。[12]韓山文細心教導洪仁玕認識路德宗教義，打算把他培養成外國傳教士的助手，最終則希望他把他們的基督教派帶到南京的太平天國（但後來洪仁玕表示，那幾個月是他在教外國人，而非外國人教他）。[13]隨著兩人一起工作，韓山文靠他蹩腳的客家話，終於掌握洪仁玕所寫東西裡暗示的詳情，終於完全弄清楚他的身世和來歷。[14]

照洪仁玕所述，比他大九歲的族兄洪秀全始終聰穎過人。他們分別住在距省城廣州約五十公里的相鄰村子裡，天氣好時從村子裡可看到廣州城東北方的白雲山。村民大部分是他們洪氏的親戚，這個氏族曾非常顯赫，宋朝時許多洪氏族人當過高官和皇帝輔佐，但那是很久以前的事，這時他們只是貧窮農民。但他們有一所小書塾，洪秀全七歲時在那裡開始讀儒家典籍。他一入學表現就很優異，幾年內熟背四書五經和科舉考試必讀的其他典籍，少年時也已博覽中國文史書籍。由於聰穎過人，族人深信他不需人教，自己就能看懂古籍。他們期盼他光宗耀祖，讓沒落已久的家族重振聲威，他的幾個老師無酬教導，冀望他通過考試當官，屆時自己得到回報。為獲得更專業的教導，他到離村子更遠的學校上學，由家人集資供他讀書，儘管十六歲時他已當起老師養活自己，領有微薄薪水，薪水主要是米、豬油、鹽、燈油。

要取得當官資格，就得通過以儒家典籍為內容的科舉考試，而洪秀全、洪仁玕兩人都胸懷此志。但科考很難，一次鄉試沒上，通常表示要再等幾年才有機會再考。鄉試時考生得在省城考場裡陰暗潮濕的小房間待上三天，證明自己真的將儒家思想融會貫通於心。洪仁玕本人考試成績一直不理想，但洪秀全於一八二七年第一次赴廣州參加鄉試時，他第一天的成績名列前茅。但隨著考試繼續進行，他的名次下滑，到了第三天，也就是最後一天，他已跌出榜外。再過了九年，也就是一八三六年，他才又有資格參加鄉試，這一次他又落榜。洪仁玕也從未能上榜，但背負整個大家族光耀門楣希望的是洪秀全。為何最終身心崩潰而病倒的是他，原因或許在此。

洪秀全於一八三七年，也就是第三次應試落榜後不久，首次做了異夢。由於不堪煎熬，身體虛弱，靠人擡才得以回家。回家後他即無力倒在床上，請家人過來訣別。他向圍在床邊的家人道歉，說他快死了，辜負了他們的期望；然後閉上眼睛，全身癱軟。他們以為他死了，結果後來他醒來，開始向他們說起自己夢到的怪事。夢中有一龍一虎一雄雞走進房間，後面跟著幾個奏著樂、合擡一頂轎子的樂師。他們請他上轎，擡他到一個「光明而華麗之地」。那裡有許多男女，看到他非常高興。有個老婦為他洗淨全身，除去汙穢。還出現一群老者，他認出其中有古代的中國聖賢。他們用刀剖開他身體，拿出內臟，換上鮮紅簇新的內臟，然後替他合上傷口，但後來他完全找不到剖開的痕跡。他在別人陪同下進入一個大廳，廳內最高的寶座上坐著一個金鬚黑袍的老者。老者流淚道，世人不尊敬他。他告訴洪秀全，世人「將我所賜之物去拜事鬼魔的，又有故意忤逆的，至令我惱怒。你不要學效他們啊。」然後他給了洪秀全一把劍，用以斬除鬼魔（但告誡他別用來殺兄弟姊妹）；又給他一方印璽和一顆黃果。他吃了黃果，味道是甜的。黑袍老者引他俯看世間芸芸眾生，他到處都看到汙穢和罪孽。然後他就醒了。

洪秀全做異夢，斷斷續續做了四十天，洪仁玕待在他身旁，聽他醒來時講述夢中所見。夢中還有其他一再出現的人物，其中一人是個中年男子，他稱為「長兄」，「長兄」同他一起去世界的「最遠處」，用他的寶劍斬除鬼魔。在另一個異夢中，黑袍老者痛斥孔子未將正確學說教予中國人，孔子羞愧地低頭認錯，洪秀全全程在旁觀看。那幾個星期，他的兄弟緊鎖房門，不讓他出去，有時看到他在房間裡四處跳，嘴裡喊著「斬妖！」，對著空中亂砍。他的精神失常引來鄰居的好奇，讓鄰居覺得好笑。他們在他睡覺時上門，湊近端詳這個有名的瘋子。有一次他醒來，聲稱自己是中國皇帝。他家人覺得丟臉又擔心。照洪仁玕向韓山文所說的，「他的親友只回道，這整件事的確奇怪，但當時不認為那真有其事。」當時洪仁玕並不相信族兄的異夢其實是天啟——但到了向韓山文敘述自己的遭遇時，他已經相信。

後來洪秀全康復，洪仁玕看到他大病後整個變了一個人——更高，更壯，更聰明許多。這時他變得更好看，膚色白晰，鼻子高挺。他的目光變得「銳利，令人難以卒視」。聲音洪亮，大笑時「整間屋子轟轟作響」。他身體變得更健壯，心智變得更機敏，然後他重拾教鞭，再度準備參加科考。但考運還是不佳。一八四三年他第四次赴廣州參加鄉試，再度落榜。就在這一年，另一個族中兄弟在洪秀全的櫃子裡找到被遺忘的一本書。那是一本中文的基督教布道小冊，名叫《勸世良言》。幾年前在廣州時，有個傳教士塞給洪秀全這本小冊子，他把它擺在一旁，未拿來看。這位族中兄弟看了一遍，覺得很有趣，於是洪秀全花了時間仔細研讀，於焉大徹大悟。他告訴洪仁玕，那本書解開了他六年前的異夢之謎。讀了基督教基本信條之後，他茅塞頓開：那個命他斬妖除魔的金鬚黑袍老者是上帝，助他斬殺鬼魔的長兄是耶穌基督。那些鬼魔是中國人在儒佛寺廟裡所拜的偶像，他的兄弟姊妹是漢人同胞。洪秀全自己替自己施洗，然後丟掉他學堂裡的孔子牌位。

洪仁玕和鄰居馮雲山是最早皈依洪秀全所創宗教的人。他們在河裡替自己施洗，拿掉學堂裡的「偶像」——孔子牌位和肖像。三人開始一起研讀，四處蒐羅中譯的經文。洪秀全向他們講道，不久就向被他的主張吸引來的其他人講道，並以福音書小冊子和他的異夢補充內容——他宣稱福音書小冊子和異夢互證真實不虛。他深信《聖經》明顯是為他而寫。

三位信徒——洪秀全、洪仁玕、馮雲山——開始勸自己的兄弟姊妹、妻子、小孩皈依上帝，洪秀全則是上帝派來的先知。傳教並非一帆風順；洪仁玕拆掉孔子牌位，學生因此不再上私塾，他沒了收入，也因此挨了哥哥一頓棍打。氣憤難平的洪仁玕回道，「我是不是老師呢？孔夫子死了許久又怎能再教人呢？你為什麼迫我拜他呢？」洪秀全和馮雲山於一八四四年離開家鄉，向廣東省內其他村子和遠地族人傳揚他們的理念，洪仁玕很想同去，但親戚逼他留下來教書，因為他才二十二歲。他不得不把孔子牌位放回私塾，以使學生願意回來就讀。但即使被困在家鄉，他仍使至少五、六十名皈依者受洗。比起韓山文一生的傳教成績，這個成績好多了。

隨著馮雲山在鄰省廣西山區逐村傳教，這個運動日益壯大，勢力更廣。自治禮拜會迅速出現，為數達數百的追隨者自稱「拜上帝會」的一員。他們把洪秀全當作精神領袖，儘管其中許多人從未見過他。洪秀全於一八四五年返鄉時，洪仁玕注意到他意識形態上的變化；他不再只關注儒家學說，而是以崇拜上帝取代之。他傳道時多了個新基調：把清朝的滿人統治者斥為不當竊據中國者。「上帝劃分世上各國，以洋海為界，猶如父親分家產於兒輩，」洪秀全向洪仁玕如此解釋道，「奈何滿洲人以暴力侵入中國而強奪其兄弟之產業耶？」他的宗教運動漸漸變成政治運動。

到了一八四七年，拜上帝會已有約兩千名信徒，以客家人居多。在信仰和人數眾多的鼓舞下，他們開始搗毀佛像與佛寺，引來當局的懷疑。到了一八四九年，獨立的禮拜會已出現信徒因聖靈充滿而抽搐、說方言（speaking in tongues，譯按：即說靈語，發出一般人無法理解的聲音）的情況。他們希望洪秀全指點他們所說的靈語裡，哪些來自上帝，哪些來自魔鬼。一八五〇年瘟疫肆虐廣西，病人向洪秀全的上帝禱告即可痊癒的說法傳開之後，信徒大增。無數人加入拜上帝會，瘟疫平息後，他們把自己得以活命歸功於洪秀全的宗教。

但這些都還不足以催生出軍隊。真正使局面改觀的因素，乃是從外地移來廣西的客家人和當地人發生的土客械鬥。較晚來的客家人爭奪土地和水權，住在當地較久的本地家族蔑稱他們是闖入者。一八五〇年秋，幾個客家莊和本地人村莊爆發械鬥；本地人燒掉客家人房子，客家人找上拜上帝會尋求保護和支持。早已對這個教派心存猜忌的當地官府，這時開始認定它為亂民的庇護所。但據洪仁玕的說法，洪秀全早預見到此事，耐心等待出手時機。

隨著土客械鬥蔓延開來，認為亂子是客家人搞出來的清朝官員派了一隊士兵搜捕洪秀全和馮雲山。附近的一個拜上帝會禮拜會得到消息，拿起劍矛，前去解救他們的領袖。他們三兩下就擊敗人數居於劣勢的官軍，洪秀全首次發出號令，要該地區所有拜上帝會信徒聚集於一地，準備展開下一階段行動。許多人為此賣掉房子跟土地。接下來幾天，他們聚集於一地，人數達數萬。他們輕鬆拿下一個小鎮，取得第一個軍事勝利。官軍來圍，從鎮外向拜上帝會信徒開火，但他們於午夜時溜走，隔天早上官軍攻入時，鎮上已幾乎沒人。奉命追擊的官軍在林中遭殲滅，惱火的其餘官軍把氣出在留在鎮裡的倒楣鎮民上。

一八五一年一月十一日，洪秀全宣告成立太平天國，自封為中國的新皇帝「天王」，並分封四位得力助手為東、南、西、北王（馮雲山為南王）。一八五一及一八五二年，太平軍往北打，沿途吸收窮人和被剝奪權利者、罪犯、所有害怕或痛恨清朝當局者，以及所有願意皈依他的教派、矢志摧毀儒家學說、特別是推翻滿人主子者。一八五三年一月他們穿過華中抵達長江邊時，已有五十萬之眾，但途中也死了馮雲山和其他無數人。但洪仁玕都是透過他人之口得知此事。第一次聚眾起事他沒趕上，等他抵達那個小鎮時，拜上帝會的人已趁夜逃走。他想追上他們，卻只見到獵捕掉隊者的官府巡捕。於是他開始逃亡，改名換姓，躲避將他家鄉村子燒光的清朝特務的追捕，然後被一名想領他項上人頭賞金的男子劫持，所幸逃脫，最後避難於香港，得到瑞典傳教士韓山文的收留。

韓山文這輩子所做的事，就只有一件會得到他小小傳教士圈以外的人注意，那就是將洪仁玕所陳述的事譯成英文出版。他這麼做是因為那份陳述使他相信了一件事，這場叛亂在他眼中最神奇、最不可思議、最令人驚訝的地方：亦即從中國內陸起事欲推翻滿人的叛軍是基督徒。他的書先在香港和上海以《洪秀全的異夢》（*Visions of Hung-Siu-Tshuen*）為名出版，然後在倫敦以《中國叛軍首領》（*The Chinese Rebel Chief*）為名出版。那其實無異於宣傳冊子，意欲讓英語系世界的讀者相信，太平叛軍和他們拜一樣的上帝。此外，用韓山文的話說，那也是欲藉由喚起「對中國數百萬人……更熱切、更持久的同情」，以爭取外國支持這些叛軍——而他所謂的中國數百萬人，當然不是指那些仍效忠於滿人的中國人。最後，韓山文出版此書以為太平天國募款，由於他與洪仁玕的友誼，他已成為該運動的熱情支持者。他在該書末尾寫道：「知道自己既助長了這本書的銷售，也減輕了構成本書主題的許多人的苦難，讀者或許會更感欣慰。」[15]

一八五四年五月，韓山文完成此書時，給了洪仁玕和兩名友人到上海的盤纏，冀望他們能從上海溯長江而上，穿過清軍警戒線，與南京的太平天國再度會合。他送了洪仁玕重重的禮物，其中有多種中文書籍：外國傳教士所編的欽定聖經譯本，還有歷史著作譯本和多張世界地圖、中國地圖和巴勒斯坦地圖。韓山文還給了他歐洲人想讓中國人留下深刻印象時會送的標準物品——單筒望遠鏡、溫度計、指南針（儘管指南針是中國人所發明）。他希望洪仁玕成為歐洲傳教士與太平天國搭上線的橋梁。[16]而那將只是開始：韓山文真正希望的乃是他們一旦到了南京，他本人能跟著過去，然後他能以宗教導師身分加入太平天國。洪仁玕提過他很希望韓山文跟他一起去天京，但韓山文不想造次，堅持要太平天國正式邀請，他才會加入他們的行列。[17]

但南京之行未能如願。洪仁玕與在上海接待他的傳教士發生爭吵（他們在他房間裡發現一根鴉片煙管，儘管他聲稱那是某個來找他的友人留下來的），而且無論如何，他們沒辦法幫助他到南京。上海的中國人居住區，即上海縣城，當時由一個支持太平天國的祕密會社（小刀會）控制，而那個會社不相信他是天王的親戚，不願幫他。洪仁玕在上海待了幾個月，在那段期間到處找門路，在一所教會學校讀天文、曆數，最後打消與太平天國再度會合的念頭。他搭汽輪回香港，途中輪船以驚人速度航越中國外海。返港後有感而發，他寫了首詩，將波濤翻騰的大海比擬為戰場，將破浪的船行聲比擬為「軍聲十萬尚嘈嘈」，抒發他渴望加入那場無緣與會的戰爭的心情。[18] 但回到香港時，他的瑞典朋友沒有來找他；洪仁玕離港赴滬幾天後，韓山文染上殖民地的「瘴氣」，死於痢疾，享年三十五。[19]

＊＊＊

洪仁玕一八五五年返港，結果一待數年未離開。他找到一份長期工作，當倫敦傳道會傳教士的助理，替新入教者傳授基本教義。他是受過洗的基督徒，由於和已故的韓山文交好而為人所知，因此極受信賴，而和善可親的個性，使他贏得更廣大傳教士圈子的好感。他的上司和接下來幾年與他合作最密切的人，是身體笨重、留著大落腮鬍的蘇格蘭籍傳教士理雅各（James Legge）。當時理雅各正致力於將整套儒家典籍（即煉獄般的科舉考試的命題來源）譯成英文。理雅各與洪仁玕合作無間，常一起講道——先是理雅各以他新學會的粵語講，然後洪仁玕以客家話講。與過去的做法不同的是，洪仁玕在香港的講道內容，反映的是理雅各的理念，而非他族兄的理念。

不輕易稱讚中國人的理雅各，極喜愛洪仁玕，稱他是「我所認識最和藹可親、最多才多藝的中國人」。[20] 理雅各女兒贊同此說，說她壞脾氣的父親對洪仁玕「特別喜愛，極為敬佩，幾乎沒有其他中國人得到他這樣的喜愛和欣賞」。[21] 洪仁玕的個性裡的確有某個地方——謙遜的特質、聰明的特質——得到與他共事的許多教士注意。另有一位傳教士稱他是「能力出眾、人品極佳之人」，「對基督教真理有明確且高明的認識」。[22]理雅各在倫敦傳道會裡的一位同事俏皮說道，只要看到有個中國人常與洪仁玕交談，「大概就可以確定會有好事發生」。[23]敬佩他的不只外國人；有個曾赴愛丁堡留學的中國醫生，也說他是「極聰明、口才甚佳之人」。[24]但由於後來所發生的事，其他人檢視他過去的言行，會懷疑那是否是裝出來的，懷疑使洪仁玕博得外國人好感的「和善可親個性和討人喜歡的基督徒作風」，只是遮住狼身的羊皮。[25]

南京陷落後那些年，香港人口開始有了變化。滿清政府開始大舉搜捕太平天國黨羽，將抓到的全部正法，有些人因此逃到這個安全、穩定的英國殖民地避難。清朝官兵動不了太平天國所控制的南京周邊地區，但在名義上仍歸朝廷管的中國其他地方，肅清黨羽非常殘酷。朝廷的目標除了太平天國黨人本身，還有每個太平天國已知成員的親戚——不管那些人有多無辜——就連他們家族最遠的分支也不放過。在廣州——距珠江出海口處的香港只約一百五十公里——兩廣總督葉名琛帶頭在轄區內掃蕩，肅清太平天國黨羽，手段特別殘酷。一八五四年，為回應他所認定（很可能是誤以為）支持南京叛民的一場祕密會社暴動，他的特務在廣東撒下人網，捕獲被控支持太平天國之人，據估計有七萬五千人。對於那些漏網之魚，官府設立了自殺站：備有自殺工具（匕首、繩子）的亭子，亭子上張貼布告，呼籲亂黨的支持者選擇速速自我了斷，以免最後被捕、分屍，使家人蒙受更大羞辱。[26]

整個一八五四年直到一八五五年間，兩廣總督葉名琛命人執行了英國領事所謂的「一連串處決，那是人類信史所記載，在規模和方式上最駭人的處決之一」。[27]據某位親眼目睹的英國人所述，數萬名被指控支持太平天國之人在廣州刑場遭到殺害。刑場是條擺滿陶器的小巷（在較安定時期那是個市場），散發鮮血凝結後的腥味。他說：「數千人死於刀下，數百人以十二人為一組綁在一塊丟入河裡。」他看著那些人遭處決，大為驚駭：一名劊子手抓住被綁著跪在地上的囚犯頂髻，另一名劊子手揮刀砍下他的頭。那地方非常窄小，但劊子手手法俐落，這名目擊者看了四分鐘就看不下去，而在這四分鐘內，他算過共有六十三顆人頭落地。他寫道：「場面很恐怖，斷手斷腳斷頭的軀體，幾十具布滿整個刑場，無頭軀體之間散落許多剝掉皮的肉塊。」現場有數只箱子，等著裝砍下的囚犯人頭，送到總督面前，以證明已執行應行的處決，但砍下的人頭太多，箱子裝不下，最後劊子手只把耳朵（右耳）裝箱，而光是耳朵就把箱子裝到滿出來。[28]

另一名目擊行刑場面的是中國人容閎。他於一八五四年自耶魯大學畢業，這時剛從美國回來不久。已完全美國化的他，希望為朝廷效力，希望以美國為師推動教育改革。他先到廣州以拾回他幾乎忘光的中國話，卻在刑場看到一幕使他重新思考該不該支持一個容忍如此野蠻行徑的政府的情景。誠如他所述：「但那場面真是嚇人！地上的土吸飽人血。車道兩側會看到沒頭的人屍一堆又一堆，等著擡去埋。」殺掉的人太多，因而「未費心去找個足以埋掉這所有屍體的大地方，就任由屍體留在那裡，曝曬於烈日下。盛夏時從早到晚氣溫都在華氏九十度，有時還更高。刑場方圓兩千碼以內的空氣，濃濃充斥著有毒、瘟疫似的氣體。那氣體從已過度吸飽血的土地發出，從已被棄置至少兩天的屍堆發出」。[29]

廣州大肆處決人犯，大大改變了香港的命運。大批難民湧入這個殖民地，除了性命受到兩廣總督手下威脅的逃犯，還有來自華南、想找個較安穩地方經營事業的富商。這些新移民蓋房子，推高既有房屋的租金，創立新的貿易公司，為香港注入旺盛的新活力，香港欣欣向榮。[30] 傳教士大為欣喜；原本洋傳教士要到廣州並不容易，如今看來反倒可能所有廣州人都來到他們跟前。廣州城殘酷血腥的鎮壓，也使外界對朝廷有了新的認識，並感到心寒，就連質疑太平天國動機的外人，都無法替現行政權回應太平天國時做法的野蠻可怕辯解。

理雅各很清楚他的三十三歲助手洪仁玕是太平天王的族弟，但他遠不如韓山文那樣欣賞這些叛軍。他堅決認為，只要太平天國的教義是來自他們所謂的天王，而非來自受認可的教派，他們就不是真正的基督徒。此外還有他很不能接受的事：洪秀全自認是耶穌基督之弟。理雅各很喜歡洪仁玕，但他對於洪仁玕的大家族所為大體上不感興趣，一再勸他別想著南京的事，應全心奉獻於香港的傳道和進修——因為他深信，如果情勢照目前這樣繼續擴大，全中國遲早會被打開，屆時傳教士將通行無阻。

洪仁玕本人似乎謹記理雅各的勸諫，幾年時光就這麼過去。他接下多種職務——除了陪理雅各四處跑，還赴獄中探望囚犯，赴醫院講道。香港有一所傳教士創辦的學校，名叫英華書院（Anglo-Chinese College）。洪仁玕在該校向中國基督徒學生教中國歷史與文學，也協助理雅各英譯儒家典籍，就是他為了在清帝國當官這個已揚棄的夢想而精通的那些典籍。[31] 在華北的內戰陷入僵局，華南因報復行動而動亂不已之際，洪仁玕在香港當理雅各的助手，安全、安靜、有效率地工作。太平天國的同志找不到他，若抓到他會將他就地正法的清朝官府也找不到他。

對後來的發展影響更大的，乃是洪仁玕在香港這幾年期間也對中國以外的世局有了廣泛的瞭解。瞭解的程度或許不如在耶魯受教育、在美國居住多年的容閎，但絕對比其他任何太平天國的支持者高上許多。嚴格來講香港仍在中國境內，卻是中國與大英帝國更廣大的世界連結的節點。在傳教士所辦的學校裡，在他們所翻譯、用以宣揚他們自己文明之長處和發現的書籍裡，他學到歐美在政治經濟、科學、醫學、政府行政、乃至軍事科學方面的觀念。[32]他見識到這個英國殖民地的運作——使社會井然有序的方式、貿易在其經濟中的地位、教堂在其道德生活中的地位。這些只是對大不相同於他已知社會的香港社會浮光掠影的一瞥，但這一瞥讓他銘記在心，且將久久難忘。但最重要的，那是那幾年裡難得的愜意日子。他和理雅各研讀、講道，間或到香港島的山上踏青健行。那四年，中國大陸烽火連天，而他們過著以讀書、講道和野餐為主的生活。[33]

但洪仁玕的好人緣有利也有弊。因為他不只受到傳教士喜愛，也受到每次他冒險出門就圍在他身邊的大批中國人、被廣州刑場的幽靈趕到香港的大批難民喜愛——甚至應該說大受喜愛。理雅各很清楚，那些在洪仁玕一到碼頭時就湊上去的人，不是要問他宗教的事，至少不是問理雅各所認知的宗教的事。他們要問他族兄和叛亂的事，問他是否會帶他們去南京和太平天國。其他傳教士私底下悄聲說道，如果洪仁玕能到南京，他能照他在香港所學的東西糾正他們的教義。他能獨力將真正的基督教帶到中國。最後，就是這些傳教士背著理雅各讓洪仁玕前往南京。

一八五八年晚春理雅各返鄉探親期間，洪仁玕偷偷離開香港。其他傳教士給了他盤纏，承諾發薪俸給他留在香港的親人，但未將此事告訴一再告誡他遠離太平天國的理雅各。洪仁玕留下一首詩，表白他離開安全的香港時的心境。那是首樂觀的餞別詩，一個終於覺醒而準備與其家人、會眾重聚的孤獨旅人的心聲：

枕邊驚聽雁南征，
起視風帆兩岸明。
未挈琵琶揮別調，
聊將詩句壯行旌。
意深春草波生色，
地隔關山雁有情。
把袖揮舟爾莫顧，
英雄從此任縱橫。[34]

這一次他未帶聖經或望遠鏡，也未搭便捷的汽輪。他未帶在香港簇擁著他的那些民眾，甚至未帶費盡千辛萬苦到香港和他會合的寥寥幾個親人。他留下哥哥當理雅各家的管家，免去後顧之憂，然後喬裝改扮隻身啟程，踏上跋涉一千一百公里，橫越受戰火蹂躪的中國大地，前往南京的陸路之旅。

二、中立

一八五八年五月上旬，從洪仁玕正準備離開的香港，沿海岸往北約三千公里處，一千兩百八十七噸重的英國皇家海軍明輪船狂暴號（Furious），在中國東北岸外約十五公里處寒冷渾濁的海面上，隨著海浪上下晃動，嘎吱作響。在甲板上踱步的是詹姆斯．布魯斯（James Bruce），第八代額爾金伯爵，他身材肥胖，膚色紅潤，舉止溫文得讓人放掉戒心。狂暴號是他的旗艦，在由二十一艘船組成的艦隊中，扮演中樞角色。這支由英國與法國共同集結的艦隊停在海上，等待艦隊聯合司令下達命令，空氣中瀰漫著不祥的氣氛。若非天候不佳，他們早已駛到可看見陸地的海域。儘管狂風怒吼，海面卻升起濃霧，狂風挾帶從中國東北平原吹來的砂礫，打得人發疼。差不多每隔一個禮拜，霧會散開到讓水兵看得到平坦海岸上的防禦工事。防禦工事所在，就是通往帝國首都北京的那條水道的入口，白河口。白河口寬約十公里，河口中有一道沙洲，退潮時沙洲處水深只約〇．六公尺，河口兩岸的防禦工事構成大沽要塞，共五座炮臺。大沽要塞是通往京城的海上門戶，整個中國海岸線上戰略地位最重要的海防設施。[1]

這次英法結盟是新近締結，帶有摸索性質，結盟始於不久前結束的克里米亞戰爭。法國派了葛羅男爵（Baron Gros）前來，與英國的額爾金勛爵共同指揮這支遠征軍。來自美國的外交小組，一如在克里米亞戰爭時宣告中立，而英法在該戰爭中的宿敵俄羅斯亦持同樣立場。美國外交人員搭乘密西西比號在旁觀戰，俄羅斯人則令人困惑地，乘坐亞美利堅號。為表明這的確是支聯合遠征軍，在等待天候轉好期間他們以法國旗艦果敢號（Audacieuse）為四國代表的會晤場所。

額爾金勛爵知道，倫敦方面希望他極力表明英國無意壟斷對華貿易，因此拉法國參與這次遠征至為重要。基於同樣原因，他希望美、俄也會放棄中立。上海和上海以南那些通商口岸對所有國家開放，儘管那是英國人在鴉片戰爭中動武爭取來的。只有香港是真正的英國殖民地，而這令英國人感到些許尷尬。無論如何，如果這支艦隊達成任務，他知道英法兩國海軍打算冒生命危險爭取的特許權及貿易權，中立的美、俄會一樣不缺得到，而且是不費一兵一卒就得到。那讓他有點惱火，儘管那至少有助於營造英國所宣稱其對中國的打算並非只圖自己好處的假象。只要法國人也參戰，額爾金就能義正詞嚴宣稱隨後與清廷的任何戰事，都是為了更崇高的貿易原則與國際關係而打，而非為了擴張大英帝國的版圖而打。

這支艦隊出現於大沽口外，與清朝和太平天國間的戰爭毫無關係，至少艦隊聯合司令無此意圖。外國政府對這場中國內戰均避免選邊站，較中意於原則性的中立立場。而中立背後隱藏著各國坐山觀虎門，看哪邊打贏再表態的盤算。但這些國家的本國公民並不這麼想。其中有些人覺得幫清廷打仗雖然不是長遠之計，但報酬優厚。清廷付給他們「商船船長的工資」，比起在他們本國軍隊服務的微薄薪餉好上太多。[2] 一八五五年，英國的香港總督想阻斷機會主義者從香港及上海投身戰區，於是明令凡中國境內的英國人，都必須在「目前爭奪那帝國支配權的雙方之間……嚴守中立」，凡違反中立的英國人都會遭判刑或罰以高額罰金。[3] 這道命令具有法律效力，的確大大阻止了正規軍人員介入中國內戰，但對「船艦逃兵和來自加州的淘金失敗者」來說沒什麼用。這些人構成傭兵主力，為避開香港總督的命令約束，乾脆宣告放棄英國公民身分，成為美國人。有位觀察到這個過程的人指出：「英國人就此從舞臺上完全消失。」[4]

但中立可以表現為多種形式，有幾個具外交影響力的外國人，特別是援引韓山文有關叛軍是基督徒的證據來支持自己立場的傳教士，甚至鼓吹承認太平天國是獨立政府。一八五六年擔任美國國務院全權代表的美國傳教士伯駕（Peter Parker）發報告回華府，稱清帝國的民心已轉向支持叛軍，[4] 另一位美國傳教士丁韙良（William Alexander Parsons Martin），一八五七年發表一封公開信給美國政府，宣稱太平政權已「取得獨立地位」，這時實質上已是兩個中國並立。他預測，以南京為首都的新基督教中國，將統治盛產茶葉與絲的長江流域地區和長江以南地區，較老的滿清中國將繼續以北京為大本營，治理華北地區。他深信滿清政府「太衰老，無力進行令人振奮的改革」，因此他建議列強，「從利害角度出發，考慮承認其年輕對手。其年輕對手抓住時代精神，或許可被說動而打開內陸的寶庫，開放門戶讓外人與之來往而不受到限制。」而這時，丁韙良就擔任額爾金艦隊裡美國代表的祕書兼通譯。

不管是否正式承認太平天國，英國並未因為對這場內戰抱持中立而避免在這段時間對滿清另外開戰。事實上，太平天國把清朝打得擡不起頭，反倒給了英國人大好機會。叛軍耗掉清朝最好的資源，使大運河漕運停擺。幾百年來，南方的穀物走這條內陸水道北運，供應北京所需。穀物運不上來，北京會斷糧，而北京居民已是惶惶不安，陷入險境。就在這風雨飄搖之際，英國對中國掀起另一場戰爭——如果那稱得上是戰爭的話——一場倉促發起、沒有事先計畫的戰爭，一場完全一面倒的戰爭。英國多次要求清政府修訂一八四二年鴉片戰爭後所簽的南京條約，以讓英國商人能更自由進入中國市場，態度愈來愈強勢，均未能如願，終至爆發這場戰爭。一八五六年，清朝廣州當局逮捕中國走私船亞羅號上的水手，而亞羅號當時掛英國國旗，因此清朝當局強行登船逮人，被英國人視為對英國王室的侮辱。香港總督以這個極薄弱的藉口要求對華用兵，在母國倫敦，首相帕麥斯頓勛爵（Lord Palmerston）於一八五七年派額爾金赴華，要他幾乎不惜任何代價也要索得賠償，訂立新約。那意味著要與皇帝本人談判，或至少與駐在北京附近而能代表皇帝發言的全權大臣談判，也就是說額爾金得率兵直抵北京的海上門戶白河口。

英軍遠征之行多所延誤。額爾金於一八五七年帶著可觀的一千七百名兵力離開英格蘭前往中國，但途中通過錫蘭時，印度發生印軍譁變。無力平亂的加爾各答英國總督向額爾金借兵，額爾金同意。那年夏天慘烈的圍攻德里之役，額爾金的部隊展現了高超戰力，有人認為他們使英國在印軍譁變中轉危為安。[7]但他的任務因此無法照計畫進行，他被迫在印度待了一陣子，在這名總督的加爾各答豪宅裡作客。在那裡，置身在典型的殖民統治墮落氛圍裡，額爾金開始正視某種不安，那是自他接下任務離開英國起就已在心中滋長的不安：他發覺他的同胞在亞洲的行為有違道德，令人反感。誠如他在加爾各答所寫的，「很糟糕……這種與劣等種族為伍的生活」——他之所以發出糟糕之語，不是因為當地人所受的對待，而是因為看來文明的英國人，身為較高等的種族卻自甘墮落。他深信，在這種情況下，基督教的仁心善意觀全都遭到遺忘，不管是英國男人還是女人，心裡都只剩下「厭惡、鄙視、凶惡、報復，不管對象是中國人還是印度人皆然」。[8]

但他發覺自己竟不知不覺被半拉進他們的世界，並且語帶挖苦地承認自己被當地僕人環繞的不自在感覺「不久就消失，在他們之間走動時心裡完全不在乎，不是把他們當狗，而是把他們當機器，因為若當成狗，會對他們吹口哨、輕輕拍打他們，而人與機器可以不必交談或心懷同情」。[9] 額爾金在海上仔細研究過英國人過去在中國的行徑，並對此感到矛盾，而他對英國在印度殖民計畫的憂心，更加深本已有的這種矛盾心情。他寫道：「讀了藍皮書（譯按：英國政府發表的藍封面官方報告），必然會覺得我們對待中國人時，做法往往很難說得上有理。」在印度雖有這番省思，他卻未順著這思路，對受壓迫者生出任何同情；對於中國人，他斷言道：「他們有時非常奸詐殘酷，因而幾乎使所有事都顯得情有可原。」[10]

只帶著一艘借來的船和不安的良心，額爾金離開印度，到香港後又花了幾個月等待增援部隊抵達，以替補他留置於加爾各答的部隊。這時候要往北航行到白河，時序已經太遲，因為白河已經封凍；得等來春，通往北京的白河才能通航。急於有所成的他，與法國人聯合炮轟氣候較溫和的南方城市廣州，然後予以占領。無法和北京的皇帝直接接觸，只好退而求其次占領廣州。這不是理想的替代辦法，但他們希望在華南展現武力，至少會引來皇帝的注意。然而他們並未意會到自己已在中國內戰中扮演的角色。因為他們入侵並占領廣州時，也在無意中終止了兩廣總督葉名琛——就是下令扣押亞羅號的那個官員——處決太平天國人犯的恐怖計畫。英軍以侮辱英國王室的罪名緝捕葉名琛，在他試圖從同僚家後面逃走時捕獲。英軍將他綑綁，押上船送到印度，最後在英國人拘禁下死於該地。

＊＊＊

春天冰融之後，他們終於來到白河口，耐心等待皇帝派專人前來給他們新約。幾個星期在無聊中度過，連那些在船上討生活的人都覺得不耐。船艦在渾濁的海上隨浪晃動，晃到令人想吐，河口海水非常淺，在距陸地約十五公里處，他們下錨停泊的地方，水深只七．五公尺。白天起大霧，有時可見遠處那一線陸地；夜裡黑色的海水發出明亮的磷光。那些從未到過中國的人喜歡把中國想像成有著某種魔法之地，而眼下就只有這磷光使水兵想起這樣的說法。補給品就快用完。有些水兵畫素描或讀書來消磨日子；有些人朝海鷗亂開槍。海軍陸戰隊操練戰技，以備登陸進攻。

偶爾會有一艘肋狀帆的中式帆船從岸邊駛出，載著幾名清朝官員，船上掛著停戰旗。外交對話很空洞，但有人來訪至少打破日子的單調，而且所有人能坐下來一起用餐。法國公使葛羅男爵搞不懂清朝官員的來意，對話一般來講都是歐洲人請求允許他們溯河而上，和平商談訂約事宜，清朝官員則拿出藉口推拖。有次，一名清朝官員隨口說到，他們其實一點都不在意聯軍艦隊會不會炮轟大沽要塞，因為守要塞的軍人「全是漢人」。那或許是在唬人(也或許不是),但無論如何這清楚點明了,這是個由兩個民族(統治的滿人和被統治的漢人)組成的帝國,而這使歐洲人不舒服。[12]

霧散後,聯軍派小船到近陸海域勘察敵情,近到透過小型望遠鏡可看到清軍正推著銅鑄巨炮跟蹤他們,火繩時時點著火,隨時可點燃導火線開炮。清軍已在河口布設了攔障,阻止船隻通過。法國通譯失望於所見的陸上景象,他寫道:「很難想像還有比這更乾枯、荒涼而悲慘的國家……除了泥土、黏泥、淺鹽湖和幾座沙丘,看不到別的東西。放眼望去,沒一株草木。」[13]正確的情報不易取得,他們不得不倚賴與清帝國接壤、與之關係較密切的精明俄國人。有位剛從北京的俄羅斯文館回來的老師說,皇帝對於洋人的要求十分火大,只有少數幾個大臣敢跟皇帝說與外交事務有關的事。清帝國國力日蹙之時,謠傳咸豐帝把大部分時間拿來騎馬,帶著妃子在圓明園的林區駕馬小跑,日子過得很悠哉。

皇帝一直未派人來談,於是在一八五八年五月二十日,早上十點八分,英法艦隊動手。一面信號旗打出來,英國皇家海軍艦艇鸕鶿號(Cormorant)的船員趴下,緊貼著甲板,船隻加足馬力到全速,衝破橫亙在河中的攔障,為其他船艦開道。一組三艘炮艇就位,攻擊北岸的兩座炮臺,一艘是英國兩艘是法國的;另外有三艘炮艇攻擊南岸炮臺。[14]六艘輕型炮艇殿後,拖著數艘大艇,大艇上共載有一千八百名英法海軍陸戰隊員。要塞守軍的初步反應,比他們預期的還要鬥志高昂。英法艦隊的進攻根本不符標準的登陸作戰程式。有艘法國船被漁網纏住,在海上上下擺動,無計可施,敵人炮火如雨點般落在船上,前後長達十五分鐘,奪走船上十一條性命。但大沽炮手認為敵人不會在退潮時來犯,因而事先把炮口仰角設在高位,於是射出的炮彈大部分從敵船索具的縫隙間穿過,未造成傷害（中國的火炮以繩索固定位置，要在接敵之際迅速調整仰角並不容易）。[15] 但事實表明，殺傷力最大的正是那些未命中預定目標的失誤射擊。有個法國海軍少尉被炮彈轟掉頭。有枚炮彈把法國軍艦龍號（Dragonne）上的一名見習官齊切成兩半，分開的身體翻落海裡，佩劍同時匡噹掉在甲板上。[16]

聯軍炮艇就接敵位置，隨即以舷側榴霰彈和葡萄彈攻擊要塞。以長平衡桿引導的康格里夫火箭（Congreve rocket）拖著火焰，呈一道弧線高速擊中牆壁爆炸。大沽要塞原是設計來抵禦來自沿海海盜和本國叛民的小口徑火力攻擊，要塞內的炮手面對英軍與法軍射來的炮彈，大體上沒有防禦能力。北岸的炮臺蓋得很堅固，布局卻與水道呈斜角，後面敞開，因此當鸕鶿號溯河而上，超過這些炮臺而取得有利角度時，炮臺的側面完全曝露在該船的長程炮火攻擊裡。炮臺後面的屍體愈堆愈高，登陸隊搶上泥濘的淺灘，往第一炮臺的牆壁奮力衝刺，手上握著滑膛槍。清軍指揮官從沒碰過這樣的打法，因此他們的炮手幾乎全未把登陸隊當一回事，只對著敵船開火。[17] 海軍陸戰隊和水兵衝向炮臺，一路尖叫吶喊、發射滑膛槍，守軍便轉身逃走。除了幾名法軍靠近彈藥庫時，彈藥庫正好爆炸而有所死傷，登陸隊傷亡甚少。美國觀察員隔著安全距離用望遠鏡觀看，看到這幾名法軍被炸得飛起，落到距炮臺有段距離的地面上。[18]

最後，入侵者清點，中方陣亡五百人，約三千名炮臺守軍的其餘人馬則似已潰散。這樣的結果在艦隊司令預料之中。（美國船上有位隨行的《紐約時報》記者甚至吹噓道：「只要是能讓聯軍浮動炮臺發揮威力的地方，聯軍絕對是戰無不勝，攻無不克。」）[19] 額爾金肯定不覺意外。儘管英國皇家海軍有則至理名言，「船攻要塞愚不可及」，他從不認為中國守軍碰上他身經百戰的克里米亞老兵能守多久。

但他對法軍卻有點瞧不起，認為「他們的炮艇打得很糟糕，而且竟然引爆彈藥庫把自己炸死」。[20] 聯軍洗劫要塞，把錢、糧食、特別是銅製重炮搬上船。那些重炮才是真正值錢的東西，炮身所含的金屬使每一門炮都值上數十萬。炮身上刻的字說明是新鑄，於咸豐在位時鑄造。聯軍也注意到，雖然他們輕鬆打贏，守軍武器的先進卻大大超乎他們預期。有些炮甚至是英國所造，是從遇難船隻身上搶救來或在上海偷偷買來，而且沙包防禦工事的配置符合專業水準。聯軍打贏，贏在訓練較有素，而非武器較精良。附近的兵營可看到清軍軍紀的嚴明：有個軍人因逃離崗位被砍頭；更令歐洲人不安的，某個炮臺指揮官因戰敗而刎頸自殺。[21]

較大型船隻吃水太深，越不過沙洲，因此諸公使及其隨員擠上吃水較淺的船，進入水道。岸上觀看的農民似乎很害怕，船經過某個村莊時，村民全匍伏在河邊，大聲叫喊。額爾金的通譯把他們喊的內容（生硬）譯為：「大王好！願您下船登岸，統治我們！」[22] 誠如額爾金的祕書所見到的，「村民明顯以為我們是要去推翻清朝」。[23] 這樣的認定並不離譜。在那些人的記憶中，這些船是第一批溯白河而上的外國船，而船長與船員也很清楚這點，心中甚是得意。並不是說過去沒有英國使節來過——一八一六年阿美士德勛爵（Lord Amherst）率團訪華，更早的一七九三年也有馬嘎爾尼勛爵（Lord Macartney）出使中國。但這兩次訪華都受清朝皇帝之迫，掛上顯眼的貢使旗來向皇帝致意。因此，這一次，額爾金的艦隊掛著本國國旗溯河而上時，自覺一掃過去的羞辱，更有甚者，終於給了把他們當作蠻夷的清帝國一個教訓。[24]

但在驕傲底下，額爾金思索著他們所踏上的另一種尚未探明的土地，心情低落。在家書中他問道：「當我們以醜惡的暴力和殘酷的作為如此闖進過去傳統最晦暗、最神祕的深處時，我們是在替誰辦事？」但一如他先前的憂傷，他並未在心中找到使他設身處地替中國著想與辯護的必要浪漫因素，最後他以近乎虛無主義的心態斷言：「同時，這個正被我們以如此方式驅散到風中的古老文明，肯定沒什麼好遺憾的。」[25]

他們第一晚停泊在大沽要塞上游約三十公里處。岸上燒著熊熊篝火，召喚陰影處的魔鬼，漆黑的夜空下，船隻輪廓忽隱忽現，火光照處，船身通紅。[26]

＊＊＊

隔天早上，英法艦隊繼續溯白河而上，緩緩駛往天津。白河河道非常曲折，走水路比走陸路多了一倍距離，但要把大炮運到得以令皇帝震懾的地方，這是唯一辦法。河床淺且布有厚厚沉積物，因此就連輕型炮艇都一再擱淺；有艘法國船擱淺了三十二次，另一艘擱淺了四十二次。但速度雖慢，他們還是逐步挺進，白河慢慢揭開其神祕面紗；有次轉過一個彎，一具人屍映入眼簾，屍體半埋在河岸的爛泥裡。那具屍體似乎已被人世遺棄，但未被齜牙咧嘴爭奪它的兩隻鬥牛狗遺棄。兩隻狗扭轉身子，以找到有利角度咬住對方的喉嚨，前爪緊踩在腐爛的屍骸上，不讓對方搶走。[27]

時間平靜地流逝，船上的人既未看到清廷的官兵，那些在岸上追蹤他們的農民群眾身上也看不到任何明顯的敵意。艦隊噴著白煙，奮力逆流而上，那些農民在岸邊跟著往上游走。這些人不是那些因攻擊傳教士而出名的咆哮中國人群眾，他們也不像是國家遭入侵的憤怒國民。在他們身上，船上的人看不到一絲在意皇帝死活的跡象（事實上，對廣大中國農民來說，皇帝的存在抽象而遙遠，皇帝是由上天選定，而他們對此無權聞問）。隨著艦隊平安無事往上游駛去，民眾的害怕消失，轉為有所提防的好奇，乃至有時令人覺得突兀的合作。船擱淺在爛泥地時，船員會把繩子拋向民眾，岸上的人會幫忙將船拉離泥地。這樣的事一再發生。有些幫忙的民眾得到硬餅乾做為酬謝（「他們眼中的珍饈，」法國公使隨員覺得），還有些民眾獲贈英法軍人從大沽要塞劫掠來的成串銅錢。他們劫來的錢多到用不完，而且那些錢的面額都極小；有時他們乾脆抓起一把錢朝岸上的民眾丟，看他們爭搶。[28]

再往上游駛，岸上的泥地變成密集耕種的農地——來自美洲的玉米、小米、萵苣、蘿蔔。[29]從鹽灘挖出、成堆擺著的鹽，打破景色的單調，像標示不知通往何處之路徑的錐形石堆。遠處一座佛塔從薄霧中浮現。侵略者行駛到天津城郊時，河兩岸的泥屋換成分布更稠密的木造建築。他們來到白河與大運河匯流處，河的一側岸上有著堆積如山的稻米等穀物——那是朝廷的稅收，從尚未被叛軍切斷聯繫的地方收繳來的東西。觀看的群眾也變得更密集，擠在屋頂上看這支艦隊，「一張張上仰的臉和光禿的頭，密密麻麻構成一個斜面」，「幾乎從水面延伸到屋簷」。[30]河上的小船分開，讓路給艦隊，仍不見清朝官兵的蹤影，這時歐洲船員終於以一聲響亮的喝采打破緊繃的寂靜。狂暴號船長憶道：「我們覺得天津是我們的，從而我們扼住了……中國的咽喉！」[31]

他們在天津下錨，從這裡棄船走陸路可以到約一百一十公里外的北京，但他們決定到此為止。烈日下的夏季氣溫高達華氏百度，習慣較涼爽氣候的歐洲軍人幾乎動不了，更別提要他們帶著武器和裝備，頂著高溫走上百公里路到北京。但入侵到這麼深的內陸已經足夠；皇帝屈服，派全權大臣來議定條約，以阻止他們往京城挺進。於是他們在天津住下，額爾金勳爵與葛羅男爵找到天津城內一座大宅當總部，並將大宅均分，英國人和法國人各住一半。美國人和俄國人租了河對岸一棟房子，儘管屋主想付錢打發他們走（後來的發展表明這是明智之舉，因為後來，凡是自願與入侵者進行買賣之人，都遭到官府秋後算帳）。清朝全權大臣不久就來到天津，開始議談新約——與派了代表前來的英法美俄四強各議簽一份新約。在配備火炮的炮艇隨時可能往京城進發下，這絕對不是平起平坐的議約。

英國拿到的新約讓外商大為滿意，條約取名為「和平友好通商條約」（天津條約），毫無刻意諷刺的意味。根據該約，英國船隻從此將有權溯長江而上，深入到中國中西部。除了已對外開放的五個通商口岸，在華北、臺灣，以及內陸的長江沿岸，將另外開放十個通商口岸。傳教士的意見對美國人影響甚大，而令傳教士大為欣喜的是，新約規定外國人可在清帝國內隨意走動，皈依基督教的中國人將受到保護（清帝國當然不認為此規定適用於太平天國）。此外，清朝官員將不得再稱英國人為「夷」，甚至私下交談時都不得如此稱呼。法、俄、美三國公使也都各自和清廷簽了類似的條約。

但在這些條款之外，最令咸豐帝苦惱的乃是允許英國在北京派駐大使的條文，從此英國大使將可以想來就來，想走就走。過去朝廷一直不同意此事，而由於清朝主要靠威信來維繫其統治，此條款的破壞力可能是最大的。與太平天國還未了結的戰爭已拉低咸豐帝的威望，但至少這股叛軍的影響力受到抑制，華北仍在名義上由朝廷管轄。之所以說是名義上，乃是因為清軍抽調了最精銳的兵力對付南京，造成權力真空，捻匪趁隙在華北造反，肆虐英法艦隊所經過的鄉間。

此外，讓外國船載著該國大使在這條通往京城的主水道上來來去去通行無阻，既不是來進貢，也不是來向皇帝叩頭致敬——赤裸裸呈現於河岸居民眼前——意味著清朝不只無力維持國內秩序，且再也無法得到洋人尊敬一事，將傳遍帝國各地。那將打掉皇帝本已薄弱的統治正當性。為讓皇帝稍稍放心，同意這項條款的那位全權大臣向咸豐帝建議道，這些條約只是欲讓夷人離開天津的權宜之計，皇帝想取消就可以取消。[32]於是諸國公使打道回府，與朝廷約定一年後帶著批准後的條約複本回來北京換約。咸豐帝滿心希望這絕不會發生。

經此一役，額爾金勛爵贏得了英國在華炮艇外交先驅的歷史名聲，但他遺憾於入侵天津，並對促成入侵天津的一連串事件感到羞恥。促使英國對華另啟戰端的走私船亞羅號事件，用他的話說，「令我們蒙羞」。[33]但他知道他的憂心使他成為非主流的一方。英國民意絕大部分力主向中國（也就是統治中國的清朝）開戰，以教訓中國拒絕通商及侮辱英國國王。一八五七年，國會多數黨自由黨背離這股民意，極力阻止首相帕麥斯頓開戰，年輕的格萊斯頓（William Gladstone）發表了整整兩小時的演說（據某位激動的支持者所述，那是「國人記憶中在平民院所發表過最精采的演說」）。他在演說中指控，英格蘭將鼓「全國之力」對付「無防禦之力的（中國）人民」。[34]平民院的投票結果如格萊斯頓所希望時，帕麥斯頓勛爵乾脆解散政府，重新選舉。靠著這場英國新聞界所謂的「中國選舉」，帕麥斯頓領導的主戰派獲得壓倒性的民意支持，重新執政。不管額爾金私底下憂心何事，他清楚知道民意走向。誠如他於十一月，也就是入侵天津幾個月後在日記裡寫道的，如果英國報紙的語氣可以當作民意的指標，國內民眾大概會更樂見於他當初動用大上許多的武力，「更大程度洗劫可憐的中國人」。[35]

渴望與清廷一戰的心態，連在美國都非常強烈。拜剛完成的跨大西洋電纜之賜，締結新約的消息以破紀錄的速度迅即傳到美國，成為最早利用這條新電纜傳送的重大消息。[36]得悉獲得貿易特許權，美國人大為欣喜，但挫折的埋怨沖淡了欣喜——不是埋怨年輕、充滿正義感的美國因與英法兩國的掠奪性炮艇牽扯在一起而使名聲受損，而是埋怨美國未在此事中當老大。《紐約時報》某篇社論含蓄抨擊了總統布坎南（James Buchanan）的中立政策，宣稱「法國人和英國人發動了遲早會使中國政府屈服的戰爭，從而採取了較明智、較政治的做法」。[37]該報主編主張，新約具有前所未見的重要性，代表「徹底揚棄了自古以來中國所奉行的閉關自守政策」。新約使「全球三分之一的人口……向福音傳播事業張開雙臂」。他們表示，意義如此重大的結果，無疑證明「在可打擊到京城的範圍內維持一支龐大的陸軍與海軍有其必要」。[38]在另一篇（短視的）取名為〈中國戰爭的結束〉的社論中，這些主編甚至宣稱，這份在炮口威脅下簽訂的條約之所以必要，乃是因為「武力是唯一能讓中國人點頭的論點」。美國的中立稱不上是道德自豪的展現，反倒在他們眼中是虛弱與被動的表徵，因為「在如此攸關我們利益的對華貿易上，我們允許他人出力，收割榮耀，而我們則滿足於分一小杯羹」。[39]

這種侵略性的對華外交令額爾金良心大為不安，因此七月底終於從天津啟程，轉往中國的鄰國日本，以與日本政府簽署類似的貿易協定時，他有如卸下心中大石。日本人的因應做法，原可能會和清廷差不多，畢竟日本德川幕府對英國通商和傳教的鄙視，跟清廷一樣強烈，但德川幕府受益於日本在東亞的老二地位——事實證明，在中國的廣大市場使英國將炮口先瞄準中國時，這樣的地位讓日本得利。在日本，具影響力的武士已從旁看到英國船艦於一八三九至一八四二年的鴉片戰爭時如何強行打開中國門戶，因此，一八五三年美國准將培里（Matthew Perry）率領一隊汽船首次叩關日本時，他們乖乖和培里簽署貿易協定，從而免於遭到和中國一樣的命運。一八五八年額爾金前來打開英國與日本的關係時，日本人不只有了與美國簽約的先例，還清楚知道最近滿清政府阻擋額爾金進京時在大沽要塞發生的事。

清朝的殷鑑不遠，因此德川幕府吞下傲氣，毫無抵抗歡迎額爾金及其艦隊入港。德川幕府簽署了一批類似中國所簽的條約，但過程中未見暴力。[40]與英國和清朝之間日益升高的敵對相反，日本人對額爾金備極禮遇。幕府將軍的友好外交收到所要的效果，額爾金憶道，日本人是「最好的民族，完全沒有中國人那種僵固與偏執」。[41]日本的不具敵意，減輕了額爾金對英國在亞洲種種作為的愧疚。離開日本時，他寫道那是「自我來到可憎的東方以來，唯一讓我在離開時覺得懊悔的地方——東方之所以可憎，與其說是因其自身，不如說是因為東方到處可見我們暴力與欺詐的紀錄」。[42]但重新踏上中國，使他感受到「某種恐怖」。[43]

＊＊＊

一八五八年晚秋時，額爾金已圓滿達成亞洲之行的任務，但返回英格蘭之前，他花了三個星期，率領由五艘船組成的小船隊上溯長江——穿過太平天國占領區——抵達新的通商口岸漢口。新約所開放的十個口岸中，漢口位於長江最上游，這時在清廷手中。額爾金公開表示，此舉想測試長江沿岸的中國官員是否遵照新約尊重英國國旗的地位，但也想趁機看看叛軍占領區。他在上海時聽到有關太平天國的含糊傳言，他想親自去察看傳言是否屬實。天津條約給了英國船隻在長江自由航行的權利，但長江由兩股勢力掌控，而英國只與其中一股勢力簽約，他覺得該正視真相。他寫信告訴外相：「我們既然在中國皇帝和叛軍之間擺出中立的姿態，對這兩股勢力同等看待，自然不能離譜要求他讓我們在實際上由叛軍占領的地區享有權利和保護。」[44] 因此，他承認，英國在中國內戰的中立姿態是裝模作樣，因為涉及中國境內一方的任何行動，必然都會令另一方受益或受害。

從狂暴號艦橋和幾趟短程的上岸走動，額爾金能看到的東西不多，但光是這樣，他都看出這場內戰的破壞，比他從上海任何人口中聽到的都還要嚴重。他談到鎮江市的時候說：「從來沒看過這麼荒涼的景象。」鎮江位處長江與從北京逶迤而來的大運河交會處，戰略位置重要。官軍不到一年前從太平軍手中收復鎮江，而戰事過後，除了「矗立在一些曲折街道兩旁的一堆堆廢墟」，什麼都沒剩。[45] 與他同行的某人則如此描述鎮江：我們「一時以為自己置身龐貝城。走在無人煙的街道上，兩旁是沒了屋頂的房子和雜草叢生茂密糾結的牆壁；一堆堆垃圾堵住通衢大街，但完全沒擋到人」。[46] 戰前有三十多萬居民的鎮江城，這時只剩幾百人，過著非人的生活。鎮江的凋敝並非孤立現象。誠如額爾金在報告裡嚴正指出的：「為免重述同樣的情況，我要在此一次了結的說，雖有某些程度上的差異，這是我在長江來回一趟所去過的每個城市都有的情況。」[47]

額爾金的艦隊奮力溯江而上通過南京時，一顆炮彈飛過他那艘船的甲板上空，為他與太平軍的第一次直接接觸揭開序幕。他並未預料會碰到敵對行為，原本悶著頭計劃在上溯到漢口途中，快速通過岸上有太平軍主炮臺駐防的江面，派一艘炮艇掛著白色停戰旗打前鋒——但這面旗子對叛軍來說毫無意義。守軍把額爾金的艦隊當作官軍部隊（事實上官軍船團緊跟在額爾金艦隊後面，希望靠他的艦隊打開敵人防線，攻打叛軍首都），於是艦隊經過炮臺前時，守軍持續向他們開炮，打死一名英國水兵，打傷兩人。有枚炮彈直接穿過額爾金的房艙，另有幾枚打斷他正上方的索具，神奇的是他毫髮無傷。他事後寫道：「我希望叛軍與我們聯繫，以便向他們解釋我們沒有傷害之意，但這些蠢中國佬會做出什麼事，無法預料。」隔天早上他派炮艇往下游回駛，猛轟守軍炮臺，最後如他所說的，「我們討回顏面」。[48]

太平軍指揮官瞭解額爾金小艦隊的來意之後，立即派人與他聯繫——先是為炮打他的船隻道歉，接著又拉攏他，希望他幫助太平軍對付清朝。南京遭炮擊後不久，額爾金收到太平軍一位指揮官的來函，請求額爾金和其他英國船長「全心全力助（我）殲滅叛軍船隻」（這裡所謂的叛軍，指的是與太平軍為敵的官軍）。他保證，事成之後天王會授予他們尊銜。[49] 額爾金回絕。那天更晚，有一隊太平軍上船送他十二隻家禽和紅布。一個月後，一八五八年聖誕節，額爾金的艦隊返回上海途中，經過城牆環繞的安慶時，他收到天王洪秀全本人的來信（譯按：《賜英使額爾金詔》），信中邀他與太平天國一同投入消滅滿人的神聖大業。

洪秀全在信中告訴額爾金：「爺哥帶朕坐天國，掃滅邪神賜光榮，西洋番弟聽朕詔，同頂爺哥滅臭蟲（譯按：爺哥指天父及天兄，臭蟲指滿清）。」[50]雙方在語言和種族上差異雖大，這封信的用意和額爾金祖國的民意——要他向滿清開戰——差異卻不大。

有些書信往來落在個別指揮官這一層級。額爾金收到洪秀全來信那一天，英國皇家海軍艦艇懲罰號（Retribution）船長收到太平天國一位地方官員的短箋，語氣極為客氣，希望英國人送他一些洋槍洋炮。這位英國船長以同樣客氣的口吻回道，槍炮乃供他們自己使用，「我國律法禁止我們協助衝突中的任何一方」。兩天後，這位太平軍指揮官（譯按：侯裕田）再度來信，說他的本意不是想要英國炮艇上的大炮，只想要「短洋槍一二，火藥、洋炮火嘴若干」。他知道英國明令禁止將火炮等武器交給他人，但搬出共同信仰的基督教以打動對方。他寫道，你我「原係天父上帝之子，均是天兄耶穌之弟，彼此情同手足，誼切同胞」。[51]

共有的基督教信仰讓英國人對於該如何看待這場中國內戰大感左右為難。因為英國自認是基督教國家，太平天國的基督教訴求的確打動英國人。此外，太平軍找上英國人的時候，正好英法剛打完（他們認為已經打完）對清朝的一場新戰爭——當時太平天國希望與洋人結盟，而滿清長久以來竭力欲把洋人趕出去，兩者的心態南轅北轍——因此從許多方面來看，英國人對中國的希求能從叛軍身上得到滿足的機率，顯然遠比從朝廷那兒得到滿足的機率大得多。而且清廷裡沒人把英國人稱作「兄弟」。

但有兩大障礙使英國人無法與太平天國結盟。第一個是中立原則——與太平天國交好，可能進一步傷害清朝，加深額爾金所遺憾造成的傷害，英國也將因此違背自己宣告的原則，在這場內戰中選邊站。換句話說，基於中立原則，英國若與滿清交戰，就不該同時與太平天國交好。另一個難題是太平天國所信的基督教和英格蘭所認知的基督教是否一樣，對於這個問題傳教士這時仍未查清楚。

額爾金翻譯官威妥瑪（Thomas F. Wade）的意見，使原本就傾向於和叛軍保持距離的額爾金更傾向於這麼做。有些人——但絕非所有人——稱讚威妥瑪是中國境內最有語言天分的英格蘭人（後來他成為劍橋大學第一位漢學教授），而且與那些為美國人翻譯漢語的傳教士大不相同，他是軍人出身。他以英軍第九十八步兵團中尉的身分來到中國，強逼自己學中國話：在香港一天跟老師學十五個小時。他那些老師做過公務員和軍官（不是主要角色），因此他對官場用語極為嫻熟，他的資訊和看法大部分來自政府出版品。他的交遊圈包括中國高官，也就是中國社會中的菁英，這與新教傳教士把大部分時間用在和窮人及受壓迫者為伍大相逕庭。如果說傳教士是抱著讓最低下階層有工具實現自我的希望來中國，威妥瑪的關注對象則是菁英階層。由於叛軍來自中國最貧窮階層，來自廣州附近「未開化」的南方，他們無一人展露出清朝官員身上令他欣賞的那種文化與教養水準。因此，與大部分傳教士不同，他十足瞧不起叛軍。[52]

威妥瑪的鄙視之情，清楚可見於他所寫報告的用語上。隨額爾金航行長江期間，他拜訪了太平軍幾次，其中一次到了一個「整個來講武器非常低劣而且環境骯髒」的要塞，要塞指揮官是個「髒兮兮但長得還不錯的男子，身穿黃袍，手帕纏頭」。威妥瑪提到，他的嚮導和那個指揮官都是廣東人，「廳堂上立即擠滿說廣東話的男子」。他們蜂擁而進，「亂哄哄」的「一群蠢民」。有個男子好心記下他們所要的補給品，那人是個「特別髒的福建人」，「寫的字很難看，顯然和他的同伴一樣低等」，在威妥瑪眼中，這些人全是「一幫吸鴉片的海盜」。[53]幾天後他去了安慶，那裡的太平軍同樣講廣東話（他在兩頁的報告裡提及此事六次）。比起先前那群人「看來較健康，穿著較體面」，但其中一人大膽靠近人在小船上的威妥瑪，「看來是個，我看肯定是個，吸鴉片的苦力。」[54] 至於太平軍為炮擊額爾金的船而來信道歉一事，威妥瑪斷然認定「這整件事很卑劣，具體說明了中國人的素質」。[55]

額爾金不惜與清政府一戰的立場令他的同胞大為激賞，他對太平叛軍的鄙視則令他的同胞大為惱火。[56] 因為叛軍控制了中國某些最富饒的茶葉與生絲生產地區的進出要道，而上海的英國商人非進入這些地區不可。偷偷溯江而上與叛軍做成買賣的船隻寥寥可數，而這些船都滿載貨物而歸。在上海洋人眼中，額爾金浪費了他與叛軍談成貿易協定的寶貴機會。他們埋怨額爾金未與叛軍打開關係，反倒愛堅持他那些令人難以忍受的原則，同時也不滿額爾金認為清政府終會重新控制整個長江流域——只有少數人指望這一天到來，即使他們真相信那一天會到來。

英國民眾想知道太天平國的勝算，但額爾金的報告在這方面著墨甚少。一方面，他表示在他所去的那些區域，「叛亂組織幾乎得不到民心支持」——儘管他坦承他去過的地區大部分在朝廷掌控下。另一方面，透過威妥瑪居中翻譯與他交談的中國人，對滿清政府似乎也不是特別忠心，他覺得「整個民心對這場衝突的雙方都不是很關注」，對於這場還在進行中的內戰，他們的「心態類似於看待地震或瘟疫或其他天災的心態」。[57]

但額爾金與威妥瑪的報告雖描述了城市的凋敝破敗，卻也表明無從得知究竟是哪一方造成了破壞。他們把太平天國一方描述為可鄙又不得民心，卻也帶來英國人民所樂見的消息：在太平軍控制區，生活或許並非像清廷傳言所暗示的那麼糟。城裡或許十室九空，但照額爾金的觀察，農村地區仍擁有「勤奮、節儉、冷靜……整體來講行善而滿足的人民」。[58]

結果，額爾金的長江之行結束後，他對英國介入中國事務之舉有損道德原則的不安，更甚於初抵中國之時。他歸心似箭，不想再淌亞洲的事，一八五九年一月一群上海英國商人寫信感謝他代表英國和中日兩國簽署新約，帶來「已獲致的重大結果」時，他回以毫不留情的批判：「這些古國不想讓外界一眼就看透，或許也不想讓外界看到他們日益衰頽之文明的破敗，至少就中國來說是如此，而我們不請自來，以並非總是最平和的做法，打掉了他們賴以隱藏自己的屏障。」他勸誡商人在希望中國開放門戶時，想想自己這心態是否合乎道德。他斷言道：「如果有人問我們如何利用自己的機會，而我們只能答以從我們所發現或製造的廢墟中牟取利益塞滿口袋，那麼我們自身的良心和人類的評斷都不會放過我們。」[60]

* * *

一八五九年初夏，也就是入侵天津整整一年後，又一支英法艦隊出現在白河口。這一次改由額爾金勛爵的弟弟卜魯斯（Frederick Bruce）領軍。前一次的英法聯軍之役，他就以哥哥祕書的身分參與。額爾金留在中國勘察長江時，就是卜魯斯將新約帶回英格蘭以供國會批准。首相帕麥斯頓指派他為英國全權代表，要他率領艦隊回中國與中國皇帝換約，使他大為風光。換約之後，卜魯斯將駐在北京，成為英國第一任駐華公使。卜魯斯極為內向，四十五歲仍單身，而且容易臉紅，讓他很苦惱。他留了長髯遮臉，但難為情時他的禿頭仍會變紅。[61]

卜魯斯拿著已獲批准的條約，打算溯河而上到天津，然後走陸路到北京。已有傳言說中國皇帝會攔住他們不讓進京，但前一年大沽口之役英法聯軍的勝利，使卜魯斯一行人認定清軍攔不住他們。因此，清朝特使告知卜魯斯，皇帝不同意他走白河到北京，只能走貢使所走而被英國人視為羞辱的次要路線時，卜魯斯不願更改路線，堅持照原案走。於是在一八五九年六月，英法艦隊再度集結於大沽口外的渾濁海面上，打定主意若有必要就再度以武力開路上溯白河。

這支艦隊不如上一支艦隊那麼同心同德。法國人已對其與英國短暫的結盟心生疑慮，暫時不想在華動武，在聯軍總兵力一千三百多人中，只派了六十人，比美國派出的還少。[62]美國旗艦波瓦坦號（Powhatan）艦長達底拿（Josiah Tattnall）打過一八一二年戰爭（英美間的戰爭），其對英國人的厭惡，只有他底下的官兵更勝之——在這次陳兵大沽口之前不久，他底下的官兵才在香港街頭與一群英國水兵打了群架，覺得只要「看到英國水兵，就該抓來毒打一頓」。[63]他們抵達白河時，發現英國旗艦上的水兵正是與他們在香港打過架的那群人。

額爾金攻破大沽要塞後這一年裡，中國皇帝已調派他最信賴、最善戰的將領，顯赫蒙族出身的僧格林沁，掌管海防。僧格林沁是個堅毅而驕傲的指揮官，爵位幾乎等同於宗室親王，一八五三年擊退太平天國北伐軍，受封親王，聲名大噪。當時有一支太平天國遠征軍從南京一路往北打，兵鋒距北京不到一百三十公里，碰上僧格林沁的部隊攻勢才受挫。北伐軍以南方人為主，他們一輩子沒看過雪，碰上北方寒冬，苦不堪言，戰力銳減。在寒冬助陣下，僧格林沁部隊擊退這支北伐軍，迫使他們退入馮官屯築工事固守，戰局陷入僵持。春天來臨，天氣轉好，僧格林沁命人築一圈土石牆，與太平軍營壘隔著一段距離，將太平軍團團圍住，同時有一千名工人花一個月時間從圍牆邊挖掘數條深溝，透過一乾河床與六十公里外的大運河相連。然後他們在圍牆上開缺口，引運河水灌入牆內，水深直到太平軍營屋頂，叛軍不禁水攻而投降。經此大勝，僧格林沁聲望更高。

僧格林沁瞧不起洋人的作戰方式，不願被調離內戰戰場去整飭海防。做為身經百戰的蒙古騎兵，他愛弓箭更甚於滑膛槍，來大沽之前未碰過歐洲炮艇，對歐洲炮艇所向無敵之說嗤之以鼻。[64] 他也不懂在兵力以數萬至數十萬計的太平天國兵團於帝國內其他地方撒野時，為何要這麼費心對付兵力只數百的一支洋人軍隊。但一八五八年夏大沽要塞遭額爾金攻破之後，咸豐帝命僧格林沁重建大沽要塞，以防再遭攻陷。他滿懷幹勁接下這項任務。

該如何因應洋人艦隊依約再來京津門口，咸豐帝的大臣們意見極為分歧。有些大臣建議即使不歡迎，也該接納。其中一名大臣是漢人官員郭嵩燾，他主張讓列強取得他們所要的貿易關係，然後專門對付太平叛軍，最符王朝利益。他說叛亂發生於內，屬「心腹之患」，洋人來自於外，只想通商，因此洋人問題的解決之道，在於解決通商問題，而非動武。[65]

事實上，從中國更長遠的歷史角度看，閉關自守通常是王朝衰弱的表徵，而非強大的跡象。此前最強盛的一些王朝，握有橫跨半個地球的遼闊貿易帝國，有眾多藩屬前來進貢。但咸豐帝在位時國力已非常衰弱，主張閉關自守可保國家強盛的臣子較合他的意。少數幾位滿族心腹之臣屬於這一派，僧格林沁也屬之。溫和派郭嵩燾曾當著僧格林沁的面力主採取平和手段。他說：「海防無功可言，無效可紀，不宜任。」[66]但僧格林沁認為，只要洋人敢再上門，他能給他們好看，而那正是咸豐帝想聽的。於是，儘管郭嵩燾反對，僧格林沁繼續整軍備戰。[67]

在英軍偵察兵眼裡，清軍的防禦看來有所改善——河中橫向立起兩道顯眼的攔障，而非一道，炮臺上有一些新構築的工事。但守軍似乎不多，見不到旗幟，聽不到更聲，炮眼以草席蓋住。密探告訴他們，清軍只派了最基本的兵力防守，只求能阻止太平軍的中國帆船進入白河而已。於是他們突破第一道攔障做為試探，第一道看來不如第二道厚實。他們未遇抵抗。一八五九年六月二十五日，晴朗的早上，炮艇集結於要塞外八百碼處的海面上。信號旗升起，英國艦隊司令的旗艦鴴鳥號（Plover）鼓足蒸汽動力往前衝，突破第二道攔障，打開進入白河的水道。[68]

就在這時，情況完全不對勁。

清軍工兵已從一八五八年的慘敗中學到教訓，新的攔障——以粗鐵鏈串連粗大樹幹組成的木柵——擋住了鴴鳥號。其他炮艇在河上兜圈，無法前進，這時，蓋住炮眼的草席猛然扯開，露出整編的守軍，雷鳴般的槍炮彈開始從炮臺上灑下。第一波齊射的炮火打掉鴴鳥號船頭炮手的頭，還有三名水兵受傷倒在甲板上。鴴鳥號身陷密集炮火當中，三個小時進退不得，最後船殼被打破，船沉入爛泥裡；船上只有一人倖存。殿後的船隻遭遇一樣慘，因為比起一年前訓練不良的那批守軍，僧格林沁的手下操炮本事高出許多。兩艘英國炮艇擱淺，失去戰力，另兩艘炮艇被炸碎，立即沉沒。其他炮艇動彈不得，進水，想撤，炮臺上的守軍已朝著船上水兵和軍官開槍，一個個撂倒。

但登陸隊依照計畫往前衝，使失敗變成慘敗。傍晚時炮臺槍聲平息，英國軍官以為守軍已如去年一樣竄逃。結果那只是欺敵之計，意在誘使登陸隊搶灘；上一次守軍吃了奇襲的虧，這一次他們準備以同樣的奇襲回敬來犯之敵。[69] 這時，炮臺牆外有兩道又寬又深的壕溝，溝裡布滿水和爛泥，緊接在壕溝之後是往外伸出森森尖鐵的一排鹿砦。[70] 但只有在陸戰隊員挺進到壕溝之後，這道鹿砦才派得上防守用場；登陸作戰耽擱太久才發動，等他們的平底船近岸時已經完全退潮，河岸上裸露的厚泥困住進攻者的雙腳，或者讓這些穿著薄底鞋的士兵失足，使他們成了活靶，被炮臺上的守軍轟成碎片。大炮裡面填裝鐵片，把鐵片如雨般灑向陸戰隊員，一次炮擊就撂倒整整數排的登陸士兵；好不容易挺進到壕溝的陸戰隊員，則發現溝裡的泥水太稀軟而難以站住，又濃稠到無法游著前進。沒有在壕溝爛泥裡溺死或在拆除鹿砦時被撂倒的人，帶著浸水而無用的彈藥擠在炮臺基部，在天已黑時盼望友軍來救，守軍則把長竿伸出炮臺牆外，竿尾吊著絲絲響的煙火，用以照亮他們蜷縮的身形，供上方的弓箭手獵殺。有艘小船突破萬難救起幾名傷兵，但就在船想駛離守軍射程時，一枚炮彈正中船身，將它炸成兩半。船沉了，船上的人全部溺死。[71]

戰鬥正酣時，波瓦坦號准將達底拿得悉英國艦隊司令何伯（James Hope）中彈，立即決定把美國的中立立場甩到一旁，加入戰局。達底拿來自喬治亞州，具有強烈的種族優越感，堅決維護美國南方諸州利益（兩年後他將成為美國南方邦聯海軍的高階軍官），他再怎麼不滿於英國人，英國人終究和他一樣是白種人，而中國人不是。他大喊：「血濃於水！」（他的助手特倫夏爾〔Stephen Trenchard〕

為後人記錄下此句名言），還說：「他絕不會冷眼旁觀，看著白人在他眼前遭屠殺……老達底拿不是那種人，長官。」[72] 達底拿的出手並未扭轉戰局：美國人的主要貢獻，乃是將更多英國陸戰隊後備兵員送去搶灘送死。他的部下操作起英國炮，在達底拿照料英國艦隊司令時對炮臺開火。一名美國人喪命。儘管達底拿違反中立的作為未能扭轉那天的慘敗，卻讓美國人在中國嚐到血的滋味，並為英美友好立下新的基調；誠如倫敦《泰晤士報》後來所評：「不管這場戰事的結果為何，英格蘭將永遠不會忘記那一天好心美國人以行動和言語支持和慰藉在白河水面遭受攻擊的英格蘭戰士。」[73]

隔天早上天亮時，已有四百多名英國人死傷，其中高達二十九人是軍官，倖存者一身濕透、滿是泥汙，一瘸一拐走回船上。這些打過克里米亞戰爭的士兵，第二次遭遇如此的慘敗。那令他們想起五年前在克里米亞半島的巴拉克拉瓦之役（Battle of Balaclava），英國輕騎兵旅死傷慘重的衝鋒；甚至有名陸戰隊員表示，他寧可重來那場戰鬥三次，也不願受他們剛剛在大沽要塞所受的苦。[74] 桂冠詩人丁尼生（Alfred Tennyson）將巴拉克拉瓦之役的慘敗化為一首不朽詩篇，描寫英勇的英國騎兵置死生於度外「衝進死神的牙關／衝進煉獄的入口」，表達明知送死仍然一往無前的高貴精神，而白河的慘敗則由才氣大為遜色的詩人，化為較沒那麼高貴的不朽教訓。達底拿的話語被人改寫為詩與歌，以歌頌白人的團結：

「老傢伙」達底拿，在貝拉克魯斯之役展現過人勇氣——
看到同樣流著英格蘭人血液、同樣講英語之人在這裡被炮火打跛；在那裡被潮水淹死——他能坐視不管？
他向特倫夏爾說，老達底拿絕不會冷眼旁觀，
看著白人被這樣的敵人屠殺。
我的平底船在哪？沒有隨身武器，的確！看看那些英格蘭人奮戰、死去——
血濃於水。我們上吧。[75]

＊＊＊

僧格林沁贏得他應得的勝利，大為雀躍。擊退聯軍之後不久，他上奏皇帝，表示英法有可能帶更多船再度來犯，但他信心滿滿保證，再予以類似的痛擊一兩次，已然受到嚴厲考驗的夷人傲氣與自負將立即消失。一旦如此，中國能享有數十載的太平。他還說，皇帝甚至不必再與他們兵戎相見，因為大沽要塞已取得決定性勝利，已有所悔悟的夷人，可能就此學乖，知所節制。如果他們出於自願全心順服，將可永遠高枕無憂。[76]皇帝還是不盡放心：他告誡軍事將領嚴密注視海岸動靜，因為「恐該夷蓄謀詭譎，潛匿附近島嶼，待集兵船，乘我不備，於昏夜風雨之中，突然內犯」。但最後他還是和僧格林沁一樣感到放心，表示洋人既需中國貨物，希望那意味著上海的華洋商人能自行解決他們的問題，而不必使節出面，不需訂立新約。他斷言道：「至現在撫夷大局，操縱（譯按：關鍵）不在天津而在上海。」[77]

英國人舔著傷口離開時，美國通譯暨傳教士衛三畏（Samuel Wells Williams）從波瓦坦號上寫信給他的兄弟，說那可能是一八四二年艾爾芬史東（William Elphinstone）少將的部隊在阿富汗遭屠殺以來，英國人最不堪的慘敗——儘管他認為大沽口之敗更令人羞辱難堪，因為在喀布爾，「自然力所奪走的人命十倍於人所奪走的性命」，而在白河，完全敗在武器和戰術不如人。最糟糕的是敗在中國之手。衛三畏寫道：「對於未曾敗在中國人之手的英國軍人來說，那真是未有的奇事。」[78] 大沽慘敗對英國人心的震撼，超乎咸豐帝的臣子所能理解或想像。經過那一天，情勢有了大變，英國在華前幾次戰爭的趾高氣昂——英國軍方認為，就他們所向無敵的船艦來說，亞洲只是個遊戲場——遭到打破。取而代之的乃是血淋淋的羞辱，以及渴望向擊敗他們的「劣等民族」報仇的心態。衛三畏思索道，那是「一場可能讓中國人受到比以往任何打擊還要慘重之災難的失敗」。[79]

三、干王

額爾金的艦隊於一八五八年夏成功駛進天津，接著又考察長江沿岸太平叛軍占領區的虛實之際，洪仁玕正繞了好大一個圈子穿越華南前往南京，以和他的族兄會合。他於五月離開香港理雅各家，先到被英法占領而安全（至少對他來說安全）的廣州，然後往東北走，循著水道進入愈來愈雄闊的崇山峻嶺，穿過廣東省。廣州高大城牆底下的稠密聚落，不久就消失於身後，眼前所見是零星的房舍、山谷中的村落、沿著山坡逐級而闢的梯田。通衢大道上點綴著客棧和餐館，北方徒步旅人帶來的傳言，在客棧和餐館裡傳得沸沸揚揚。行旅往來最頻繁的大道，立有說明距離和方向的路標，其中一些道路是先前的王朝找來大批工人開採山坡上的大石，敲鑿成圓石鋪砌而成。

行經這些地區的旅人，大部分是挑著貨物去販售的挑夫，清朝官兵在這些路線上巡邏，獵捕夜裡埋伏路旁伺機搶劫的土匪。洪仁玕行至廣東省東北部的商品集散地南雄縣，然後轉北，走上一條往上爬的石砌古道，進入林立峭壁與蒼勁松樹的荒野地區。從花崗岩上鑿出的石階，像螺旋梯般沿著山坡盤旋而上，翻過數座山頭，最後抵達梅關，也就是隔開清帝國南部與長江流域的門戶。過了梅關就是江西省，穿過江西省，就可到太平天國首都南京。他跟著挑夫人龍穿過梅關——這些挑夫兩人一組，一前一後擔著一根竹子，竹上掛著貨物，兩人腳步甚快，配合行進節奏唱著歌——一條幾乎沒有中斷的人龍，像河水般在路上移動，人龍中一線走北，另一線往南。在最高處，道路穿過一道鑿穿山石而成、寬六公尺的隘口。立於隘口的石灰岩關樓有清兵駐守，清兵緊盯來往行旅，提防叛軍信使偷溜過關。洪仁玕扮成賣貨郎，沒有引起他們注意，順利過了關。[1]

在江西，他沿著贛江往東北走，但不久就來到交戰區邊緣，與太平軍控制區已相隔不遠，有一隊清兵在該地駐守。清軍純粹靠人多取勝；沒有統掌全軍的最高指揮部，無能的軍官靠恩庇而非才幹取得職位。部隊薪餉過低，士氣極差，其中許多官兵還吸鴉片成癮。[2]洪仁玕輕鬆就混入某個外圍單位，跟著他們一起東進，前往生產瓷器的景德鎮。後來這個單位受到太平軍攻擊而驚慌潰散，洪仁玕不得不在潰敗的混亂與屠戮中逃命，最後只帶著背上的衣物保住性命。[3]

接下來他往西走，遠離戰事，往湖北省境的長江前進。這時，官軍和叛軍爭奪這一帶長江沿岸已五年多，得而復失，失而復得，彼此易手數次，有很長一段時間沒有正常的人類生活模式可言。城裡十室九空；房子的木材被經過的軍隊拆去當柴燒，拆到只剩窗框。[4]就連在長江流域較富饒的河段都一片死寂，原本人煙稠密的農村變成鬼城一般。土地收成原本就微薄，而農村人口不足，則使農村連這微薄的收成都生不出來。洪仁玕於途中遇到一名軍人，那人叫什麼名字他後來也記不得。那個人打算在官軍控制的江邊小鎮龍坪買貨，然後賣給下游南京的叛軍。那名軍人沒本錢，但人脈很廣，自信靠這些關係能帶著貨物通過封鎖線。他的計畫看來很可行，因此洪仁玕把一片縫進上衣布料裡的金葉交給他，成為他的合夥人。[5]

那名軍人去龍坪為他們的買賣計畫添貨時，洪仁玕在龍坪東北邊約二十四公里處的黃梅等他。黃梅的覃知縣與那名軍人是同一個村子出來的，彼此相識。傳言有支太平天國分遣隊在黃梅附近現蹤，不過洪仁玕來得太晚，沒看到那些叛軍——叛軍已經跑掉——但他與覃知縣相談甚歡，知縣很欣賞洪仁玕的才智和學識，當場邀他擔任自己的幕僚。那是失業文人渴望的工作，特別是在這樣世事茫茫難料的時代，但那也是個長期職位，而洪仁玕一心只想著南京，因此他含糊應允。最後，他用自己的醫術治好覃知縣侄兒的劇烈頭痛，使他在知縣家得到重用。洪仁玕百無聊賴等待他的合夥人，沒他又去不成南京，於是在覃知縣家一待數星期，然後數月。

又有傳言冒出，說清軍圍攻南京甚緊，不久後會攻下天京。洪仁玕又開始心急如焚，決定離開黃梅。覃知縣感謝他治好侄兒的病，給了他一封推薦信和足夠的盤纏，洪仁玕再度扮為賣貨郎，隻身前往龍坪。[6] 這段路並不好走，而且到處都有官軍，官軍軍紀好壞因部隊而有很大差異。十月時清軍巡邏隊抓到他，但不知道他是官府重金懸賞緝拿的要犯（他們沒想到要去扯開他外套的衣襟夾縫，也就沒發現他藏金葉的地方也藏了一份概述家族史的文件）。除了幾本醫書，他們並未在他身上找到足以將他定罪的東西，但還是將他關了幾天——或許把他當成強徵入伍兵，也或許想賺贖金——然後被他逃脫。[7] 接下來，他靠幾名對政府不滿的清軍官兵協助來到龍坪，在那裡，他藏身在祕密收容太平難民的一間房子裡。一如許多人，房子的主人厭煩於官軍的腐敗，因而暗中支持叛軍。他是否找到那位不知名姓的軍人或是拿回金葉，則無文獻提及。

一八五八年十二月，他與額爾金勛爵差點見面。洪仁玕從藏身處得悉長江上出現洋人汽船，那些船正順流而下欲前往上海。他冒險下到碼頭區，正好看到停靠港邊的額爾金艦隊。在香港期間，他結識了這時已是額爾金翻譯官的威妥瑪。他想登船找他，心想或許可搭英國艦隊的順風車到南京。他未能見到威妥瑪，與他交談的人也未同意他上船同行，但他至少說服一位英國水兵，幫他帶信給香港的理雅各等傳教士友人。[8] 信中告知他們自己仍活著，還在努力前往南京。[9] 幾個月後他再度露面，終於與安徽省內某支太平軍巡邏隊接上線，時為一八五九年春。他把自己的來歷告訴對方，對方當他是清軍間諜，將他押送到駐防於附近陳塘的部隊。部隊統兵官親自來訊問時，他扯開衣襟夾縫，拿出藏在其中交待他家族史的紙片。統兵官一看，確信他是天王的同鄉，親自護送他搭乘太平軍的小船往下游走。一八五九年四月二十二日，經過將近一年的跋涉，他終於抵達天京。[10]

＊＊＊

南京在黃金時代是中國最恢宏的城市，明朝的舊都，城內的大街約略循東南西北四個方位布局，大街旁林立廟宇、政府機關和商行。長約三十七公里的城牆圍住這座大城，城牆上有距地二十一公尺的塔樓和胸牆，在該城西北角與長江交會處的城牆上，這時則密集架設了火炮，清軍水師就聚集在火炮剛好射不到的近處。做為太平天國的耶路撒冷，天京已改頭換面。一八五三年入侵南京之後，叛軍拆除並燒掉大部分精緻的廟宇佛寺，逼城裡的男女分館而居（但這措施不久後就廢除）。男女各組成集體工作隊，財產共有，都需赴新教教堂做禮拜。洪仁玕抵達天京時，婚姻制已經恢復，雖然仍嚴厲執行安息日（在星期六）制度，但太平天國原先抱持的清教徒式理想已逐漸消蝕。鴉片吸食又恢復以往的盛況。明朝時南京最為風光，擁有人口百萬（超過歐洲諸國首都人口總和），相較於當時，如今這座大城則讓人覺得無比冷清。遭屠殺的滿人屍體被丟入長江隨水漂走之後，城中老百姓獲准自由進出城，而洪仁玕到來時，原有人口已有許多移居鄉下。基於安全考量，城中人來人往的市場已關閉許久——一如洪仁玕清楚知道的，扮成貨郎是間諜四處走動而不洩露身分的最簡便辦法。於是天京變得賞心悅目且疏闊，有諸王王府和舊廟宇的廢墟，寬闊大街少了熙攘匆忙，更增冷清之美。

天王宮宏偉華麗，一如他起事前在異夢中所見的宮殿。來客經過立於大門兩旁的鼓手之後，進入高廣的主殿（榮光大殿），這裡是天王接見大臣朝覲的地方，殿內立有數根漆彫盤龍柱。主殿內牆壁鑲金，天王手指頭會碰到的東西——碗筷、毛筆——幾乎樣樣也都是金製。他的夜壺以銀製成。主殿後面座落著天王的大寢宮（真神大殿），有大批宮女侍候。天王在此遠離都城的日常活動，一如圓明園裡的清朝皇帝。[11]

洪仁玕抵天京時，他的族兄已不理政事，整天待在宮裡研讀經文。除了後宮女子，幾乎沒人可以見他。他以御用朱砂墨潦草寫就的詔旨張貼在外牆，向全城人民宣揚他的思想，那些詔旨顯示他的異夢自第一次起事以來愈來愈強烈。有些詔文鼓舞強化叛亂力量。有一則寫道：逆吾者亡，順吾者生。

人皆無所逃於吾三人，天父與二子（二子是天王本人和耶穌）。另有一則寫道：首先，我在天堂邊緣打。第二，我在地獄打。第三，我為人類生存而打。第四，我為消滅鬼魔而打。還有些詔旨思索犧牲的意涵，例如有一則寫道，別害怕世人不知真理。有一天你們可能得餓死。有一天你們可能無路可走。[12]

據洪仁玕自己所述，與族兄的團聚令他苦樂參半。兩人已八年未見，這期間發生了許多事。他投奔天京途中聽到的傳言令他憂心。儘管滿清政府面對列強時的積弱不振令他信心大增，但天京遭到包圍。太平軍主力已離開天京，兵分三路分頭遠征，官軍則集中全力想切斷天京的糧食補給線。天王不理政事，使地位僅次於他的東王楊秀清得以掌管朝政，以嚴酷的軍紀（通姦或喝醉者砍頭）掌理軍隊，[13]並試行不切實際的共有制土地改革（楊秀清打算在太平天國轄下的所有地區推行這項改革）。到了一八五六年，楊秀清已在實質上完全把持朝政，上海有傳言說天王已死或已被篡位，但那並非實情。那年一場情況渾沌不明的流血政變，使東王身首異處，頭顱掛在天王宮對面的牆上示眾，東王的部眾和所有族人共六千人遭誅殺。

剷除東王之後，洪秀全需要信得過的顧問，而洪仁玕正滿足他這個需求。天王賜予他喜愛的族弟數個頭銜，短期內予以不次拔擢。甚至在洪仁玕來天京後才兩個多星期，就打破先前絕不再封王的承諾，封他為王。洪仁玕的新頭銜，全稱為「九門御林開朝精忠軍師頂天扶朝綱干王」。身為「精忠軍師」，他躋身太平軍最高層，而要「扶朝綱」，洪秀全讓他總理天京朝政，級位等同於已故的東王楊秀清。儘管洪仁玕長久在外，沒有參與到造反運動——他在香港協助理雅各與韓山文，過著太平日子——而太平軍則在華中各地出生入死與敵廝殺，如今卻被俱以太平天國朝中高職，權力僅次於天王本人。

洪仁玕的突然到來，或許讓他的族兄覺得是上帝的奇蹟，卻令自戰爭開打以來一直為太平天國效力的其他人深感不是滋味。主掌天京防務，年輕但雄心遠大的軍官李秀成就是如此。李秀成是幾乎不識字的貧苦農民出身，加入太平天國不是出於宗教理由，純粹是因為華南四處可見的貧窮和憂懼。反清叛亂會如野火燎原般迅速壯大，就因為這普遍的貧窮和憂懼在推波助瀾。李秀成成長於多山的廣西省，太平天國頭幾場起事就發生在這裡。他不是拜上帝會信徒，儘管他住的地方每個人都知道後來成為天王的神祕「洪教主」這號人物。李秀成家很窮，靠在山坡務農、打零工跟製木炭勉強餬口，但即使如此，據他說，「家中之苦，度日不能，度月格（更）難」。[15]

一八五一年，有支躲避官軍追擊的太平軍部隊在李秀成的山村紮營五天，找到什麼就吃什麼，甚至吃村民藏起來的東西。快餓死的李秀成對他們的土匪行徑不感痛恨，反倒覺得他們的共有共用規定很有意思——部隊統兵官宣布，凡是加入拜上帝會者，都可免費和他們一同用餐，於是李秀成和家人為了一頓飯加入他們。部隊拔營時，李秀成和家人跟著他們一起走。如同其他放棄村居生活、加入太平天國的人，李秀成跟著太平軍離去前所做的最後一件事，乃是遵照統兵官的命令，燒掉自家房子。從此除了前往耶路撒冷，便無家可歸。行軍幾日後，他就發覺自己離家甚遠，去到生平從未到過的異地，這是跟著天軍四處跑的農民跟村民都有的感受。他們不再認得路，官軍緊追在後，即使想調頭也不可能。[16]

從製木炭改行從軍，李秀成以戰場上的表現證明他是領兵作戰的將材，天生該吃這一行飯。一八五三年天京建立後，他在軍中平步青雲，從營級指揮官升到將軍。在東王死於一八五六年政變、太平天國一片混亂之際，他躋身太平軍的最高領導階層，洪仁玕抵天京時，他是洪秀全最信賴的將領之一，但還未封王。洪仁玕離開在香港與洋人為伍的生活來到天京，突然就被擢升到比李秀成還高的職位，這使得為太平天國效命多年的李秀成大為眼紅。幾個月後，李秀成獲封為忠王，但遲來的封王以及天王對族弟明顯的寵愛，只使他更為眼紅，而且這樣的心態有增無減。

洪秀全心知底下軍官的不滿，於是召集所有太平天國領袖到天王宮主殿，在干王的授封儀式觀禮。鑼鼓喧天中他向諸大臣宣布，此後天京內所有待決之事，全由干王一人裁奪。在眾人竊竊私語心中的不服之際，他要洪仁玕登臺受印。洪仁玕察覺到觀禮眾人潛藏的怒意，想婉拒任命，但族兄低聲告訴他沒事。他輕聲說：「風浪暫騰久自息。」於是洪仁玕接下印信，在臺上對眾人講話。他以在香港令傳教士大為激賞的沉穩臺風和口才，向太平天國諸領袖宣講。他闡述東王的政策，逐點批評，並提出改進之道。眾人鴉雀無聲。後來他寫道：「眾人見小的萬人之前談論無錯，就稱小的為文曲星。」[17]

＊＊＊

自一八五三年占領南京後，太平天國的氣勢就開始衰退，四處征戰的革命衝勁消失，取而代之的是治天下的工作，得成立官僚組織，得課稅，得擬出其他種種施政大方針，而這些遠非其天縱領袖的天啟異夢應付得來。[18] 東王楊秀清打造了一個雖然嚴厲但大有可為的政府，但如今人亡政息。宗教雖是太平天國意識形態的基礎，但光靠宗教不足以治國。太平天國的原始核心是拜上帝會，但後來加入的大批追隨者（例如李秀成），乃是被逃離赤貧和逃離較抽象的滿清壓迫的大好前景吸引來。他們參加宗教儀式，是因為那是規定，不得不參加；的確有許多人後來深深相信他們所聽聞的教義，但盡本分的奉行和真心虔誠的奉行並不容易區別。[19] 洪仁玕清楚意識到，要贏得太平天國追隨者的效忠，不能只是給他們精神救贖的希望；他們還需要世俗的報酬，在新國家裡過較好生活的許諾。

洪仁玕就在這個基礎上開始為太平天國未來的政府和社會，構思可長可久的架構。在那個架構裡，他把中國傳統原則和他對西方工業社會的認識交織在一塊，並把自滿人入主以來就在中國境內暗暗增長的某種原型民族主義融入其中。事實上，洪仁玕成為干王後發表的第一個重大文告，正助長了這種民族怨恨。他呼籲人民「正宜遵中國，攘北狄（指滿人），以洗二百載之蒙羞」，宣告自一六四四年明朝滅亡之後，我們「口其言語……家其倫類，毒受那滿洲狗之淫汙」。[20]

驅逐滿人還我中華這目標，不只得到太平天國追隨者的共鳴，也得到冷眼旁觀的局外人認同。因為太平天國的奇特宗教或許令自以為是的外國傳教機關感到不以為然，但在國外，絕大部分人相信太平叛亂是真心欲使漢人脫離異族統治，而漢人是公認理所當然、天經地義的中國大地統治者。某些觀察家（例如紐奧良《每日瑣聞報》的主編）或許把這場高舉民族旗幟的起事視為威脅，[21] 但在歐美，大部分人認同他們在這場叛亂裡所見到追求自由的意念。誠如上海某個居民所說：「美國人堅守他們政府據以建立並茁壯的那些原則，因而同情揭竿而起反對外族奴役的英勇民族。」[22] 西方報紙通常把清朝統治者稱作來自滿洲的「韃靼人」，稱作最高統治階層，稱作中國的皇朝主人，稱作征服者。或者如某位美籍傳教士對這場戰爭的描述：「一部分中國人揭竿而起，欲使國家擺脫異族統治。」[23]

洪仁玕在《資政新篇》中闡述了他為太平天國的未來發展提出的治國綱領，那是中國歷史上第一份真正從全球視野提出的改革建議。按照中國的傳統王朝觀，即清朝所採行的王朝觀，中國的統治者把中華帝國視為世界文明的中心，而只要外人（蠻夷）承認中國王朝的文化優越性，就歡迎外人前來通商。這就是使英格蘭和中國一再起衝突的世界觀。相對的，洪仁玕從經驗中瞭解，英國人不但軍力強大，而且非常驕傲，因此建議與英國人交往時，中國人不應再用「夷狄戎蠻鬼子」之類字眼，往來語言文書應表達「照會、交好、通和、親愛」之類觀念。[24]

他也認為傳統的朝貢外交——鼓勵外國人以藩屬身分來京向皇帝致敬——是不合用於當今世界的歷史糟粕，應予以揚棄。他指出「人類雖下，而志不願下」，語中流露出某種程度的文化相對主義，也就是常被認為不見於帝制中國的觀念。他主張，如果過去其他國家的人認為中國人較高等，那也只是形勢所迫，「非忠誠獻曝也」（譯按：非真心順服之意）。因此必須施行新的平等外交，如此「外國可通和好」。他寫道，欲贏得他國的尊敬，唯一長久之道乃是「內修國政，外示信義」。也就是說，只有致力於內部改革，把自己建立為新時代的政府模範，中國才能再度博得過去所享有的尊敬。[25]

由於在香港那段經歷，洪仁玕已把中國視為世上諸國中的一國，有許多地方得向十九世紀的其他強國學習。最重要的是基督教，也就是他在香港從韓山文及理雅各兩人學到的那種宗教。他深信基督教是西方諸國強大的關鍵。他在論治理的那一節中主張，今世最富強的國家，清一色是新教國家（英格蘭、美國、德國、斯堪的納維亞諸國），仍相信「異跡奇行」的天主教法國和東正教俄羅斯國力稍弱，居次。他認為信奉舊約聖經、伊斯蘭的國家，或更糟糕的，信奉佛教的國家，國力無一不衰弱，其中許多國家已淪為較強國家的殖民地。他把滿人統治下的中國，等同於人民乖乖接受自己奴隸般地位的波斯。

在洪仁玕眼中，「最強之邦」是英國，並認為其統治王朝已存續千年（比中國任何王朝還要久遠）。他解釋道，英國的強大來自其人民聰明和其法律體系，中國應襲用其法律體系。但他最欣賞的國家是美國（因國旗上有星星和條紋而被中國人稱作「花旗國」），是他眼中最公正富足的國家。他深信美國的偉大之處，主要在於行事寬厚和公正。他寫道，美國雖然軍力強大，但未侵犯鄰國；加州發現金礦時，歡迎所有人前去淘金。美國以開闊心胸接納外國人，甚至讓外國人在美國當官。洪仁玕也激賞美國的民主，特別是激賞所有人（至少所有「有仁智者」）皆有權參與領袖擇定和政策制訂這觀念。他寫道：「以多人舉者為賢能也，以多議是者為公也。」（譯按：把多數人所選出者視為賢能者，把多數人所達成的決定視為公正。）[26]

在論治理這一節，洪仁玕也描述了他熟識的眾多外國人。他列出多位來自「強」國的傳教士友人，包括理雅各之類的英國傳教士和他在上海遇到的幾位美國人。他對已故的韓山文特別看重，說他「愛弟獨厚」。[27] 他列出洋人朋友有兩個目的。《資政新篇》是寫給洪秀全和太平天國領導階層看的，對他們來說，這份文件暗暗表示他們在中國打造基督教國家的大業，將得到外國人的協助。《資政新篇》最終為外國人所知悉（《倫敦評論》的某位作家稱它是「歷來所發布最引人好奇的文件之一」），[28] 而對這些外國人來說，它間接表示太平天國的新總理把他們當成兄弟，他欲打造的國家將敞開中國闔上已久的大門。

但宗教和外交只是個開始。極有先見之明的，洪仁玕提議，中國如想成為強國，就得善用新興的全球工業經濟。他把聖三一（傳統的聖三一，而非包括天王在內的聖三一）視為國之「上寶」，但緊接著列出一長串較具實用性質的「中寶」，包括汽船、火車、鐘錶、望遠鏡、六分儀、連發槍。他表示，暹邏已懂得如何建造汽船，從而成為「富智之邦」。[29]日本人與清朝統治者不同，已經開放通商，「將來亦必出於巧焉」（譯按：未來肯定變得嫻熟）。他深信那就是太平天國統治下的中國應走的路。

洪仁玕的《資政新篇》首度以中國為背景，提出躋身現代工業強國的發展願景。他提出林林總總的建議，而這些建議日後將以某種形式成為二十世紀以來中國改革者琅琅上口的口號。他主張，新中國的第一個要務，將是建立以法治為基礎的健全法律體系。必須有專利權，以使「他人仿造，罪而罰之」，然後中國實業家將得到他們所需的鼓勵，發明足以和西方匹敵的器械。他呼籲展開運輸革命：建造當時只洋人擁有的汽船；鋪設鐵路（華人或許在一八六〇年代就在美鋪鐵路，但洪仁玕寫《資政新篇》時，中國國內連一英里鐵軌都沒有）；公路網分級，寬廣大道連接各省省會，較窄的道路則從幹道叉出，通往城鎮跟鄉村。如果政府疏濬主要河川，汽船便能將人與貨運往帝國最內陸，從最內陸運出人貨。「凡金、銀、銅、鐵、錫、煤、鹽、琥珀、蠔殼、琉璃、美石等貨，有民探出者准其稟報」，准其招民開採，獲利依比例分給採勘者、政府及開採者（因為地底下的寶藏雖全是上帝公平賜給人類，但個人需要誘因的鼓勵，才會去探勘那些寶藏）。民間商人可申請設立銀行、發行紙幣，紙幣比清朝的銀錠及銅錢更便於攜帶，將進一步促成經濟發展。他甚至主張設立西式保險公司，向人民出售保單保障其身家、財產與生計。

他的建議不止於此。他主張，發展中國的交通基礎設施，不只是創造經濟財富所必要，也是使帝國內的資訊得以自由流通所必要。他提議成立從地方日報到省級月刊的各種報章，報導中國不同地區的大宗商品價格和重要時事，並嚴懲報導不實者。將有政府機關負責收集各家報紙，轉呈天京的君王——不是為了讓他審查出版內容，而是讓他瞭解國內的真正動態。

但從政治上講，洪仁玕所構思的國家將是不折不扣的神權統治國家，而且是基本教義派的。這有慈善方面的功能：受到他在香港與上海認識的傳教士的工作啟發，他呼籲中國人發展基督教式的社會機構，濟助孤兒寡母、殘疾者和貧無立椎之地者，教他們音樂和文學，在他們死時予以埋葬。他寫道：「此等窮民，操心危，慮患深，往多有用之輩。」[30] 溺嬰和賣子亦將禁止。

同時，那也將是極清教徒式的社會，政府將動用公權力防止不符道德的行為。菸、酒、鴉片將嚴格禁止，此外也禁演戲修臺建醮，禁廟宇寺觀，以免人民沉迷其中，不務正事。風水屬於迷信，妨礙採礦，應予根除。惰民將由其父兄鄉老擒送官府，流放異地，以免其他人有樣學樣，跟著遊手好閒。為使犯罪者循規蹈矩，將施行多種刑罰，但他認為中國過去發展出的各種處決方法應予廢除。他寫道，對於惡行最重大者，不應再以中國那些多種級別、別出心裁的處死方式來懲罰，而應全部改用西方的絞刑，並事先公告周知，以讓民眾前來圍觀。

但首先得建立一個真正的國家。而要能建立這樣的國家，得先打贏戰爭。洪仁玕和族兄年輕時討論過建國計畫，而北方不在新國家的版圖內。他們原來的策略是建都南京，往長江下游擴張，攻取鎮江，控制大運河，往上游進占安慶，以控制長江更上游地區，然後一統南方七省，西征奪取四川跟陝西，新王國將隨之建立——一個控有整個長江流域的南方帝國。其版圖將極近似於漢人主要居住區，約略近似於明朝漢人帝國的版圖。清朝在西方和北方所征服，以滿人、蒙人、中亞穆斯林為主要居民的更大片土地，將不在其版圖中。[31]

但這個策略未獲落實。攻陷南京後，太平軍奪取鎮江、安慶，在南方未定之際就先行北伐，試圖拿下清都北京，結果鎩羽而歸。洪仁玕抵天京時，天京情況危急。叛軍已失去初征時攻下的南方許多土地。天京上游的戰略要地安慶仍在叛軍手中，但天京下游的鎮江（讓額爾金一行人覺得猶如置身龐貝城的那個凋敝城市）已被官軍奪回。更糟的是，官軍已在南京南北的戰略要地駐紮數萬重兵，對南京達成有效的包圍，天京只剩一條補給線可取得穀物和鹽。

圍攻南京的官軍分成江北大營、江南大營，分別位在長江以北的揚州附近和長江以南的南京城外。他們和北方的僧格林沁部隊同是清軍的主力，他們的指揮官自一開始就在追擊太平軍。南京失陷後僅十日，追擊的清軍也趕到這裡，隨即在南京城外駐紮，號江南大營。自那之後，江南大營堅守陣地幾乎未曾中斷。江北大營統帥是滿人將軍和春，江南大營統帥則是更為能征善戰的漢人將領張國樑，是皇帝最得力的將領之一。一八四〇年代，張國樑是土匪頭子，出沒於廣東境內太平天國發跡的那個地區（有史料說他和洪秀全是同一個縣出身）。[32]他是行俠仗義的綠林英雄，率領萬餘名部眾，打著「劫富濟貧」、「殺官留民」的旗號橫行於該省。但一八五〇年代初期遭官軍捕獲之後，他接受招安，帶著部下加入官軍。和春也善於帶兵，但真正令太平天國將領膽寒的是張國樑。[33]

江南大營張國樑的圍城部隊，駐紮在南京城牆火炮射不到的安全之地，由於兵力龐大，趁夜從城裡騎馬出擊的太平軍無法輕易將之驅散。但南京防禦工事非常強固，攻城者面對其高厚城牆和磚造城門完全束手無策，因此兩軍僵持已有六年，一方的進攻即招來另一方同樣強烈的回敬。這樣的模式一再重複，規模有大有小；一八五六年太平軍的一連串勝利擊潰了官軍防線，但接著天京發生政變，東王遭誅殺，太平天國領導階層從內部自行瓦解。之後的三年裡，官軍重建部隊，開始在南京城下方挖掘牽制性壕溝，到一八五九年總長已達七十二公里，並在壕溝各處設了百餘處警戒營，堵住天京向南與向東的出路。[34]和春與張國樑在各自兵營裡為出擊作準備，希望一舉掃平叛軍首都。

洪仁玕心知立下汗馬功勞的太平軍諸位主將，對他總綰兵符心有不服，但接此新職後，他說話卻出奇直接。他們發牢騷說他只想要權要名，他生氣回道：「本軍師前在粵東時，知天京四面被圍，乃不避艱險生死，直造天京，欲有以救之耳，豈貪祿位而來乎！今京都被圍，止有江北一線之路運糧回京，何能與敵爭短長？」[35]

洪仁玕提出大膽計畫以解天京之圍。根據這個計畫，太平天國將派一小支遠征軍大迂迴繞過官軍後衛部隊後面，進入浙江省，攻打防禦薄弱的首府杭州。杭州位在南京東南約兩百四十公里處，扼守江南大營的補給線。和春與張國樑把所有兵力集中於南京周邊，沒有後備兵力可救杭州，若欲擊退繞道攻打其後方的太平軍，得要抽調圍攻南京的部隊。按照洪仁玕的計畫，他將召回正在遠處征戰、由英王陳玉成和侍王李世賢（李秀成表弟）這兩位太平天國最能打的野戰指揮官所統率的部隊回京。官軍從南京抽調去救杭州的部隊一旦離南京甚遠，太平天國攻杭州那支遠征軍即可祕密撤退，屆時英王、侍王、忠王的部隊同時從三方掩至，合圍並殲滅兵力已減弱的南京官軍，以解天京之圍。

忠王認同這個計畫或許能解天京之圍，但懷疑長遠來看不利於大局。他說那會使太平軍重新集中於物資並不充足的南京。於是洪仁玕詳述他修訂後的致勝策略。他指出，產米的南方諸省、西邊的四川、北方的長城，距南京至少一千六百公里，但東邊距南京近得多，座落著蘇州跟杭州這兩座富饒的大城，且通大洋。他指出，那裡「物廣庫豐」，是他們該進取的地方。擊潰圍城官軍後，他們可挾勝利之餘威，立即轉東，一鼓作氣攻占南京與蘇州之間諸城，從而取得物資、武器、無盡財富和新兵員。[36]

但那只是開端，接下來洪仁玕搬出他與洋人的關係。他解釋道，利用占領蘇杭後取得的財富，他們可從上海洋人那兒租借或購買二十艘汽船。有了這些船，他們不只能通行無阻地巡邏長江，還能稱霸福建、廣東至香港的南部沿海。下一步將是派一支部隊從江西沿長江南岸入侵湖南，派另一支部隊沿長江北岸入侵湖北，奪取漢口，藉此鞏固太平天國對整個長江流域的控制，將清帝國一分為二。接下來，把長江以南諸省全納入掌控將輕而易舉，有了南方諸省挹注兵力，太平天國能拿下四川和陝西，完成洪秀全一統明朝核心省分建立南方帝國的原始心願。屆時，北京和北方諸省將失去南方上繳的穀物。隨著新太平天國於南方成立，清朝將會斷糧，終至滅亡。[37]

他這項計畫的成敗，取決於能否得到上海洋人的支持，特別是他們是否願意供應汽船，而為何洪仁玕的到來，對太平天國領導階層來說是如獲至寶，原因就在此。他與洋人較熟，而且比太平天國或清朝的任何中國官員都更瞭解洋人的習俗和信仰。天王看出洪仁玕的閱歷所能提供的機會，立即把握住。洪仁玕與洋人生活和共事數年，因而瞭解洋人；更重要的，洋人知道洪仁玕瞭解他們，知道他是中國境內唯一對他們的宗教習俗、科學與文化有正確理解的人。因此他們會認為他是可信賴之人，期待透過他而取得他們希望的開放貿易關係和傳教自由。天王要洪仁玕主掌對外關係，鼓勵他一旦天京解圍就邀洋人前來一晤。[38]

＊　＊　＊

一八六〇年二月十日，忠王李秀成率領六千精兵，取道唯一未被封阻的路線離開南京，經浦口過江到北岸。太平軍換上前幾次戰鬥時殺死的敵人制服，扮成官軍。清軍由地方民兵、有組織民兵，以及綠營兵共同組成，不同編制間協調不良，因而李秀成的部隊一路攻下數個城鎮並派兵駐守，然後往東南迂迴，最後在三月十一日神不知鬼不覺抵達杭州。如果李秀成的目的就是要侵入杭州，攻擊會是完全出其不意的奇襲，但他的目的只是要嚇嚇對方。他先派人在杭州城牆外的山丘上插了數百根太平軍旗幟，讓守軍誤以為太平天國大軍來犯。然後他的主力部隊正面攻擊杭州城門，他的坑道兵則在同時挖地道至城牆下方，埋設炸藥，三月十九日將城牆炸出一個缺口。

未受過訓練的杭州城民兵守軍，擔心破城時遭忠王部隊屠殺，軍心潰散，拚命劫掠左鄰右舍的財物，然後竄逃。於是，不待城破，杭州城內即自亂陣腳，一片混亂。杭州府領導階層也棄官而逃，其中有些人帶著侍衛隊洗劫城裡最有錢的人家，然後逃命，致使城內群龍無首。李秀成的小股部隊從城牆缺口打進城裡時，城內居民正與本該保衛他們的打劫者在街頭混戰，致使這場戰爭的亡魂多了許多遭私刑處死的、被亂刀砍死的，還有被燒死的人。[39] 城內到處出現大火。城裡的女人遵照歷代相傳如何在亂世自處的道德指示，開始自盡（最後有數萬女子自殺）。一如之前遵奉儒家學說的其他王朝，清朝推崇女人自殺為美德的極致表現，而在這場內戰期間，清朝更大力歌頌女人自殺。[40] 女人自殺成為某種對抗叛軍的變態防禦辦法。杭州城的女人擔心遭到入城的太平軍強暴與殺害，於是照平日所受的教誨上吊自殺、服毒自殺、投井自殺，或以匕首刺死自己。

杭州的滿人指揮官帶部隊退回城中的滿城，並頂住忠王部隊猛烈但兵力不多的進攻。攻打六日仍未能攻破滿城，李秀成不得不放棄進攻，走陸路退回南京。但他已達成既定目的，情勢發展完全如計畫所定。張國樑收到杭州正遭大批太平軍攻擊的消息。來犯兵力多寡他不清楚，於是他抽調將近四分之一包圍南京的兵力前去救援。忠王部隊再度喬裝為官軍，騎著徵來的馬，走小路迅速回到南京，留下到處冒煙、混亂不堪的杭州城。張國樑的救援部隊強行軍抵達杭州時不見太平軍人影，也找不到維持秩序的官府。於是一如此前的其他入城者，他們將剩下的財物洗劫一空。[41]

到了四月，英王和侍王的太平軍主力已回到南京城外，協同李秀成所率領從城內傾巢而出的衛戍部隊，全力攻打兵力減弱的圍城官軍。[42] 總數超過十萬的太平軍從三方掩至，江南大營不敵，慌亂撤退，全營潰散。李秀成的騎兵從後方衝進江南大營的後防，將後防官軍逼進他們自己的防禦工事裡。數千官軍遭殺死於其中，屍體堵住他們先前徒手挖出的壕溝。水道上的浮屍多到塞不下，擠到岸上。[43]剩下的官軍丟下武器和旗幟，徒步逃命。追擊者反過來成為追擊對象，拚命後撤，數星期後，太平軍終於在南京東邊約七十二公里處的丹陽城打垮他們。滿人將軍和春服食生鴉片自殺，綠林出身的官軍將領張國樑欲逃離丹陽時溺死。[44]在這場戰爭的主戰場上，官軍已沒有較有能耐的統兵官。

四、試探

一八六〇年春，太平軍如海嘯般往上海撲來。上海附近一名中國觀察家寫道：「火光燭天，哭聲震地。」[1]叛軍脫下官軍打扮，從天京往東進發，未遇到潰敗的官軍抵抗。李秀成的部隊橫掃江蘇，當地防守民兵嚇得鳥獸散，一座座城市落入他手裡，城中滿是過去幾年為躲避戰火從更上游逃難而來的人。他們將官軍趕到丹陽，並於五月十九日拿下丹陽後，迅即順長江而下，一星期後拿下常州，再三星期後拿下無錫。但他們最想拿下的城市是蘇州，這個大運河畔著名的園林城市戰時人口達兩百萬，可為太平軍挹注龐大生力軍，城內的商賈則家藏珍寶。這支太平軍勢無可擋；李秀成的部隊從無錫往蘇州進發，一八六〇年六月二日來到蘇州城牆外時，城裡的支持者直接開城門歡迎新主子，忠王兵不血刃拿下這座園林城市。

這支太平軍所經之處，居民面臨的是跟數百萬已捲入這場戰爭的人民一樣的選擇：如果特別不怕死，可以和鄰居一起加入民兵，迎擊太平軍，保護自己的村鎮，儘管面對太平軍大軍壓境必定毫無勝算；也或者可以改髮式，向叛軍表態效忠。清朝要所有男子薙髮留辮，太平天國叛軍則披頭散髮，不薙髮，不垂辮，且往往編以有色絲帶，以示反清之意。許多農民兩邊都不想得罪，於是太平軍入主時留起長髮，但把長辮盤起藏在長髮中，一旦官軍趕走叛軍，仍可放下長辮，剃掉頂上頭髮，以免遭官軍視為「長毛」處死。

但有一定身分地位者，有不同的路可選。清朝的存亡攸關他們能否保住財富和地位，叛軍的得勝令他們擔心會失去一切所有。他們是最可能自殺的人——蘇州等城陷落後，就有大批這類人自殺。如果在其他地方有地，他們可以設法舉家遷走以保性命（纏足老母親最難搬遷）。但隨著叛軍勢力擴及江蘇全境且南下進入浙江，可避難的地方已所剩無幾。有辦法的人逃到上海公共租界，受為數不多的洋人保護。但即使在公共租界也非高枕無憂，當地居民盛傳，李秀成率領的太平軍達百萬之眾，正往上海進發，萬艘太平軍小船密密麻麻，整整三天才通過同一處江面。[2]

到了一八六〇年春，通商口岸上海已有超過五十萬華人居民，而隨著一波波難民湧入租界，華人居民數目急速攀升，帶來嚴重的衛生和居住問題。上海位在江蘇省最東邊，境內沿黃浦江分為四個區，黃浦江在北邊約十五公里處注入長江口，然後流入大洋。最南區是上海縣城，在鴉片戰爭帶來洋人租界之前，縣城就是上海全境。縣城由一圈約略呈圓形、高七．五公尺的城牆環繞，城內充斥著曲折窄小的街道。上海開埠後，縣城仍由清朝當局治理，上海大部分居民住在縣城內。

從縣城沿著黃浦江往北，即進入法租界，再往北則是面積更大的英租界。法租界裡林立著緊挨在一塊的中國房舍，英租界裡，黃浦江畔有一段已開發的濱河區，名叫外灘，外灘上林立著碼頭、倉庫和辦公處所，時時都可能有兩三百艘船停靠於這段河面。英租界呈工整的棋盤狀布局，有跑馬場、新教教堂與海關，土地面積和上海縣城相當。英租界位在東邊黃浦江和北邊蘇州河（又稱吳淞江，黃浦江支流）交會處。最後，越過蘇州河，即來到界限不明而人煙稀疏、大部分是沼澤地的美租界。[3]

洋人定居人口通常在兩千左右，另有暫時居留但人數因貿易情況和一年不同時期而有變動的船員兩千人。洋人中英人最多，法人次之，美國人少到可以略而不計（至少在較承平時期是如此），但他們抱怨自己的人數大大少於「傲慢固執、不可一世、道地倫敦佬作風的英格蘭人」。[4] 緊挨著上海縣城城牆外的人口密集區，也就是所謂的城廂，住了上海最有錢的商賈，尤以靠黃浦江一側的城廂為然；而往縣城以西的地區走，也就是往離黃浦江較遠、靠內陸的地區走，不久景致就變成散落於棉田和果園之間的小村落，最後則只見某居民所謂的「荒涼怪異的平野」，一塊塊水稻田座落於縱橫交錯的灌溉小渠之間。[5]

但再怎麼無邊的想像，都不可能把它看成一座美麗的城市。新來的英格蘭人懷著前往「充滿希望與財富的黃金城」[6] 的美麗憧憬，卻發覺上海是個骯髒而過度擁擠的城市，城裡到處是「簡單搭建的粗陋房子，房子裡充斥不潔之物、熱病和惡臭」。[7] 有位初來乍到的傳教士說上海是「世上最汙穢的城市之一。我沒看過像它那麼髒汙的城市，它首屈一指」。[8] 還有一位傳教士要那些想到周邊鄉間走走的人小心，別被「糞船、糞槽、糞桶、擡糞人」的臭氣熏死，因為當地人用糞肥替稻田施肥。[9] 但令洋人居民不敢恭維的上海，卻是中國境內最利於從事遠洋貿易的口岸。它兼具往來大洋及長江的便利，是國內外商品的絕佳集散地。中國內陸所產的茶葉和生絲，經長江載運到這裡出口，海外的棉織品和鴉片運到上海，再轉運到中國各地。海外棉織品和鴉片大部分由英國船運到上海，其中鴉片是經印度運來。茶葉和生絲的買賣利潤奇高，因而已有人特別建造了世上最快的商船，以主宰對華貿易。但這時，由於太平軍順長江而下大舉撲來，上海的英國當局明令禁止與叛軍買賣，洋人開始擔心他們獲利奇高的貿易就要劃下句點。

在一八六〇年的上海，地位最高的英國官員是額爾金勛爵的弟弟卜魯斯。一八五九年兵敗大沽之後，他即退避上海。他未能完成換約任命，因而嚴格來講不能稱作大使，但仍是英國駐華全權代表，而且這時他是掌理英國在華商務的最高主管。英國兵敗大沽令他深感難堪，而這場失敗有一部分得歸咎於他太固執，不肯走北京提議的另一條路線赴京換約（美國大使走北京所提路線，如願達成任務）。因此，卜魯斯決意小心使用其在上海的權力，兩邊都不得罪。對於還在進行的中國內戰，他決心保持絕對中立，不與這場戰爭有任何瓜葛。為此，他明令禁止與叛軍買賣，因為深信這樣的買賣等於表示英國支持叛軍一方。

同時，他也極力避免援助朝廷一方——這麼做比較好找理由，畢竟他的艦隊就是敗於清廷之手。但英國人在上海有利益和投資，而當地中國官員很懂得利用這層關係把英國人拉到清廷這一邊。上海的最高階清朝官員是上海道臺吳煦（道臺是清朝最高階的市級官員，有點類似省長派任的市長）。吳煦年約五十歲，身材肥胖。他對於官軍壓不住太平叛軍十分絕望，於是開始遊說卜魯斯，希望英國幫忙守衛上海，抵禦太平軍進犯。他提醒道，如果太平軍拿下上海，會停掉所有對外貿易，把英國移民趕出去。卜魯斯不想和清朝官府有瓜葛，以免讓人以為他破壞中立，但他聽人說過李秀成攻打杭州時，杭州街頭法紀蕩然的駭人情事，擔心上海也未能倖免。

麻煩已經出現。最迫近的威脅不是叛軍本身，而是逃離蘇州與杭州而在上海縣城和城廂落腳的大批無法無天的官軍。卜魯斯於一八六〇年報告道，這些敗逃的官軍「在撤退途中一路洗劫毫無防禦之力的村落，藉此發洩挫敗的怨氣」，他擔心他們會從內部毀掉上海。[10] 盜賊——不管是官軍、叛軍支持者或平日所見的壞蛋——會發出太平軍來犯的假警報，然後在亂成一團的時候打劫有錢人。如此的情事一再發生。[11] 卜魯斯寫道：「落敗的官軍、得勝的叛亂分子、縣城本身的遊民，都幹起劫掠富人和正派居民的事。」[12]

鑑於他轄下的租界很有可能陷入混亂，卜魯斯斷定，保護上海——不只保護租界，也保護與租界相連的上海縣城——是英國所應為。上海縣城屬清朝官府管轄，不在洋人控制範圍，但他擔心如果縣城內的混亂擴及相鄰的租界，可能會發生人道浩劫，他認為英國有限度的介入或許可防止此事發生。因此，他請求倫敦允許其替上海縣城設防，「以防止殺戮與劫掠之事在此發生，最近杭州城遭叛亂分子攻打時就發生這樣的事。」[13]

同時，他也清楚表明如果英國人著手防禦上海，將只限於防禦縣城本身。在寫給倫敦外交大臣的文件中，卜魯斯提到吳煦想要他先發制人，派一支英軍到蘇州擋住叛軍，他已直言拒絕。（法國人則不然，對干預之事看得較隨便；得悉新教叛軍殺害一名法籍天主教傳教士之後，法國人積極調集三千兵力，欲往蘇州進發。後來卜魯斯拒絕支持清朝官府，法國人才取消這個行動。）

卜魯斯陷入困境。保衛上海，即使只是保護英國公民和財產，都將在實質上為一年前在大沽突襲他的艦隊並造成慘重傷亡的清廷助陣。他擔心，「最可能減損我們國家名聲的事，莫過於對一個完全因為本身衰弱才不致太腐敗的政府給予實質支持。」[14] 但隨著叛軍即將進攻租界的傳言變得沸沸揚揚、繪聲繪影，英國商人群起高呼要有保護他們的措施。倫敦當局是否同意英國人保護上海縣城，卜魯斯要等幾個月才能得到答覆，眼前情勢危急，他於是自作主張，開始召募志願軍。但那看來無濟於事；只調集到幾門英國火炮，加上幾百名經驗不足的志願者防守城牆。如果傳言不虛，叛軍大軍已在路上。

* * *

有人希望上海租界成為讓中國人見識歐洲人如何善於治理的榜樣，但事實也表明，各租界的各自為政、互不統轄（每個國家在自己租界有自己的軍隊，每個外籍公民都只受該國機關管轄），也成為較不守規矩的外國人心目中的天堂。隨著商船進出，交換進來的不只船貨，有時還有船員，來自世界各地的遊手好閒者群集上海，在不同法律管轄區的三不管地帶落腳。誠如某位美國年輕人在上海待了幾年後，以驚愕口吻向母親描述的：「這裡的街頭充斥著加州人、從事滑稽說唱表演的黑人、賭徒、職業賽馬騎師、最糟糕的男女……這裡有可能在不久後成為第二個舊金山，初期的舊金山。」[15]

但有些洋人壞到連上海都無容身之地。有一支非正規部隊的成員，就是這類洋人。他們在上海完全不受歡迎，一八六〇年春開始在上海西邊約二十公里處一個遍布爛泥的村子操練戰技。這支部隊有約兩百名歐美人，身上的制服形形色色，說明了他們出身的龐雜。有些人穿英國陸戰隊筆挺的紅外套和深色長褲，有些人穿法國水兵的藍上衣和白喇叭褲，還有些人穿商船船員的灰色破爛衣服。[16]至於武器，他們有柯爾特連發左輪手槍（Colt revolver）和夏普斯連發卡賓槍（Sharps repeating carbine），他們的目標是太平天國手中的松江鎮。松江位於上海西南約十五公里處，與上海西北的青浦同是有城牆環繞的戰略要地。想從杭州或蘇州進攻上海，必定要以松江和青浦為踏腳石。他們的贊助人是以銀行家楊坊為首的一群上海中國商人。楊坊以每人每月一百元的天價薪餉雇請這些傭兵，在重金利誘下，自然有職業軍人跳船，加入這支主要由最低劣商船船員組成的部隊。除了高薪，贊助者還承諾，只要這支洋人部隊擊敗駐守松江的太平軍，將他們趕走，就給予十多萬元獎勵，外加他們能在松江洗劫到的任何東西。

招兵買馬組建這支部隊的是快滿二十九歲的美國人華爾（Frederick Townsend Ward），他也成為這支部隊的第一任隊長。他來自麻塞諸塞州氣候陰沉、常有暴風雨的塞勒姆（Salem）。塞勒姆的經濟以航運業為主，曾稱霸對華貿易。但到了華爾年輕時，塞勒姆已沒落許久，只能在遭到鹽分侵蝕的褪色記憶裡回味往日的榮光。華爾生長在一棟日益破敗的大宅裡，而美國小說家霍桑的表妹住過的七角樓（House of the Seven Gables），與這棟大宅只隔了幾棟房子。在霍桑一八五一年的同名小說中，這棟房子生動呈現於讀者眼前。透過七角樓，霍桑不只體現了塞勒姆的哥德式風格，也體現了十九世紀中葉新英格蘭地區的哥德式風格。華爾有著深不可測的黑色眼睛和蓋住耳朵的濃密烏黑長髮，時時流露出他北方老家的陰鬱氣質。

華爾打造洋槍隊的典範是稱為菲利巴斯特（filibuster）的人，他們是十九世紀中葉在中美洲煽動或支持叛亂的美國軍人。與純粹拿錢辦事的傭兵不同，菲利巴斯特不只為薪水而打仗，他們還懷著自建政府、自己當家作主的憧憬。華爾早年想走傳統的軍人生涯，但未能如願。一八四六年報名西點軍校未獲錄取，在佛蒙特州的私立軍事學院諾里奇大學（Norwich University）讀了一年，沒有畢業。[17]他真正學習到軍事技能是透過更不正規的途徑。一八五二年他長途跋涉來到中美洲，投入惡名昭彰的威廉·沃克（William Walker）麾下。沃克於一八五〇年代初期找來一些美國人組成一支小部隊，在尼加拉瓜挑起內戰，為的是推翻該國政府並在當地建立一個「洋基國」。[18]華爾在沃克麾下打仗，一八五三年擔任他的訓練官，一年後離開，自己出去闖——若是晚點離開，將有幸看到他的主子終於在一八五六年征服尼加拉瓜，當上該國總統。但由於這類部隊未得到強權正規軍的支持，他們的成功通常維持不久。一八六〇年春華爾開始在上海郊外訓練他自己的菲利巴斯特部隊時，英軍已逮到沃克，以違反中立法的罪名將他拘禁。華爾在中國首度投入對抗太平軍的戰鬥後不久，他的恩師在地球另一端的宏都拉斯遭行刑隊處決。

中國這場內戰為有心成為菲利巴斯特之人提供了大好機會，而且過去由於跨洋貿易，上海港與華爾的故鄉有過緊密的聯繫。他在躁動的青少年時代來過中國，一八五九年再度來到中國投入這場戰爭。他根據在國外聽到的中國情況，打算加入叛軍推翻滿清。[19]但來到上海，他發現很難與太平天國接上線，於是在法國汽船「孔夫子號」上找到工作。上海有些中國富商雇用孔夫子號保護他們的事業，以防長江上的盜匪打劫。打擊河盜不久，他們就開始組建陸上武力來保護上海外圍城鎮。華爾和孔夫子號船長兩人被當地軍事當局吸納為輔助打擊部隊，聽命於上海道臺吳煦。

於是，華爾最終站到了朝廷這一邊（儘管並非直接支持朝廷），開始招募歐洲人、美國人和菲律賓人加入洋槍隊，在緊鄰上海的地區打仗。他以冒險家自居，穿緊身黑制服以配合黑色長髮，不戴徽章，帶輕便手杖當隨身武器。他的軍隊屬非法組織，公然違反了中立規定，而且他招募了許多逃兵，因而他的手下受傷時不能赴上海求醫，以免被關入牢裡，交付軍法審判。[20]但只要他和他們不介意在公開戰鬥裡殺死一些中國叛軍，將有一大筆錢等著他們納入口袋。

自英國打贏鴉片戰爭後，中國人就近乎迷信般地認為，洋人武器較強，洋人較會打仗。由於這一觀念，在支持華爾的那些中國人眼中，這支洋人民兵部隊——儘管相較於敵人兵力小了許多——戰力不容小覷。更重要的，他們希望敵人也如此看待洋人部隊，一旦碰到白人對手，會心知不敵而直接後撤或投降。他們要華爾的洋槍隊打前鋒，萬餘名官軍緊跟在後，攻打一座座城市，並在洋槍隊攻破城門後，由官軍攻進城裡，派兵駐守。這種打法過去即出現過；早在一八五三年，就有一位美國軍人報告道，他在廣州附近見過一名要麾下軍官扮成白人以唬弄叛軍的中國指揮官。那名指揮官當過英格蘭人的僕從，還跟主人去過英格蘭，在那裡學到一點英語和英國人的穿著。指揮官告訴這位美國軍人：「叛軍以為我是英吉利人——美利堅人，都一樣。在那面牆上，我第一人（On that wall, I number one man.）。」[21]華爾的洋槍隊亦然：不管他們是老練的職業軍人還是跌跌撞撞的醉鬼，最重要的是他們有白皮膚、洋人衣著，以及連發武器。

華爾的洋槍隊於一八六〇年四月首度攻打松江，結果令人大失所望。由於沒有火炮來轟開城門，華爾打算要他的人趁著黑夜偷偷潛至松江城邊，架上雲梯，爬上城牆，出其不意撂倒哨兵。但他的人在準備進攻時喝得爛醉，接近松江城時又唱歌、又罵髒話、又爭吵，把太平軍哨兵吵醒，於是在要爬上雲梯時就被哨兵砍死。[22] 華爾匆匆找了些人遞補第一次潰敗損失的兵力，並在上海添購了一對半噸重的拿破崙野戰炮（亦即美國內戰時南北軍都廣泛使用的那種滑膛炮），然後在七月帶著約五百人再度出擊，而這一次的出擊者包括更多來自帆動力商船的菲律賓「馬尼拉人」。在一隻流浪狗的掩護下，他的炮手將拿破崙炮對準松江的東城門，天黑時以十二磅炮彈予以轟破，洋槍隊其他人摸黑衝進缺口。

但這次進攻的死傷看來比第一次進攻還要慘，因為衝過外城門後，他們發現有一道內城門，內城門走勢與外城門垂直，炮擊時毫髮無傷。於是他們困在牆內：進不了內城門，無法撤退，也無法將拿破崙炮運過護城河。面對上方的太平守軍，他們毫無藏身之處；守軍無法直接朝他們開槍，但整夜朝他們丟下裝了燒著硫磺的陶罐。[23] 華爾的人點燃他們拖來的幾袋火藥，勉強將內城門移出約兩英尺寬的縫，然後當他們一個接一個擠過那道縫，陷入密集的火力攻擊時（有個英格蘭人的頭當場裂成兩半），他們的連發武器發揮了近戰威力，使他們得以攻上內城牆，來到城門頂上的安全角落，並守住這個角落一整夜。天亮後官軍的援兵終於到來，太平軍隨之棄城而去。這時，五百名外國傭兵已死去過半，倖存者除二十七人外皆受重傷。[24]

這不是場大勝，但松江城終究落入他們手裡，華爾在夫子廟設了大本營。以松江為基地（兼醫療所），他和他的助手重整旗鼓，從上海招募新血。一八六〇年八月一日，他們進攻另一座戰略要地，西北方約十五公里處的青浦。這一次他們又嚐敗績，因為青浦的太平軍也組建了洋槍隊，隊長是英格蘭人薩維治（Savage）。薩維治帶了幾名志同道合者一起投奔太平天國，負責操作大炮。[25] 華爾洋槍隊的後援官軍一直未現身，華爾在戰鬥時中彈，子彈穿過雙頰，毀損面容，此後醜臉就一直跟著他。

兩個星期後，在華爾臉傷未癒而由其副手帶領下（加上從上海招募來的一些新兵，大部分是希臘人與義大利人），洋槍隊再度進攻青浦，這一次官軍跟在他們後面，結果這次進攻卻招惹到兵力已經強化、人數將近五萬的太平軍守備部隊，並引來李秀成親自投入戰場。李秀成帶領部隊從側翼出其不意包抄，大敗洋槍隊；雖有後援官軍在後，華爾的人不只未能拿下青浦，還差點丟掉松江。李秀成在江蘇帶兵追擊，洋槍隊節節敗退，沿途殲滅官軍，並從松江城外騷擾守城官軍將近兩星期。唯一令華爾感到慰藉的，乃是太平天國洋槍隊隊長薩維治，參與了將清軍逼回到松江的追擊戰，在戰鬥中中彈，不久後死於南京。

＊　＊　＊

並非所有洋人都如此反對叛軍到來。一八六〇年七月上旬，華爾正為進攻松江而備戰時，有艘小船離開上海前往內陸，船上載了五名英國與美國傳教士。他們想與蘇州的太平天國當局接觸，於是從上海走危險的水路，經河川和運河到蘇州，路程約有一百三十公里遠。離開上海才約十五公里，他們繞過了最後一個正快速消失的官軍衛哨，進入戰區。難民拖著沉重步伐走向安全的上海，四周不時傳來遠處的槍炮聲，我行我素的村莊防衛團巡邏河岸，揚言誰敢登上他們泥濘的岸上就暴力以對。其中一名傳教士寫道：「到處都可看到孤單老人或老婦，在廢墟間遲緩、顫抖著身子移動，對著周遭可怕的荒涼景象沉思、哭泣。」[26]

這群傳教士的頭是艾約瑟（Joseph Edkins），倫敦傳道會的高級成員，留著又寬又長的白鬍子。一八四八年，他第一次奉派傳教來到香港。他與理雅各過從甚密，喜歡和理雅各比賽默背新約聖經各書（通常是理雅各贏）。不久前理雅各才寫信給艾約瑟，說自從幾個月前收到額爾金船上轉來的信，一直沒有洪仁玕的消息，請他查查他們這位共同友人的下落。[27]因此，這一行人碰到沿著河岸騎過的一隊太平軍騎兵時，艾約瑟問的第一件事就是他們有沒有聽過洪仁玕這人。他們答以他現在是天京總理，地位僅次於天王，艾約瑟諸人聽了震驚不已。既已搭上了線，這一行人跟著這隊騎兵回到他們的營地，受到意想不到的友善招待，大為欣喜。這一行人的另一個成員是威爾斯籍公理會傳教士楊格非（Griffith John），他形容這些叛軍官兵「肌肉結實，舉止大膽狂放，看來性情坦率」。當時英國人很少用這樣的字眼形容中國人。傳教士一行人離開款待他們的太平軍，帶著新拿到的太天平國通行證往蘇州趕路，內心興奮且膽子也大了起來。

這些傳教士好久以前就樂見這場內戰的破壞，因為他們認為太平軍是在替上帝行道。前往蘇州的幾個月前，艾約瑟寫道：「先知說過，『我必震動萬國』，而在中國，改變的時代已然開始，無數人正為了全國人最終的利益，承受現在的苦難。」[28]但從較安全的上海思索這類苦難是一回事，真正見識到那些苦難是另一回事。隨著船行更深入戰區，傳教士陶陶然的樂觀遭到駭人情景的迎頭衝擊。第四晚，他們終於接近太平軍占領的蘇州城，而當晚的情景他們肯定不想留在腦海。因為那一晚他們的小船緩緩前進時，腐臭味愈來愈濃，最後他們將船停了下來。藉著柔和的燈籠火光，他們仔細往外瞧，天還未全暗，在漆黑平靜的河面上，他們能看到的就只有前方數百公尺像無數原木般塞住運河的屍體——冰冷、不知名姓、不可勝數。但已不能回頭。傳教士奮力划，將船划進陰森恐怖的浮屍群中，漆黑中船槳一再打到東西，發出彭彭聲響。最後他們耗盡氣力，不得不停下睡覺，就睡在無數屍體的冰冷環抱中。[29]

飽受驚嚇的傳教士於隔天早上抵達蘇州，在那裡得知戰爭的殘暴，不只人要遭殃，神也無法倖免。叛軍對中國傳統宗教的神像特別不留情，楊格非描寫廟裡木雕神像的「鼻子、下巴和手被砍掉，司空見慣」，「這些建築裡散落一地任人宰割的神祇遺骸，有佛教跟道教的，有男的有女的。有些神像被丟進運河裡，與遭洗劫的房屋殘骸和人的遺體在河上載浮載沉，一起往下游漂去。」[30] 其他神像搬出蘇州城，立在山坡上，並在周遭插上叛軍旗幟，以誘騙官軍前來一戰。[31] 但眼前所見的景象證明太平天國反對偶像崇拜，令楊格非感到欣慰，也就減輕了目睹屍漫河面的不安。叛軍如此狂熱於搗毀寺廟宮觀，正說明他們欲將基督新教輸入中國的決心。法國天主教徒將極不樂見這樣的發展(誠如倫敦一位分析家說的：「法國人有理由擔心太平天國掌權，因為對他們來說，不管有沒有受洗，偶像就是偶像，偶像崇拜者就是偶像崇拜者。」)[32] 但對英格蘭和美國的新教徒來說，那可以說是天賜的大禮。

傳教士抵達蘇州時，洪仁玕仍在南京，但李秀成坐鎮蘇州，並邀請他們前來一見。他們受到六響禮炮的歡迎，然後在喧天鑼鼓聲中，由人帶路走過一條走道，進入鋪著紅毯的接見廳，走道旁有肅然站立的僕人和官員。他們覺得忠王看來性格溫和，幾乎是個知識分子，「五官小巧精明」，戴眼鏡，身穿黃色緞袍。艾約瑟說他具有「好人的品性」，軍紀嚴明，嚴禁官兵恣縱妄為，以「使受害於這場內戰的苦難人民不致受到傷害和侮辱」。[33]（在別的場合，另有人覺得他渾身充滿不留情的剛直和靜不下來、追根究底的衝勁。）[34]接見時間不長，但足以讓傳教士和這位叛軍將領認識到他們各自所信宗教在基本信條上相契合，在安息日的日期上相通。傳教士感到滿意，而且心知他們在上海的經商同胞在意獲利更甚於教義，於是詢問李秀成在太平天國轄區絲織品貿易是否可照舊進行，李秀成答以這類貿易正是這個政權想要的。他們贈予忠王數本中文聖經，然後欣然離開，準備返回上海，與人分享這個天大的好消息。

艾約瑟等人直接返回上海，在那裡急忙寫下他的見聞以便發表。他在上海英文報紙《北華捷報》刊出的文章為叛軍強力辯駁，反制了清朝官府在上海廣為宣傳的反叛軍形象。艾約瑟寫道：「有人大談『長毛叛軍』是何等殘酷，但那其實有許多誇大與誤解之處。」[35]他主張，如果他們犯下什麼戰爭罪行——殺人、偷搶、劫掠——那完全是為了保命，而且那些罪行全是最新招募的兵員所犯，他們尚未得到長官應有的宗教教誨；只要太平天國的高階領導人到來，那些犯罪者就立即遭到處死。他堅稱在太平軍占領的蘇州城裡，大部分死者（包括運河上那些讓他做惡夢的浮屍）是自殺而死，而非遭人殺害。官軍的罪行還更令人髮指。假以時日，太平軍的勝利將結束中國境內的殺戮和混亂，帶來和平與道德的新時代——有位提供他消息的人預測，兩年內太平軍就會打贏內戰。艾約瑟嚴正表示：「他們是最不折不扣的革命分子；殺戮和劫掠都是為完成大業而不得不為。這類運動必然免不了這些惡事，只要這運動本身有正當理由，這些事就說得過去。」[36]他打從心底認定這場運動有其道理，它所造成的不幸但短暫的動亂也就不必予以苛責。

艾約瑟興奮談到太平天國主掌中國後，將為西方的新教國帶來多美好的前景，並認為太平天國不合正統的教義不值一慮。他解釋道，太平天國之人並未離譜相信洪秀全是上帝的兒子，而是認為他執行了和耶穌基督一樣的使命，而這些受舊約聖經影響的叛軍並不大知道耶穌基督已晉升為神。他們可以接受教導。艾約瑟欣賞他們宗教的內在性。他寫道：「神與他們同在，神不是抽象概念，也不是嚴厲無情的最高統治者，而是個慈愛的父親，溫柔照護他們的事，親自引領他們。」[37]如果清朝滅亡，太平天國成功，這些基督徒叛軍可望「著手建立比中國人所長久習慣的更為嚴格而健全的道德規範」。[38]那將會是一個道德國——和基督教國。

最重要的，他欲打動傳教士及其支持者圈子以外的各界人士，於是以符合這目的的措詞嚴正表示，那將是個對西方友好的國家。他強調，太平天國始終將洋人稱作「我們的洋兄弟」，開放整個帝國對外通商「將是他們所非常樂見」。此外，艾約瑟說道，太平天國說，「洋人任何時候在他們的領土上行走，都會受到尊敬。」最後他斷言，那個未來國家的問世已幾成定局，因為「如今看來他們正把這個帝國牢牢抓在手裡，像征服者一樣踐踏它」。因此，太平天國獲勝是勢不可擋，而且這些叛軍推動友好外交並歡迎通商貿易，正是多年來洋人向滿清要求卻一直得不到的東西。[39]

最認同艾約瑟看法的是他的妻子艾珍（Jane Edkins）。他第一次離開上海時她傷心落淚，聽他講述叛軍治下的蘇州時，她大為欣喜。她那時才二十一歲，嫁給他才一年（她身子骨很虛弱，跟著丈夫大老遠去到中國令她家人很擔心，但嫁給傳教士就得過這樣的生活）。一八六〇年七月，她從上海寫信給她婆婆：「這場叛亂運動不是很了不起嗎？」「這些叛軍像我們一樣行安息日，每天向上帝禱告，讀聖經，打破偶像，而且他們期盼有朝一日不再有那些異教廟宇，而是有基督教禮拜堂，他們跟我們一起做禮拜……那不是中國一個值得大書特書的時代？」[40]後來在太平軍攻向上海的傳言傳得更盛、洋人指揮官徵集志願者守衛城牆之時，她更進一步表達內心的想法。她寫給父親的信裡說：「我要說我骨子裡是個叛軍，我心裡偷偷希望有幸迎接他們。」[41]

幾個星期後的七月底，艾約瑟與楊格非在收到李秀成與洪仁玕分別來信邀請往訪之後，再度前往蘇州。艾珍寫道，洪仁玕的來信邀請是「一再迴蕩於傳教士耳裡最令人雀躍、欣喜的消息」，她好希望與他們同去，但坦承「他們必會經過的地方，不是女士能夠受得了」。[42]楊格非寫道，洪仁玕與李秀成的來信「散發男子氣概與和善的氣質……不信基督教的中國人絕寫不出這樣的信。我在那些信中看到一個新東西——只有基督教能注入的東西。」[43]

八月初再到蘇州時，艾約瑟與楊格非受到比前次來訪更熱情的歡迎。洪仁玕身穿緞袍，戴繡紋金冠，幾乎要因為他的職位而感到侷促不安。他堅持以西式禮節接待他們——不叩頭或下跪，而是熱誠地握手，他還摒退一干侍從，拿下金冠與他們輕鬆交談。他們談到過去的時光，談到老朋友和傳教活動的進展。他們一起禱告。他們唱起洪仁玕替倫敦傳道會工作時記在腦海的讚美詩，他私下告訴他們，在香港當傳教士助理那段期間是他最快樂的時光。他們談到中國的未來，他間接表示叛亂不如傳教士正在做的事來得重要——不管滿清王朝是存是亡，中國都必須基督教化。至於他自己，他說他想做的，就是帶領太平天國正確認識宗教。他的族兄封他為王，但那不是他能拒絕接受的職務。據楊格非轉述，他希望「所有偶像消失，寺觀轉為禮拜堂，正統基督教不久就成為中國的宗教」。那是令這兩位來訪的傳教士「永遠不會忘記的情景」。[44]

可能會有一位中國本土傳教士躋身中國未來政府高層一事，令國際傳教界大為振奮。倫敦傳道會的《傳教雜誌》（*Missionary Magazine*）在一八六〇年十月預告了洪仁玕的崛起。該雜誌主編寫道：「我們確信讀者會一起熱切祈求上帝的恩典，讓這人……歷經種種危險仍保住其高位。」[45]《傳教雜誌與紀事》（*Missionary Magazine and Chronicle*）簡介了「這位如今地位崇高的中國人」的生平，說「上帝的旨意獨獨將他提升到得勝的中國叛亂運動領袖的政務委員會裡顯赫且有影響力的最高位」，而洪仁玕過去的作為肯定會「喚起世人對這人熱切而誠摯的關心」。[46]

理雅各則寫道，由於有他親愛的老朋友洪仁玕在南京，「在諸位叛亂分子中至少有了一位真正認識真理的人」。[47] 理雅各聲稱，當年洪仁玕離港前往南京時，心裡就只抱著兩個目標：「糾正（叛軍的）宗教錯誤」，「建議走與洋人和解的路線……如此即使得不到洋人協力完成叛亂目的，至少可得到他們的同情。」總的來說，西方希望新中國是正統基督教國，對西方友好。到了十一月，來自英格蘭幾乎所有重要傳教組織的代表聯名致函外相，要求英國繼續其在中國內戰中的絕對中立政策，並舉太平天國「明顯喜愛基督教」一事做為理由。[48]

英國的報刊上迴盪著頌揚洪仁玕之聲。《泰特氏愛丁堡雜誌》（*Tait's Edinburgh Magazine*）刊出〈中國革命〉一文，文中宣稱：「如今我們有了……一位具影響力的革命領袖，他在上海和香港，從我們的傳教士和美國的傳教士那兒……認識了基督教，也認識了歐洲習慣。」由於這位「寒微的傳教士」，「救世喜訊」如今「體現在太平運動的官方文件裡」。[49] 艾約瑟已將洪仁玕《資政新篇》裡論治理的那一部分譯成英文，他扼要介紹了洪仁玕為太平天國擬定的治國計畫——蓋鐵路和工廠、禁絕鴉片、引進科學——斷言既然英國和清廷如此敵對，眼前該是與太平天國的「新掌權者尋求和解」的時候。

《倫敦評論》則有一篇文章宣告：「這簡直令人無法置信。歐洲人對中國的掌權者所習於期待並得到的事物竟有如此全面的改變；但事實確是如此，不容置疑。」[50] 這位未署名的作者描述了艾約瑟與干王兩人的會面，然後嚴正表示：「若是二十年前有哪位浪漫文學作家，描寫了一名中國本地人和一名英格蘭人在中國境內扮演了這裡所述的個別角色，時人會怎麼看待這個情節的可能性？……若有傳教演說家事先粗略介紹了一八六〇年所會發生的這件事，恐怕連狂熱而自信的基督徒都會覺得那是天方夜譚，不是嗎？」[51] 如今，英國人才似乎終於清楚瞭解太平叛軍，瞭解他們是什麼樣的人：本文作者說道，「太平天國不是神話」，而是實實在在掌有權力的人。十年來他們有起有落，有時在歐洲人眼中似乎即將建立帝國，有時幾乎遭人遺忘，而十年後的今天，他們矗立在我們眼前，下轄子民數千萬；統有中國最精華的地區——帶給我們品茗之樂的茶和使我們的衣著更為多彩多姿的絲的產地；控制大運河和長江；在中華帝國的古都建立王朝，從而威脅北京的異族王朝。如今他們無疑是中國境內，且就目前所知，是亞洲東部濱海地區最強大的政權。[52]

面紗可以說已經掀開。

五、北方之約

一八六〇年冬，洪仁玕和李秀成在南京籌劃解除官軍對他們京城的圍困之時，另一場與太平天國毫無不相干的反清戰役也在歐亞大陸的另一端逐漸成形。一八六〇年一月二十四日，葛雷伯爵（Earl Grey）在英國貴族院起身宣布令他震驚的發現：他剛剛才發現為了教訓清朝，「我們的港口和兵工廠鬧哄哄準備」開戰已經三個月。[1]兵敗大沽的消息於一八五九年傳抵英格蘭不久，備戰行動就祕密在進行；首相帕麥斯頓想動武，法蘭西皇帝拿破崙三世很快就同意再組聯合遠征軍，派額爾金勛爵和葛羅男爵再赴中國完成他們未竟的任務。

但此一新任務並未得到英國國會的批准。照理，政府開支要得到國會的批准，但在這件事情上，國會完全被矇在鼓裡。葛雷伯爵表示，政府正在為一支遠征軍備置火炮、汽船跟補給品，以便入侵華北，而遠征軍的兵力，他猜多達萬人。他譴責背地裡偷偷備戰，認為英國對清朝重啟戰端有欠考慮。

他勸告貴族院全體議員：「我們與中國的龐大貿易，對我們所享有之富足繁榮的直接與間接貢獻，超過我們與美國之外世上其他任何國家的貿易的貢獻，我們該想想……燒掉那個龐大帝國的城市，屠殺那個帝國的居民，是否能促進我們與中國的貿易。」他提醒眾位議員，如果英國真的開戰，「除了拆掉中華帝國古老且已搖搖欲墜的結構，恐怕別無辦法脫身。」[2]

儘管葛雷反對而且開戰並未得到國會同意，英國政府還是繼續朝動武的方向走。英法兩國從英國、印度與法國調集船艦組成艦隊，以護送額爾金勛爵及葛羅男爵於一八六〇年再度前往白河，而艦隊規模之大幾乎是前所未見，共有四十一艘軍艦，後面跟著一百四十三艘運輸艦。運輸艦載運了大批野戰炮，還有塞在狹促馬廄裡的一千多匹戰馬。英國政府事先派了軍需官到新加坡、日本、上海和馬尼拉購買役畜——兩千五百頭閹牛、騾和矮種馬，加上趕牲畜的人——以在軍隊抵達目的地後，拉火炮和輜重車在陸上走。這支入侵部隊整編起來，將包括約兩萬四千名英國、法國和印度官兵，加上數千名支援人員。[3]

簡而言之，這支部隊的兵力比葛雷伯爵所猜想的還要多出一倍多，而在熟悉其組建過程的那些人心目中，它強大到如果指揮官選擇推翻清朝，它就有能耐辦到。額爾金本人在那年七月寫給羅素勛爵的一封信中思索了此事的可能性。他以冷酷逗趣的口吻寫道：「如果我們有心拿下第二個印度，我們可以併吞這個帝國，或者如果我們知道哪裡可以找到更好的人選，我們可以幫他們改朝換代。」[4]據某位俄國外交官所述，後來額爾金私下揣想，「如果有個叛軍領袖同意天津條約的有利條件」，英國是否該「承認那領袖為中國皇帝」。那將不只讓英國取得想要的通商特許權，從而結束這場衝突，還將使清朝抵抗之事不再重演，因為「如果中國的首都搬到南京之類較接近我們駐軍的地方……英格蘭就能用四艘炮艇控制中華帝國」。情況看來，要滿足英國的欲求，較省事的路線是經由太平天國，而非經由滿清。至於在那樣的情況下要如何處置滿清政府，據說額爾金告訴俄國駐華全權代表：「就讓北方消失或另組一個政府，那裡無關我們的貿易利益。」[5]

英國與北京清廷的爭吵和卜魯斯對叛軍入侵上海的憂心，在忙於應付這兩個危機的人眼中，乃是完全不相干的兩碼事。因此，就在卜魯斯煩惱如何保護上海免受太平軍侵犯時，就在他仔細思考保衛上海與支持清廷之間的細微（也就是幾乎看不出來的）差異時，他正促請英國再度用兵華北。他深信不靠武力，不可能使清廷讓步。攻打滿清的新戰爭剛出現端倪時，他就寫信給國內的羅素說：「在英格蘭或許很難找到正當理由來為這個做法辯解，」但他仍然認為「中國真正的方針」，乃是在知道無法用武力將外國人拒於門外之後，才會同意讓外國人入境居留。[6] 據卜魯斯的線民所述，清廷裡的「主戰派」（另有人稱他們是中國的托利黨）在一八五八年額爾金入侵大沽後已占上風，而該派成員包括僧格林沁和皇帝的幾位高階滿人大臣。卜魯斯深信：「不徹底擊潰敵視我們的這一派，不給中國一個教訓，讓中國知道背信棄義、不守信用必會招來重懲，我們的未來關係不可能有穩固基礎。」也就是說，英國欲與清廷建立和睦關係（附帶讓卜魯斯終於得以進駐大使館），唯一辦法就是用更甚於以往的強大武力打擊清廷。

但這兩件事情同時發生，就在上海的洋人居民提心吊膽擔心叛軍即將來犯時，英法聯軍開始抵達中國。上海城裡的中國居民都走光了。中國人關上家門和店鋪，搬到租來的小船上，打定主意敵軍一出現就解纜出航，到其他地方避風頭。那些小船排成十排停在河上，船上擠滿人和家當。[7]接著，就在這人心惶惶的時期，額爾金勛爵於一八六〇年六月二十九日帶著一隊英法炮艇來到上海。當下上海似乎有救了，不必怕太平軍的進犯。英軍主力駐紮在香港島對面的九龍半島上，法軍和炮艇則跟葛羅伯爵與額爾金勛爵一起到上海，租界裡的洋商因此大為振奮，因為終於得救了——畢竟額爾金勛爵是卜魯斯的哥哥，他肯定會留心他們的利益。

但不久後他們就看出，聯軍諸指揮官無意幫助卜魯斯防衛上海。事實表明，他們堅持原訂逼清廷修約的計畫，於是幾乎一抵滬就又離開，留在上海的只有薄弱的防禦兵力——兩艘炮艇和零星的錫克人部隊。洋商哀嘆自己在最危急的時刻竟遭同胞遺棄。他們對額爾金艦隊的離去憤恨不平，惶惶然回頭望向西方地平線，在地平線的另一頭，叛軍正滾滾而來。他們盡力不去細想周遭清朝官軍所預測的悲慘下場，為最壞的情況做準備。

* * *

額爾金勛爵照計畫啟航前往北京，留下弟弟卜魯斯在上海自謀生路，但卜魯斯不認同艾約瑟等傳教士所提，洪仁玕轄下的叛軍其實是洋人之友而非敵人的可能性。卜魯斯在中國的閱歷甚淺（除了最晚近的經驗，只在一八四〇年代短暫待過香港）。他不會講中國話，來往的中國人不多，幾乎未去過中國任何地方。但他自視甚高。他讀過一些書——使他自認知識廣博，卻不知其實是以管窺天——而且兵敗大沽的難堪經驗，使他打從心底認定中國人都是兩面人，不管是政府還是反政府那方都一樣。因此，儘管他無權阻止艾約瑟與楊格非去叛軍那裡，卻對他們從蘇州帶來的消息充耳不聞，因為他認定他們被耍了。

卜魯斯警告艾約瑟，不要鼓勵英國支持太平天國。七月二十八日他致函艾約瑟說：「宗教信仰類似以及同情心，不足以做為要外國參與內戰的理由。」[8] 具體地說，他判定，「太平天國急欲與外國人交往的新心態」，若非是騙取外國人支持的詭計，那麼也會使他們與自己的同胞疏遠，使他們無緣統治中國。卜魯斯雖然厭惡北京的滿人統治者，卻把太平天國視為「只是一群對抗自己合法政府的武裝分子」，因而他們只是叛亂分子。與威妥瑪一樣，卜魯斯認為中國境內穩定、傳統的力量是「合法」的清廷，不管清廷多腐敗多仇外都不能改變這事實。

但卜魯斯的確盡職地將艾約瑟等傳教士的考察心得轉呈倫敦外交部。他呈報道，洪仁玕主張「與外國人平起平坐地交往，(主張)引進汽船、鐵路和西方其他的發明」，還說洪仁玕論治理的那篇文章，比起英國人過去在中國人身上常看到的，「對基督教的看法較正確也較開明」。[9] 但卜魯斯認為太平天國這樣的態度不足以促成英國與太平天國建立關係。他說洪仁玕是真心還是心存欺騙無從得知，還間接表示洪仁玕大概是「存著讓基督教世界認同他的念頭寫這份東西」。卜魯斯認為中國人都不老實，因而會如此解讀洪仁玕寫《資政新篇》的動機。誠如他向艾約瑟所說的，他深信中國人——不只官員、學者，還有農民——都極認同儒家古聖先賢的理念，因而即使洪仁玕的《資政新篇》是發自肺腑，即使太平天國真想實行平等外交並建立基督教社會，上述事實將使太平天國永遠不可能得到廣大中國人民的支持。在卜魯斯眼中，仇視洋人與洋宗教的心態乃是中國文化永恆不變的一部分，因而叛軍要獲勝根本是天方夜譚。因此，他打定主意保衛華人居住的上海縣城，不讓其落入太平軍手裡。原則上，他至少曾試著將他的意向告知叛軍，派了一艘小船溯河而上，以將他的信交給太平軍。但船上的人找不到可交付信件之人，失望而返。

有人試圖改變卜魯斯的頑固想法，特別是認為卜魯斯對這場叛亂的判斷大錯特錯的英國領事密迪樂（Thomas Taylor Meadows）。當時在上海任職的密迪樂，與中國的淵源大大久於卜魯斯，而且與他的上司不同，他既會講中國話，也去過內陸。他養了一批中國本地線民，堪稱是當時駐華外國官員底下最厲害的中國本地線民網，有很長一段時間他深信太平天國必會獲勝。[10]

那時密迪樂已鑽研出一套中國政治變遷理論，並在數年前放假返鄉探親期間寫了《中國人及其叛亂》（*The Chinese and Their Rebellions*）一書。在那本頗為叫座的著作中，他主張叛亂是中國政治裡自然循環的一環。他寫道，在中國的歷史長河裡，「時而發生的王朝叛亂，乃是確保該國人民福祉於不墜所不可或缺……在政治氣氛變得窒濁而壓迫之時，只有靠這些叛亂風暴，才能恢復政治的清明。」也就是說，卜魯斯眼中終會徒勞無功的那類叛亂，其實是確保中國歷經如此多次的改朝換代仍屹立於世的根本力量之一。密迪樂寫道，中國人「尊敬成功的叛亂，把那視為天意的展現，叛亂是為了實現上天保住和平、秩序、安穩與繁榮的意志」。[11]

至於在中國這場內戰期間英國的政策，密迪樂主張，西方列強最不該做的就是介入。因為即使列強純粹基於人道考量——例如為終結這場還在打的內戰的駭人苦難和殺戮——而出手干預，這類干預叛亂自然進程的舉動，「即使失敗，都只會使無政府狀態或內戰拖得更久。」他還說，干預失敗導致的傷害算是最小的；干預成功則遠為糟糕，其「必然的結果」將是「內部衰弱的政府；而內部衰弱的政府無異於懦弱的政府、邪惡的政府、殘酷的政府」。[12]也就是說，如果英國不讓中國這場叛亂自行走到終點，最好的結果將只是促成更難駕馭的無政府狀態，最壞的結果則是使中國人民淪落到受本該垮臺的腐敗殘酷政府統治。

日後的發展表明，密迪樂是當時最有先見之明的外國觀察家，但他只是個領事，必須聽命於卜魯斯，因而卜魯斯對太平天國的看法占了上風。一八六〇年代晚期，密迪樂呈給卜魯斯一封由專人帶來上海的密封信，收信人是美國、法國與英國的駐華全權代表，發信人是李秀成。卜魯斯不願拆信，說他不想和叛軍有瓜葛。幾天後，密迪樂呈上另一封信給卜魯斯，這一次發信人是洪仁玕，收信人同樣是這三國代表。密迪樂想讓上司明瞭，洪仁玕「和香港及上海的新教傳教士很熟，他曾以基督徒的身分和那些傳教士一起生活」。[13]但卜魯斯同樣不願拆信。他告訴密迪樂，「英國領事與蘇州叛軍往來是不恰當且違反原則的」，因此他很不客氣地指示密迪樂「不予理會」。[14]兩封信未拆便退回。

未拆這兩封信大大失策。在李秀成的信中，忠王知會諸外國代表，太平軍正往上海進發，欲從清廷手中拿下上海華界地區，並且只要拿下那個地區。他說叛軍與其洋兄弟沒有紛爭，保證不會傷害任何洋兄弟的性命財產。為此，他解釋道，他已經下令，凡傷害洋人的太平軍官兵一律處死。他希望上海諸國公使召集各自人民，要他們在太平軍進攻期間留在家裡，門上掛黃旗表示屋內有洋人。他保證，只要他們這麼做，太平軍將清廷勢力趕出上海時，對他們公民的身家財產絕對秋毫無犯。李秀成以友好的語氣為這封給諸國公使的信作結，說他期盼抵滬之後立即與他們會談，並祝他們健康。[15]

＊　＊　＊

一八六〇年八月十七日下午，遠處燃燒的黑煙使上海西邊的天空變暗。隔天早上出現潰亂的清軍官兵，被叛軍騎兵緊追，跑向上海城門。英國人開城門讓一些官軍進入縣城，然因為擔心叛軍跟著後撤官軍衝進城裡，於是毀掉護城河上的橋。太平軍前鋒部隊往縣城衝時，城牆頂上木造塔樓裡的觀察兵大喊一聲，英法火炮轟然齊發，射出榴霰彈和葡萄彈，照亮叛軍行經的地區。英法軍防禦薄弱——卻山榴彈炮、英國陸戰隊員草草製造的中國炮、使用布朗貝斯滑膛槍（Brown Bess）的錫克射手——卻讓敵人吃足苦頭。安全逃入城裡的少數官軍爬到城牆頂上，坐下來，點起煙管，蹺起二郎腿，觀賞底下的精采演出。[16]

傳言太平軍大舉進犯，結果來的卻是一支小得離譜的部隊，頂多數千人，而且武器單薄（後來英軍察看戰場死屍時會發現，其中還有少數外國人）。英法炮手從上面看著太平軍在城牆附近藏身又現身——藏在墳墓、灌木叢和建築物後面，即使隔著一段距離都看得出太平軍臉上的困惑。太平軍沒開槍反擊。但每當有太平軍露出臉來，子彈就如雨般從牆上落下。有支太平軍小隊揮著從外圍炮陣地奪來的官軍旗幟想矇混進城，結果招來守軍開槍攻擊。小隊丟下假旗，舉起自己的黃旗時，守軍賞以更猛烈的攻擊。另一支小隊舉著旗子向城邊衝，有個男子揮著一面大黑旗在後督陣。碰到不願作戰的士兵，太平軍常用大黑旗逼其前進。一枚炮彈從八百公尺之外，呈弧線悠悠劃過空中落下，在那群人正中央爆炸，扛旗手應聲倒地。

叛軍搞不清楚怎麼回事，陣腳大亂，最後躲進城廂一棟大宅裡，但城牆塔樓上的觀測兵看得到他們帶的鮮黃色旗子，輕鬆就追蹤到他們的行蹤。一枚炮彈從河上炮艇厲聲破空而出，越過英租界，毫釐不差落在那棟房子頂上。接著每隔十分鐘又射來一枚接一枚的炮彈——夜幕降臨，一發發火箭厲聲穿過夜空，送來轟然爆炸，震得地動天搖，嚇得躲在牆後的人膽顫心驚。[17]天漸亮時，有人來報，說道臺的部隊正在殘殺叛軍俘虜（先開膛剖肚然後砍頭），於是英軍指揮官下令太平軍俘虜一個都不准交給官軍，藉此申明不與清廷同盟的立場。但英軍的道德良心也就僅止於此，因為隔天天亮，法軍接管，其行徑使清軍的殘暴猶如小兒科。為防止叛軍利用城廂的民居為掩護接近城牆，法軍指揮官決定毀掉城廂。[18]

八月十九日清晨，法軍開進城牆下擁擠的中國人居住區，拿起滑膛槍亂射，往房子與店鋪點火，城廂頓時陷入火海。城廂是上海富商居住的地區，存放糖和大豆的倉庫在爆炸聲中整個付之一炬。[19]有位記者寫下所見景象，幾天後刊登於《北華捷報》，倫敦的報紙再予以轉載。文章描述了慌亂的景象，法軍「在該地安分守己的居民之間瘋狂」橫衝直撞，「不分青紅皂白殺掉男女小孩」。法軍的暴行絕不遜於官軍，甚至還有過之。這名記者寫道：「有個男子正吸著鴉片煙管時挨了一刀，刀子穿出身體。有個剛生產不久的女人，毫無挑釁舉動也挨了刺刀。這些殘酷的強盜肆無忌憚強姦女人、洗劫房舍。」[20]另一位目擊者估計，在抵禦輕武裝的太平軍進犯的過程中，法軍使數萬中國人無家可歸，而據他的估計，那支太平軍的兵力頂多只有三千。[21]

就在額爾金的部隊正往北航行，欲向清廷動武之際，英國人竟攻擊與清廷作對的叛軍，著實令人覺得突兀。《紐約時報》的主編就注意到這一突兀。十月一日的社論〈中國叛亂與英法聯軍〉，嘲弄英國人在打算對北京清廷發動全面戰爭時把上門的叛軍趕走。該文寫道：「日後叛軍若走陸路攻往北京，很有可能，甚至八九不離十，比較明智的做法應是鼓勵他們進軍，而非予以阻擋。」英國人似未看出一個事實，即他們與叛軍有一樣的目標，會一起促成清朝無可避免的覆滅：「若在太平天國戰爭的助力下，歐洲的大行動（額爾金的進攻）獲得成功，韃靼政權必將遭推翻，另一個種族將崛起支配帝國。」[22]

但與卜魯斯不同，《紐約時報》主編看懂那些傳教士報告的意涵，深信太平天國所欲創造的中國，正是英軍欲用武力打造的那種中國。這篇社論還說：「對自由貿易、宗教與文明的看重，使人更加盼望這個叛亂群體取代行將覆滅的王朝入主中國，使中國的統治走上友好對待外國人、急切推動（太平天國）在位諸王唯恐失去的種種交往方式之路。」該報主編似乎認為，中國的未來在太平天國，乃是明眼人都看得出的事。因此，這篇社論提醒：「對這股日益壯大之勢力任何不友好的舉動，都是大不幸之事。」[23]

太平軍後撤，但上海城廂的大火燒了幾天才熄滅。國外觀察家驚駭於聯軍所取得的所謂勝利。誠如某人在《倫敦季評》（*London Quarterly Review*）上所寫的：「那些人用言語和行動表明與我們友好，而我們完全未告知自己把他們當敵人，就把他們殺了。」[24]《紐約時報》則在前次的警示之後，以頭版文章〈叛軍造訪上海：完全無攻擊舉動〉，譴責英法的作為。文中，該報駐中國記者扼要說明了法軍在上海的暴行，表示「這樣的野蠻行徑完全不可原諒」。這名記者主張，「叛軍前來似乎只為了拿下中國人居住的上海縣城」，並指出太平軍始終對外國人「很有禮貌」，即使遭外國人開槍亦然，他們不只未還擊，而且對租界秋毫無犯。與上海縣城不同，租界沒有城牆保護，太平軍若要拿下是輕而易舉。《紐約時報》這位記者論道，「那位惡名昭彰的所謂華爾上校」和其由「逃亡水兵、馬尼拉人、外國遊民」組成的傭兵部隊，在未受挑釁下於上海之外騷擾太平軍已數月，因而太平軍在受攻擊下仍不還手，就更顯難能可貴。最後他推斷，列強的正確做法應該是讓太平軍拿下上海縣城。當初若這麼做，通商可照舊進行，叛軍將控制上海縣城，中立原則會受到遵守，大家相安無事。[25]

總而言之，在上海攻擊太平軍的舉動，將比過去發生的任何事更能激起國外對太平天國奮鬥大業的支持，因為此事使他們登上了頭版。他們曾是個謎，如今則被標舉為信基督教而且親西方，並在舉世唾罵的滿清統治者之外為中國提供了另一條出路。在英美境內許多人眼中，上海這場衝突，再怎麼為其辯解，都是個令人遺憾的誤解，而最不留情面的說法，則把上海外國人攻擊太平軍之事視為侵犯無辜受害者的可鄙行徑，為內戰的邪惡一方助陣的侵犯行為。英格蘭有位人士撰文痛斥上海這件不公不義之事：「我們自豪於自己的政治信念，自豪於我們為追求政治自由所做的犧牲，但是否航越印度洋的過程中風向或天空變了，我們在此所做的所有宣告，到了那裡也跟著改變成與自由和奮力追求自由者為敵的炙熱而卑鄙的謊言？」[26]

這一切表明，儘管遭到擊退，太平天國仍占優勢。他們在上海敗於英國人之手而受到損失，但比起他們的敵人清廷將要受到的損失，那根本微不足道。因為太平軍一撤走，上海城一恢復平靜，世人的目光就被剛從大沽傳來的報導拉到北方：額爾金的軍隊再犯大沽，與清軍爆發激烈戰鬥。

＊ ＊ ＊

護送額爾金勛爵與葛羅男爵重返中國的軍隊，組成非常龐雜。有歐洲人：穿深藍色軍服的英國炮兵；穿淡藍短上衣、白褲、背方形大背包的法國步兵；戴木髓製遮陽帽、穿卡其緊身短上衣或紅外套（視季節而定）的英國步兵；穿猩紅短上衣、戴白色高頭盔、佩鋒利軍刀的國王龍騎兵團。還有殖民地部隊，包括身穿「阿拉伯服」、貼身保護法國將領的五十名阿爾及利亞騎兵。[27] 殖民地部隊的最大宗來自印度，超過四千人，包括兩支個個留著黑色長鬍的龐大錫克騎兵隊——纏灰頭巾、穿藍黑色嗶嘰緊身短上衣的普羅賓騎兵隊（Probyn's Horse），纏紅頭巾、穿淡藍外套的范恩騎兵隊（Fane's Horse）。英國軍需官為這支遠征軍提供的口糧，除了餅乾、醃牛肉、雪利酒，還有羊肉、薑黃根粉末、印度液體奶油、辣椒。

這一次，英國人還徵集了一支「本地」部隊來支援入侵軍隊：約三千名來自廣州的中國人，以客家人居多，受雇運送軍需品。他們月薪九塊錢，日領的口糧是米和醃肉。個個都穿深色中國短上衣和寬鬆長褲，赤著腳，短上衣胸前有個圓圈，圓圈裡有那個人的編號和所屬連隊。謠傳英國人招這批人是要在前線當炮灰，因此招人不易，應募者據認「全是廣州居民裡的人渣」。[28] 有些英國隨軍人員覺得他們的存在令人不安。有位醫官寫道：「他們的服務再怎麼重要，都教人難以不注意到他們是中國人這項事實，他們受誘於金錢的無比魅力，而跟他們的政府作對。」[29]但他們終究是聯軍的一部分。軍需主任記載道：「他們勤奮，脾氣好，似乎對北方中國人沒同情心。」[30]他們都戴尖竹帽，帽前飾有CCC三個字，意為Canton Coolie Corps（廣州苦力團）。

英法聯軍成員還包括一些來自不同行業的非戰鬥人員，包括一名想趁這次遠征順道去考察中國動物相的法國業餘動物學家（這場戰役期間，額爾金本人讀了達爾文新近出版的《物種起源》，認為該書「大膽創新」）。[31]還有一名法國學者應法國政府之邀同去，研究政治經濟。他以法國官方科學代表團團員的身分前去，但該團團員其實全都不是正格科學家。[32]然後還有三名記者。《泰晤士報》的鮑爾比（Thomas Bowlby）是世上最早的隨軍記者之一，此前已經因為對克里米亞戰爭的第一手生動報導而出名，這時則成為額爾金的隨員，打算為英國民眾詳盡報導華北情勢的進展。然後他打算轉去蘇州報導叛軍動態。[33]英語報紙《北華捷報》及《德臣西報》的主編也同去；其中一人長得很像額爾金勛爵，老是使人把他們兩人搞混。[34]《倫敦新聞畫報》（*The Illustrated London News*）派了一名素描藝術家去，為這場戰役繪製第一手素描。最後是帶著個人全副器材的義大利攝影師貝亞托（Felice Beato）。他著迷於暴力殺戮情景，後來所拍的某些照片，場景經過他的加工：將清軍屍體擺放成具美感的布局。[35]

貝亞托不是第一個在中國內戰的屠殺中看到某種美感的人。額爾金勛爵的祕書描述了一八五八年他在長江沿岸目睹的一場追擊戰：「人的身軀在戰場上來回奔竄——旗幟揮舞和擡槍射擊——我們重炮的轟隆聲——鄉下人成群跑過吊橋進城避難，挑著重擔蹣跚而行，趕著身前的牛前進——他們房子起火的濃煙升上無雲的天空——這一切共同構成一幅令人凝望良久的畫面。而這畫面呈現於眼前時，想必使最冷酷無情之人，心都為之激動，血都為之沸騰。」當時他怡然想到：「同時感受到最大量的審美快感和獸性快感，這種事實在少有。」[36]同樣的，一股歡慶氣氛跟著這些入侵部隊。

額爾金的命令很簡單：再度溯白河而上到天津，批准條約，逼皇帝為去年在大沽要塞攻擊英國艦隊之事道歉。此行他也要清廷賠款，以補償英國的戰爭開銷。僧格林沁統率的清軍事先就知道英法聯軍要來和為何而來，因此大沽要塞配置了重兵，要讓洋人在去年慘敗的地方重蹈覆轍。

但這一次聯軍直接避開大沽，而在其北邊數公里處的北塘登陸。一八六〇年八月一日下午三點半，兩百艘英法艦隻停泊於岸外，四百兵力的聯軍先頭部隊在白河口以北約十一公里處的北塘河口南邊海岸登陸。[37]那天早上的大雨使海灘更為泥濘，他們不得不涉過及腰深的微鹹海水上岸；然後步履艱難地走過約一．二公里長的及踝爛泥地，上到一道堤道，其中有些人在走這段路之前乾脆脫掉長褲，棄於一旁。堤道高於潮泥灘一．八公尺，通往附近一座有城牆的鎮。[38]

與南邊大沽的大型炮臺不同，北塘周邊的守備較薄弱，似乎未預做防備，因而先頭部隊未開一槍即拿下堤道。天黑時，北塘河兩岸兩座炮臺的清軍棄守，逃得無影無蹤。那天夜裡，聯軍先頭部隊盡可能搭帳紮營，時睡時醒並不安穩，因為滿月當空，清輝普照，他們在堤道上毫無遮掩，而他們打算隔天早上攻打的那個鎮的城門就在不遠處。接近午夜時，聯軍八艘炮艇悄悄溯河而上，就定拂曉攻擊的預備位置。然後，月亮受食而變暗，彷彿就像地面先頭部隊的某人所認為，月亮不忍見接下來所要發生的事，閉上了眼睛。[39]

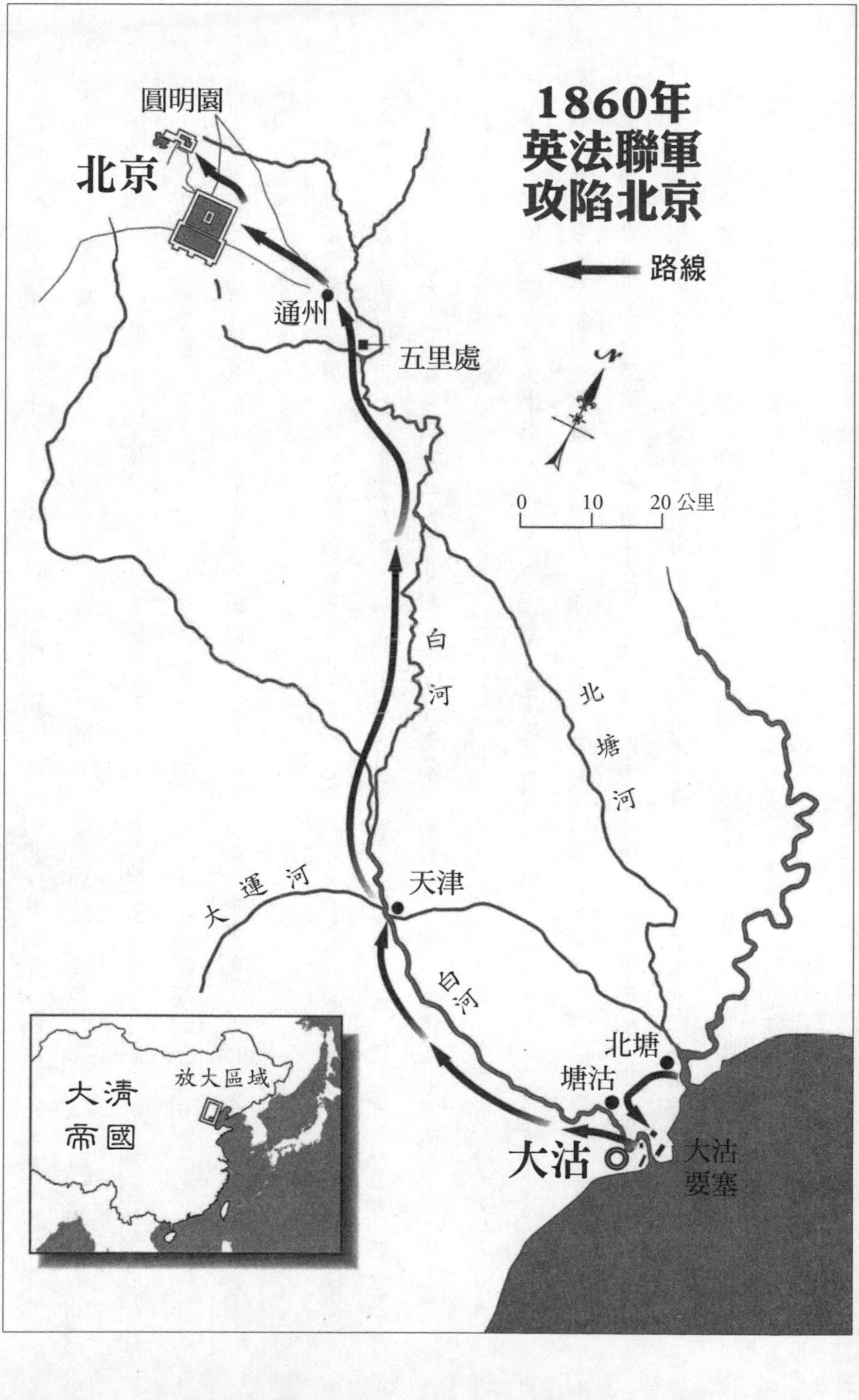

1860年
英法聯軍
攻陷北京
路線
圓明園
北京
通州
五里處
0 10 20 公里
白河
北塘河
大運河
天津
白河
北塘
塘沽
大沽
大沽
要塞
大清
帝國
放大區域

死。天亮時先頭部隊占領了該鎮，開始將鎮上三萬名居民趕出他們的土牆茅頂屋。艦隊主要艦隻駛近岸邊，開始放下聯軍部隊主力和支援人員。先頭部隊一位成員說，北塘鎮「髒得無法形容，臭得讓人受不了」。至於他們待了一夜的那道會產生傳染病的堤道，他認為「沒有哪個地方比那裡更容易產生熱病或瘧疾」。[40] 但北塘鎮給了他們一個與大沽要塞保有安全距離的安穩據點。這次，他們希望從陸路攻下大沽要塞。運輸艦卸下大批人員、牲畜和火炮，北塘鎮碼頭上堆起高高的彈藥和糧食補給品時，英法部隊開始進入鎮上空無一人的房舍洗劫財物。[41] 結果，在如此偏遠簡陋的民宅裡，他們找到大量值錢的東西，數量之多令他們大吃一驚。

清軍集中於大沽，但僧格林沁推測洋人可能會在北塘登陸，其實已在該地有所防備。他的手下在要塞裡設了幾個大陷阱：他們挖了坑洞，再虛以掩覆，使人看不出動過手腳，坑洞裡有類似捕鼠夾而與火藥桶相連的大型機關，只要有人落在機關上，火藥桶就會爆炸。他沒有增強北塘的守備，因為他認為聯軍若攻入要塞便會炸死。[42] 但當地一位居民想討好洋人，把陷阱的位置洩漏給他們，於是法軍坑道工兵拆掉機關，無人中計。[43] 那名通風報信者還告訴他們南邊大沽要塞的防守兵力——他認為，僧格林沁統率的至少有一萬五千名清軍，其中包括六千名蒙古騎兵。[44]

大雨把聯軍困在北塘數日，聯軍不安地等待，只待命令一下，就要循著那道窄小的堤道往內陸挺進，進到白河北岸位於大沽要塞上游數公里處的塘沽鎮。洗劫過後，聯軍裡出現奇怪的氣氛。英法部隊已把北塘鎮一分為二，雙方都提防對方越界進入自己地盤。天氣溼熱，出太陽時無遮蔭處氣溫達攝氏三十二度或更高，鎮上的街道全是爛泥和垃圾。要塞因下雨而積水，馬站在及牠們膝深的水裡。八月九日早上，仍在候令開拔時，六名無聊的法國軍人將衣服脫光，在法軍總部附近的爛泥裡又跑又滑，玩得不亦樂乎，還拿著長棍追四處撿食的狗，把牠們活活打死。[45]

英軍這次遠征所攜帶的野戰武器主力，是尚未用於戰場的新出爐阿姆斯特朗炮（Armstrong gun）。這種炮並非鑄造而成，而是以數個鑄鐵筒層層套疊，因而體積較小，彈性卻甚佳。此炮輕，不到三百二十公斤，只有其他類似口徑的炮一半重。由於創新的膛線設計，此炮也極精準，測試時射程達八公里。此炮造價高昂，因而引發爭議（不久後英軍就不再使用），但倫敦《泰晤士報》記者鮑爾比在這場戰役期間對此炮威力大為激賞，稱它無疑是「服役中最好的火炮」。[46]除了輕跟準，它的破壞力也特別大。它用的是專用的十二磅炮彈，炸開後變成四十九個尖銳的碎片，似乎是當時最具殺傷力的人員殺傷武器。鮑爾比寫到這些炮彈說：「它們的威力很嚇人，炮彈碎片散布區裡，死亡與破壞之大簡直難以置信。」[47]英國隨軍牧師報告說：「四肢炸飛，身體炸成數塊。」[48]此炮終於能上戰場測試，令炮手大為興奮。

八月十一日晚，天氣終於變好，隔天凌晨四點，聯軍開始魚貫走出北塘，兵分兩路往塘沽進發。第一支部隊循著堤道走，第二支穿過爛泥地，大迂迴到第一支右側，以攻擊等在前方的清軍部隊左翼。前面約三公里路的路況最糟，過了之後地面才比較堅實。爛泥陷住炮車的輪子，有些車陷到車軸深，不得不棄置。[49]騎兵戰馬陷到膝部。早上十一點左右，塹壕現於眼前，塹壕後方是大批蒙古騎兵。阿姆斯特朗炮開火——這是它們首次用來對付人。[50]蒙古騎兵仍然往前衝，將身上滿是乾硬泥巴的聯軍

第二支部隊團團包圍。錫克與英國騎兵衝進蒙古騎兵隊，要把他們趕走，卻發現他們從別的方向現身。[51]但最後蒙古騎兵不敵阿姆斯特朗炮與步兵滑膛槍的火力而撤走，第二支部隊繼續前進，將所經城鎮的菜園搜刮一空。[52]

八月十四日，英法聯軍拿下塘沽。靠著三十六門炮和兩組火箭炮，加上步兵支援，聯軍攻下此鎮。一位英軍指揮官副手在這場戰役後寫道：「阿姆斯特朗炮拜這些新武器之賜，他們很快就達成任務。阿姆斯特朗炮大發神威。」[53]控制了這個較上游的據點之後，聯軍派出一支偵察隊騎馬沿白河而下，試探大沽要塞的實力，結果遭到猛烈火力驅回。偵察兵回報，白河口要塞似乎駐守了所能容納的最大兵力。

為了將剩下的支援部隊和裝備從北塘循堤道運到大沽戰場，作戰行動延遲了六天。八月二十日（即法軍放火燒掉城廂以趕走太平軍的隔天），聯軍在距大沽要塞最北邊炮臺不到八百公尺處設了六個炮陣地，並召來八艘炮艇從南邊夾擊。隔天早上太陽升起前一刻，大沽北岸炮臺朝聯軍陣地開火，聯軍開炮還擊，漸漸推進到距清軍炮臺牆壁不到五百公尺處，步兵緊跟在後。早上六點半，北岸炮臺內的彈藥庫爆炸，發出轟然巨響，但守軍仍堅守炮臺。聯軍炮兵以阿姆斯特朗炮、八吋迫擊炮、二十磅榴彈炮、法國十二吋膛線炮猛轟（這些炮的口徑全小於從炮臺裡還擊的中國製銅炮），兩個半小時後，聯軍步兵猛攻炮臺。八點多，聯軍攻下這個炮臺，發現守軍全部陣亡，共一千多人喪命，包括層級僅次於僧格林沁的炮臺指揮官。誠如鮑爾比所描述的，炮臺內「腦漿與鮮血處處，腥臭難擋」，而這主要得歸功於阿姆斯特朗炮。[54]聯軍還發現守軍在彈藥庫爆炸後為何未棄守的原因：炮臺已被人從外面堵住，裡面的人全逃不出去。[55]

聯軍拿下大沽要塞最北邊的炮臺後，其他炮臺陷入遭側翼包抄而無力還擊的困境，因為那些炮臺全是建來抵禦來自河上的攻擊，後方完全敞開。到了傍晚，大沽五座炮臺都已投降。大沽要塞到手，只付出三百五十多名聯軍官兵傷亡的代價。[56]「於是，」鮑爾比為《泰晤士報》讀者寫道：「只打了十天，就拿下白河要塞，報了去年慘敗之仇，一八六〇年的對華戰爭就此差不多劃下句點。」[57]工兵開始拆掉白河口的防禦工事，打開白河口，讓英法炮艇長驅直入。貝亞托開始布置屍體，拍下一連串不實的照片，營造出聯軍是從水上而非從陸上進攻大沽要塞的假象。額爾金勛爵再度走水淺而曲折的白河上到天津，八月二十五日早啟程，沿途未遇清軍抵抗。步兵搭炮艇同行，騎兵騎馬走白河兩岸。到了八月二十七日，聯軍已在天津城外紮營，諸國公使再度於天津城內住下，為批准條約做準備。

英方的首席談判員是鬥志昂揚的年輕通譯巴夏禮（Henry Parkes）。巴夏禮身材矮小，精力充沛，一雙藍眼睛炯炯有神，蓄著羊排式落腮鬍，頭特別大。他脾氣火爆，幹勁十足，一刻都坐不住。[58]他的職業生涯貫穿了英、中兩國的敵對關係史：在十四歲的稚嫩年紀，他就參與了結束一八四二年鴉片戰爭的南京條約的締約。一八五六年，清朝官府派人上亞羅號逮人時，他是英國駐廣州領事，在索求賠償上他出力甚大。[59]一八五八年聯軍占領廣州後，巴夏禮就一直是該城實質上的英國首長。到了一八六〇年進攻大沽時，三十二歲的他已是英國駐華最高階外交官之一，而且無疑是最一意孤行的駐華外交官。

眼看未再遭遇抵抗，聯軍欣喜於戰爭終於結束。額爾金勛爵告訴鮑爾比，他想盡快將英軍撤離華北，希望廣州的英軍也撤走。[60]巴夏禮寫信告訴妻子：「此刻我不想再聽到槍炮聲。」[61]但談判未有結果。清廷的兩名和談代表於九月二日抵達天津，代表聯軍談判的巴夏禮要求批准他們所提的條約，要求讓外國使節長駐北京，要求賠償英法各八百萬銀兩（賠償英法各將近三百萬英鎊，儘管據說光是為維持其遠征軍，英國一個月就花掉一百萬英鎊）。[62]清廷代表簽字接受上述所有要求。但幾天後巴夏禮要求他們拿出授權談判證明，卻發現他們身分不實，根本無權代表皇帝簽約。[63]九月七日，額爾金勛爵與葛羅男爵判斷除了兵臨北京城下，別無他法逼清廷批准條約，於是決定向北京進兵。

進兵北京令聯軍上下大為興奮。「我再度開戰！」額爾金於九月八日的家書中寫道：「那些愚蠢的中國人喜歡玩把戲，正給了我向北京進兵的絕佳藉口。」[64]聯軍士兵興奮，聯軍軍官興奮。記者尤其興奮。鮑爾比期盼見到聯軍「好好教訓那批主導這個帝國的政策且無能而不守信用的官員。」他先前寄回給倫敦《泰晤士報》的那些文章，主戰氣息就很濃厚，這時他的態度更為強硬。「只有靠武力才能打開中國的通商大門，」他在九月九日發出的特別報導中表示：「大使談判時必須有軍隊在旁助陣，軍隊說打就打。」[65]剛好那個星期從倫敦寄到額爾金一行人手中的《泰晤士報》上，有兩篇寫於七月、措詞強硬的社論，社論中表示希望聯軍找到辦法，長驅直抵北京。[66]於是，額爾金和他的軍隊向北京前進時，相信他們有國內民意做後盾。

北塘與大沽兩地要塞如此輕易就失陷後，僧格林沁準備自殺盡忠。但朝廷來令，要他北撤到北京外的通州。通州扼守天津至北京的要道，洋人若膽敢向京城進兵，他準備在那裡將他們擋住。[67]他從大沽調來萬名他的步兵和七千名騎兵，九月八日，又增兵四萬蒙古部隊，使他下轄兵力將近六萬，成為阻擋聯軍進犯京城的一股大軍。[68]但他接獲的指令是不加攻擊，而是只要確保和平，同時保住他後方的京城即可。

咸豐帝另派兩名和談代表，以阻止聯軍繼續向北京進兵。聯軍復談代表巴夏禮，持白旗騎馬走在他軍隊前頭，越過清軍防線進入通州，與清廷新談判代表會晤。他帶了小批隨員同去，包括《泰晤士報》記者鮑爾比、額爾金勛爵的祕書羅亨利（Henry Loch）和一隊錫克騎兵。新一輪談判於九月十四日開始時，額爾金勛爵仍在從天津前來的路上，距談判地點約四十公里，跟著他的部隊只有兩千五百名步兵、六百名騎兵加二十門炮。[69]這時，因為得派兵維持從天津到海岸全線交通的暢通，得派兵駐守沿線的補給站，聯軍兵力已拉長而變得稀薄。

清廷這次真的派出具有談判全權的代表；他們是咸豐帝的兩名高階大臣，怡親王載垣與兵部尚書穆蔭，其中載垣為宗室，是咸豐帝的堂兄。通州談判第一天，經過八小時商談，他們同意巴夏禮所有條件，還同意巴夏禮代擬的致額爾金的照會：聯軍可以前進到名叫五里處（Five-Li Point）的地方。五里處仍距通州約十公里，距北京約三十公里。到了五里處，額爾金將帶著千名兵力繼續前往通州與清廷談判代表簽約，剩下的大軍則留在該地。然後，額爾金與其護衛隊將再前往北京面見皇帝，舉行正式批准條約的儀式。與清廷代表談定之後，巴夏禮迅速返回額爾金駐紮處，呈報談判成功之事，九月十七日，他回到通州與清廷談判代表敲定細節，安排額爾金前來的事宜。[70]

但他回通州時，咸豐帝已下密旨給僧格林沁，要他在額爾金一行人前來簽約時予以擊殺。通州的清軍趕著構築隱密的炮陣地，將部隊隱藏在道路旁的小米田裡，準備在額爾金一行人抵達五里處時突襲。[71]巴夏禮回到通州時，談判突然出現麻煩。載垣和穆蔭看來急於求和，但談到額爾金勛爵要不要向咸豐帝叩頭這問題時，談判就卡住了。巴夏禮堅決不同意，因為額爾金是英格蘭女王派出的使節，而英格蘭女王與清朝皇帝地位相等。一七九三年馬嘎爾尼和一八一六年阿美士德出使中國未能達成任務，就都是卡在晉見皇帝的禮儀上，但這一次英國人覺得他們有辦法以武力解決這個問題。

但跪見的問題要不要讓步，不是載垣和穆蔭能夠作主。不行跪禮，太羞辱皇上，皇上不可能接受，因為清朝透過這類禮儀來確認天下之人，不分中外，都臣服於皇帝，王朝的威信就靠這些禮儀來維繫。事實上，載垣和穆蔭很清楚咸豐帝非常生氣，不想再於別的地方妥協。穆蔭離京前往通州之前，到圓明園求見皇上遭拒。他問為何不見，守城門的太監告訴他，他不該驚擾皇上。穆蔭告訴他：「天下大勢皆去，尚畏驚駕耶？」穆蔭最終見到皇上，向皇上請示了幾個問題，其中一個是地方官見聯軍來犯先逃，該如何處置，咸豐帝答以「斬」。[72]

載垣向巴夏禮力陳，朝廷百官，自王大臣以下，見到皇上都得下跪。巴夏禮答：「我非中國臣也，安得跪？」[73]穆蔭和載垣提議讓額爾金站在遠處，不面對皇上。巴夏禮不同意。新一輪談判就卡在這個禮儀問題而破局。穆蔭偷偷告知僧格林沁，和談已經破局，這位蒙古將軍於是開始行動。九月十八日下午，僧格林沁的部隊拿下巴夏禮當人質，陪他前來通州敵營的其他二十五名外國人，包括額爾金祕書羅亨利、那位執行科學任務的法國學者、《泰晤士報》記者鮑爾比、三名英國軍官、十九名錫克騎兵，也一起被俘。這些人被押上木造馬車，運到北京。巴夏禮和羅亨利上腳鐐手銬，關進刑部大牢等候處決。其他人被押到圓明園訊問。這個時候，通州清軍已準備好動武。

那天下午五點，葛羅男爵的祕書上氣不接下氣騎馬衝進額爾金的營地，告知僧格林沁的部隊已在剛剛占領五里處，即額爾金預定要帶著護衛兵隊前去的地方。前方遠處已傳來槍聲。那天深夜，額爾金才得悉他的談判主將巴夏禮已被扣留。[74] 隔天早上，額爾金麾下諸指揮官派人回天津調兵來援，然後立即準備以手中現有兵力進向通州。

這支兵力不大的聯軍部隊一路往前打，所戰皆捷，最後在九月二十一日於通州外正面碰上僧格林沁的主力部隊。移動迅捷的蒙古騎兵隊，人數大大優於對方，以寬正面之勢，如潮水般朝來犯聯軍的左翼衝去。聯軍以三個縱隊行進，騎兵隊在左，炮兵在中，步兵在右。英法騎兵隊迅速往兩邊分開，停於一旁，位於中路的炮兵則在同時調轉火炮，迎擊衝來的蒙古騎兵。接著阿姆斯特朗炮發威，一波波炮彈飛進來犯的清軍騎兵隊裡，震撼效果驚人。[75] 蒙古騎兵大亂，勒馬停住，就在這時英國騎兵全力衝向蒙古騎兵中央，穿破清軍防線，蒙古騎兵潰散而退。

然後真正的殺戮登場。一位冷靜的英國軍官寫道：「我們的炮兵朝後撤的敵軍開炮，威力十足。開炮慢條斯理，每一發阿姆斯特朗炮都在他們之間爆炸，一次就撂倒一群敵人。」[76] 有位中國人哀痛陳述了那天慘敗的情景：「我軍馬隊在前，且均系蒙古兵馬，並未打過仗。一聞洋人槍炮，一齊跑回，將步隊衝散，自相踐踏，我兵遂潰。」[77] 那天天黑時，清軍已經瓦解，殘部退到北京城郊。聯軍占領通州，停下腳步，耐心等待從天津來的援軍抵達，以及往京城進兵之前需要的補給、彈藥和重型攻城炮運達。

那天晚上，咸豐帝離開圓明園進入紫禁城，即他平常不喜待的北京皇宮。他一進紫禁城宮門就關上，不准任何人進出。然後，趁著紫禁城裡的侍臣不清楚宮內情況時，咸豐帝偷偷從後門溜走，棄京城於不顧。他帶著太監、嬪妃和滿人官員一大群人，逃往北部山區避難，對外沒有任何昭告。那天晚上，宮中戲樓一如往常演戲，彷彿什麼事都沒發生。

隔天終於有消息流出，說皇帝已經離京，朝中滿漢官員驚慌失措，趕回家將家當裝上馬車，想盡快逃出京城。馬車租金漲了一倍，還繼續上漲，最後全被租光。官員棄離職守，政府瓦解，民防機關在全城張貼告示，宣布凡北京居民抓到趁火打劫者，都可當場打死。[78]

北京城裡最有錢的居民幾乎全都走光，因為有辦法離京的人都雇了馬車北逃，避開即將降臨的戰火。北京諸城門接著關閉上栓，糧價飆漲。再多的銅錢都換不到銀子。轎伕等不到客人上門。到了十月四日，眼見北京已經守不住，留在北京的商人湊了千隻牛羊，準備以盛宴歡迎入城的洋人。[79]

聯軍第一支戰鬥編隊於十月五日登上一道土堤，隔著廣闊的黃土平原見到一溜低矮的北京城牆。僧格林沁已帶著他的蒙古騎兵往北走，剩下的清軍遇到聯軍攻來皆不戰而潰，逃得無影無蹤。[80]聯軍走累，停下腳步，在距北京城只約三公里處紮營過夜。隔天早上，由英國騎兵和法國步兵組成的一支先頭小隊前往圓明園，仍以為在那裡可以找到皇帝。[81]他們穿過外城門，發現裡面空無一人，無人防守。劫掠接著肆無忌憚展開。

一位英國軍官憶道，第一天抵達圓明園時，恣意搶奪的念頭在大夥兒心裡迅速滋生，他發現，「有些人因洗劫皇宮的亢奮而整個人變了樣，沒來由扯下華麗的刺繡。我看到有個人用槍托砸破一面大鏡子。」這位軍官穿過皇宮，最後來到「一座大殿，殿內有數只看來非常高貴、似乎是金子打造的花瓶，還有一些漂亮的玉雕」。他覺得像是「一個男孩置身糕點店裡，突然被告知想要什麼就拿什麼」，「困惑於不知從哪裡開始下手」。聽說玉特別值錢，他「收集了一大批世人大概很少見到的」，裝上他的矮種馬，然後抱著滿懷無價的珍寶回營。途中他遇到一些錫克騎兵，隨即用興都斯坦語勸他們：「動作快，否則全被拿光了！」然後他們飛也似跑開。[82]

軍隊上上下下拚命劫掠珍寶，軍紀蕩然，令英國指揮官難堪且憤怒。英國指揮官想把官兵留在營裡，以免他們洗劫皇宮，但法軍沒人管，四處搶，令英軍既眼紅又怨恨。最後英國指揮官要所有英國官兵交出搶到的東西，拿到北京集體拍賣，販售所得由「戰利品委員會」平分給所有人。（那位滿載玉器而歸的軍官悵然交出他的戰利品，有個朋友因此罵他：「唉，你這個大笨蛋！」）[83] 額爾金勛爵痛惡官兵恣意劫掠造成的破壞，特別無法忍受法軍所作所為，罵法軍恣縱而為，最為惡劣。他寫道：「掠奪並破壞這樣的地方實在不應該，但更不應該的是惡意糟塌和毀損……法軍以各種方式毀掉最美麗的絲織品、打破玉飾和瓷器，諸如此類。戰爭很可恨。經歷戰爭愈多，愈是痛惡戰爭。」[84]

咸豐帝的同父異母弟恭親王奕訢，受命留在北京，等聯軍來時與之談和，而他最初的作為之一，便是在十月八日釋放巴夏禮和羅亨利。接下來幾天，又有幾名被扣者獲釋。他們個個有段駭人的牢中遭遇可說。最有價值的兩個囚犯，主談者巴夏禮和額爾金祕書羅亨利，一開始遭連串毒打後，受到的待遇還算不錯，儘管一再被威脅要將他們處死。[85] 但其他人受到嚴刑拷打和羞辱，不給食物和水，手腕被繩子束緊，導致雙手發黑腫脹，有些人的手甚至因此脹裂。九月十九日扣押的二十六人，有十五人死於短短的關押期間：一名法國人、四名英國人、十名錫克人。屍體遭嚴重毀損，填上生石灰，因而遺體送回聯軍處時，只能靠身上的衣物辨識身分。來自倫敦《泰晤士報》的主戰記者鮑爾比也命喪於斯。據和他關在一塊的一名錫克人所述：「鮑爾比先生在我們來的隔天就死了，死於手腕處長出的蛆；有人替他穿上灰色格子布。他的屍體擺在那裡將近三天，然後隔天它被綁在一根橫梁上，丟到牆外餵狗和豬。」[86]

人質遭折磨與喪命的消息傳遍聯軍，惡毒的怒火滋生壯大，群情激憤。士兵要求報仇。有位將領提議洗劫京城。另一位將領說：「如果放手讓我們幹，北京每個官員都會被吊死。」[87] 誠如後來額爾金說明的，他覺得要讓清廷為劫持巴夏禮一行人、為殺害鮑爾比等人受到應有的懲罰，他的軍隊只有一個辦法。也就是說，那個辦法將使英國的懲罰完全由滿清皇帝本人承擔，而不會波及已在受苦的京城居民。於是，不顧葛羅男爵的反對，違背先前他本人對官兵劫掠破壞的遺憾，額爾金指示英軍放火燒掉圓明園。

皇帝出逃，北京官員和守軍棄城於不顧，曾盛極一時的清帝國，京城只能任人宰割。但十月十八日，英軍開始徹底摧毀由多種建築和園林組成的八百畝圓明園時，卻對其東南方約六公里處的北京城毫髮無傷。圓明園是咸豐帝出生之地，他度過大半人生的地方，實際上也幾乎是他唯一認識的世界。園內有占地超過二．五平方公里的殿堂樓閣、軒館廊榭，經過整整兩天的焚燒與打砸，才將主要建築毀掉。太重或太大而無法搶走運回英國與法國（或運到北京拍賣）的皇室珍寶，也遭砸毀與焚燒。[88]

一眼就可識出價值的珍寶，大部分已被劫走，但在砸燒的過程中，仍有一些意外的發現。一隊旁遮普（Punjabi，按：散居巴基斯坦與印度的南亞民族，是印度陸軍最早的步兵聯隊）步兵無意中發現價值數千英鎊的暗藏黃金，將其帶回印度。有隻小巧的北京狗被人發現蜷縮在衣櫃裡，一名英國軍官將牠帶回英國獻給維多利亞女王。她很愛狗，這隻後來取名「Looty」（掠奪來的小東西）的北京狗成為她最愛的寵物狗之一。[89] 但最奇怪的發現，出現於圓明園裡的一間馬車房。劫掠的士兵在那裡無意中發現，一七九三年使華的他們同胞馬嘎爾尼勛爵贈給清朝皇帝的大批禮物。有全尺寸的英國製禮車、天文與科學儀器、兩門十二磅英國榴彈炮、數箱彈藥，全是馬嘎爾尼代英王喬治三世送給咸豐帝的曾祖父乾隆的禮物。[90] 這些禮物原封不動，象徵著一段看來從未得到領情的友誼。

一股股濃煙從漫燒的大火往上竄，而那股肆無忌憚破壞與焚燒的喜悅，也在天際初現濃煙之時變淡，因為對那些懷著既敬畏且遺憾的奇怪心情，更深刻思考當日之事的人來說，有股沉鬱的憂心從他們內心深處浮現。誠如某人所說的：「狂喜於毀掉他們無能填補的東西。」[91] 在熊熊火焰之間舞動身子的惡魔，就是他們自己。但對咸豐帝、清朝和中國來說，那的確是不祥的一刻。看著此情此景的人，其銳氣在自己無法描述的心態轉變中受挫，心知他們正目睹一個王朝的結束，或許還是一個文明的終結。誠如英國通譯郇和（Robert Swinhoe）以失落的眼神看著圓明園裡的華麗巨構付之一炬時，心裡所想的：「屋頂一個接一個垮下，把吞噬其支撐牆面的大火悶熄……那使我們心中浮起這古老帝國即將覆滅的不祥之兆，這個帝國的內部正被內戰掏空……四面受敵，求救無門，最終在瀰漫的煙霧中倒下，消失於它過去榮光的灰燼中。」[92]

第二部

挽狂瀾於既倒

六、勉強接任的將領

一八六〇年十月十六日，曾國藩置身的安徽陡峭山谷已露寒意，曾將軍吃力下床，前晚一場大吐讓他仍感虛弱。快五十歲的他身體壯實，一百七十公分的身高，胸膛寬闊，長長的山羊鬍垂覆於袍子胸前，更顯他眼睛的憂傷凹陷。他還不到老年，但戰爭的壓力使他開始出現老態。他認為晚餐前喝了太多茶才導致嘔吐，但嘔吐只是使他身體變差的愈來愈多病痛之一而已，例如心悸或失眠使他深夜仍無法入眠，白天老是覺得疲憊。這天早上，他忙於例行公務：在帳中接待訪客，收發來文，比平常更忙碌，因而沒時間和下屬下棋。午餐後信使才到，帶了北京來的公函，通知他皇帝和隨從已離京前往滿洲的獵場，英法軍隊距北京只有數公里。他在日記裡絕望寫道，面對北京變局，他無能為力。至少那不是他能著力之事。感受到皇帝出逃的無助，他落下男兒淚。[1]

從他所在的地方，他的確是無能為力。這時他坐鎮於湘軍大營裡，針對太平天國在長江最上游的據點打一場不知何時才能分出勝負的後衛戰，大營位在安徽南部群山環抱的祈門鎮上。至少就名義上來說，他目前是清朝圍剿太平叛軍的清軍統帥：那年春天圍攻南京的江南、江北兩大營潰敗，張國樑與和春雙雙戰死之際，他突然接下這一兵符。但他距離蘇州──忠王李秀成部盤據在此──約六百五十公里，距離英法軍隊逼近的北京則更遠。要他用兵於蘇州還是北京，都是遠水救不了近火。因此他把心思完全放在周遭，專注於他真正能有所作為的幾件事情上。他派人帶繩子上山，測量大營對面那座陡峭山峰的高度。他繼續他的紙上作業，那晚上床睡覺，再度迎戰騷擾他睡眠的那些惡魔。

領兵作戰不是曾國藩原本希望走的路，他也未料到這個安徽省鄉間的偏遠山谷，如今在他看來，竟可能會是他喪命之處。他不是軍人，而是文人：飽讀詩書和理學，自幼生長的環境和洪秀全及其他數百萬想考取功名之人生長的環境差別不大。他生於湖南鄉下農家，身為長子，下有四個弟弟，從出身來看，前途並不看好。這不是說他家族中的男丁沒受教育，而是說他家族裡尚無人考取過功名。他父親是家族裡第一個認真參加科考的，但光是為考取秀才，他就考了十六次都落第，直到一八三二年才通過，那時他已進入中年許久。但曾國藩比他父親遠更有本事（至少就科考官所想要的那種本事來說是如此）。父親考取秀才隔年，他也通過同級考試，那時他才二十二歲，有著大好前程。這並不輕鬆──他第七次才考取秀才──但靠著無比毅力和苦讀的決心，他通過了層層的科考考驗。隔年，他通過洪秀全從未通過的鄉試，成為舉人，然後赴京參加由皇帝主持的最高階考試，會試。會試兩次落第，一八三八年以優異成績通過，考取眾所豔羡的進士，授翰林院庶吉士。[2]

在由儒家學者治理的帝國裡，翰林院匯集了全國菁英中的菁英，是人才的儲備所，曾國藩一八三八年獲選為翰林，使他成為帝國約四億人口中精選出的百名左右學生與教師的一員。[3]資深翰林掌管儒家典籍的詮釋；為科考命題並擔任科舉考官。他們是皇帝的私人教師，也是日後有可能成為皇帝的年輕皇子的私人教師。他們是皇帝的智囊團，是將數千年前的古老艱澀哲學典籍轉化為有用政策與治國良方的智庫。對曾國藩之類資淺翰林來說，翰林是登入權力殿堂的門檻——在這段領朝廷俸給的期間，跟著帝國內最博學的學者學習，開始進入京城朝廷的社交界。他將在複雜的清朝官僚體系裡平步青雲，一路往上爬，而獲選為翰林正代表這段生涯的開端。科考屢試不第令洪秀全精神失常，走上造反之路，而在曾國藩這位如願考取功名的小孩身上，艱難的科考則令他對清廷生起效忠與感恩之心。[4]

考取功名不只會帶來權力和名望，還有更具體的報酬：財富。為資助他求學，曾家已背負巨債，即使有翰林俸給，他在北京生活也不寬裕。但隨著第一次外派出京，擔任四川鄉試主考官，情況跟著改觀。巴結他的下層官員爭相送禮，而通過考試的學子的家人也上門送禮以示感謝。他返回北京時有十六頂轎子隨行，轎裡裝滿裘、玉跟銀，用來還清他的巨債還綽綽有餘。[5]但同時他也憂心於朝中腐敗與淫逸的蔚然成風，斥責京中許多友誼都建立在虛偽討好和政治利害的考量上，他寫信告訴弟弟，表示自己不想與無助於增進人格修養之人為友。[6]隨著他受到北京一批傑出導師的影響，他對北京社會的憂心更增。這批導師擁護理學這個嚴格的道德哲學學派，而律己與自我修養是理學的理念基礎。在他們的指導下，他開始以嚴厲的批判眼光檢視自己，開始制訂嚴格規範來管理自己的日常作息：早起，每天早上花一小時靜坐；夜不出門；一書未完，不看他書；每天寫日記；每餐飯後走一千步，諸如此類。[7]

若非母親於一八五二年過世，曾國藩的人生道路或許就不會有那麼超乎常軌的轉折——肯定仍會有超越群倫的成就，但未必成為扭轉世局的關鍵人物。但他母親就在太平軍按照原計畫從廣西北征，經湖南攻到湖北武昌之時去世。正常情況下，清廷從不派官員赴原籍任職，以防地方坐大，尾大不掉，以確保官員忠於皇帝更甚於忠於他們所治理的人民。像曾國藩如此職等的官員，只有退休，只有因無能遭撤職，或父母之一去世而必須辭官守喪三年，才會返回故鄉。一八五二年春接到母喪惡耗之後，他離京返回湖南。由於湖南省城長沙受太平軍圍攻，因此他繞了一大圈，避開正迅速壯大的叛亂，晚秋時回到老家。

家鄉湖南愈來愈亂。官軍全力打擊移動快速的太平軍，留下權力真空，不法之徒趁機作亂，成群土匪肆虐村鎮，幾乎橫行無阻。為此，憂心的皇帝下旨地方官員，要他們開始創辦地方團練保衛自己的家鄉。但那些民兵部隊大部分兵員少而且裝備低劣，倉促招募來的士兵沒打過仗，武器也不易買到。除了成功擊退叛軍保住長沙城的一支兩千人的團練，大部分團練無戰力可言。團練領袖自掃門前雪，不願離開自己的所在地。各團練間難以統合，真的被說動赴外地打仗時，有許多團練最終只是忙著在太平軍過境後洗劫剩下的財物。[8]

一八五三年一月上旬，華中情勢惡化，皇帝下令曾國藩掌理湖南境內亂無章法的團練，用以恢復湖南秩序。皇帝也對鄰近幾省的個別人士下了類似的命令。皇帝決定這麼做，全因為情勢危急，特別是因為體認到官軍壓不下這場叛亂。就曾國藩來說，皇帝授予他家鄉的兵權，乃是破天荒之舉。但咸豐帝知道他忠心，選他不是因為他展露出領兵作戰的本事（大部分文人鄙視行伍生涯，表現出勇武之風的是居統治地位的滿人，而非被統治的漢人），[9] 而是因為他近便可用：他正好人在當地，在那裡人地兩熟。他並未得到特別有力的保薦；向皇上推薦他出任湖南團練大臣的是他在北京的恩師唐鑑，而唐鑑指出曾國藩雖然學識淵博，才幹卻沒那麼高。據唐鑑的說法，曾國藩未顯的才幹在於懂得用人，也是這一點讓他成為接此重任的理想人選。唐鑑告訴皇上，他善於識才，能綜合眾人長才。如果他願意將他人的才智納為己用，便有可能成為出色領袖。[10]

曾國藩不想接這份差事。諭令送到他手上時，他回鄉才四個月，喪禮都還沒辦完，母親還沒下葬，更別提守完三年孝。[11] 他沒有實際帶兵經驗（也未想過要累積這方面的經驗），而且他覺得辦理團練之事他做不來。因此他決定拒接，寫了份奏摺欲以守孝未竟為理由婉拒這項任命。拒遵皇帝命令非同小可，但盡孝更為重要。他的哀痛之情發自肺腑；那天他寫信給北京友人，說未讓母親入土，他愧疚難當。[12] 但他遵禮守孝的立場也掩飾了他心中團練能否辦好的疑慮。若接下此職，他必須到湖南各地向只顧自己死活的鄉紳募款，而他覺得那只會自找麻煩，成不了事。[13]

但接著傳來消息，說一八五三年一月十二日，太平叛軍已攻下鄰省湖北的省城武昌，就此控制了長江中游。危機演變至此，超乎任何人所料。曾國藩的父親和諸弟，還有一位至交好友，懇請他接下此職，以免家鄉毀於戰火。最後他們說服了他，他撕毀那份初擬的奏摺，接下團練大臣之職。[14]

＊＊＊

清朝的常備軍分為互不統屬的兩大系統。精銳部隊是世襲的八旗，由滿人與蒙人組成，在北部活動。八旗是皇帝和滿人的個人軍隊，集中部署在皇帝居所和滿人的滿洲老家與零星分布於帝國數個地方的一些滿城。十八世紀清朝打了數場漂亮的邊疆戰爭，將廣大的中亞納入滿人統治，這段時期是八旗最鼎盛的時期。但自那之後，八旗戰力每下愈況，除開某些搶眼的例外，新一代的八旗軍人徒有他們前一代偉大戰士的虛名。京畿地區駐紮有約十三萬八旗部隊，但在太平天國發跡的廣西，毫無八旗駐紮。

八旗軍之下，負責帝國大部分地區防務的是綠營。綠營士兵和大部分軍官為漢人。粗略來說，滿人八旗護衛皇帝和滿人，漢人綠營維持帝國廣大領土的秩序。漢人大大多於滿人，綠營的編制兵力也就較八旗多，據文獻記載，一八五〇年代初期有六十萬人。[15]但這一龐大數目只是假象，部隊統兵官通常多報轄下員額，以侵吞多出的薪餉和補給品。而且綠營士兵訓練嚴重不足，因為距上次動員綠營來打大規模戰爭已超過一個世代（實際是五十年）。

雪上加霜的是，綠營人數雖遠超過八旗，清朝軍費卻絕大部分用在八旗身上，使人數較多的漢人綠營不只平日戰備不足，經費也不足。十八世紀的幾場戰役已榨乾清朝的軍費，到了一八五〇年代也未得到填補。朝廷到處節流，軍事科技因此沒什麼改良，武器庫也維護不善。按照傳統做法，士兵得自行購置與維修隨身武器（大刀和短刀居多），但在承平時期，他們偏愛將微薄的薪水用於其他方面，例如買食物給家人或買鴉片。朝廷提供火繩槍，火繩槍在中亞管用，但到了美國獨立革命時，已落後於歐洲的火器，而且因為削減開銷，火繩槍並未得到適當維修。一八一六年朝廷明令規定，武器使用三十或四十年才可替換。許多現役武器已用了超過百年。[16] 因此，十九世紀清朝的軍力，由於承平太久和經費短缺的雙重打擊而大為削弱。

太平軍衝出廣西往北攻時，綠營已稱不上是軍隊，比較像是散布帝國全境的龐大警力或武警部隊。綠營維持地方秩序，保護帝國境內的穀物運輸，以及執行運送人犯與郵件之類雜務。指揮權分散，由彼此眼紅競爭的文武官員共同掌管——這是清廷刻意的安排，使有意造反的漢人統兵官無法調動所轄軍隊作亂。但劃分不明確的指揮鏈，也使清廷幾乎無法動員綠營來對付太平軍之類龐大且移動迅速的敵人。[17]

曾國藩深知綠營的弊病。早在一八五一年，仍在京城時，他就主張削減綠營員額。他上疏道，各省部隊充斥無事可幹的冗員。他們無所事事，百無聊賴，與本地強盜土匪勾結；吸鴉片，設賭館；開小差，惹事生非，真的奉召打仗時，就雇用無賴之徒冒充。「見賊則望風奔潰，賊去則殺民（將他們裝扮成叛軍）以邀功。」[18] 他寫信給某友人說道，即使「孔子復生，三年不能變革其惡習」。[19] 一八五三年接下皇上交辦的任務時，曾國藩批評更烈。他寫道，綠營部隊始終在後尾追，從不正面攻擊叛軍，只從遠處以火炮和滑膛槍轟擊，但他從未聽過他們以兵器和他們近身搏鬥。他寫道，這說明他們訓練太差、膽怯畏戰，毫無武藝可言。[20]

於是他提議從頭開始，另建新軍。他以組織民兵打擊倭寇的明朝將領戚繼光為榜樣，建議組建一支小而有效率的部隊。那支部隊將受到用心的訓練，士兵勇敢不畏戰。廣義來講，他於一八五三年開始組建的軍隊，是他的理學道德秩序觀在軍事上的體現；一如他已開始自律，他也將以紀律管教他的部隊。他懇請憂心的皇上耐心以待。他寫道：「但求其精，不求其多；但求有濟，不求速效。」[21]

首先，他訂下嚴格的選兵標準。標準之一，士兵應像他一樣是來自農村的年輕人，而非城市出身。他在一八五五年的一份奏摺裡解釋道：「山僻之民多獷悍，水鄉之民多浮滑，城市多浮惰之習，鄉村多拙樸之夫。故善用兵者常好用山鄉之卒，而不好用城市近水之人。」[22]其次，他堅持統兵者必須親自招募下屬，不假手於人。他會從弟弟、朋友、文人同僚，以及其他經過仔細晤談後引進的人士當中，挑選他底下的統兵官，然後那些統兵官會以同樣方式挑選自己的下屬，如此層層往下，於是最底層的步卒由其同鄉的軍官招募來，與同鄉並肩作戰。[23]

從軍官與士兵之間關係的角度看，這是支體現士大夫理想的軍隊。孔子有言，父子關係是社會最根本的道德基礎，曾國藩鼓勵軍官與士兵間建立類似的情感連結。這不是要鼓勵縱容（他是嚴格出名的父親），而是要建立堅不可破的義務意識。一八五八年，他告諭麾下諸統兵官：「將領之管兵勇應如父兄之管子弟。父兄嚴者，其子弟整肅，其家必興。溺愛者其子弟驕傲，其家必敗。」[24]同樣的，在名為〈赦〉的文章中，他主張懲罰是維繫群體內和諧的關鍵。他深信「小仁者，大仁之賊」：「家有不肖之子，其父曲有其過，眾子相率而日流於不肖。又見軍上有失律者，主者鞭責不及數，又故輕貰子。厥後眾士傲慢，常戲侮其管轄之官。」他斷言：「多赦不可以治民，溺愛不可以治軍。」[25]軍中下對上，從步卒往上到將領，也應發揮這種家庭倫理觀；他鼓勵每個人「事上如子之事父」。[26]

這些個人關係不可侵犯。士兵或基層軍官都不必理會與之沒有個人關係的統兵官的指示。將軍不能越過其麾下統兵官，向更下級的官兵下命令。[27]在最極端的情況下，這意味著當將軍調走麾下的一名統兵官，該名統兵官所轄的整個單位也都跟著他調走。替補該名統兵官者，如果是初次統兵，就得開始招募人馬，從頭組建自己的子弟兵。[28]基於同樣的道理，統兵官戰死時，他底下的官兵若非透過個人管道轉投別的單位，就是得解甲返鄉。[29]曾國藩若死，整支湘軍將會解散。

曾國藩也藉由優渥的薪餉來鼓勵士兵賣命。經費無虞時（這樣的情形很少見，只是士兵不知情），曾國藩部隊中的步卒每月可領到四銀兩多一點的薪餉，將近綠營步卒薪餉的三倍。[30]此外，憑戰功可領到優厚賞金：殺一名土匪十兩銀，活捉一名土匪十五兩銀，如果俘獲一名太平軍（「長毛」匪，有別於一般土匪），可領二十兩銀，也就是將近五個月的薪餉。俘獲叛軍馬匹者，可擁有該馬匹做為獎賞；如果不想要，可將馬匹交給上級，換十兩銀。搶得敵人裝備的獎賞較低：一桶火藥可領五兩銀，一桶鉛彈可領三兩銀，一門大炮可領十兩銀，小炮五兩銀。捕獲一支滑膛槍（「鳥銃」）可得三兩銀，捕獲刀、矛、旗可得二兩銀。[31]對窮苦農民來說，這些是天大的獎賞，激勵他們勇敢殺敵，儘管那也意味著英勇殺敵是為了物質報酬。

招兵之後，就該進行思想建設。曾國藩軍隊募來的農民，大部分毫無作戰經驗，如同一張白紙。因此他們初進營時，曾國藩告以朝廷的期許和用心。在〈曉諭新募鄉勇〉中，他說：「照得本部堂招你們來充當鄉勇，替國家出力。每日給你們的口糧養活你們，均是皇上國帑。」[32]對他們灌輸的思想，要而言之，就是告誡他們報效國家，對皇上心存感恩。對他們的其他心理訓練，則化為極具體而切身的要求：學習殺人或學習從容面對死亡。他告訴他們：「原是要你們學些武藝，好去與賊人打仗拚命，你們平日如不早將武藝學得精熟，將來遇賊打仗，你不能殺他，他便殺你。」他告訴他們，個人訓練攸關生死，不可輕忽。「學的武藝，原是保護你們自己性命的，若是學得武藝精熟，大膽上前，未必即死，一經退後，斷不得生，此理甚明。」曾國藩深信，真正勇敢之人不怕死。他還要他們豁達於生死。「人之生死，有命存焉，你若不該死時，雖千萬人將你圍住，自有神明將你護佑，斷不得死。你若該死，就坐在家中，也是要死。」

對那些以個人效忠、優厚薪餉、豁達生死觀鼓舞之尚不能令其奮勇殺敵者，也有一套殘酷的懲罰來對治，因為，一如曾國藩向其軍官解釋的，沒有嚴罰不足以治軍。因此，為取得補償而裝傷者，得受四十下杖刑，並立即開除。臨陣脫逃者若被捕，斬。虛報戰功者，不只砍頭，還要懸首示眾，以儆效尤。[33]

曾國藩最初的招兵程序，就在這地方顯出殊勝之處。因為在龐雜無組織的綠營，有意從軍者只要上門就錄取。同樣的，這人也可能溜得無影無蹤。但湘軍招兵程序講究私人關係的特質，使逃兵幾乎不可能發生，曾國藩的招兵制度就因為這點極具效率。每個士兵都是由統兵官在自己家鄉親自招來。士兵所屬單位的同袍知道他住哪裡，很可能還是跟他一起長大。按照曾國藩的嚴格規定，招進士兵的軍官不只得寫下該兵員的名字，還得錄下他的指紋和家族每個成員的名字——族中某些成員需要為此人從軍具保。[34]藉由這一做法，湘軍士兵無一人會臨陣脫逃，遁入鄉間；士兵若違反軍規，他的家人絕對會受到連坐。

＊＊＊

湘軍建軍的第一個障礙不是敵人，而是與曾國藩爭奪經費、武器和補給的地方官員。他們存有山頭主義，除非上級明令要求，通常不願支持他。他的非正規職位掛名「欽差兵部侍郎銜前禮部侍郎」，職稱含糊，鎮不住地方官，因為那個職稱對地方官沒什麼意義，很容易遭到漠視。由於幫辦團練之職倉促任命，他的關防不是玉雕，而是木刻，此事也無助於曾國藩順利建軍，因為這讓某些人認為那是偽造的。他得與綠營統兵官協同行動，卻不大叫得動他們，而且他們從一開始就對曾國藩極反感，因而有時還把攻擊矛頭指向他的團練，而非敵人。一再有湘軍士兵遭綠營拘留甚至殺害，一八五三年，綠營部隊更直接槓上他，燒了他的大營。[36]

過去清廷供應武裝部隊經費和裝備，但太平天國叛亂時，國庫空虛，已無多餘之經費和物資給予湘軍或國內其他地方新辦的團練。因此皇帝特別允許這些團練的領導人以多種方法自籌經費，包括徵收河川交通稅、賣學位和虛銜給富人，以及直接募款。因此，曾國藩得直接找湖南境內的有錢地主和富商尋求支持，儘管他們可想而知無意支持自己所居城鎮以外的活動。他需要一番說詞來說服他們。對於使早期太平軍團結為一體的基督教天啟教義，他只知道一點皮毛，但太平軍攻占城市後毀掉孔廟一事，已夠他拿來好好利用。孔廟祭祀古聖先賢，崇奉聖賢所代表的國家制度，是他一生事業的最根本基礎。因此他在爭取大地主和富商支持時，不訴之以太平叛軍對清朝的威脅，畢竟清朝江河日下的威權，與他們的利害關係不大（在已有數十萬老百姓加入叛軍的湖南境內尤然）。他祭出比清朝存亡更嚴重的利害問題，即太平叛亂危及儒家文明存續一事，來打動他們。

在一八五四年的〈討粵匪檄〉中，曾國藩細數叛軍對中國既有生活方式的威脅，藉以替他的團練募款。他寫道：「所過之境，船隻無論大小，人民無論貧富，一概搶掠罄盡，寸草不留。」他特別籲請士人勿袖手旁觀，並以太平天國禁絕儒家典籍一事示警。他寫道：「士不能誦孔子之經，而別有所謂耶穌之說，《新約》之書。舉中國數千年禮義人倫詩書典則，一旦掃地蕩盡！」這是比威脅滿清統治嚴重千百倍的罪行。他接著寫道：「此豈獨我大清之變，乃開闢以來，名教之奇變。」他說，中國自古以來叛亂之事所在多有，但從未有叛軍將矛頭指向儒家思想本身。再怎麼窮凶惡極的叛軍都「不犯聖廟」。[37]他這番話背後未言明的警告，乃是太平天國的目的不是推翻滿清，另建王朝，而是將王朝統治政體整個消滅。

在〈討粵匪檄〉中，曾國藩措詞極為小心，因為在情勢如此不定的時代，就連原來順服於皇帝的子民，如果認為叛軍必定會贏，都會轉而支持叛軍。所謂的天命本就不是永遠屬於哪家哪姓，人人都有凡是王朝總有一天會覆滅的認知。但曾國藩直接求助的那些有錢大地主，是在清朝治下發達致富，爭取他們支持湘軍時，曾國藩得讓他們相信滿清垮臺的時機還未到。因此他坦承情勢或許看來和人們心目中王朝末年會出現的情況——盜亂蜂起，朝廷幾乎令不出中央——極為類似，但他堅稱當今皇上好於那些王朝末年的皇上。他寫道，漢唐元明諸朝末年，朝廷的確已無力掌控鄉間，「群盜如毛」，但他主張，咸豐帝與那些皇帝不同，仍未失去控制權。他以或許帶著期許的口吻寫道，咸豐帝「憂勤惕厲，敬天恤民，田不加賦，戶不抽丁」。這證明他仍掌控大局，證明清朝不會就此衰亡。在天下大亂之際，曾國藩為遙遠的異族皇帝寫這麼一篇明顯替他辯護的公告，其實在化解藏於人人心中的憂慮：滿清可能失去天命。

這樣的訴求或許打動了靠當今王朝取得權力和威望的受教育鄉紳和文人，但從意識形態上看，農民能從咸豐帝保住皇位之中得到什麼好處，則不清楚。只要給予人民基本的安全保障和合理的稅賦，朝廷換誰當家，鄉間人民不是很在意，而當今的朝廷在安全保障上做得特別差。但農民不為湘軍提供經費，而是提供人力，因此，曾國藩必得以厚餉付予他那些農民出身的士兵，並告訴他們這些糧食和補給都是皇上所賜——儘管事實上那些東西不是來自朝廷府庫，而是來自地方鄉紳。在皇上得不到百姓死忠效命下，誘之以物質報酬有必其要。

＊＊＊

就武器來說，湘軍所用的武器和官軍及太平軍所使用的沒有兩樣，主要武器是近身搏鬥用的冷兵器：源於軍事用途的刀和矛，還有農具：鋤、長叉、短柄小斧。次要武器是火器，特別是人稱「鳥銃」的長火繩槍。這種槍藉由使導火繩往下觸擊槍管後部的火皿來擊發。火繩槍遇雨就無法擊發，燃燒中的導火繩在夜裡易曝露行蹤。重新裝填彈藥要花上約一分鐘，但經過用心訓練，使士兵熟悉重複擊發的技巧後——曾國藩就如此訓練湘軍——一隊經驗豐富的火繩槍兵，每次齊射都能整齊劃一。較重的擡槍是大口徑的火繩槍，長約二．四公尺，需三或四人操作，使用時若非架在小角架上，就是由兩人一前一後扛在肩上。擡槍能將一磅重的子彈射出將近一．六公里遠。最後，還有帶輪的銅炮；大型銅炮配置於城牆頂上，小型銅炮在作戰時拉著跑，但造價昂貴，因而較少見。

綠營使用朝廷配發的武器，曾國藩拿到省府所能提供的武器，然後自設兵工廠，製造武器填補不足。叛軍在取得武器上則必須動更多腦筋：太平軍抄收被他們攻占的城市的兵器庫，十分倚賴農具，在北方打仗時自鑄小炮。被圍時，他們甚至懂得燒掉磚塊，提取硝石以製造火藥。[38]一段時日之後，雙方都試圖從上海洋人那兒取得連發卡賓槍。一八五二年太平軍拿下湖南岳州城時，挖出一大批藏在地下已生銹的火器，說明了當時中國軍事科技的發展是如何停滯不前（也說明了為何那些洋槍會那麼管用）。那批槍是三藩之亂時（一六七三～一六八一）吳三桂軍所留下，可能已有將近兩百年歷史，但叛軍拿到它們仍如獲至寶。[39]

從建制上看，湘軍組織的基本單位是營，每營有官兵共五百零五人。[40]營與營可合組成不同規模的部隊，但每個營的內部編制一樣且不可變更。每營下轄四哨（前、後、左、右哨），每哨一百零八人。這些人，加上營官親兵（即營長衛隊）七十二人和營官本身，共五百零五人。每哨下轄八隊，包括兩個擡槍隊、兩個火繩槍隊，另外四隊配備刀和矛。正常編制下，每隊有十兵，加上一名隊長、一名專用伙夫。但擡槍極笨重難使，因而擡槍隊多編兩人，為士兵十二名（每隊有三挺擡槍，四人操作一挺）。每個哨長還有七名扈從，包括副哨長（「護勇」）一名、貼身侍衛五名（「夥勇」）、伙夫一名。

營官親兵六隊，每隊親兵十人，什長一人，伙夫一人，共六隊七十二人。其中兩隊配備火炮，三隊配刀矛，一隊配火繩槍。最後，還有稱為長夫的後勤人員：每營有一百八十名長夫，負責幫忙運送武器、火藥、藥物、衣物。因此，火炮不多，將近一半的士兵未配備火器。這些營得獨立作戰，得自行維持軍紀，為此，營官的七十二名親兵也扮演獨立的憲兵角色，在部隊於附近城鎮紮營時，防止士兵犯罪。

為支援地面部隊，曾國藩成立了一支水師，負責河上與湖上作戰。這是前所未有的計畫；一開始他和他的將領都沒見過炮艇，湖南境內也沒有懂得建造炮艇的工匠。但他創設了三個造船廠，從外地引進專家，教當地人建造管用的戰船。一名來自廣州的顧問教他們建造大船「快蟹」。快蟹是南方鴉片走私者所用的船隻，船兩側各架設密集的十四根槳，可乘四十五人（但實戰後發現快蟹笨重遲緩，最後曾國藩予以棄用）。兩名來自廣西的顧問教他們建造較靈活的「長龍」和可見於西南部河道上船行如飛的舢舨。長龍是裝飾繁複、色彩鮮豔的船，長十三．五公尺，寬一．八公尺，十六根槳、七門銅炮，每門炮重約一百八十公斤。長龍在船體中段安有一面大帆，全員滿載時刀、矛、旗林立。船身較小的舢舨，甲板完全敞露於外，每邊各有十根槳，長九公尺，寬不到一．二公尺，在東南西北四個方位各架設一門銅炮。[41] 舢舨是可愛的小船，而且行動迅捷。誠如一位美國年輕人描寫他在長江上所見的一艘舢舨：「船身漆亮，船底非常平，讓人覺得幾乎未碰到水面。」[42]

到了一八五四年，曾國藩已有隨時可作戰的十三營陸師，並有十營水師支援陸師。這十營水師共有兩百多艘戰船、一百艘載運補給品的河帆船，一艘充當旗艦的大船。[43] 但事實表明，在實際統兵作戰上，一介書生曾國藩的表現是一場糊塗。他四肢不靈活，馬騎得勉強及格。那年春天，湘軍初試啼聲，得到小勝，將叛軍往北趕出湖南，但接下來一連串慘敗，使湘軍連連敗退，直退到省城長沙，他原以為牢牢抓在手裡的領土全被叛軍奪走。打敗曾國藩後，太平軍直穿過湖南省心臟地帶，攻下長沙南邊的大城湘潭。湘軍三個造船廠，有一個設在湘潭。太平軍匆匆構築起防禦工事，將曾國藩的一支船隊據為己有。另一支太平軍拿下長沙北邊的較小城市靖港，夾在靖港和湘潭之間的長沙隨之可能不保。曾國藩上摺自請治罪，自言過錯全在他經驗不足。

為解長沙可能被圍之局，他分割兵力，派一支縱隊加支援水師往南開往湘潭，他則親率一支四十艘的艦隊往北，欲奪回靖港。湘江由南往北流，靖港位於長沙下游，因此曾國藩具有由上往下游的作戰優勢。他原以為勝券在握，結果卻是潰敗。他經驗不足的水兵受制於側風加上迅急水流，無法控制戰船，船直接闖入叛軍炮火射程。未立刻溺死的湘軍水兵，看著戰船被等在岸上的叛軍擄獲並燒掉，或是被船艦數量數倍於曾國藩水師的叛軍堵住而擄獲並燒掉。這一次他並未上摺罪己，而是打算直接自殺謝罪；他命人將船划到麾下軍官見不到之處，想投水自盡。一名憂心的幕僚偷偷跟著他，見他掉進水裡，把他拉了上來。麾下軍官把他送回長沙休養。[44]

長沙官場本就有人看不慣他，湘軍每場戰敗都給了那些人攻擊他的把柄。就在他自殺未遂而躺在床上養身子時，長沙一群官員參他一本，要求懲罰他並將湘軍解散。[45]但就在這時，他派去湘潭的湘軍陸勇大捷的消息傳來。叛軍在湘潭構築的土造工事，擋不住湘軍四天連續不斷的進攻，據報湘軍在此役屠殺了萬名叛軍，繳獲一千艘船。太平軍殘部開始往北後撤，長沙暫時解圍。情勢有了轉機。

曾國藩很快就懂得將打仗之事交予他人負責（誠如唐鑑先前告訴咸豐帝的，他真正的長處在於識人用人）。他有時間重整軍隊，重建水師，一八五四年整個夏秋，湘軍肅清湖南境內的太平軍，將其趕進湖北。該年十月，湘軍奪回長江沿岸重要城市暨湖北省城武昌。

連串的勝利使長沙官場批評他的人暫時噤聲，但在湖南和北京，仍有許多人對他的非正規職位心存疑慮。至少咸豐帝得悉曾國藩的部隊奪回武昌，龍心大悅，欣然說道：「不意曾國藩一書生，乃能建此奇功！」但有位大學士只看到此事可能的流弊，勸諫皇上說：「曾國藩以侍郎在籍，猶匹夫耳。匹夫居閭里，一呼，蹶起從之者萬餘人，恐非國家福也！」[46]咸豐帝聽後不置可否。

＊　＊　＊

隨著湘軍規模日益壯大，曾國藩麾下聚集了一批能征善戰的統兵官，其中大部分是他的湖南同鄉。他物色帶兵人才時，先從他的舊故鄰人找起，然後逐步往外擴及到當地文人圈。他四個弟弟，有三個成為統兵官：一八五四年曾國藩四十三歲時，三十二歲的曾國華成為統兵官，當時曾國荃是三十歲，曾國葆二十六歲。但除了湖南人，還有數位重要的統兵官來自他省，這些人是由他人薦舉或從綠營高階軍官圈子挖來。其中甚至有幾位滿人，騎兵軍官多隆阿是其中最驍勇善戰者，才華過人，但專橫跋扈，以不識漢文自豪。他毫不掩飾其對非滿人統兵官的鄙視，而那些統兵官也大部分不願和他共事。[47]就專門技術人才來說，曾國藩也倚賴湖南以外之人，例如就騎兵來說，他從華北諸省招人，那裡地勢較平坦，比多山的湖南更利於孕育出騎術較精之人。針對非湖南籍人士，他制訂了另一套薪餉等級：軍官受薪高上許多，這可能是因為他們非湖南本籍人士，不會基於同鄉情誼賣力作戰，但在較低層，湘籍士兵和長夫所領薪餉屬於中上，說明了曾國藩對他們的看重。絕大部分基層軍官和步卒始終都來自湖南，因此曾國藩的整個部隊人稱湘軍。

成立湘軍的目的是平亂，而他的座右銘——屢屢出現於他的書信和命令裡——乃是「愛民」。他深信，若未能贏得當地民心，軍隊獲勝無望。而由於清朝正規軍的劫掠惡行人盡皆知，他努力讓湘軍嚴守軍紀不擾民。這有部分是為了宣傳，欲散播仁心朝廷愛護子民的道德形象。但這麼做也基於現實利益，因為出征的軍隊極倚賴所經之處的居民提供糧食。湖南對外的水道補給線安全無虞時，湘軍能源源不斷收到人員、書信、火藥和銀子，以及用平底船運來的基本食材：米、鹽、食用油、炭。但蔬菜和肉類得由士兵從營地附近的市場買得。在營地周邊建牆、挖溝的工人，必須從當地雇來。

曾國藩麾下軍官是飽讀詩書的書生，但他的兵是大老粗，因此他編歌來教兵。戰爭晚期，湘軍士兵行為不當之事頻傳，令他大為苦惱，他於是編了首「愛民歌」，教導他們出征期間嚴守軍紀。這首歌的內容既反映了曾國藩要士兵勿做的事，也點出士兵正在做的不規矩事。歌中列出的規條包括：莫走人家取門板（當柴燒）；莫踹禾苗壞田產；莫打民間鴨和雞，莫借民間鍋和碗；莫派民夫來挖壕；無錢莫扯道邊菜；切莫擄人當長夫，一人被擄挑擔去，一家哭嚎不安居。官兵不搶賊匪搶，官兵不淫賊匪淫；若是官兵也淫搶，便同賊匪一條心。歌的最後他道出軍人與農民齊心平亂的基本期許（被二十世紀中國早期解放軍刻意仿效的情操）：「軍士與民共一家，千記不可欺負他。日日熟唱愛民歌，天和地和人又和。」[48]他要求麾下統兵官，只要士兵一有空閒就教他們唱這首歌。[49]

＊＊＊

一八五四年十月拿下武昌後，湘軍開始往東向長江下游進攻。故鄉湖南境內叛軍已清，湘軍無後顧之憂，而在他們的武昌駐紮地和圍攻南京的綠營江北、江南兩大營之間，長江蜿蜒約六百五十公里（直線距離不到五百公里），沿岸具戰略價值、有城牆圍繞的城市皆在太平軍手中。只要叛軍控制這些城市，叛軍與其都城就始終可以互通聲息，往來無阻，官軍圍攻南京就永遠不可能竟其功。因此，奪回這些城市的艱鉅任務，就落在曾國藩肩上。

太平軍兵力大於湘軍且氣勢更盛，因此曾國藩的勝利，大部分得益於敵人將注意力擺在別處——儘管在大部分情況下，湘軍初期的勝利都遭逆轉而慘敗收場，使他好不容易建立的自信一再被擊潰。湘軍順長江而下，挺進到扼控長江與鄱陽湖交會處的戰略要地九江城，然後在一八五四年冬，曾國藩大大失策將兵力分割，致使隔年二月他的旗艦付之一炬，他最精良的船艦被太平軍堵於鄱陽湖中，無法進入長江，也就無法支援陸師。隨著兵力損失甚鉅，軍心浮動瀕臨譁變，他再度企圖自殺。他想策馬直衝正在激戰的戰場，一死了之，被他的軍官及時拉回，使他二度自殺未成。[50]

一八五五年二月大敗於九江之後，曾國藩困在湖南東邊的江西省十八個月，一籌莫展，旗下兵力萬餘人，卻付不出薪餉。江西官員一如湖南官員鄙視他，不只不願伸出援手，還公開嘲笑他，致使在太平軍於該年四月捲土重來溯長江拿下武昌時，曾國藩倍覺羞辱且無助。一八五六年東王楊秀清天京政變未遂遭殘酷鎮壓，以及隨之而來的太平軍勢力大衰，才讓曾國藩有機會鬆一口氣。一八五七年底，他父親去世，他再度返鄉奔喪。戰場失利令他灰心，頑固官員不斷扯他後腿使他失望，他於是請辭，將軍隊交給他麾下的高級軍官。咸豐帝同意他辭職，但告知若受到徵召，得回來再為朝廷效勞。約一年後他才結束假期，再度披掛上陣。[51]

＊＊＊

曾國藩部隊以同省之人組建而成，有利於全軍一心團結作戰，但這種建軍特色也意味著他的士兵大體上只在攸關湖南本身安危時才士氣高昂。因而，帶領湘軍出湖南，順長江而下到他省作戰，並非易事。畢竟湘軍組成的初衷就是擊退入侵的太平軍，恢復湖南的安定，就連曾國藩本人當初決定接下皇上交辦的任務，也是基於他父親保衛家鄉人人有責的信念。但肅清湖南境內盜匪與太平軍殘部的目標完成之後，曾國藩立即放眼長江更下游的湖北、江西、安徽，目標遙指南京。如果他曾為將三湘子弟兵帶出湖南打仗感到一絲疑慮，他並未將這項疑慮告知家人。一八六〇年夏，他在家書裡寫道，他現今的生命已屬於國家：「余聽天由命，或皖北或江南無所不可，死生早已置之度外，但求臨死之際寸心無可悔恨，斯為大幸。」[52]

但他底下的官兵沒這麼豁達，對他們來說，離開湖南，就是把家園和父母妻小丟在家鄉無人保護。

因此，他下令湘軍進入鄰省江西跟安徽作戰時，特別指出湘軍在這兩省作戰就是在保護湖南的後院。但在一場戰線眾多且一再移動的戰爭裡，這種辦法有時並不管用。一八五九年春，湘軍在江西攻打位於鄱陽湖另一邊的瓷都景德鎮而無法分身他顧時，翼王石達開率領的另一支太平大軍從湘軍南邊穿過江西，然後往北越過省界進入湖南，兵力達二十至三十萬之眾（據曾國藩的情報）。

得悉石達開攻入湖南，湘軍士兵大受震撼，開始乞假返鄉。但曾國藩認為絕不能將部隊從景德鎮撤回，因為那將為太平軍開出另一條威脅更上游地區的路線。於是他只調了幾位統兵官回湘，並要他們竭盡所能將被開除、放假和退伍的湘軍士兵找回，集中運用。他要其他軍官穩定軍心，指示他們「湖南不患無兵，不患無將，所患齊集略緩，不能趁賊之初入而撲滅耳」。他相信在湖南境內集結的兵力能擋住來犯叛軍，下令位於景德鎮的諸統兵官「傳諭各弁勇安心剿辦，無庸懷內顧之憂也」。[53]這番信心喊話無效，但湖南境內倉促集結的守軍最終守住了。那一整個夏天，石達開部隊攻打寶慶。有城牆環繞的寶慶深處湖南內部，距曾國藩家鄉只約五十公里，因四萬湖南守軍堅守而未被攻破。最後石達開放棄攻城，八月帶部隊走西南入廣西。同月攻下景德鎮後，曾國藩才開始加派援軍回湘。[54]

隨著閱歷增長，他變得更為固執。他既得為自己人——他的家人、他的士兵、他士兵在湖南的家屬——負責，又得向咸豐帝和大清帝國盡忠，權衡這兩者的輕重，造就他上述的性格。一八五九年春夏，他在景德鎮驅遣湘軍忍著思鄉之苦繼續作戰時，把為朝廷攻打太平叛軍之事擺在第一位，要求士兵勿擔心家鄉的安危並且信任他。但有時他反把自己的部隊擺在第一位。拿下景德鎮後，皇上要他帶湘軍到長江更上游的四川，以阻止石達開攻進四川而控制這個富饒的大省。若轉戰四川，曾國藩及其子弟兵將離開內戰的主戰場，打一場與保護湖南後院無關的仗，也無法在攻下南京後讓湘軍博得協助平亂的功勳。於是在這件事情上，曾國藩把自己和湘軍擺在第一位。

他懇請皇上體恤他士兵的憂苦，藉此回絕皇上的命令。他呈上〈復陳防蜀緩急摺〉，說「湘勇在江西者各懷內顧之憂（譯按：擔心老家安危）」，「弁勇瞻顧身家，歸思尤切，徒以景鎮喫緊，不准告假。一旦撥隊征蜀，道經楚境，必且紛紛請假，勢難禁止。」[55] 他說，這是帶團練出征的缺點，因為「久征則常思還家」。即使他能阻止他們請假回鄉探親，往四川之路非常艱難，距離超過一千六百公里，要穿過三峽和其他危險之處，而江西作戰已使湘軍感到疲乏。他寫道：「竊恐弁勇未必樂從。」他的訴求奏效。其他人也上奏說東部戰場需要他，在他們的支持下，他終於不必帶兵進川，繼續從湖南往長江下游打。

他想忠於皇上，又要替子弟兵著想，努力在這兩者間拿捏出平衡之道，但上了戰場必然會有人犧牲性命。而由於湘軍子弟的同鄉情誼，同袍的喪命更令在世的官兵悲痛難抑。曾國藩的弟弟曾國華已成為受敬重的戰地統兵官，一八五八年十一月率領所部進攻安徽三河鎮，大敗而全軍覆沒，副將曾國華戰死，主將李續賓自殺。六千湘軍戰士死於三河，其中許多人來自曾國藩家鄉。不久後，又有大批湘軍士兵兵敗景德鎮遭屠，湖南人傷亡更增。曾國藩在兵營哀悼弟弟國華之死，他的另一個弟弟曾國葆（後來也死於這場內戰）發誓為手足之死報仇雪恨，同時，在曾國藩的湖南老家，遍布梯田的丘陵上，則迴蕩著他悲痛鄰人的哭聲。他們從自家屋頂上大喊，為死去兒子招魂，乞求他們回家。[56]

* * *

一直到一八六〇年，清廷剿太平軍之役，都把重心放在由張國樑與和春所統率，對南京的圍攻日益緊密的綠營部隊上，曾國藩在長江的部隊，在整場戰役中只扮演支援角色。但接下來，就在官軍似乎勝券在握時，一八六〇年春，洪仁玕解圍南京的計畫奏效，戰局大逆轉。到了五月底，官軍已被殲滅，主將戰死，太平軍從南京傾巢而出，往東挺進。就在這清軍群龍無首之際，曾國藩的時代終於到來。一八六〇年六月，咸豐帝派他以兵部尚書銜署理兩江總督，兩江總督所轄的安徽、江蘇、江西三省，正是受這場內戰摧殘最烈的地方。八月下旬，咸豐帝派他以欽差大臣身分督辦這三省軍務，確立他為長江流域的清軍新統帥。

皇上（如曾國藩一位幕僚所說的）別無他策，只能倚重曾國藩，曾國藩過去不斷得為自己部隊找生路的挫折隨之得到紓解。[57] 與扯後腿的省級官員和眼紅的綠營統兵官明爭暗鬥多年後，因為這兩項任命，曾國藩同時掌握了內戰主戰場的軍事與政治大權。身為軍事統帥，他能調度官軍殘部和當地團練支援湘軍作戰。身為兩江總督，他能安排門生出任重要文職，以便透過他們從這三省——至少從仍未受戰禍波及且仍在朝廷管轄的三省部分地區——抽取資源，挹注湘軍所需的經費和物資。[58]

突獲拔擢成為方面大員，使他行事更為堅持己見。古云，將在外，君命有所不受。隨著曾國藩的領導統御手法趨於老練，對自己的軍事行動有更大掌控權，有時他雖表明忠於朝廷，卻不願照上級的指示行事。戰前在朝廷行走多年的經驗，已讓他看清楚朝廷官員是何等的昏庸無能，何等的缺乏經驗與自滿，他不想讓他們的經驗不足壞掉他的征戰大業。他只相信自己日益銳利的戰略眼光，也瞭解自己軍隊的局限，因此他對北京下達的許多命令幾乎都置之不理。一八五九年，朝廷要他追擊石達開入川，他婉拒不從，現在，一八六〇年，又有一批新令下達，要他放棄安徽戰事，立即帶兵到下游保衛蘇州與上海。但他以此刻投入他的部隊無濟於事為藉口，留在原地不動。

他決定採行的策略，竭盡所能不予背離的策略，乃是包圍。這個策略令人想起他對圍棋的熱衷。一八五九年十一月十一日，他仍扮演包圍南京的綠營部隊的支援角色時，呈上〈遵旨悉心籌酌摺〉，向皇上說明他的戰略構想。[59] 曾國藩解釋道，朝廷正在對付兩種叛軍，一是不斷流竄的「流賊」，一是想建都稱王的「竊號之賊」。在帝國內四處流竄的石達開部和華北的捻軍都是流賊。對付他們的唯一辦法，乃是做好準備伺賊到來，堅守陣地，挫他們的銳氣。至於對付竊號之賊——最重要的是立都南京的天王——可以先「剪枝葉」（翦除四處掠奪物資供應他們所需的軍隊），再拔其根本，直搗他們老巢。他指出綠營未能完全包圍南京（後來的發展表明，他們留給南京一條自由進出的通道，正種下他們的敗因），深信為了真正切斷南京與外界的聯繫，清軍首先得一個個攻下南京以西長江沿線的諸多築有防禦工事的城市，而英王陳玉成在安徽首府安慶的基地，是第一個該拿下的目標。太平天國在長江沿岸牢牢掌控了幾個重要據點，一八五三年起就落在叛軍手中的安慶，是其中位於最上游者。安慶的防守兵力覆蓋從西邊前往南京的水路及陸路要道，為扼控進出的咽喉。只要太平軍控制安慶，曾國藩的部隊就別想進到安慶以東，也就不可能完成對南京的包圍。但如果他能孤立安慶，再予以摧毀，他認為或許就能長驅直下直抵叛軍首都。

從陸路進攻難以取勝。叛軍有大大的兵力優勢（一八六〇年時曾國藩的湘軍仍只有約六萬人），[60]與叛軍打野戰，十之八九占不了便宜。根據他的情報人員編寫的報告，叛軍所使用的不規則陣形非常多樣。有變化多端的「螃蟹陣」——一隊士兵居中（蟹身），往兩側各伸出五路——能視遭遇敵人的不同而迅速變陣迎戰，或變為兩隊，或四隊，或類似十字的五隊。有所謂的「百鳥陣」，臨敵時大部隊化整為零，分為數支小隊，每隊二十五人，如成群飛翔的鳥，如星羅棋布，令敵人摸不清楚其兵力的多寡，不知從何處攻起。又有「臥虎陣」，用於丘陵地形，上萬名叛軍貼地隱身，鴉雀無聲，然後當官軍通過山谷時，突然全部躍起，撲向敵人。[61]與太平軍野戰，官軍通常沒有勝算。

因此，要取勝，就得利用戰場營造出對己有利的態勢。曾國藩在某篇論戰略的文章中寫道，凡兩軍相接，必有一方為主，另一方為客。占主位者總是占上風。「守城者為主，攻者為客；守營壘者為主，攻者為客；中途相遇，先至戰地者為主，後至者為客。」兩軍相持時，比的是耐心：「先吶喊放槍者為客，後吶喊放槍者為主。」[62]湘軍兵力居於劣勢，因此曾國藩力求使叛軍始終居於客位，其做法是誘敵進攻湘軍的防禦設施，若不果，則挑激敵人先出手。為此，他常刻意在叛軍附近安設防禦工事嚴密的營壘，冀望誘使叛軍主動來攻。

一八六〇年六月，太平軍大部分兵力因其在東邊輕易取得的勝利而分心之際，曾國藩趁機從西邊進入安徽，派胞弟曾國荃悄悄圍攻安慶。曾國荃率領一萬湘軍進到距安慶城牆近處，紮營，並在雇自當地的工人協助下，開始在城外建造兩道高土壘，土壘兩側各有一道六公尺寬的長壕溝，以強化土牆的阻絕功能。兩土壘一內一外與城牆平行，湘軍駐紮於兩壘之間。內土壘面城，用來保護湘軍免遭城內守軍攻擊，外土壘則用來阻擋太平援軍。這基本上是縮小版的湘軍防禦城池。為進一步阻絕太平軍從北來援，滿人統兵官多隆阿率領兩萬騎兵，在安慶北邊約六十五公里處的叛軍據點桐城外設了一道阻絕線，曾國藩的水師則在安慶上、下游數公里處的長江上各設了封鎖線。

七月下旬，曾國藩帶湘軍餘部共約三萬人進駐長江以南的安徽南部山區，並率領他直轄的六營部隊在城牆環繞的祁門鎮設立大營。祁門位於安慶東南方約一百公里處的山谷中，地形崎嶇，對外道路不多。他以祁門為中心，呈放射狀部署其餘的兵力，以控制東來的路徑，維持往西經景德鎮（這時已在他手裡）到江西的陸上補給線。

他一眼就看出祁門是設立大營的絕佳地點。此地四面環山，山勢陡削，從北或從南都完全無法靠近，而且他直轄的部隊控制了東西向的官馬大道。他很滿意這個地點，初到此地時寫道：「層岩疊嶂，較之湘鄉之雲山，尚多四倍，泉甘林茂，清幽可喜。每一隘口，不過一哨，即可堅守，並無須多兵也。」[63]坐鎮祁門，曾國藩可從安全之地統籌攻打安慶的軍事調度。

但隨著一八六〇年夏去秋來，隨著北方再度遭英法聯軍進犯，祁門的安全之所開始讓他覺得比較像是監獄。十月十日，北京來旨，要他派麾下最能打的野戰指揮官——來自四川的鮑超——帶領三千名作戰經驗豐富的部隊，前來北方協助僧格林沁的八旗部隊抵禦英法聯軍。曾國藩認為沒了鮑超支援，他的部隊守不住在安慶的陣地，而且他認為僧格林沁的蒙古精銳騎兵守得住京城。因此，儘管皇上危機迫在眉睫，他卻未遵旨照辦。他推斷，鮑超的部隊抵達北京時至少已是一月，屆時已是寒冬，肯定已不再需要他們。而他已把湘軍全押在圍攻安慶上，幾乎沒有其他兵力來守住他後方的上游地區。圍攻安慶若失敗，將為太平軍拿下上游的武昌，乃至再度威脅湖南，打開大門。因此他近乎病態般堅守其在安徽的據點。但他不願讓步既是因為固執，也是因為憂心；在家書中，他坦承他差點守不住。[64]

他未遵旨照辦，至少未立即照辦。曾國藩最終奏請皇上從諸將（包括曾國藩本人）中擇一人，帶一支湘軍分遣隊北上，協助僧格林沁抗擊洋人。但上這樣的奏摺，除了拖延安徽湘軍兵力的抽調，沒有別的理由。[65]祁門與北京相距將近一千三百公里，公文遞送單程就要整整兩星期。曾國藩很清楚，等收到回覆時，至少已過了四星期。他用拖字訣，替圍攻安慶再爭取到一個月。他在寫給弟弟的信中，以挫折口吻寫道：「普天下處處皆係賊占上風，獨安慶一城係賊占下風，豈肯輕易撤退？」[66]他身邊的世界整個分崩離析，但他堅守既有立場，深信如果放掉他在這山谷裡擁有的小小優勢，將會全盤皆輸。

* * *

十月在寒雨不止中沉悶地過去，曾國藩的心情鬱悶至極。他在住所裡不斷來回踱步，思索皇上的命運，不知該如何是好。他下了一場又一場的圍棋，煩憂於年華的老去。[67]他在寫給弟弟的信中說道：「目光日昏，精神日見日老，深懼無以符此大任。」[68]

他傾其所有投入這場戰役，但進展並不順利。安慶堅守不屈。城內的叛軍似乎物資充足，可從容等待援軍到來。他極欣賞的一名統兵官已多日未有消息，因為他帶兵駐守附近的徽州，保護曾國藩的東翼，數日前突遭太平軍襲擊潰敗。叛軍從四面八方悄悄逼近祁門，祁門鎮上擠滿數千名從前線敗退下來的士兵，他們劫掠店鋪，使市面上有錢也買不到東西。[69]但北京仍無消息傳來。他堅守陣地，憂心忡忡，不知是否不得不將安慶讓給太平軍，隨之將安徽南部、武器、甚至湖南和華中都讓給太平軍。

最後，一八六〇年十一月六日下午，他打開一封北方友人的來信，首度得知英法聯軍不只已經侵入北京，還把圓明園燒個精光。原本的麻木無感變成震驚。他在日記裡寫道：「傷痛之至，無可與語。」[70]八旗潰散於北部。綠營大敗於東部。清朝的傳統軍力，在兩個戰線，面對不同的敵人，都落敗了。曾國藩面臨慘淡的未來：整個帝國只有他還掌控一支完整的軍隊。他在安徽的戰役是唯一還未分出勝負的戰役。

七、教義的力量

一八六〇年八月二十一日，即李秀成進攻上海的部隊遭一陣猛烈的葡萄彈與榴霰彈擊退後兩天，李秀成寫了一封深感委屈的信向英美領事抱怨。他以忿忿不平口吻寫道：「本藩前來上海，只為訂立條約，欲借通商貿易結成一致之關係，原非與爾等交戰。」他指責法國人設了陷阱。照他所說，那年夏天更早時，有些法國人（和身分不詳的其他人）前來蘇州，邀他到上海商談與他們國家締結和好關係之事。他寫道：「法人已受清妖之誘惑，竟食前言，背棄前約。」[1] 有人告訴他，清廷給了法國人一大筆錢，要他們守衛上海，且他認為那筆錢「別國人亦有分焉」，而英國人或美國人無一前來與他商談，反倒都跟著法國人一起從城牆上開炮打他們，就是明證。

他警告道，這件事不可能這樣就算了。他願意原諒英國人和美國人，因為他們與太平天國同屬新教陣營。至於狡詐（且崇拜偶像）的法國人則是另一回事，他指出太平天國拿下全中國是早晚的事，屆時就會好好算這筆帳。他寫道：「凡人情人事必有因果，今昔法人已壞其信義，與我失和。」他保證，由於他「寬大成性」，他個人不會阻止他們進入太平天國領土，但也說他無法保證已「受其欺騙」，如今「義憤填膺，希圖報復」的許多官兵會這麼寬大為懷。最後，他壓下傲氣，重申太平天國最想要的乃是與來自英美的基督教兄弟和好相處。他提醒他們：「爾我共同崇奉耶穌，爾我關係之間，擁有共同之基礎，信仰同一之教義。」

這封信署名李秀成，但信中呈現的是洪仁玕的想法。因為把取得上海英美人的支持，特別是把他們願意將汽船販賣或出租給叛軍以讓叛軍能夠穩穩掌控長江，視為太平天國贏得內戰之關鍵的乃是洪仁玕。身為幕僚長暨總理，洪仁玕取得族兄的同意，制訂了其他諸王都得遵守的政策。他堅信叛軍若要取勝，最穩當的辦法就是與上海洋人建立和睦關係，因此只要洪仁玕擔任總理，李秀成就得照這條路線走。但他其實百般不願這麼做。在太平天國的核心集團裡，李秀成不認同洪仁玕對洋人的信任，而採取較挑釁的看法。他告訴洪仁玕：「洋人好打不好和。」[2]

在上海突遭洋人開炮攻擊，使李秀成更加相信自已原本的主張，拉大了他與洪仁玕之間既有的鴻溝。但洪仁玕本人怪罪的是李秀成，而非怪罪洋人。他說洋人想必事先風聞李秀成要對他們開戰的挑釁觀點，從而自然推斷李秀成是來攻打他們。誠如洪仁玕所說，忠王揮兵橫掃江蘇，拿下蘇州之後自恃兵強將廣，取上海如掌中之物。洋人利用他的輕敵，誘其來攻，讓他中了「空城計」：洋人讓忠王相信上海城完全無人防守，然後在他逼近上海城時突然發動攻擊。洪仁玕認為，經此挫敗，李秀成「始信吾議，然究不肯認錯也」。[3] 但儘管兩人在戰術上有分歧，無疑都認為叛軍需要上海：上海金錢資源豐富，是藉以取得洋人武器的基地，而且是大體上已受叛軍控制的地區裡面仍有清廷勢力頑強抵抗的地方。但上海終究還未到手，接下來就該洪仁玕展開外交行動，將上海納入他們的勢力範圍。

洪仁玕以外交事務主管的身分，開始在南京主持朝政，接待來自上海的一批批訪客，訪客帶來消息和禮物，甚至帶來他留在香港的家人。[4] 他的王府是天京較大的府邸之一，不只充當他的住所，還是他辦公的衙署。在干王府前門正對面有一片巨大的石造照壁，高四．五公尺，寬三公尺，壁中央嵌著大大的漆金「福」字。[5]「福」字上方刻了耶穌基督登山寶訓的九福詞，而突兀加上的前後文沖淡了九福詞原來的意涵（對第七福「使人和睦的人有福了！因為他們必稱為神的兒子」來說，尤其是如此）。王府內座落著正殿，殿內有王座，干王在正殿內接見屬官和議事。干王上正殿辦公時，身穿繡龍黃緞袍，頭戴前明式樣的金冠。[6]

過了正殿，穿過數道陰暗的走廊和門，即進入王府深處的干王居住區。他的寢殿裡主要擺了一張用玉裝飾的大床，門外是有著花園的明亮庭院。他還在寢殿內擺了林林總總來自海外工業世界的物品，大部分是訪客贈予的紀念品。書架上擺了他所收藏的數個洋鐘、一個氣壓計、一具望遠鏡、數把柯爾特左輪手槍、一臺二手簧風琴、兩座太陽燈、一塊英國香皂、一把英格蘭海軍劍，還有某位特別著迷的訪客注意到「一罐考沃氏（Coward's）什錦醃菜」。寢殿內有參考書與圖片書，另有些書顯示他在研究英國軍事方法，包括英國伍利奇（Woolwich）皇家軍事學院的《防禦工事構築原則》（*The Principles of Fortification*）。還有上海外國傳教士的中文著作，以及必不可少的聖經跟福音小冊。那些外國傳教士將科學資料譯成中文，冀望藉此讓中國人相信他們的宗教已支配自然界。然後還有保養狀況只能算尚可的中國奢侈品：金筷、玉杯、銀扇。他在這裡以牛排和波特酒款待外國賓客，席間說英語，展露他刀叉使用的嫻熟。[7]

曾是美南浸信會傳道士的羅孝全（Issachar Roberts），是最早到南京見洪仁玕的外國人之一。這位性情善變的傳教士來自田納西州的薩姆納郡（Sumner County），太平天國起事前，曾在廣州短暫教導過洪秀全（也更短暫教導過洪仁玕）研讀聖經。只有羅孝全領會一八五二年洪仁玕向韓山文所述內容的真正意涵，但當時沒人注意到他。一頭白髮、身材瘦削的他是傳教士圈中的異數，連他所屬教團的歷史學家都形容他是個「性格古怪奇特」之人。[8]一八三六年，羅孝全首度向波士頓的浸信會海外傳道部（Baptist Board for Foreign Missions）申請赴中國傳教，被該機構駁回（就連對他最為肯定的推薦函都說他的講道能力「未超過中等水平」），於是他捐出一塊地，言明用那塊地的收入來支應他的所有開銷，藉此自費赴華傳教。[9]根據這項安排，他說服浸信會接納他為自費傳教士，搭船前往中國，一八三七年抵華。後來發現那塊地根本不值什麼錢，但浸信會已甩不掉他。[10]他在華南傳教也算有所成，但在傳教士圈子裡人緣很差，交不到朋友。一再有人向浸信會海外傳道部投訴他行為不端——公開虐待他的一位中國僕人，偽造傳教會的捐獻冊——要傳道部提防。[11]最後，在羅孝全不願救助用刮鬍刀割自己喉嚨的另一位傳教士之後，一八五二年浸信會終於與他劃清關係。[12]

然而在一八五三年，洪秀全親自發函邀請羅孝全到南京一敘，信中表明他對羅孝全教誨的敬重。

浸信會傳教士資格被拿掉，令羅孝全倍覺羞辱，而這封信則讓他吐了一口怨氣。但當時清廷封鎖南京，他進不去，即使能通過封鎖線進到南京，美國駐華當局揚言他若違反中立政策拜訪叛軍，將予以處死。於是他搭船返美，巡迴美國南部與西部諸州演講，為太平天國運動發聲，並四處募款讓他以獨立傳教士的身分返華向叛軍傳教。[13]他博得些許名氣，報紙封他「愛國革命黨的首領太平王的宗教導師」。[14]一八五六年帶著靠演講募集的資金返華後，想方設法要進入太平天國領地，四年還是未能如願。但在一八六〇年干王宣布歡迎洋人到南京後，他的機會終於到來。他積極設法前往天京，以和他昔日的學生團聚，一八六〇年十月十三日，也就是英法聯軍入侵北京之際，他終於抵達南京，在洪仁玕王府樓上的房間住下。

干王要他擔任通譯，負責太平天國境內的傳教事務。但羅孝全來南京不是為了這樣的差事。他深信（或至少向香港的英國聖公會主教這麼說），歷史的因緣際會已使他成為未來中國皇帝的精神導師。[15]他來南京時，以為叛軍會尊他為天王的導師，但實情令他大失所望，而且過了一段時間才得以面見洪秀全。未能立即見到天王，原因出於拜見的禮儀，就和當時攻打北京的那場戰爭背後的叩頭問題差不多；天王以下諸王堅持，羅孝全若要拜見天王，就得像其他人一樣行跪禮以示恭順。驕傲的美國浸信會教徒羅孝全拒絕了。諸王最後還是同意他拜見洪秀全，但當他渾身不自在地站在身穿朝服的長排太平天國文武百官後面時，洪仁玕突然當眾對他大吼：「羅孝全先生，拜天父！」白鬍子羅孝全猝不及防又很尷尬，本能地跪下來，向曾受教於他的洪秀全跪拜。[16]

羅孝全在南京過得並不如意，穿著洪仁玕穿過的破爛舊緞袍，戴著朝帽，四處晃蕩。有位訪客這樣形容那裡的朝帽：「用金色硬紙板製成外觀可笑的冠冕，裁切成古怪的形狀，有時候飾以讓我覺得是粗製濫造的人造花，有時則飾以小小的虎形圖案。」[17]他自認會當上導師，結果卻住在洪仁玕府裡，實質上只是個助理。但儘管有種種光怪陸離的事，他還是成為洪仁玕在上海所需要的代言人。叛軍在上海沒有直接影響力，因此上海洋人所得到有關中國內陸的訊息，大部分來自他們周遭的清朝官員和商人。那些官員實際上忠於朝廷，而上海華商靠著與那些官員精心培養的良好關係，極為富裕，無意改朝換代。[18]在他們眼中，太平天國只會帶來破壞。此外，洋人的商業投資——洋人的船和碼頭、辦公場所、銀行、倉庫、屋宅——這時座落在清廷控制的安全區內，安全區旁就是叛軍所控制的大片領土，而且洋人各自的政府不會准許他們和叛軍做買賣。隨著港埠生意可能停擺，洋人怪罪於叛軍。洋人周遭忠於清廷的中國人警告，太平軍若獲勝會把港口全都毀掉，而對於這樣的警告也沒什麼證據可以反駁。因此，儘管有些洋人基於道德理由遺憾於那年夏天的戰事，在具影響力的洋商圈子裡，卻有許多人和卜魯斯一樣認為，抵抗太平軍入侵是英勇且必要的舉動。

羅孝全反此道而行，他將在天京待上一年多，在那裡持續投書上海及香港的英文報紙，報導他眼中的南京實情，為太平天國政府的革命潛力不斷做見證。投書內容洋溢熱情感動。在十一月刊登於香港《陸路紀錄報》(*Overland Register*)的某篇早期投書中，他如此寫到李秀成：「我不由得喜歡上這個人，他是千中選一的人物！他不只有學問、好相處、和善，還是個王，能力出眾的將領，轄有超過十萬的部隊。」羅孝全代捎忠王的口信給洋商，說叛軍（羅孝全使用「革命分子」這個詞）其實想和他們通商，因此，洋人為何捨同屬基督徒的叛軍，而和支持清廷的人做生意？羅孝全寫道，太平天國「願意以即使不是更好，但起碼一樣好的條件通商！他們領土上有通商工具，茶葉和絲。」洋商與叛軍的貿易不熱絡只有一個原因，即洋商所屬國家的政府尚未與太平天國締約。他寫道：「英、法國內有人應和，為何不締約？美國國內有人應和，為何不締約？……為何不立即與他們簽個寬和的條約，給予他們藉由武器當之無愧贏得的應有優勢，（給予）他們人民基督教？」[19]

緊跟在羅孝全之後，威爾斯籍傳教士楊格非也於一八六〇年十一月不辭艱辛來到天京。去年夏天與他同到蘇州，見識到戰爭慘狀的艾約瑟這次留在上海，因為人不舒服（他太太艾珍認為是上次去時見到的鬼魂招來的不適）。[20]叛軍在上海遭攻擊——令楊格非個人很驚駭的攻擊——後，楊格非擔心叛軍對洋人可能心懷怨恨。他語帶同情地寫道：「他們懷著對所有洋人都無比友善的心態前來，卻遭我們和我們的法國盟友以令我們國旗蒙羞的方式對待。」[21]他抵達南京時還是受到熱情的招待，激動於可在太平天國都城建立新傳教基地的機會。他寫信給艾約瑟，語氣滿是樂觀。艾珍轉述此信的內容，寫道：「他談到南京處處是秩序、健康、平和、幸福，他督促艾先生再想想是否仍不願和叛軍共同努力。」[22]

與羅孝全不同，楊格非尚無久留之意；他的任務是代表上海七十位左右的新教傳道士去探個虛實。十二月上旬回到上海時，他帶給他們一項好東西：以御用朱砂墨寫在黃緞上的天王詔旨，表明歡迎洋傳教士在太平天國住下。這是傳教士圈子最想要的特許權——英國剛以武力逼迫清廷給予的特許權——而叛軍很爽快就給了他們。那似乎更進一步表明，有上帝的手在引導太平天國。楊格非寫信給他的傳教士同僚說：「我堅信上帝正透過叛軍之手根除這地方的偶像崇拜，而且祂會藉由與外國傳教士有往來的他們，扶植基督教，取而代之。」[23]

這段話裡的關鍵句是「與外國傳教士有往來」，因為他和基於宗教情懷而支持太平天國的其他人一樣深信，叛軍目前只是建造基督教中國的基本材料。希望繫於干王洪仁玕身上，而非他的族兄天王身上（楊格非深信天王「寫的東西像瘋了寫的」）。只要太平天國的追隨者相信天王有神性，只要他們接受他廣納妻妾的作為（楊格非發現，就連洪仁玕這時都有四個老婆，洪仁玕堅稱他如果想在太平天國朝廷裡有影響力，就得和他族兄一樣娶妻納妾）——只要他們堅守這樣的信念和作為，他們就是偏離正道，就只能被視為有褻瀆上帝的可能；比起旗幟鮮明反基督教的滿人統治者和儒生，他們遠更值得寄望，但還不夠標準。

此外，楊格非深信，導正叛軍的教義不只是洋傳教士大展身手的機會，也是他們的道德義務。誠如他認為的，傳教士是這場叛亂的肇因。他們的聖經和教誨啟發了天王，因此，確保這件事有完滿的結果乃是他們的責任。誠如他在幾個月前出版的某個宣傳小冊裡所說的：「中國境內的新教傳教士！這場叛亂是你們所造成。」[24] 楊格非亟盼有機會成為（古怪多變的羅孝全之外）協助洪仁玕以都城為基地打造叛軍教義的第一人。但上海的友人勸他再等等。他們提醒他，上海與南京之間尚無直接往來，屆時他的傳教工作會被隔絕於更大的傳教圈之外。他將完全倚賴叛軍來維持生活，而沒有人知道長江的通商情況會變得如何或這場戰爭會往什麼方向發展。有風險。艾約瑟指點他另一條路，要他去額爾金用條約新打開的山東省，拯救當地兩千九百萬個亟待救贖的靈魂。[25]

最後，楊格非決定至少等到春天，再決定是否要在南京設立常設傳教團。但他無疑很清楚中國的未來在哪裡。誠如他在那年二月寫給倫敦傳道會祕書的信中所說的，叛軍的勝利和英法聯軍的入侵北京「已徹底掏空滿清政權。它肯定會垮。沒有哪個力量撐得住它」。他的口氣十足篤定。他寫道：「為了平息他們的愚行和暴政所點燃的這場大火，滿人很有可能會想把天上的太陽打掉。」[26]

艾約瑟留在上海時，楊格非帶了另一人同去南京。他是容閎，耶魯大學畢業的中國人，此前的人生歲月大部分在香港和美國新英格蘭地區與西方人為伍。一八五五年學成首次返華，在廣州看到清朝官府有計畫處死被指控為叛亂分子之人的情景而驚駭莫名。他在過渡期間以茶商為業，但他有政治抱負，這時他跟著楊格非去南京，用他的話說，「為了弄清楚太平天國的特質；他們是否夠格成立新政府取代滿清王朝。」[27]容閎所關注的東西與宗教的關係較淺，與太平天國以歐洲或美國方式統治中國的能力關係較大。這趟南京之行給了他好印象。他指出他們一行人經蘇州前往南京途中，並未遇到官軍或叛軍的阻撓（在蘇州他們看到一些為太平天國效命的歐美軍事人員和醫生）。他描述途中所見的叛軍「通常很有禮貌」，「以體諒且值得贊許」的態度對待農民。他指出，鄉間的破壞很容易就怪在太平軍頭上，但其實官軍在自己戰區的行徑同樣殘酷。抵達南京後，容閎先見了他不大看得起的羅孝全，然後在十一月十九日見了洪仁玕，帶給洪仁玕有別於傳教士所給的另一種訊息。[28]

洪仁玕在香港跟著理雅各宣道時就和容閎相識，兩人都出身廣東的貧窮人家，都因為在香港和國外的洋人社群裡生活多年而大大改變人生際遇，因而彼此有份莫名的親近。兩人這時也都想用自己的涉外經驗來改變中國。洪仁玕開心接待他的舊識，表示希望容閎加入太平天國，與他一起奮鬥。容閎未表同意，說他來只是想多認識太平天國，但他的確給了干王七個建議，他認為那是「英國政府與歐洲其他強國強盛之祕鑰」。[30] 容閎承諾，只要太平天國落實這些現代化措施，他一定會加入他們共同奮鬥（他十足自負）。七個建議如下：

一、依正當之軍事制度，組織一良好之軍隊。
二、設立武備學校，以養成多數有學識軍官。
三、建設海軍學校。
四、建設善良政府，聘用富有經驗之人才為各部行政顧問。
五、創立銀行制度，釐定度量衡標準。
六、為民眾建立各級學校教育制度，並以聖經為教科書之一。
七、設立各種實業學校。

也就是說：建立現代軍隊、美式（暨基督教）學校，以及工業經濟。洪仁玕慨然應允；事實上，這些建議有許多地方和他《資政新篇》裡的提議相吻合。但由於其他諸王在別處忙，他無法立即向容閎保證這些建議會施行。他解釋，他們得投票表決，需要過半數同意。因此在表決之前，改革之事得先等等（而且在表決通過之後，大概又得等到太平天國真的打贏才行——因為這些建議是已穩固的政府才得以施行的政策，非尚在爭奪政權的交戰方所能施行）。

但洪仁玕仍希望容閎加入，有了他的加入，肯定有助於得到美國對太平天國的支持。幾天後，他遣人送官印和朝服給容閎。容閎婉拒，堅持要等到太平天國確定會施行他的現代化建議才肯當太平天國的官。但他的確說服干王給了他通行證，讓他得以在太平天國境內自由走動。容閎未把用意告訴洪仁玕，但他要通行證不是為了便於更瞭解太平天國，而是因為他覺得或許能在叛軍領土境內，外人無緣進入的深處，買到珍稀的茶葉，轉手賣給上海的洋商，賺一筆錢。[31] 容閎於十一月底和楊格非一起離開南京，手裡拿著通行證，抱著赴原始山中覓茶的夢想，順江而下返回上海。洪仁玕與容閎就此未再見面。

＊　＊　＊

十二月二日，即容閎與楊格非從南京回抵上海的隔天，率兵攻入北京的額爾金勛爵得意返回上海。任務圓滿達成，他一臉得色；十月下旬，北京西邊的丘陵落下北方長冬的頭幾場雪時，他和恭親王奕訢終於批准中英新約。新約包含一八五八年額爾金突破大沽要塞侵入天津時初次談成的所有條款，犖犖大者包括開放新通商口岸、英國船得自由航行長江、傳教士得自由傳教。新約也定下了中國需付給英國的高額賠償，以懲罰一八五九年僧格林沁在大沽攻擊卜魯斯艦隊和一八六〇年九月他劫持巴夏禮諸人之事。法國人也得到類似的特殊權利。

在咸豐帝眼中，前後幾場談判的重點都在阻止洋人入京。「城下之盟，古之所恥，」他如此告訴清廷談判代表，「至於兵費二百萬，傾府歲不足供；即使能供，該夷誅求無厭，又要兵千人入城，其包藏禍心，婦孺皆知。」[32]但列強從此有權在京長駐大使，而事實上，咸豐帝認為因洋人只想要錢，因而重要性居次的賠款，才是對清朝較嚴重的威脅。英國人原要求四百萬兩白銀，約相當於一百三十萬英鎊。但逼得英國人靠武力打到北京城門之後，英國人的要求加倍，達八百萬兩，恭親王奕訢別無選擇，只能應允。法國人亦要求同樣金額。

一八五一年咸豐帝登基時，他所統治的帝國，國庫已經空虛。結束一八四二年鴉片戰爭的南京條約已要清朝賠款，而從未消失的貪汙使大筆金錢神不知鬼不覺流出國庫（一八四三年，有九百萬兩銀子未有支出紀錄不翼而飛），更加重財政負擔。等到咸豐帝當家時，財政更為惡化。叛亂活動使帝國數大片地區不受朝廷管轄，使大運河漕運中斷，因而，正常情況下構成國家八成收入的田賦，有很大一部分中央徵收不到。南方礦工的暴動，切斷京城貴金屬的供應來源。北方平原區的捻匪橫行，使鹽的生產停擺，而製鹽是政府重要的專賣事業。到了恭親王同意付給英法總共一千六百萬兩的賠款時，這筆數目已約略等於國庫真正所剩銀兩的八十倍之多。[33]弔詭的是，清廷用以支付賠款的唯一重要的收入來源，乃是上海與廣州兩地對外貿易的關稅，也就是說英法兩國對華貿易的榮枯，已與清廷能否償付其新債（和英法能否收到債款）密不可分。

在上海，額爾金對於他弟弟於他在北方期間擊退叛軍之事，有了第一手的瞭解。英國人在上海攻擊清廷的敵人太平叛軍，同時在北方對清廷動武，此現象的古怪有趣，英國人自己也察覺到（或許卜魯斯除外）。英國外相羅素勛爵於同一天得悉攻下大沽要塞和在上海攻擊太平軍之事。[34]倫敦《泰晤士報》一篇透著迷惑的社論，披露了中國局勢的吊詭之處。這篇社論寫道：「一般來講，一國人民分裂為兩派時，外來入侵勢力會傾向於和其中一方合作；但中國的政局類似澳洲的動物學，與所有通則背道而馳。」[35]上海一名頗爭強好勝的英國軍官向一名美國軍官解釋道：「老哥，我們總是踩著湧浪前進。在北方，清廷是湧浪，但在這裡，嘿，你知道嗎，叛軍是湧浪。所以我們把他們兩個都踩在腳下。」[36]但某些人眼中像是可大展身手的東西，在其他人眼中卻是大大失算的事情。《紐約時報》認為太平叛軍是列強理所當然的盟友，因為「雙方殊途同歸，都想藉由羞辱來重振中國，以及如果可行的話，都想換掉那個偏執而排外的政權」。[37]香港《陸路紀錄報》抨擊，外國人「在上海犯了一個嚴重至極的大錯」，並表示英國人應支持叛軍，因為「叛軍領袖的政治信條，從頭至尾都顯露要在每個重要方面徹底改變中國人的觀念，而且其中無一項不該得到關心他國福祉的每個人熱切的支持」。[38]

但大家都認為不會再有衝突。條約已經簽訂，英國似乎已跟清廷和好，而從忠王八月那封信可清楚看出，太平天國對上海仍無敵意。因此，最高峰時多達兩萬多人的英法侵華部隊解散返國。到了十二月底，已有一半的英國部隊返回印度和英格蘭（這在中國引發傳言，說英國人離華是因為母國遭到攻擊）。[39]剩下的英國部隊大部分駐紮於香港殖民地，另有約四千人駐守在可隨時出兵北京的天津和大沽，以確保清廷按時賠款。即使在這個時候，都有人抱怨在華北維持這支部隊的高昂成本，吃掉它從清廷取得的任何賠款。至於上海，一八六〇年底只剩一千兩百英軍，額爾金甚至認為還可再撤走其中許多人。[40]

額爾金在英租界待了一個月才離華。他在華北的任務已經完成，返國之前，他的最後任務是評估英國與叛軍建立關係的可能性。拜他所簽條約之賜，這時長江正式開放英國往來通商，而長江水道大部分控制在叛軍手裡。對於他弟弟卜魯斯該年夏天「防守」上海抵禦太平軍進犯一事，他絲毫不覺欣喜，看到上海城廂燒焦的殘跡，他明顯流露難過之色。他也聽到盛傳於上海華人與洋人居住區的一則傳言：法軍之所以藉口要保護上海縣城免遭叛軍攻擊而燒掉城廂，主要是因為他們想要那塊地蓋教堂。[41]「法國人看似失去理智的行徑背後有其居心，」額爾金在日記裡如此寫道：「為了滿足自己的私利，他們毀了那塊地，『因為那裡現在一棟房子都沒有』。」[42]

卜魯斯始終對叛軍沒有好感，但額爾金勛爵勸他放開心胸，勿心存成見。在寫給弟弟卜魯斯的私人信件中（這時卜魯斯是英國駐華公使，在天津過冬，等他在北京的住所弄好），額爾金告訴他，清廷和太平天國「雖然一樣壞」，但他較看好叛軍。從自己在太平天國控制區裡的親身見聞，額爾金覺得叛軍展現出「真誠和能力」。而額爾金提醒弟弟，勿答應清廷不與叛軍接觸的要求，此舉或許是在叱責卜魯斯於太平軍進抵上海之前拒拆忠王來信一事。額爾金寫道：「絕不可自縛手腳，答應不與長江流域的他們來往，那在原則上不對……實際上不可行。」

時序已入寒冬，沒有時間再親自上行長江探查虛實，但額爾金交待英國駐華海軍司令何伯，務必在來春赴天京拜訪太平天國，弄清楚英國與叛軍是否可能締結友好關係。額爾金坦承情況很棘手，必須小心應對，因為英國人與太平天國的敵人有條約關係。但他滿心認為絕對中立原則將使英國得以在中國內戰還在進行時，從與雙方陣營的互動中獲益。他在寫給何伯的私人信函中說道：「自來到這裡之後，我比較看好叛軍，無論如何，很明顯的，我們絕不可在這場內戰中選邊站。」[44]

搞定了與滿清的戰爭，並交待艦隊司令何伯務必與太平天國建立關係後，額爾金勛爵的任務圓滿達成，隨之啟程返國。那將是段漫長的海上航程，但也未必不是件幸事；因為就在他離華中途停留於香港時，他就風聞他留在北京的部隊，行為受到英國國內批評。返抵國門時，會有許多事要交待。

＊＊＊

這個時候，太平天國仍積極以武力強化對江蘇這個富庶省分的控制。早在一八六〇年九月，出身江蘇的曾國藩幕僚趙烈文就指出，叛軍控制了上海周邊每個縣，只有受洋人直接保護、仍未遭叛軍拿下的那些縣例外（他惴惴不安說道：「暫為完善，日後亦不可恃。」）。一如許多忠於清廷的人士，趙烈文很沮喪。他在日記裡寫道：「何以鼓勵人心？何以恢復疆土？吾輩生此際，誠不知投足之所，言之足為憤嘆嗚咽！」[45]太平天國利用這種沮喪心情，散播傳單動搖那些希望重歸清廷統治之人的意志。在蘇州附近的吳江城裡，有份告示寫道：「清朝皇帝為亡國之君，其臣皆亡國之臣。」[46]皇上逃離北京的消息經由口耳相傳傳到上海時，就連最忠貞不二的保皇派都驚駭不已，不得不正視清朝覆滅的可能。趙烈文在日記裡寫道：「嗚呼，二百年宗社，危於俄頃，初不意其如是之速。」[47]

太平天國掌控了富庶的長江下游地區，即涵蓋江蘇、安徽與浙江三省輻輳之地的江南。在上海所在的江蘇省，太平天國控有省城蘇州和丹陽、無錫兩大城。長江沿岸城市鎮江未被叛軍攻下，但鎮江周遭鄉村全已在太平天國手裡。在安徽，太平天國控有省城安慶，儘管曾國藩剛在附近駐紮了重兵。在上海南邊的浙江省，富庶的商業城市寧波和省城杭州暫時還在清廷手裡。太平軍解南京之圍時，李秀成曾攻打杭州，以引開圍南京的清軍，破城後在城內燒殺擄掠，但他未攻進杭州城裡的滿城，匆匆回師南京後也未留下部隊駐守。

對於太平軍的到來，江南人民既著迷又害怕。在上海西邊約一百公里處的常熟縣，有人親眼目睹一八六〇年秋叛軍列隊走過鎮上，並寫下當時所見的情景。太平軍官經過時，好奇的鎮民從門縫往外瞧，見他們「盡著狐腿馬褂，灰鼠披風，紅綠五彩，不一而足。馬有數百，持槍夾道」。他估計共有一萬名太平軍通過，並指出他們對鎮民毫髮無傷。但接下來，在太平軍主力部隊通過之後，來了跟在他們後面的惡棍：數百名長毛走在隊伍後面，在民宅之間隨意走動，敲（已經栓上的）宅門。他們闖入民宅，搶劫、強暴、殺人，抓住壯丁，用他們頭上的辮子將他們綁在一塊，拖往軍隊行進的方向。這位驚恐萬分的目擊者慶幸他們沒把鎮上也燒掉。高傲的大軍漸漸消失於往南的道上，那群惡棍跟著沒入遠方，許多鎮民離家跟著他們走去。有些人是去找被拖走的親人，有些人急著要趕上太平軍部隊，以便賣吃的給他們。還有些人只是在那條路上無精打采地晃蕩，一路翻揀路過的軍隊所留下的成堆殘渣和垃圾，以便找出值得帶回家的東西。[48]

次要部隊行徑最為惡劣，而跟在主力部隊後面那些人的姦淫擄掠，比起搶在破城部隊之前入城的那些人的髮指暴行，又只是小巫見大巫。在圍城數星期或數月而破城後，這些人搶先進城，接著散開到沒有防禦的鄉村，四處為非作歹。這些人一身破爛邋遢，完全不受一兩天後城內局勢底定才會進城的將領控制，所犯的暴行幾乎就完全說明了為何在他們進城之前會有數千人自殺的原因。在浙江省象山縣，有位目擊者描述了一個新娘遭數十個這類男人輪暴之事。他們把她的新郎開膛剖肚，然後揚長而去，讓兩人痛苦而死。新郎是他們的主要攻擊對象，因為他還留著清朝光著前額的髮式。[49] 同樣在浙江省，文人王彝壽記載道：「有剖腹而飲其血者，有剁四肢者，有挖心而食者……種種慘狀，筆不忍書。」[50] 他們搶女人，強拉少年入伍，訓練他們殺人。又有一人記載道，如果清朝官員已逃出城，這批先頭部隊會殺掉一些害怕的城民，脫掉屍體的衣服換上清朝官員留下的官服，以振奮隨後進城的主力部隊。[51]

通常情況如下，儘管那並不是很理想：有太平軍將領駐在的地方秩序較好。違反天軍嚴格軍紀的軍人立即遭懲，不予寬貸；頭顱掛在木樁上，並在木樁釘上牌子，警告有意強姦與打劫之人。但是在較管不到的邊緣地區，太平軍置身於人數更多的城民裡，法紀就很薄弱。破城時，隨著城市陷落，官軍防禦瓦解，人性墮落的一面可能盡情展現。得勝的太平軍和落敗的官軍，兩者的暴力行徑常常無法區分。但一旦大局底定，沒有遭官軍反攻之虞，情勢就由混亂轉趨安定。徵稅，種植作物，派任新官員，頒布法令，有時撤銷法令。前額像叛軍一樣留起頭髮。辮子通常沒有剪掉（萬一官軍拿回城市，只要剃掉前額頭髮，就可回復清朝髮式）。繼續過日子。

在這類安定區域，兩三名「長毛」組成的小隊突然出現於太平天國控制薄弱的鄉村時，可能會引發當地村民憂慮，家家戶戶關上大門。但他們大多不會白吃白喝。而且這些叛軍自己在外走動時也會擔心遭到伏擊，儘管心知這類攻擊會招來駐紮於一兩天步程外的城市守軍報復。官軍逼近的傳言，能減輕想恢復舊生活的鄉紳苦悶，但對農民來說那意味著恐怖，意味著又要大亂。如果說洋人和中國識字菁英階層對這場內戰期間中國農民的心願，有什麼一致的看法，那就是農民一點都不在乎上面是誰當家；他們只希望不要再打仗。他們要安定。只要打仗，不管你站在哪一邊，都很少得到好處。

對太平天國治下的老百姓來說，規則通常很清楚，即使有時嚴格得離譜。這場內戰初期，太平天國於湖北、安慶、南京和揚州下令禁止婦女纏足（創立太平天國的客家人沒有纏足習俗，也基於宗教理由反對這麼做）。婦女纏足者，將受剁足之罰。[52] 這類嚴刑峻法或許維持了軍紀，但用來禁絕民間習俗就不管用，因為若真的執行，將使很大比例的女性人口失去雙足（值得一提的，滿人入主中國時也試圖禁止纏足，終歸徒然）。一八六一年時生活在太平天國控制下之浙江紹興的王彝壽寫道，叛軍主將下令，凡是剃掉前額頭髮如清朝子民髮式者，凡抽鴉片者，凡擅拜「妖神」者，特別是拜神佛者，一律砍頭。所有禁令中，令這位學者瞠目結舌的是禁抽鴉片令。他以驚訝的口吻寫道：「我朝，則自搢紳至賣菜傭無不吸食，賊嗜之尤甚，乃曰斬，何為也哉！」[53] 中國人和洋人皆認為，禁鴉片是太平天國政府的諸多社會改良運動中，最為人知且顯然成效最差的。

面對如此廣大的新占領區和眾多的鄉村人口，有時候太平天國直接與願意合作的土豪或鄉紳談定協議，讓他們自己管理所在區域，以換取對當地的抽稅權和他們心照不宣的同意不支持官軍奪回該地。[54] 但更常見的情況是，太平天國指派鄉官管理收稅和徵收必要物資（公共工程用的磚、木和勞力），並掌握當地人口動態。清朝完全倚賴有錢地主和功成名就的學者來控制地方，因此，從這點來看，為太平天國效力的機會在某種程度上重新分配了鄉村的權力。事實上有許多曾任清朝官員的人和功成名就的學者轉投太平天國陣營，成為新體制裡的鄉官。但也有許多出任鄉官之人若非太平天國當家，絕不可能出任這類職務。從現存的鄉官名冊看，出任鄉官的人背景非常多樣，包括農夫、佐吏、商人、村中耆老、絲織工、僧侶、豆腐小販、武師。在蘇州附近某縣，有位鄉官的本職是「賭徒」。[55]在這些新設的官員底下，太平天國還招募本地能幹之人充任鄉官下屬，尤其著重於物色精熟地理、戰術、醫學、數學、地方習俗和星象算命之人。[56]

＊＊＊

太平天國的宗教是洪仁玕爭取洋人支持的主要憑藉，但這個宗教對江南太平天國本土追隨者及其子民的吸引力則令人存疑。就連他們的敵人都把「真長毛」（來自兩廣的最早信徒）和後來投身太平天國的民眾分別看待。[57]太平天國的救贖和天啟觀或許激勵了某些人，但叛軍也大大倚賴控制、穩定和（較窮之人所看重的）課稅這些較現實的問題來打動人，針對那些處於社會較上層的人，則祭出驅逐滿人、漢人當家的訴求。

除了致力於透過宗教與上海洋人建立密切關係，洪仁玕還在他的王府內費心設計了太平天國一旦推翻滿清統治中國所需的新政府。一八五〇年代，太平天國諸領袖就試圖全面重新分配土地，施行清教徒似的宗教禮俗，結果失敗；偏愛維持舊制的人民極力抗拒。但洪仁玕到南京後，致力於在他不切實際族兄的宗教意識形態和在中國沿用已久的制度之間找出折衷之道，上述政策的施行隨之較能考慮到客觀情況。也就是說，洪仁玕為中國規劃的未來政府不是革命政府，至少就他在自己王府裡建立的小型預備政府來說是如此。

首先，洪仁玕照清廷建制設了朝廷，由六部（吏戶禮兵刑工）分理政事。[58] 一六〇〇年代，滿人入主中國之前，也仿照明廷設了一模一樣的影子政府，事實表明那是滿人進入北京後能夠得到漢人接受的關鍵因素之一，因為那不言而喻地預示了不管他們如何統治中國，都不會改變政府官僚組織的基本結構。洪仁玕版的六部，人員配置只勉強夠用，而且辦公處所只有他王府裡的幾間房間（就在羅孝全所住房間的樓下），但那反映了類似的意圖。

太平天國也開科取士。從某個角度來說，整部太平叛亂史或許可以說是肇因於一名科考失意之人屢試不第的怨氣。但南京的叛軍政府認同既有的科舉制度是選取忠貞官員的極有效管道，中國讀書人都希望透過科舉來得到肯定。因此，在太平天國，一如在清朝，才幹高低靠考試來評定，只是這時是以聖經而非儒家典籍為基本考試內容。太平天國控制區裡忠於清廷的學者，常嘲笑太平天國考試的基督教內容；蘇州附近有位不得不在科考時以「進貢天父」為題作文的學者，對於太平天國所賦予的「天」字新解大感困惑。交出試卷後，他低聲向考官說：「吾解夫今日之天，何以異於昔日之天也。」考官微笑，撕掉那人的文章，不發一語。[59] 有些人則根本不願應試，稱那些應試者無恥（和一六四〇年代滿人開始以科考取士時，忠於明朝的漢人對這類人的恥笑如出一轍）。但忠於清朝的人不願參加太平天國的科考，給了其他人上榜的機會，於是新科考的競爭程度遠不如舊科考激烈。就一八六一年四月在蘇州附近舉行的地區級考試來說，應考的青年學子上榜率達四或五成。就清朝的科舉來說，上榜率可能只有百分之一。歡天喜地的中第者得到現金獎金，還有新學位和進一步參加蘇州省級考試與南京全國性考試的權利。[60]

洪仁玕抵天京後不久，就掌管太平天國的科考事宜，並開始修改科考。有些改變屬次要（例如他對秀才和舉人之類名稱的改變甚微）。但有些改變影響就深遠得多。太平天國最初的科考只考聖經，因此中國境內許多人認為叛軍已罷孔子，改尊耶穌基督。一八五四年，曾國藩發檄討伐太平天國時，就拿這點來爭取國人對湘軍的支持，稱討伐太平天國是為拯救儒家文明。但到了一八六一年初期，太平天國科考奉洪仁玕的指示，也開始將中國古代典籍納入考試內容。在洪仁玕主政下，孔子在太平天國將有一席之地。由這項改變也可看出洪仁玕在南京的影響力。

因此，一八六一年春的地區級考試，作文題目除了有出自宗教教義的，還有出自《論語》的。該年考試題目的全文今已不存，但有人在日記裡記載了作文提示。作文題目所選取的古文段落，猶如對太平天國欲從戰爭廢墟創建新國家的鴻圖大業潑了一大盆冷水。這段文字出自論語：「子貢問政。子曰：足食，足兵，民信之矣。子貢曰：必不得已而去，於斯三者何先？曰：去兵。子貢曰：必不得已而去，于斯二者何先？曰：去食。自古皆有死，民無信不立。」[61]

洪仁玕帶頭撰寫太平天國的政治宣傳文章，並用他王府內的西式鉛字印刷機大量印製出版，其中有些出版品重述他的工業化信念：鐵路、機械化武器、汽船和電報的重要，創立全國性報紙的需要。印刷機本身（原造於廣州）是極新奇之物，而他底下的印刷工很快就掌握洋人的活字印刷術。[62]他的下屬包括天京裡一部分教育程度最高的人士，某位訪客指出，這些人是天京裡最不熱衷於宗教的人士之一。其中一人甚至私下告訴這位訪客，他不相信洪秀全的異夢。[63]從干王府發出去的出版品，除了有以天王異夢為基礎而符合政治正確的宗教宣傳品，還有許多以較世俗性的訴求來打動那些對神學絲毫不感興趣者的刊物。這些文件占了戰爭最後幾年太平天國宣傳品的最大宗，而從它們的內容來看，這場內戰不像是不同宗教間的鬥爭，比較像是不同種族間的戰爭——滿懷歷史積怨和種族滅絕之恨的漢人向滿人發起的戰爭。

有份出版品名為《英傑歸真》，敘述了清朝一名漢人大臣改投叛軍陣營的故事。它以記敘文的形式呈現，描述此人與干王的談話，干王於交談間糾正他對太平天國信仰的誤解。《英傑歸真》最主要在以血脈同根的民族之情爭取支持，以清朝掌權的菁英分子為訴求對象。這位大臣是漢人，但其家族成員在清朝歷任高官。他義正詞嚴說道：「我實華人。」他不再為清朝效力，乃是因為清朝就快垮臺，他轉投太平天國，乃是因為他開始理解到他出身的官宦世家長久以來自認為在清朝治下位高權重，其實只是滿人的奴隸。洪仁玕歡迎他的棄暗投明，並引述族兄洪秀全對他說過的話：「弟生中土，十八省之大受制於滿清狗之三省，以五萬萬兆之花（華）人，受制於數百萬之韃妖。誠足為恥為辱之甚者。」這位大臣理解到太平天國其實是將漢人救離滿人宰制的救星。他說，洪仁玕的一番話「如迅雷之貫耳，癡夢之初醒」。[64]

根據這份宣傳小冊，太平天國完全不是革命政權，而是信守傳統的本土政權，承繼過去漢人抵抗外族征服的遺風。洪仁玕將太平天國與忠於明朝的漢人、遭滿人北方先祖金人征服的北宋相提並論。一如過去曾有這麼多漢人為抵禦外族入侵中國而捐軀，如今太平天國將帶領漢人打破滿人是得天命之中國統治者的假象。他甚至搬出北宋五大學者，即創立理學的朱熹、張載、周敦頤、程顥與程頤兩兄弟。理學是曾國藩一生信奉的儒家學派，這五大學者的思想體系，正是曾國藩以生命為賭注誓死捍衛之文明的核心，但在洪仁玕筆下，他們被用來提醒世人為何漢人必須反滿。他指出，這類大學者只在宋明之類由漢人當家作主的王朝出現。在清朝之類異族王朝治下，漢人遭奴役，漢人文明受打擊而式微。那位大臣又說，洪仁玕一席話把他猛然震醒。他告訴洪仁玕：「如冷水澆頭，熱炭焚心。」[65]

在《英傑歸真》裡，洪仁玕向那位大臣耐心解釋，太平天國想廢除的只有偶像崇拜一事，藉此反駁太平天國想消滅儒家文明的指控。他們歡迎孔子的著作，孔子的哲學仍是太平天國所欲建造之社會的中心思想；問題只在於中國人受到腐化，把聖賢擺在孔廟裡當假神來拜，孔廟必須摧毀。他寫道，中國文人應「遵孔孟之仁義道德」，但那不表示他們該用「牲禮敬孔孟」。洪仁玕解釋，智慧、知識、成功，是天所賜，而非人所賜。「既死聖賢如何能與人以功名聰明乎？」人該讀、該尊敬孔孟的著作，但不該把他們與上帝混為一談。

因此，洪仁玕爭取支持的訴求不只建立在宗教上，還建立在太平天國的宗教信仰和更久遠中國歷史間的和諧上。那是與曾國藩的基礎架構打對臺的另一個基礎架構——不是儒家對抗基督教，而是漢人對抗滿人。誠如洪仁玕所說的，這場內戰的中心思想是解放漢人。那是很有力的訴求，其鎖定的宣說對象正是曾國藩賴以得到支持的有錢鄉紳和文人士子。他致力於設計能承繼既有官僚組織的政府，試圖藉由將儒家典籍納入考試內容來擴大太平天國科考的吸引力，因此，洪仁玕所構想的未來是平穩轉變、可長可久、保住傳統的未來。但儘管他如此用心，儘管他的下屬才幹不凡，他在太平天國朝廷裡卻覺人單勢孤。他受到族兄洪秀全的信任，將他提拔到一人之下、萬萬人之上的位置，但其他諸王偶爾會扯他的後腿。他抱怨道，那些從一開始便跟著洪秀全打天下的人，自認是「開國的功臣」。他們較不關心未來，較不關心如何贏得民心或統一太平天國政府。他寫道，他們「各顧自己，不顧大局」。[66]

* * *

叛軍仍未能高枕無憂。英法聯軍入侵，咸豐帝倉皇離京，清廷更為衰弱，但只要清廷未消失，就仍是天命所在，而只要清廷仍是天命所在，效忠清廷的人就會為它戰鬥到底。那年秋天曾國藩對安徽省城安慶的圍攻，經歷太平軍攻占江南和英法聯軍入侵北京的外在變局仍穩穩挺住，到了冬天，更已成為下游太平天國天京政府亟欲破除的大患。因為安慶若失，太平天國就如同被掐住咽喉。安慶的太平天國基地是南京的屏障，抵禦從西邊或北邊對叛軍首都的任何進攻。洪仁玕和李秀成已敲定的戰略的最後階段，乃是牢牢控制富饒的南方諸省，重建前明的心臟地帶，然後使倚賴南方糧食的華北滿人控制區餓死。若未能控制整條長江，將不利於這最後階段的達成。

到了一八六〇年晚秋，李秀成不得不停下他征服華東諸省的行動，以協助解除安慶守軍之圍。天王其實命他北進——大概是要他進攻元氣大傷的滿清京城——但他拒絕，一如咸豐帝要調鮑超到北京，曾國藩認為不妥而拒絕上命一樣。忠王堅持帶他的部隊西進江西和湖北，那裡已有多位當地領袖承諾帶數十萬人加入太平軍。[67]那些可望加入的新生力軍，就位在被圍的安慶城的另一邊。十一月，李秀成帶兵離開南京，沿著曲折的長江南岸，以大略往西的方向前進，而曾國藩在祁門的大營就位在長江南岸。

李秀成離開南京時，交待留守南京的人務必開始積儲糧食。他要他們放心，這時太平天國所控制的長江下游地區已遠及上海，毋須擔心來自東邊的進犯，但下一次敵人來犯可能來自上游。他預料：「若皖省可保，尚未為憂，如（皖）省不固，京城不保。」[68]如果南京陷入戰火，玉跟銀都沒用；米糧才重要。

到了一八六一年二月上旬，就連洪仁玕都丟下他的王府和印刷機，奉天王之命上戰場。天王要他招兵組建軍隊，協同友軍擊退頑強的湘軍圍城部隊，解安慶之圍。在這之前他從未帶過兵，也沒有打過仗（除開他投奔南京途中曾短暫投身於官軍）。但他是干王，至少他的追隨者相信他的本事。洪仁玕於農曆大年初一吉日從南京出征時，來自倫敦傳道會的訪客慕維廉（William Muirhead）正好人在南京，目睹了出征時的盛大場面。[69]時為太平天國曆的十一年元旦，洪仁玕平靜高坐在王座上，頭戴金冠，又寬又大的亮黃緞袍包住他瘦小的身形。太平軍眾軍官在他的王座前跪下，同聲高喊：「干王千歲千歲千千歲！」然後慕維廉看著這個在香港時曾是他老朋友理雅各的恭敬助手的圓臉男子，一臉肅穆走下王座，進入八名壯丁扛的大轎出征。

但後來一再迴響於慕維廉耳際的話語，不是千歲千千歲的喊聲，而是出征儀式前洪仁玕對他說的話。那時兩人私下談到前途的艱險，洪仁玕不小心微微透露出他沉靜自若背後的茫然（或害怕？）。他說：「慕維廉先生，為我禱告。」

八、文明之劫

至少英格蘭女王滿意對華用兵的結果。一八六一年二月九日，在議會發表開議演說時，維多利亞女王對額爾金勛爵和葛羅男爵「能體面且滿意地解決（在華）所有爭執」表示高興，並嘉許英法軍指揮官「表現出最友好的聯合行動」。[1] 但除了女王、首相帕麥斯頓勛爵和外相羅素勛爵這三人，額爾金很難再找到支持他此次作為的人。

《泰晤士報》主編群向來最支持對華用兵——畢竟該報記者鮑爾比遭中方殺害——而且該報一八六〇年聖誕節的社論暗暗表示，額爾金對中國人或許太客氣。至少就金錢上來說，該報主編群覺得他不該只是將賠款加一倍，應該加三倍。他們說中國人應體認到只賠這些錢就了事算是占了便宜，因為英國出兵侵華的開銷遠超過賠款金額所能彌補（後來有人估計英國的戰爭開銷是加倍後的賠款的數倍）。但他們應和當時的社會氣氛，承認「只是虧些錢，不管多少錢，就能得到和平，乃是人所樂見」。至於北京受到的破壞，他們顯然覺得那只是為了報復中方劫持巴夏禮和殺害鮑爾比等人。《泰晤士報》寫道：「焦黑的清朝皇帝夏宮（圓明園）廢墟，將記錄著懲罰，久久不消，而他們的墳墓或許正可做為招致懲罰之罪行的標記。」[2]

其他報紙就沒這麼支持。例如《世界新聞畫報》（*The Illustrated News of the World*）則採取較深思熟慮的觀點，從某些英國民眾的矛盾心態——得悉攻陷北京，這些民眾的感受與其說是歡欣鼓舞，不如說是某種模糊的不安——來探討英法聯軍的勝利。該報表示，這場勝利的確是「世界史上最值得大書特書的勝利之一」，「來自遙遠西方，兵力單薄的部隊，攻下了占世界人口三分之一的國家的首都。」但該報指出，飄飄然的勝利氣氛「與遺憾及疑慮的心情奇怪地混在一塊……因為我們看不出那將止於何處」。中國與英國這場戰爭讓人覺得幾乎是擦槍走火無意間發生，肇因於接連發生的意外、一方認定受辱、情勢逐步升高、小懲罰，而這些接連發生的意外、受辱、升高、小罰全非人有心的安排，但最終卻發展成讓「世上將近一半的人鬥得你死我活」。該報認同中國政府行為狡詐這觀點，但也間接表示英國不該以暴力回敬。該報主編群寫道：「埃菲爾德式步槍無法教他們說真話，也無法軟化他們激昂情緒的內在野蠻性。」因此，他們未責怪於誰，反倒希望這個歷史時刻快快過去。他們說，探究「這場戰爭的根源如今已太遲，我們注定要走這一遭，得竭盡所能走出那困境」。[3]

不管對這場戰爭或對結束該戰爭的條約有何看法，真正令各種政治立場的人都感到驚駭的是毀掉圓明園。反對拿破崙三世的威權統治而流亡英吉利海峽某座島嶼的法國作家雨果，在一封著名書信中譴責英法聯軍毀掉圓明園。他在信中稱英國與法國是一對土匪，在中國一路劫掠、焚燒。[4]他寫道，額爾金勛爵家的貪婪是一脈相傳，因為放火燒掉圓明園的額爾金伯爵，正是一代以前從希臘劫走大理石雕的額爾金勛爵之子；但，雨果說，兒子比老子更壞，因為破壞殆盡，什麼都沒剩。[5] 他寫道，圓明園是世界文明奇觀之一，與希臘帕德嫩神廟、埃及金字塔、羅馬圓形露天競技場、巴黎聖母院齊名。如今，由於把歐洲與文明劃上等號、把中國與野蠻劃上等號的那些人的縱火劫掠，它就這樣消失於地表。他嚴正表示：「文明就是這樣對待野蠻的。」

不喜法國政權的人批評此事或許不足為奇，但英國議事殿堂發出的批評同樣不留情面。一八六一年二月十四日貴族院及平民院考慮以正式決議向侵華成功的英國指揮官和部隊表達感謝時，爆發了激辯。在貴族院，巴思侯爵（Marquess of Bath）聽完首相帕麥斯頓為額爾金勛爵的行為辯解後，鄭重回應道：「他無法……容忍蓄意破壞文物的行徑遭到漠視，儘管那行徑得到英格蘭大使的批准，得到英格蘭大臣的辯護，在他眼中，那根本和燒掉亞歷山卓圖書館或德．波旁（Constable de Bourbon）洗劫羅馬之類行徑一樣不可饒恕。」[6] 在平民院，愛爾蘭國會議員史卡利（Vincent Scully）表示燒掉圓明園「在他（史卡利）眼中，在同院許多人眼中，無疑是野蠻和惡意破壞文物的行徑，從古至今都很難找到這樣的先例，最差堪比擬者，乃是亞歷山大大帝在大致類似的情況下燒掉波斯波利斯一事。」[7] 史卡利問道，如果中國人攻占倫敦後幹下類似的事，英國人會做何感想？他質問：「燒掉夏宮（圓明園）用意為何？是要博得中國人好感，或要讓他們皈依基督教？」

公開受辱，額爾金立場不變。在他看來，他這麼做是為了如今譴責他的那些人好。事實上，他兩次遠航中國之行，一直有股沛然莫之能禦的力量——祖國和祖國人民發出的集體意志，他腦海中想像的意志——引導著他，使他把自己心中頻頻浮現而且有時非常強烈的疑慮都甩到一旁，一逕往前衝。返國後不久於皇家藝術院的一場演說中，他為自己決定摧毀圓明園一事辯解，稱那是在當時的環境下不得不的選擇：

> 大批的避暑殿宇和亭閣，因掛名中國皇帝的夏宮而顯得尊貴。在我有任何作為之前，那裡面的東西已經遭到劫掠。對於那些殿宇亭閣的毀壞，（我）要告訴各位，沒有人比我更由衷感到遺憾。但當我確信，除了讓本國，讓中國，再受到一年的戰爭災難，我別無他法能表達我、表達英國軍隊……還有，我要在各位面前大膽地說，表達本國人民，對那樁殘暴罪行的感受時——那樁罪行若未受到懲罰，將使在華每個歐洲人的生命陷入險境，我覺得我必須在深陷於一種當然會有的感受和執行一項痛苦職責之間做出選擇。這種選擇並不愉快；但我相信凡是為王室效命、身負重大職責之人，必須做出這項決定時，都不會遲疑。[8]

也就是說，在那件事情上，為英國，為英國軍隊，最重要的，為英國人民，盡一己之責，比他個人的審美感受還要重要。他辯稱，毀掉圓明園，乃是（先一步）平息英國人對僧格林沁劫持巴夏禮與殺害俘虜的怒火，而不必再與中國打一場戰爭的唯一辦法。他承認損失很大，但他堅信凡是有責任感之人，處於他當時的處境都會這樣做，因為不那麼做不行。

但他遺憾的不是毀掉圓明園一事對中國的影響，而是遺憾於毀掉一樣美麗的東西。批評他的那些人，就連雨果，也是這樣的想法；他們高喊可恥，不是為了中國的損失，而是為了藝術的損失。在額爾金的演說裡，任何發自肺腑的懊悔，都仍抹不去他的根本信念：中國是個需要英國介入的國家。滿藏皇室珍寶的圓明園付之一炬，或許令歐洲的審美家感到遺憾，但他對中國本身沒什麼同情。他深信中國的文明已是昨日黃花。在皇家藝術院的演說中，他還說中國人雖然發明了火藥，卻幾乎只懂得拿它製造鞭炮。他們發明了指南針，卻未走向大海。他們發明了印刷機，卻只拿它來印製「一成不變的孔子著作」。他認為過去是歐洲善加利用了中國的發明，未來也不會有改變。對於剛被他用武力轟開對外通商大門的這個古老國家，他蓋棺論定道，只有英國能讓中國文明重現生機。他斷言：「我傾向認為，在這眾多畸形和廢物底下，潛藏著更神聖之火的火花，而我同胞的過人天賦或許能將那些火花集中起來，助其化為熊熊之火。」[9]

＊＊＊

因英法聯軍進逼而在一八六〇年九月逃離北京的咸豐帝，最後落腳在北京東北邊約兩百四十公里的山區，皇室舊獵苑裡一棟破敗滲水的宮殿（即承德避暑山莊）。十八世紀清朝最盛時期，這處獵苑是滿人大臣夏天前往避暑、與皇帝一同打獵的地方。他們騎馬馳騁於林間，穿過溪流，練習箭術，展現野外生活能力。在他們看來，他們之所以優越於文弱的漢人，就因為具備高超的野外生活能力。但更晚近的皇家世代，這處獵苑已不再使用。經過道光帝（咸豐帝父親）在位時的財政危機，這裡幾乎完全廢棄，維修經費被挪去維護北京城外的圓明園。自那之後，這處舊獵苑雜草叢生，一片破敗，看不到往日的輝煌氣派。

隨他避難至此的，除了太監和嬪妃，還有他的大臣端華、載垣和肅順。他們是滿人內閣裡最好戰的大臣，大部分自他十九歲登基時就跟著他（這時他二十九歲）。其中的端華和載垣，以及後來英法聯軍攻入北京後失勢的僧格林沁，同是道光帝臨終時委託輔弼皇太子的顧命大臣。[10]肅順是冷酷無情的戶部尚書協辦大學士，曾國藩在朝中的靠山。他們是強硬主戰派，最強烈反對與外國簽約，這時則在實質上決定了誰可從北京來見皇上，什麼訊息可呈給皇上；他們這時的權力之大，遠高於他們在京城的時候（儘管在這之前他們的權力就始終逾越他們本有的權限）。不久就有諭旨說皇上赴圍場打獵，在進一步昭告之前會一直待在那裡。皇帝離京時奉命留京議和的咸豐帝同父異母弟恭親王奕訢，不在獲准晉見皇上之列；恭親王求見皇上，這三位大臣以皇上倉皇逃難身子太虛不便接見為由，予以拒絕。

恭親王漂蕩於兩個世界之間，被隔絕於他哥哥的逃難朝廷之外，又突然要肩負京城和整個國家的治理之責。才二十七歲的他身材瘦小，眼皮重垂，個性內向，臉龐光滑透著孩子氣。在英法聯軍入侵後，收拾殘局的重任就落在他肩上。但他自幼就比哥哥咸豐帝聰明。在清朝，皇位並非必然傳給嫡長子，據說道光帝立儲時，曾在四子奕詝（即後來的咸豐帝）和六子奕訢之間猶豫不決，直到一八四六年（恭親王十三歲時），才決定由奕詝繼位。根據這個傳說，一八四六年時，病重的道光帝召見這兩位他最心愛的兒子，問他們如果當上皇帝會有何作為。年紀較輕的奕訢列出一些詳細的開創性政策，打算一即位就施行。奕詝則直接伏泣流涕——因為他若當上皇帝，即表示父皇已死。道光帝認為奕詝仁孝，奕訢則僅有才幹。他立年長的奕詝為皇太子，封較年輕的奕訢為親王。[11]

英法聯軍撤走後，恭親王多次請皇上回鑾北京：他懇求道，戰爭已經結束，外國軍隊也已撤走，京城需要皇上以安民心。恭親王向咸豐帝保證，只要遵守條約，就不會再與英國人和法國人兵戎相向。這番保證，說來諷刺，正肯定了額爾金所謂毀掉圓明園會讓中國政府從此老老實實的看法。恭親王寫道：「如果示以誠信，該夷即明春來京，亦決不致別啟爭端。」他暗示，朝廷的口是心非，在某種程度上正是讓朝廷落到這步田地的原因，他提醒，如果想用假言詐行與他們交往，那是他不敢冒險一試的事。[12]

但咸豐帝不願回京。針對恭親王請他回京，他回覆道，英法軍隊或已撤走，但京城仍有洋人（恭親王同意讓外國公使進入北京，令咸豐帝大怒）。如果他回京，誰敢保證外國軍隊不會再來，使他不得不再逃出京城，使情勢更為混亂？[13] 因此，皇帝留在獵苑，與他的后妃和主戰的滿人親信大臣在一起。他完全沒有回京的打算，反倒命令屬下開始修繕他新居中年久失修的園林和戲樓。[14]

隨著一八六〇年秋去冬來，北方河川封凍，恭親王得到喘息機會。信使帶來在安慶周邊作戰的曾國藩戰況不妙的報告，但那遠在南方，京城則因河川結冰，在春暖花開之前不必擔心海上敵人來犯。卜魯斯在天津過冬，要到春天白河冰消之後才會到北京。因此，既無皇上要回京的跡象，恭親王奕訢與個性親切、也奉命留京的中年軍機大臣文祥，轉而將心思放在如何讓歐洲列強公使來京時不必晉見（不在京之）皇上，以免讓皇上受到接見外國公使的羞辱，同時又能讓他們滿意。

他們的解決辦法是成立一個專門機關來管理涉外事務，並在一八六一年一月上旬所提的建議中，扼要陳述了這個辦法。根據該建議，這個機關將設於北京城外，藉此不致受到皇上親信大臣的掣肘，但機關的官員將由滿人大臣充任（以恭親王和文祥為主管），他們可直接與外國公使往來，也有權進入朝廷最高階層。該機關的設置，旨在令雙方都滿意，既讓外國公使如願得到與中國政府直接往來的權利，同時讓他們與深居宮中的皇上保持距離。皇上於避暑山莊批准這項建議；他若非已認命接受歐洲人在京勢不可免的事實，就是希望在將他們完全趕走之前，至少能把他們限制在一定距離外。

為化解王朝所面臨的諸多威脅，恭親王提了一個更大的計畫，也在奏疏中向皇上扼要陳述了這個計畫，而成立總理各國事務衙門的建議，乃是此計畫的一部分。他分析道，太平叛軍是心腹之患，是朝廷該先解決的麻煩。英國人之類洋人，則是肢體之患：雖具威脅性但危害於外，因此是次要之患。他建議道，朝廷當務之急是竭盡全力消滅太平叛軍。在滅掉叛軍之前，清廷應該對列強的要求讓步，避免與他們起衝突；內亂平定之後，就可以專心對付列強。[15]（一九三〇年代，蔣介石也用幾乎一模一樣的比喻，來為其繼續追剿中國共產黨，同時對侵華日本的要求讓步的策略辯解。）

基於同樣的思唯，恭親王也開始認真思考滿清是否該借助外人之力攻打太平天國。簽訂新約之後，倫敦的英國人苦惱於他們對華政策的有違道德之處，而不像英美那樣執著於中立立場的俄羅斯，則早已藉由提供直接軍援給清廷來博取北京的好感。此外，太平天國已切斷大運河的漕運，因此俄國詢問清廷是否需要航運援助，間接表示他們能與美國駐廣州領事館合作，走海路避開叛軍控制區，將南方的稻米運到天津。

在華四大外國強權中，俄羅斯人在許多方面都是自搞自的，不與其他三國一起行動。克里米亞戰爭種下的嫌隙，使俄羅斯人仍對英法心懷怨恨。英法美三國最看重的，都是擴大在沿海及沿河港口的航運貿易（所有海上強權都看重此事，因而理所當然攜手合作），只有俄羅斯與清帝國有陸地接壤，而且兩國國界長達數千公里。因此，俄羅斯外交官在力量衰弱而容易擺布的清廷裡，看到擴張本國領土、發展對華跨邊界貿易、且不讓歐美商人在此貿易分一杯羹的機會。早在一八五七年，沙皇的代表就表示願提供步槍給清廷，一八五八年在天津談判締約期間，他們也表示願提供軍事顧問——如果清朝願將滿洲黑龍江以北的土地割給俄羅斯做為交換的話。[16]

咸豐帝拒絕這些示好，於是在一八六〇年，能幹的俄國年輕外交官伊格那提耶夫（Nikolai Pavlovich Ignatiev）隨額爾金的遠征軍到北京，冀望取得新的對華影響力。英法聯軍入侵北京後，伊格那提耶夫與恭親王談成新的中俄條約——在扮演歐洲人與滿清間之「公正」調解人的角色後偷偷談定。他以任由歐洲人推翻滿清為威脅，逼恭親王同意將新疆北部的大片邊界土地和黑龍江以北的更大片土地割讓給俄國。黑龍江以北這片土地，面積超過七十五萬平方公里，比與其接壤的朝鮮半島還大了數倍。為保住俄羅斯新獲得的廣大疆土（相形之下英國取得的香港像是塊小麵包屑），並希望在北京成為勢力最大的外國強權，伊格那提耶夫重申俄國欲幫助清廷平定內亂的主張。[17]他向恭親王提議，除了先前承諾給予的步槍，蒸汽炮艇上的三、四百名俄羅斯人也能和陸上的清朝官軍合作，一起攻下叛軍首都南京。

這一次，恭親王認真看待俄國的提議。在皇上同意之後，他將這個問題交給幾名漢人大臣研議，其中包括曾國藩。看過建議書後，有些人表示支持。主管上海通商事務的五口通商大臣建議事後以劫掠品當酬勞付給洋人：如果俄羅斯人攻下太平軍占領的城市，戰利品一分為二，一半歸已空虛的清朝國庫，另一半用來獎賞戰功。而在用來獎賞戰功的那一半中，五分之二歸中國官兵，五分之三歸洋人。[18]（撇開「戰利品」其實是搶自本國人民的資產這事不談，值得一提的是，就是在這位大臣的轄區裡，華爾已在更好的條件下受雇成立洋槍隊，而清廷並不知情。）而在反對此議那一方，職司全國穀物運送的官員回應道，俄羅斯人認為靠幾艘船上的幾百人就能打敗太平叛軍，實在托大，而且若真讓他們打贏了，他們肯定會拿愈來愈多要求來訛榨政府。他斷言，這項計畫有弊無利，只會使清朝陷入更大險境。[19]

人在安徽湘軍大營的曾國藩，立場較為矛盾。他在一八六〇年十二月上奏摺（〈復陳洋人助剿及採米運津摺〉），主張勿立即接受外國軍援，但也說日後或許派得上用場。他寫道，中俄無仇，所以俄國這一提議未必別有詭謀，而且清朝的確有接受這類外援的先例：十七世紀先帝康熙就用荷蘭船艦對付臺灣的鄭家王朝。但他寫道，湘軍水師已穩穩部署於長江，且在湖南他正加建船隻，因此他不需要俄國人的水上支援。真正的問題在陸上；他的軍隊無法取道陸路進攻南京，因此不可能如伊格那提耶夫所計劃的與俄國水上兵力協同進攻。曾國藩建議朝廷等到湘軍陸師拿下夠多的太平天國土地，而足以進取南京時，再接受俄國的援助提議。

至於運送穀物之事，他提醒皇上，懷有私心的外國人在中國危難時主動表示願助中國，向來有其一貫模式。他寫道：「自古外夷之助中國，成功之後，每多意外要求。」他提醒道：「馭夷之道，貴識夷情。」並非所有洋人都一個樣。他大略陳述了當前打交道之洋人的差異（值得一提的是，那些洋人他一個也沒碰過)。他認為英國人最狡猾，法國人次之。俄羅斯人比英國人或法國人都強大。俄羅斯人他常與英國人兵戎相向，因此英國人怕俄國人。相對的，美國人本性「醇厚」，對華始終恭順。曾國藩指出，一八五八年英國入侵廣州時，美國人未助紂為虐。他們也未參與白河口之役（他不知道一八五九年達底拿出手救助英軍之事）。他寫道，因此，「咪夷（美國人）於中國時有效順之忱，而於嘆咈諸夷並非固結之黨（譯按：「與英法諸夷並非一丘之貉」）。」美俄助運穀物到北方之事值得考慮。

但不管結果為何，他認為中國最重要之事，乃是改良本身的科技，以求日後不需外人援助。曾國藩斷言：「將來師夷智以造炮製船，尤可期永遠之利。」[20]

皇上採納了審慎行事的建議，接受俄羅斯人提供的一萬把步槍和八門火炮（一年後會運抵），但婉拒了俄國海軍援助的提議。[21] 因為，一如恭親王於一月二十四日所奏，真正的問題在於如果讓俄國炮艇溯長江而上到南京，而無曾國藩的部隊在那裡與他們會合，屆時俄羅斯人會不會靠向叛軍那一邊，誰也說不準。[22]

* * *

到了一八六一年二月，英國報紙已出現艦隊司令何伯打算率領一支皇家海軍中隊溯長江而上，與太平天國打開關係的報導。這是額爾金離華時交待他做的事，但一如帕麥斯頓政府的大部分對華政策，這個舉動事前未得到外相允准，更別提得到國會同意。二月十九日，在貴族院，格雷伯爵（Earl

Grey）要求行政機關報告政府計劃與叛軍會晤」一事的詳情，並利用何伯計劃溯江而上一事為引子，重談英國對華用兵的根源——他從頭就認為這場戰爭不公不義而予以反對。在縱論英中關係史的演說中，他主張中國這場內戰其實是英國所造成。

格雷伯爵和英國國會中的任何議員一樣有資格評論英國的對外政策；一八三〇年代初期，他已故父親（格雷二世伯爵，格雷伯爵茶的取名來由）擔任首相期間，他當過戰爭暨殖民地事務次官，後來他又分別擔任過戰爭大臣與殖民地事務大臣。他一八六一年三月十九日的演說，本質上呼應一八五三年馬克思為《紐約每日論壇報》所寫的文章：他主張，誕生於第一次鴉片戰爭的英國掠奪性貿易政策，破壞了中國政府的穩定，從而導致反清叛亂四處爆發，而如今在太平天國身上，叛亂之勢達到最高點。因此，中國過去二十年的苦難和如今蹂躪中國人民家園的可怕戰爭，都是英國所造成。他嚴正表示，這不是今日才有的現象。他一字一句清楚說道：「各位，我們在印度的經驗應能提醒我們在這方面要小心，應該能告訴我們，毀掉亞洲政府容易，為其換上新政府不易。」[23]

馬克思把中國革命想像成點燃歐洲受壓迫民族起身反抗的火花，格雷卻視之為英國在亞洲殖民新一章的序幕，而那樣的發展並非他所樂見。他主張，英國在華的軍事干預如今已把清朝推到瓦解邊緣，而如果清朝真的瓦解，出手救助中國受苦人民將是英國的人道責任（他提議，將如同英國人不久前對北印度奧德省的處置）。格雷提醒，英國若看重自己在華的道德義務，「我們可能會一路被牽著走，毫無抵抗之力，最後除了親自治理它，別無選擇。」換句話說，中國會成為另一個印度。

但沒人想再有一個印度。自一八五七年印軍譁變後，殖民統治的高昂政治與軍事成本，已讓英國吃不消。那場暴動後，東印度公司遭國有化，印度殖民地由英國政府直接管理。只為了能繼續取得中國的茶葉和絲，為了保住英國紡織品和鴉片在中國的銷路而去接管另一個帝國──而且是人口為印度三倍之多的帝國──英國力有未逮，既無足夠的經費與軍事資源這麼做，民意也不願意派出接管此帝國所需的龐大英國人力。因此，格雷提醒貴族院同僚，切勿忘記英國為治理印度殖民地所付出的龐大犧牲，然後臉色一沉警告他們：「印度的棘手問題，比起在中國將碰到的棘手問題，根本是小巫見大巫，如果你們也要拆掉那裡的全國性制度和中央政府的話。而各位，我擔心你們正在這麼做。」

格雷伯爵認為英國完全無力阻止清朝的崩潰，因此他主張在中國內戰中嚴守中立。對於前一年夏天卜魯斯拒絕應清朝官員之請而派英國部隊從太平軍手中奪回蘇州，對於卜魯斯促使法國人在此事上與英國人同進退，格雷伯爵予以讚許。但他也批評卜魯斯於八月太平軍抵達上海時「至為不智地」攻擊太平軍。格雷預測，隨著清廷更為衰弱，隨著叛軍對中國產絲區的控制更為穩固，還會有人再請英國出來救援搖搖欲墜的清朝。但他主張（引用密迪樂論中國叛亂的有力著作的內容），在中國，長久以來，叛亂一直是人民「制止濫權與暴政的唯一工具」。對於英國國內那些可能會要求出手干預以免清朝瓦解、避免中國接下來淪為殖民地的人，他只有以下嚴厲至極的一番話可說：「如果你將中國政府削弱到面對叛亂無力自保的地步之後，又出手干預……那麼你會摘除唯一能有效制止導致人民怨聲載道的貪汙腐敗的工具，從而使人民受害於治理不當。」他認為英國所面對的選擇，前景都很慘淡：任由中國崩潰；或是出手干預，迫使中國人忍受遭唾棄的滿清政府奴役；或者親自接管這個帝國。格雷伯爵斷言，這些全不是英國所樂見，而額爾金所簽的備受讚許的條約，內容幾乎全是日後戰爭的種籽。

聽了自由派格雷伯爵的演說，保守黨方面有一人的回應更勝一籌，壓過格雷。那一天最精采的見解，出自艾倫伯勒伯爵（Earl of Ellenborough）愛德華．洛（Edward Law）之口。這位曾引發爭議的前印度總督，同意格雷勛爵認為英國人對中國人的苦難負有道義責任這項前提，但提出與格雷背道而馳的結論。他不客氣地說：「要開啟貿易，就要開火。」他提醒在座同僚一八五八年額爾金搭乘狂暴號行經南京時，與太平軍第一次交手的經驗——也就是太平軍朝他開火。艾倫伯勒伯爵推斷，如果英國接下來要派艦隊司令何伯溯長江而上，肯定會激起與「這些土匪」的新一波交火，「因為他們就是土匪。」[24]

但其實他認為再度交火未必是壞事。因為如果何伯的南京之行造成與太平軍兵戎相見，屆時英國可彌補其對滿清用兵時造成的損害。艾倫伯勒認為，打太平天國是「我們可……消滅那群可惡壞蛋的唯一辦法，他們除了犯下褻瀆上帝的罪，還殺人如麻；他們強暴婦女，殺掉男人，毀掉所有男人的工作。」對於格雷勛爵所謂英國因過去在華作為而負有人道責任的說法，他表示同意，但他不主張停止武裝干預，反倒提議英國履行該責任的最佳辦法，乃是對叛軍也動武。他斷言：「只有用我們的武器和力量鎮壓那些土匪，才有可能彌補我們帶給中華帝國的巨大苦難，彌補我們在這些戰爭中的作為加諸人的傷害。」

應該指出的是，那些批評帕麥斯頓對華用兵的人，無一看好太平天國能取代滿清統治中國。但他們有此想法也是理所當然。畢竟，要上海的英國人對太平天國在只約三百公里外的南京的作為有一致的看法已不容易，要遠在上萬公里外、每次收到來自中國的報告已事隔兩個月、而且有遠比遙遠的中國事務多上許多事務要關注的英國政治家有一致的看法，又更難上加難。大部分議員靠外交部收集資訊印製而成的官方報告（所謂的藍皮書）瞭解中國的動態。藍皮書最主要反映的當然是卜魯斯的看法。他身為英國駐華公使，是意見最受英國政府信賴的官員。與較無先入之見的哥哥額爾金勳爵不同，卜魯斯早早就認定（而且牢牢認定）清朝是中國境內唯一勝任得了治理責任的勢力。因此，大部分議員也抱持同樣看法。

此外，那些藍皮書由羅素勳爵主持的外交部編纂印製，而相關文件的出版有時可能會大大延擱。例如，在格雷與艾倫伯勒於貴族院演說，哀嘆除了英國之外沒有哪個強權能取代滿人治理中國的那一天，密迪樂——格雷所引用談中國叛亂的權威，要卜魯斯讀李秀成與洪仁玕來信未果的那位英國領事——正從上海寫信給羅素勳爵，陳述他認為太平天國必定統治中國的堅定信念。他寫道，滿清已因額爾金入侵「受到致命打擊」。由於英國正在尋找新勢力和新政府取代滿清政權，密迪樂寫道：「在太平天國那兒正有這樣的一股新勢力，他們已於南京建立的政府，正存在這樣的另一個政府。」[25]

密迪樂的信以冗長篇幅和強勢語氣為太平天國的治理能力辯護，但儘管他在倫敦正辯論對華政策那一天表達他的看法，他的信卻直到該年四月才送到羅素勳爵手上，羅素主持的外交部在整整一年後的一八六二年四月才將其印出，供藍皮書之用，而到了那個時候，那封信已經無關緊要。密迪樂本人不久後就從上海調到北方某個偏遠港口。有人認為這是懲罰性的調動，但其實在他寫此信之前，這個人事案就已經擬出，只是尚未定案。不管實情為何，隨著調離上海，他在實質上已與主要情勢的進展脫節。[26]

在政府機關之外，支持中國叛軍的聲浪遠更浩大，英國報紙上出現多種請求大眾不要只看藍皮書中負面形象的聲音。隸屬於衛理公會的《倫敦評論》（*London Review*）指責卜魯斯漠視本國傳教士發出的正面報告，卻青睞美國人花蘭芷（J. L. Holmes）對南京特別負面的陳述（花蘭芷說他在叛軍首都所見「完全沒有基督教的影子，基督教之名遭誤用，用在令人反感的偶像崇拜制度上」）。[27]《倫敦評論》批評花蘭芷是完全不可靠的消息來源：「年輕人一個，在該國待的時間不長，據說對該地所講的方言幾乎一竅不通。」這份刊物主張，花蘭芷無法與叛軍領袖充分溝通，他的憤慨大部分肇因於禮節問題：他拜訪期間，太平天國要他下跪，他因此大為不悅。《倫敦評論》以嘲笑的口吻表示，基於同樣的邏輯，「紐西蘭的土著首領來到白宮，應該要求美國總統與他擦鼻。」香港的《陸路紀錄報》將楊格非與花蘭芷放在不同的標題下方，指出楊格非對南京的正面陳述與花蘭芷的負面陳述兩者的不同：給楊格非的標題是「讀書人」，給花蘭芷的則是「不識字又出紕漏的偏執之人」。[28]

支持太平天國的洋人以傳教士為大宗，但並非只限於傳教士。有位名叫史卡思（John Scarth）的英國商人在華經商十多年，返國之後隨即在倫敦出版一連串小冊子，批評英國明顯偏袒滿清的立場。在〈我們與韃靼人或中國人的戰爭？〉（Is Our War with the Tartars or the Chinese?）這本小冊子中，史卡思主張英國已明顯站到韃靼人（清朝）那一邊，與中國人（太平天國）為敵。從這本小冊子頭頁的警句，就可清楚看出他本人的立場。這個警句引自《雅典娜神廟》（*Athenaeum*）雜誌，寫著：「儘管遭外國反對，遭官府殘酷對待，這場（在中國的）自由大業有可能會獲勝，韃靼人有可能會被逐出他們蹂躪許久的土地。」[29]

史卡思主張，太平天國起義「不只是反韃靼王朝的叛亂，還是最廣義的革命」。但他說，要英國民眾清楚瞭解他們並不容易，因為上海外國記者得到的資訊，有太多來自他們生活周遭的清廷支持者。因此，他寫道，他們減少對叛軍的正面報導，同時常「以一成不變的詞語（辱罵）叛亂分子」。至於國外報紙，他說倫敦《泰晤士報》的記者只會照搬額爾金通譯威妥瑪之類人士的極武斷見解（威妥瑪稱他所遇見的叛軍是「一幫抽鴉片的海盜」）。史卡思嚴正表示，太平天國叛亂，就和當時正為統一全國而奮戰的義大利人一樣，理由非常正當。他寫道：「那不勒斯的暴虐統治和羅馬的不當治理全部加起來，還遠不及中國人在韃靼統治者底下不得不忍受的壓迫。那麼為何中國人不該造反？只有義大利人值得我們同情嗎？」[30]

出於同樣的民族主義思維，一八六一年春，《都柏林大學雜誌》（*Dublin University Magazine*）刊出一篇談中國叛軍的文章（《經濟學人》稱該文「論點公允……有利於他們的形象」），呼籲「有見識、熱愛民族權利的報紙」，在刊出來自中國的報導之前要更嚴加審核。該文作者仿效史卡思，將太平叛亂比擬為義大利的統一運動（帕麥斯頓反倒支持的運動），對於阻礙大片中國地區為自己伸張正義的英國政策的道德性提出質疑，並說：「那一大片中國地區和義大利或法國一樣有權利為自己伸張正義。」這位作者呼應那些批評政府政策，且覺得卜魯斯在上海的作為顯露無意干預中國政局的國會議員的看法，然後用英國政府自己說過的話來堵政府的嘴。他問道：「我們要消滅那些向敵友宣告，欲把中國打造為基督教國家的人，藉此支持一個額爾金勛爵自承是世界上最糟糕的政府嗎？」[32]

誠如這些作者所說的，問題的重點不在宗教，而在民族自決：太平叛亂是中國人反抗滿清暴政的叛亂，阻擋他們就是和暴君站在同一邊。這個論點與宗教論點關係密不可分，但光是它本身就站得住腳，因為叛軍所標舉的基督教或許不完美，甚至不討人喜歡，但他們無疑有權利追求民族自由。而這樣的論點在英國特別難以反駁，因為經民意洗禮執政的是自由黨。帕麥斯頓雖有種種對外侵略的作為，但他本身是自由黨黨員，而自由黨黨員往往從道德角度看外國事務。羅素勛爵一再向議會表示，英國在中國內戰中嚴守中立，他必須一再這麼宣示，正因為他黨內其他人對於是否真的嚴守中立一再表示懷疑。但看待中國的道德角度不只一個，某人眼中的民族解放，在別人眼中是人道災難。帕麥斯頓與羅素透過卜魯斯的認知，不信任太平天國，因此在這場爭辯中，他們會一致認為太平天國是股無法無天、四處掠奪的勢力，如果英國在華有何道德天職，那就是阻止太平軍殘害位於英國在上海小小勢力範圍裡的中國人。

在英國議會裡，無人發言支持清廷（不管有誰對燒掉圓明園一事感到何種疑慮，議會裡沒有人不因導致此事的事件而鄙視滿清），但在平民院，的確有一人熱切且極偏袒地支持叛軍——而從許多方面來看，他正是大家最料想不到會扮演如此角色的人。他是七十一歲的前東印度公司董事長賽克斯（William Henry Sykes），十三歲在東印度公司的軍事部門見習，就此展開其職業生涯的蘇格蘭人。接下來的五十年裡，他一路往上爬到上校階，成為該公司董事，最後當上董事長。就在賽克斯上校擔任董事長期間，英國政府於一八五八年從這家股份貿易公司手中接管印度，東印度公司遭收歸國有。退休後，賽克斯上校在蘇格蘭亞伯丁選區選上國會議員。他在平民院是個難纏的角色，這不只是因為他在印度的豐富經驗，還因為他曾任皇家亞洲學會會長，把他能弄到手的有關中國的東西全讀過。[33]他熱愛統計學，是倫敦統計學會（後來成為皇家統計學會）的創辦人之一，因這個學會而結識馬爾薩斯（Thomas Malthus）和南丁格爾（Florence Nightingale）。雖然（或者說不定正因為）他把一生奉獻給大英帝國在印度的統治，卻也以極強烈的道德觀來批判祖國在亞洲的政策。

三月十二日，賽克斯質詢羅素勳爵，英國對太平天國想採什麼政策。他把太平天國稱作中國的「民族黨」，因為他和史卡思一樣深信他們代表反對滿清暴政的中國人民。英國是否想維持在華的駐軍？他主張，如果是，那英國很有可能重演一六四四年滿人所扮演的角色。當時，滿人受明人之邀入關助明朝平定內亂，結果「他們平了亂，也滅了皇帝」。[34]（賽克斯這番話不完全符合史實；滿人入關時，明朝末代皇帝已死，儘管他們的確受邀協助平定內戰，他們也的確奪取了皇位，入主中國。）

接下來賽克斯描述了滿人如何不願融入漢人社會，在入主兩百年後仍住在特別闢建的滿城裡，保持統治菁英的身分，與廣大受統治人民保持區隔。他描述叛亂活動的進展，直談到去年春天江南、江北兩大營遭攻破之事，將太平天國這場軍事勝利歸功於洪仁玕終於來到南京與他們會合。他接著說道，洪仁玕是「叛軍重振士氣的真正原因」。他「有才幹，在香港受過傳教士教導，已皈依基督教，成為基督教傳道士」。他嘆服於洪仁玕《資政新篇》的高明和該文為中國擘劃的未來。賽克斯說：「在某章中，他提倡引入鐵路、汽船、壽險和火險、報紙，以及其他西方發明……誰曉得幾十年後，這個偉大國家，國土遼闊、資源取之不盡的國家，不會有鐵路深入縱橫全境，不會被燃煤車輛的匡噹行進聲和電流的閃光驚動而迸現活力？」

賽克斯傳達了上海傳教士的聲音，但也加上本身的軍事與經商經驗，強化其主張。他談到蘇州的叛軍「謙恭有禮地接待來自各國的歐洲人、商人、傳教士和其他人」，寫信陳述他們欲「為民族黨」平和拿下上海的心意。他重述了《北華捷報》有關卜魯斯不願拆李秀成來信和接下來施暴的報導——無進犯之意的叛軍抵達上海時被當作活靶攻擊，而他們從頭到尾未開槍反擊。賽克斯憤憤表示，這顯示英國的代表已簡直把羅素勛爵保持中立的指示拋到腦後。簡而言之，英國部隊的作為如同「傭兵」。那種做法「在我們的名譽上留下幾乎無法抹除的汙點」。

賽克斯表示，在上海「為我們的敵人打仗而殺害有意與我們為友之人的怪事」，完全肇因於卜魯斯對太平天國的偏見。把所有過錯全歸在內戰一方，立場失之偏頗，他用了許多字句指責卜魯斯偏頗。賽克斯說：「卜魯斯先生說叛軍所到之處民生凋敝，」但他個人認為實情正好相反：他收集到的統計資料，足以證明經上海出口的茶葉與生絲，在叛軍攻占中國最富饒的諸省後這幾年，其實有增無減。比起太平天國出現之前，出口量增加了超過九倍。他引用楊格非的報告，說南京逐漸恢復生氣，正在重建，他還描述了天王發給楊格非的宗教包容詔旨。賽克斯表示，外國旅人常說遭清軍打劫，但通常受到叛軍善待。他引述羅孝全的話說，太平天國想和英國和氣通商，忠王「想在商業和宗教上都維持最友好誠摯的關係」。

他斷言太平天國的確是個「造反的民族黨，占有中國三分之一土地，誓言驅逐韃靼人，掃除偶像崇拜，引進基督教。」而那些都是英國該予以支持的東西。站在他們對立面的，乃是「薄弱、外來的韃靼專制政權，事實表示那個政權並未信守與歐洲諸國簽訂的條約，也敵視基督徒」。兩者該選哪個？但英國已於去年夏天在上海的行動中，站在後者那一邊。他問羅素勳爵，這樣的政策會再實行多久？

羅素氣勢洶洶回應賽克斯的質詢，指賽克斯執拗天真，嚴正表示太平天國代表中國人對抗滿人這種看法「無一語是真」，而且他們也不是基督徒。他重談卜魯斯的報告，說叛軍是貪得無饜的作惡之人，嘲笑基督教，他們來上海只抱著最強烈的殺人意圖。羅素辯稱，中立允許自衛，他誓言絕不會「因為國內有些人認知錯誤，以為他們是民族黨，我們就該支持他們，（就讓）有我們商人聚居的城鎮被毀」。[35]

但賽克斯不罷手。四月十二日，他再度站上發言臺，揮著一把來自上海《北華捷報》的文章，說那些文章正直接支持他先前所述的觀點。他問羅素勳爵是否已備好其中哪篇文章供議員取閱。羅素幾乎是不予理會，反倒針對先前有關德國與丹麥事務的質詢滔滔談起（據正式文字紀錄將近三千字），然後以一句輕蔑的評論作結：「我覺得這議事廳裡，只有可敬且英武的亞伯丁議員閣下（賽克斯上校）對太平天國感興趣。」[36]他說，外交部的印刷工太忙，沒空準備其他資料。

* * *

但就在這些人於倫敦唇槍舌劍你來我往時，艦隊司令何伯已在前往南京的路上。一八六一年二月上旬，他離開上海租界，搭乘軍情傳遞船科羅曼德爾號（Coromandel）溯長江而上，在經過數日豪雨而上漲的冰冷渾濁河水裡奮力前進。[37] 何伯身材特別瘦長，具貴族氣息，耳大，臉上鬍子刮得乾乾淨淨，打起仗一往無前，佩服他的部下因而替他取了綽號「好鬥吉米」（Fighting Jimmy）。[38] 他配備五十一門火炮的旗艦艦身太大，在長江行動不靈活，因而將其留在上海，他則帶領從不久前入侵大沽的英國艦隊歸建的小隊炮艇前往。眾炮艇呈三列縱隊行駛於雨中，較小的炮艇走在最前頭，探測渾濁江水的水深，然後以信號將水深告知後面吃水較深的船隻。但儘管何伯小心前進，仍頻傳船隻擱淺，花了兩個多星期才走完約三百二十公里的航程。有艘蒸汽動力的河船與他們同行，船名「浮動旅館」，船上載著由官員、傳教士和商人組成的代表團，個個意興昂揚（後來這艘船也擱淺，船上的人改稱它為「靠岸船」）。這是迄今為止拜訪南京的最龐大洋人團隊。

這支隊伍的談判主將不是別人，正是剛從北京僧格林沁手裡逃過一死的巴夏禮。他另行乘船前往，二月二十四日抵達南京，四天後其他人與他會合，途中這個團隊停靠在毀於戰火的鎮江城，讓一名孤單的領事下船（這名領事耐心等待業務開張，他帶的英國國旗孤伶伶飄揚在旗桿上）。他們見到長住南京的羅孝全，還有於洪仁玕在二月上旬離開後已在南京待了兩星期的慕維廉。這一行人受到太平天國政府歡迎，在忠王府住下——忠王這時人不在南京——並未如艾倫伯勒勛爵所預測的受到炮火歡迎。

三月一日，巴夏禮向太平天國兩位三等王說明英國的長江通商計畫。這時，其他王已赴安慶戰場，由他們兩人留守南京。他告訴他們，英國與清廷所簽的條約已給予英國船在湖北漢口市通商的權利。

漢口與漢陽及省會武昌合稱武漢三鎮，位在安慶上游，這時在清廷控制下。由於叛軍控制了漢口與安慶之間的大部分土地，巴夏禮告訴他們兩人，不管誰控制長江沿岸，英國船隻都有權在整條長江自由航行。此外，他告訴他們，艦隊司令何伯打算讓配備六門炮的明輪蒸汽戰船人馬獸號（Centaur）留駐南京，以保護僑居該地的英國國民。

兩王赴天王宮將巴夏禮的意思轉告洪秀全，天王宮位在這過度膨脹的城市另一頭，距離帶著威脅之意停泊在長江的英國艦隊約十一公里。幾小時後，他們帶回天王旨意，說天王得一異夢，異夢警告他勿讓洋人下炮艇，因此他們不能答應巴夏禮的要求。但經過一番極激烈的協商（據說協商期間巴夏禮向他們大聲說：「他肯定還做了別的異夢！」），他們終於軟化，同意巴夏禮的條件。[39] 不管叛軍的作戰計畫為何，都可能必須攻打攸關英國利益的城市，因此巴夏禮警告他們，如果攻打鎮江（英國人剛派駐一名領事之地）或安慶上游的九江，即仍在清軍控制下且剛因北京條約開放通商的兩個口岸，最好不要傷害英國國民或他們的財產。他還保證英軍不會像在上海那樣阻止太平軍攻打那兩座城市，做為回報。[40] 巴夏禮本人對叛軍沒什麼好感，叛軍只讓他想起「剛洗劫過一座城市的一票搶匪」，[41] 但只要英商能放心做生意，不受騷擾，他認為可以接受他們。誠如他在一份報告裡寫的：「我們發覺這些『王』──我們見到其中兩個──頗講道理，如果他們在長江來回走動，經過我們船時不動我們的船，我們的主要目的就達到了。」[42]

巴夏禮堅信長江對外通商對中國有益，認為那是「通過這個病弱國家主動脈的商業暖流」。[43] 但叛軍最想要的大宗商品似乎是槍炮和鴉片一事，使他不禁懷疑他的上述想法是否太天真。鴉片或許令上海鴉片商躍躍欲試（他們擔心太平天國會禁絕鴉片買賣），但情況看來是杞人憂天），但對於英國民間商人在中國內戰區的心臟地帶自由貿易可能帶來的爆炸效應，巴夏禮無法漠視。而且張開雙臂歡迎軍火商的，不只叛軍這一方。他寫道：「清廷那一方……也一樣。鴉片和軍火，鴉片和軍火，我們所到之處，都聽到清朝官員、軍人和人民發出這樣的呼聲。」長江沿岸主要城市開放通商是他所樂見，但他擔心「這個交往帶來的除了好處，可能也有很大傷害」。[44]

在叛軍和清廷之間，巴夏禮看不出有什麼理由要英國人偏向哪一邊。他在滿清手中吃過很大苦頭，但對這場內戰他依舊漠不關心，他說，他在長江沿岸碰到一位農民，那個農民的一席話塑造了他對內戰雙方的評價。農民「過了些許時間，確定別人聽不到他講話，才告訴我他自己受苦受難和各地民生凋敝的可憐故事」。巴夏禮轉述那位農民的觀點，那是在這場戰爭期間得到無數次重述的觀點：「他認為官軍和叛軍沒什麼兩樣，他在這兩者底下都沒過上好日子。」[45]

與巴夏禮的務實相反，艦隊司令何伯抱持和卜魯斯一樣的立場，認為叛軍只帶來破壞，不可讓他們靠太近，以免危害英國利益——儘管他比卜魯斯更加深信英國該使用武力來達成這項目的。何伯個人希望通商口岸成為中國混亂大地上難得的安定之地，受英國武力保護，讓本地商人得以在「帝國商業城會被摧毀，最富生產力的諸省分會成為廢墟」的中國，安然度過「一段不知伊於胡底的混亂期」。[46]何伯深信，為實現這個希望，英國人應將上海方圓兩日步程（一百華里，五十公里）內的地區納為勢力範圍，不讓太平軍進入該區域。

建立此一勢力範圍，等於對中立原則施予最牽強的解釋——可以說是預為防衛英國利益的舉動——而且直接抵觸了英國公開宣告的政策，至少在羅素勛爵正在議會為該政策辯解時，抵觸了該政策。但據他同時代的人所說，對瘦高的何伯而言，「客觀情勢的需求最重要，官方的平衡考量不大重要，害怕擔責任的心理則完全不存在。」[47]羅素與卜魯斯或許堅決主張他們的高尚理論和中立道德原則，但海軍有自己的職責，而且何伯自認是舉足輕重之人，不尚空談講究行動之人。一個月後他從漢口順長江而下返回上海，途中再度停靠南京時，他已經決定巴夏禮該向太平天國領袖提出，叛軍不准進入上海方圓五十公里的要求。

於是，三月底，奉何伯指示，巴夏禮與那兩位三等王展開新一輪談判。他要求他們保證叛軍絕不會進入上海周邊兩日步程之內，然後在他們似乎可能同意此要求後，要他們保證叛軍絕不會進入所有通商口岸周邊兩日步程之內。他極為厚顏地告訴他們，那將有利於太平天國，因為當他們終於拿下整個帝國時，那些重要的通商城市將因此不致受到戰爭摧殘。談判可想而知停擺。巴夏禮開始懷疑這兩個王沒有實權（對所有相關人士來說，洪仁玕這時人不在南京，實在是件憾事）。於是他丟下他們，逕自前往南京城另一頭面見天王。但抵達天王宮時，侍衛不讓他進宮。他怒氣沖沖坐在外庭，一坐數小時，愈來愈不耐煩。除了忿忿盯著牆壁，沒什麼事可做，而且令他火冒三丈的，那面牆上掛了一幅太平天國地圖，圖中英、法兩國窩在左上角，只是兩座小島。但最後，經過宮女進進出出傳達雙方訊息（巴夏禮的意見寫在紙上，洪秀全的意見寫在黃帛上），雙方達成協議：洪秀全會告知上海附近的統兵官，在該年結束之前，都不進入上海周邊五十公里。[48]至於其他城市，他不能做此保證；他正在作戰的軍隊可能需要那些城市提供補給。巴夏禮離開南京，心裡懷疑天王對底下的戰地指揮官到底能控制到什麼程度。

當然，羅素勛爵或許也有同樣的懷疑。

艦隊司令何伯的確配合他國家的中立政策做了一些讓步。例如，他命令上海當局開始搜捕已在中國這場內戰中受募參戰的英籍傭兵——儘管這麼做既是為了維護施行已久的中立規定，也是為了懲罰他所轄部隊的逃兵。為叛軍效力的外藉傭兵據認以南京為大本營，因此有位名叫富禮賜（Robert Forrest）的領事館官員於一八六一年三月離開上海，走陸路經過太平天國轄地前往叛軍首都。他打算與從漢口返回的何伯一起查探情況，沿途找叛逃的英國人。

富禮賜是第一位離開水道近旁更深入探察太平天國轄地的英國官員，他的記述使藍皮書讀者得以首度一窺中國內戰另一方的面貌。在這份記述的開頭，可想而知，他證實了長江和大運河兩岸約一．五公里內的鄉村的確荒無人煙，但接下來他寫道，更內陸的叛軍轄區，人民生活其實比外界所想的要好上許多。[49] 他發現清廷控制的上海和叛軍控制的蘇州，兩地地下貿易很熱絡，不斷有數千艘小船來往於兩地之間，這些船的船東用錢打通關節，使船得以通過官軍和叛軍的警戒哨。他在途中與數位叛軍士兵談上話，其中許多人是徵召入伍（有些人的臉頰甚至被刺上太平天國之名，以防他們逃跑），但他覺得他們似乎很快樂且吃得好。他們告訴他，他們每天都有許多米飯吃，並說他們不擔心未來。但他們臉龐底下隱藏了什麼痛苦，不得而知；他遇過外表看來最開心的，是被強行從家中擄走的少年兵。那些少年兵「神氣又得意」，追著他跑，稱他是洋妖怪。

離開淺灰黃色的大運河堤岸，富禮賜往內陸走，進入完全不同的世界。[50] 他寫道，那裡的人「看到洋人並不驚恐，和運河邊零星的可憐人一樣」。相較於河岸邊的死寂荒涼，更內陸地區的生活似乎散發「信心和安全」。那裡的人重新幹起田活。他提到許多法令告示使日常生活恢復秩序。他遇到的人告訴他，叛軍初來時帶來嚴重破壞，擄人，劫掠，當地人逃難，但他寫道，那段混亂期似已過去，「我要說，他們如今正迅速返回家園。」他筆下的太平天國鄉間景象，與走過那時期的中國鄉紳留下的多份記述相符——大體上來說，太平軍拿下一地後，並不騷擾當地人民。在較大的鎮，太平天國設了鄉官（富禮賜認為，「人民似乎信任鄉官」），但在較鄉下地區，除了不見薙髮者，就只有一件事能彰顯太平天國治理事實，那就是每隔約一個月會有人來收稅（穀物或現金）。也就是說，那和清廷治下的鄉村生活差別不大。富禮賜預測，除非戰火重臨，「這些村子很快就會住滿人，土地很快就會恢復往常的富饒。」[51]

富禮賜一路上只見到一個藍眼睛的人，但他竭盡所能蒐集了叛軍陣營裡洋人傭兵的情報。在南京，他發現有一百多個洋人為太平天國打仗，包括歐洲人和美國人。在這之前外界不知道有這麼多洋人為叛軍效命，因為只要有外國船停靠，他們就全躲起來。富禮賜說服太平天國當局交出其中屬英國國民的洋人，就他所知有二十六人。只有少數洋人承認是志願加入太平軍（為了每月六十兩銀子的薪水，相當於湘軍營級指揮官的薪水）。[52] 其他人表示是為了躲避追捕，是因為遭人誘騙而去當兵，也就是後來俚語所說的「被上海了」（shanghaied）：他們到上海某酒館喝酒，有人偷偷在酒裡放了迷藥，醒來時他們人已在小船上，在前往南京的半途，有槍指著他們。差不多這樣。他寫道，這些人「很可憐」，

「沒薪水，但領到許多米和烈酒。他們獲准每到一處就可劫掠，但似乎沒劫到什麼東西。」就這點來看，他們的處境和清廷一方的華爾洋槍隊裡的洋人士兵差不多糟。在這之前，他們在青浦及松江和華爾洋槍隊交手過，結果他們的隊長薩維治戰死。

日子肯定不好過。其中有一人痢疾纏身，在富禮賜來了幾天後一命嗚呼。還有一人告訴富禮賜，他們之中有個義大利人不久前殺了一個愛爾蘭人，丟進護城河，事後似乎沒受懲罰。富禮賜得知，犯暴行並非華人部隊的專利，因為他的同胞「毫不隱瞞強姦與搶劫之類罪行，甚至暗示犯過更嚴重的惡行」。他抵達南京時，他們已在征途，準備攻打浙江杭州，而薩維治死後，已換上一名美國人當他們隊長。部下很敬畏他，只知他叫孔雀。他們告訴富禮賜：「他在太平軍裡階級很高，有生殺大權。」富禮賜將二十六名經確認的英國國民押上人馬獸號帶到上海，他們將以違反中立規定的罪名接受集體審判。他對其他國家的公民無管轄權，因此只能放過傭兵隊裡的大部分人。[53]

基於一視同仁，艦隊司令何伯也想制止洋人替清軍效命。五月二日，有位英國領事欣然報告說，英國部隊在松江抓到十三名華爾民兵隊的隊員，其中一人證實這時替清軍效命的洋人只剩八十二人（比太平軍洋人民兵隊人數少），其中二十九人是英國皇家海軍的逃兵。這名告密者還把華爾說成行徑極似暴君，寧可把有意退出的人關起來或任之消失於中國惡棍手裡，也不願讓他退出洋槍隊回上海。[54]

五月十九日，他們終於抓到華爾，當時他正在上海為民兵隊招募新血。他來自美國麻州，因此在上海租界裡，唯一有權管治他的是美國領事，但當華爾聲稱他已不是美國公民，而是清朝國民時，事情變得十分難辦。去年秋天他臉頰中彈，留下大塊傷疤，因此講起話含糊不清。他已和一名中國女子訂了婚（但時機顯示這是倉促安排的婚姻，因為有封準新娘父親寄給華爾父親的祝賀信，注明的日期在他被捕十天後）。[55]人在上海的江蘇巡撫，即他靠山之一的薛煥，拿出文件證明華爾已是中國公民。文件是假的；清廷的確會讓他歸化，但那是隔年二月的事。[56]但美國領事相信了，於是不願將他起訴。[57]英國人不想放掉華爾，以免他繼續誘引英國人為清軍效命，但要將他交付審判，似又無法律依據，於是在他們想著該怎麼處置他時，何伯將他關在旗艦上的房間裡。某天深夜，華爾從一扇未關的窗戶跳船，一艘早已等著的舢舨將他救起，他再度消失於見不得光的世界裡。

九、看誰撐得久

安慶城位於長江北岸，蜿蜒的大河在此由東往西直行一小段後繞過一座島，然後轉北，繼續向將近六百公里外的大海前進。安慶城四邊各有一道約一．六公里長的高大磚牆圍著，城牆上築有雉堞。南城牆與江岸平行，而這一段江岸是平坦的沙灘。沙灘與南城牆之間座落著一道狹長的緩衝陸地，在這場內戰之前，那段陸地上有稠密的民居和市場，但到了一八六〇年已全遭夷平、清走，只剩一座帶凹槽的七層佛塔。佛塔位於安慶城東邊，塔基有一圈防護石牆圍著。除此之外，河岸光禿禿，荒無人煙，若有敵人從長江上岸，沒有可掩護或藏身之處。安慶不是中國最大的省會，但是一座宏大的要塞，面積超過二．五平方公里，俯瞰長江和周遭鄉間。從軍事角度看，它位置絕佳。它座落在一塊高地上，高地四邊皆往下斜，視野良好，具有地利。而且從陸路極難接近它：它南邊緊鄰長江，西邊數公里處和東邊近處各有大湖，加上折向北行的長江，使該城的腹地三面皆為水所圍住。北邊約十公里處，有座陡峻山脈聳立於雲霧中，從北方來者得越過山上的集賢關才能抵達安慶，集賢關也有石造工事防守。[1]

從戰略上來看，安慶猶如一個槓桿支點。往東看，它扼守從長江北岸前往南京的各個要道，太平軍往北與往西經安徽進入湖北的所有征戰，也以安慶為基地。而且它無疑扼控緊鄰其南邊的長江。安慶段長江寬約八百公尺，但吃水較深的船所走的水道緊鄰北岸，近到行經船隻的船長可以看到城牆上對著他的火炮炮管內部。[2]因此，清軍即使越過安慶，攻進太平天國領土，其水上補給線仍逃不過安慶守軍的截斷。[3]曾國藩得先拿下安慶，才能往南京推進。而太平軍若想拿回武昌以下的長江北岸，進而與在四川流竄的石達開部接上線，就得守住安慶。

只要守軍有所防備，敵人幾乎靠近不了安慶，但一八六〇年夏曾國藩開始攻打安慶時，守軍並無防備。落入太平軍之手已七年的安慶城，歸英王陳玉成管轄。陳玉成是早早就展露光芒的叛軍將領，這時才二十五歲，十八歲時就攻下武昌，因眼睛下方有兩個令人望而生畏的黑色胎記，被敵人稱作「四眼狗」。[4]一八六〇年春，他拔營率領大部分兵力東進，助李秀成解南京之圍，留下約兩萬部隊防守安慶，保護安慶百姓——其中除了陳玉成的家眷，還有四、五千名婦女和可能八千至一萬的孩童。[5]守軍是來自湖南及湖北未經戰事的新兵，他要他們嚴守城牆，但勿出城與敵交戰。因此，曾國藩趁英王離城，派曾國荃率一萬部隊從北方經集賢關往南進抵安慶時，太平軍的警戒哨嚇得落荒而逃，曾國荃部未遭到多少抵抗，就在城牆守軍射程之內紮起營。[6]

太平軍看待自己手中的城市，主要將其定位為軍營，在安慶也不例外。穿過高大的外城門入內，即是供守軍和百姓居住的街坊，街坊維持得井然有序，有坡度很大的石板街道。穿過街坊再往裡走，乃是大片無人居住的屋舍區，那些屋舍不久後就會被拆除，以提供柴薪、建造牆邊新防禦工事之用的磚塊，以及種菜的空地。城裡的居民能大量種菜。他們也從一開始就得到食物之類必需品的充分供給，因而守軍緊閉城門等英王回來時，居民並不怎麼擔心，城外小股湘軍忙著攻城時，他們還輪流上城牆的瞭望臺注意平原遠方的動靜。[7]

＊＊＊

對於曾國藩圍安慶，太平天國領袖最初並不特別擔心。他們知道安慶城防禦工事強固，而且守軍雖無經驗，人數卻是城外敵軍的兩倍。一八六〇年九月，安慶解圍計畫出爐。太平天國制訂了奪回武昌以下長江的計畫，而解安慶之圍是這個更大計畫裡的次要目標。洪仁玕的戰略——先鞏固對南京以東長江下游地區的控制，然後轉而攻取上游——自此進入第二階段。但八月受挫於上海後，很明顯的，洋人不會賣汽船給他們，洪仁玕用汽船運兵到武昌的指望隨之落空，因此太平軍不得不徒步前往。鞏固東邊蘇州周邊的主要工作完成後，英王陳玉成與忠王李秀成沿著長江兩岸往西分頭進擊，展開龐大的鉗形攻勢，打算繞到湘軍上游，防守薄弱的湖北省會武昌會合。

根據這項計畫，英王將帶十萬左右的大軍到江北，往西穿過安徽，打算途中於初冬時解安慶之圍，然後繼續往西挺進，春天時拿下位於長江北岸，與武昌隔江相望的較小城市漢口。李秀成則帶較小的一支部隊，在長江南岸與英王平行前進，在北邊友軍正攻打曾國荃部以解安慶之圍時，奮力攻破曾國藩在祁門的大營，然後往南迂迴前往武昌，四月與英王會合，以便夾擊武昌，而由於曾國藩幾乎將所有兵力都投在安慶，武昌守軍只約三千人。[8] 完成這個主要作戰行動後，殘存的任何曾國藩部隊都將如甕中之鱉，補給線被切斷，援軍進不來，然後英王與忠王的聯合部隊能以武昌為基地，循長江兩岸回師，消滅殘餘的湘軍。[9]

英王於一八六〇年十月從南京開拔，渡江到長江北岸，然後率軍西進安徽，試探清軍防線的虛實。安徽可以說是中國境內受戰爭摧殘最烈的地區，北方捻匪作亂往南蔓延到安徽，還有官軍與太平軍的內戰肆虐安徽（這場內戰過了五十年後，遊歷這地區的人仍哀嘆其創傷還未癒合）。太平天國與捻軍雙方領袖的關係並不深，但兩者有共同的敵人清廷，偶爾找到合作基礎。以這次陳玉成西征來說，他招到一名捻軍將領加入陣營，這名將領的馬隊發動一連串側翼佯攻以混淆清軍判斷，掩蓋陳玉成部的主要行進路線。十一月下旬，陳玉成採取行動，急轉向南，直朝安慶而去。但剛過了安慶北邊由太平軍控制的桐城，他就碰上滿人將領多隆阿率領的兩萬騎兵大軍。為防太平軍從這一方向支援安慶守軍，曾國藩早派多隆阿駐守桐城南邊。

眼見未能突破多隆阿的騎兵防線，且他行進較慢的部隊不斷遭行進迅速的北方騎兵從側翼包抄，陳玉成於是退回有城牆防護的桐城，放棄南進安慶的計畫。他據守桐城，頂住官軍攻擊，如此過了冬天，然後在三月初拔營，正值農曆新年剛開始（洪仁玕此時也正帶兵離開南京以支援他）。這一次他帶兵大迂迴到西北邊，多隆阿馬隊攻擊範圍之外，然後遽轉西南，直奔武漢三鎮。他們猛然加快速度，以十一天時間，步行約三百公里，途中擊破數股抵抗的民兵隊。有支湘軍特遣馬隊往正西直奔，想截住他們，但抵達時已經太遲。一八六一年三月十七日，英王部的先頭部隊抵達長江北岸邊的黃州鎮外，距上游的漢口、武昌只八十公里。

先頭部隊出其不意進攻黃州，殲滅該城兩千步、騎守軍，接收守軍的馬。[10]然後他們開始拆房子，以便用木頭和石材搭建三道屏障圍住黃州城，同時，英王部的其他單位繼續進城，由於長程行軍，身體疲累，進城時搖搖晃晃。其中有些人累到一經過護城屏障就倒在地上，當街睡了起來，連身上的行李都沒卸下。[11]拿下黃州，陳玉成有了絕佳基地可據以進攻上游的漢口，完成他在鉗形攻勢中所負的任務。

*　*　*

祁門位在長江以南，安慶東南方約一百公里處，與安慶之間隔著重重山巒。在祁門的湘軍大營，曾國藩得悉叛軍移動，憂心忡忡。除了江北陳玉成部新展開的徒步遠征——曾國藩尚不知情的行動——另有幾支太平軍自初秋起就一直在騷擾他設於祁門周邊的防禦據點。晚秋時，侍王李世賢（李秀成表弟）已拿下休寧鎮。休寧位在曾國藩東邊約五十公里處，扼控往東的唯一道路。他派麾下最善戰的將領鮑超前去奪回。湘軍訓練精良，但敵眾我寡，且不知叛軍的更大計畫。

集賢關
安慶
菱湖
湘軍包圍線
城牆
長
江
黃海
往安慶
黃山
羊棧嶺
祁門
往景德鎮
曾國藩大營
往徽州
休寧

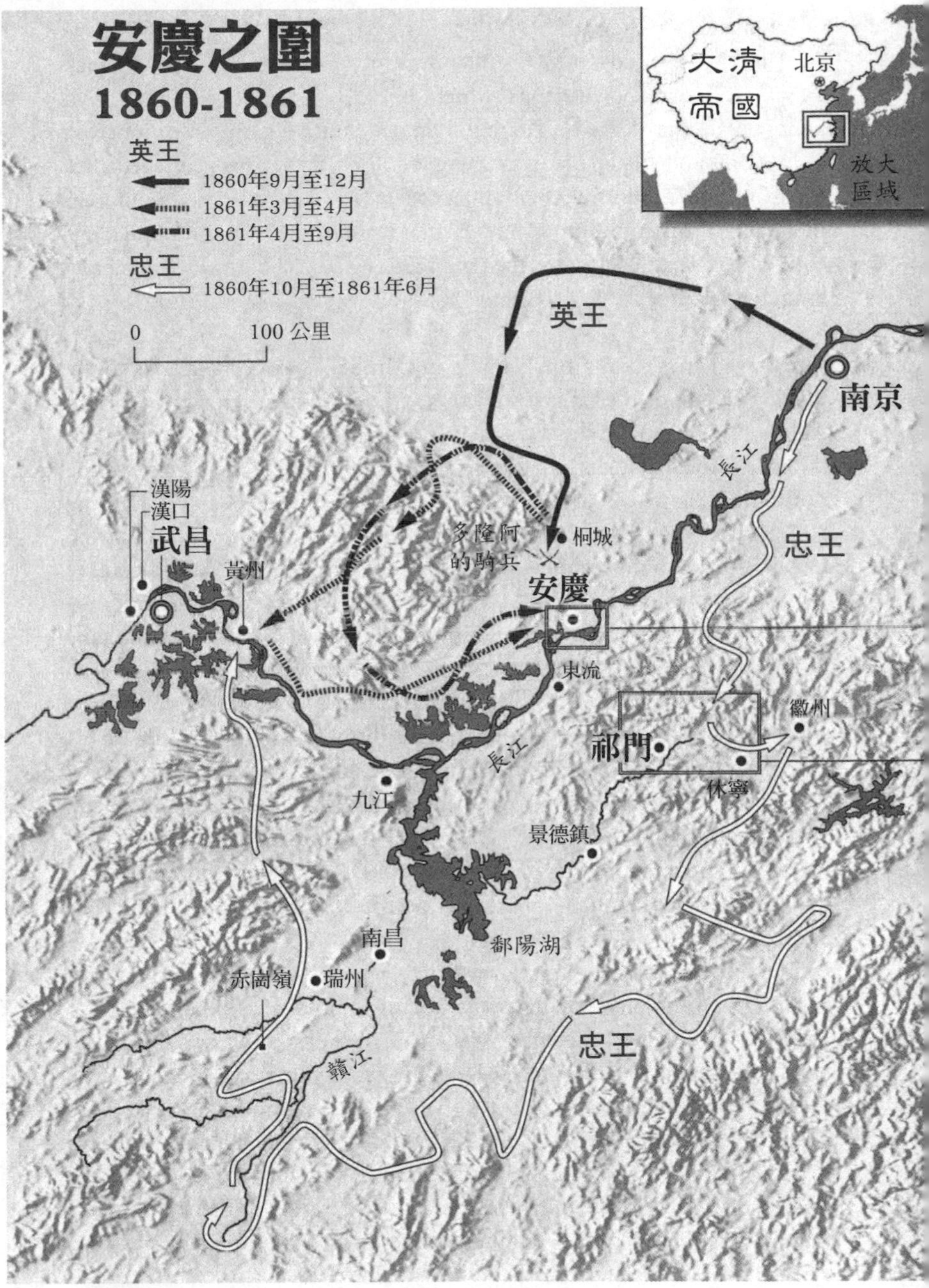
安慶之圍
1860-1861
英王
1860年9月至12月
1861年3月至4月
1861年4月至9月
忠王
1860年10月至1861年6月
0
100 公里
大清
帝國
北京
放大
區域
英王
南京
長江
忠王
漢陽
漢口
武昌
黃州
多隆阿
的騎兵
桐城
安慶
東流
祁門
徽州
休寧
長江
九江
景德鎮
南昌
瑞州
赤崗嶺
鄱陽湖
贛江
忠王

就在這時，他弟弟在長江對岸圍攻安慶的進展也不盡然令人樂觀。由於有多隆阿在北封阻，圍城仍在靜靜進行，但曾國荃的領兵作戰經驗不足，而且曾國藩得知他麾下軍官一直用腐爛發霉的穀子當報酬，付給幫他們挖深溝、蓋土牆的大批農民工，而那些餓著肚子的農民除了接受，別無選擇。曾國藩寫了封怒氣沖沖的信給弟弟曾國荃，要他務必用銀子支付報酬，因為已有流言說湘軍貪汙殘酷。他寫道：「凡養民以為民，設官亦為民也，官不愛民，余所痛恨。」[12] 唯一的好消息是，晚秋時他得悉洋人軍隊洗劫圓明園後已離京，情況看來他們無意侵占中國。這是唯一讓他感到寬心的事。

一八六〇年十一月二十三日，曾國藩過五十歲農曆生日。他毫無過壽心情，在日記裡寫道：「馬齒虛度，頹然遂成老人。」[13] 當天他在外視察，巡視祁門東北約十五公里處一個橢圓形山谷周邊的山峰。那山谷既平且廣，約十九公里長，六公里寬，山谷裡簇擁著富商村落和稠密茶園，四邊為陡削山峰所環抱，最高的山峰高逾九百公尺。山谷猶如群山中的綠洲，且四面八方都有山緊逼而來，近到幾乎伸手可及。山谷東北方座落著黃山，黃山境內有一座座高逾一千五百公尺的花崗岩峰，奇松怪石直插雲霄。山谷正北邊有羊腸小徑穿過層層的山巒。若有軍隊從北邊進入這個山谷，最可能取道此小徑。

早早吃過早餐，處理文書之後，他於早上七點左右出門，沿鋪著砂礫的山徑辛苦爬上羊棧嶺。羊棧嶺是戰略要地，位於他的營地北邊約十一公里處，俯瞰穿過北邊山區的通道。天氣晴朗時，從海拔約八百公尺的羊棧嶺遠眺，山另一邊的景致，從隨風搖曳的竹林到谷底渺小的農村盡收眼底，視線循著布滿松林的山谷裡微微蕩漾的河流往北逶迤，可看到數公里以外。但當天天氣不好，厚厚雲層蓋住山口，從山頂瞭望臺遠眺，什麼都看不清楚。[14]

在海拔較高處，天氣變冷，接下來兩天，他的斥候證實，其他穿越山區過來的路徑都已被雪封住。春天來臨之前，這山谷不會有事。因此他結束視察，十一月二十六日回到祁門。

五天後，十二月一日，李秀成的全部兵力從北邊翻過羊棧嶺，進入山谷。

＊＊＊

那天下午曾國藩接到這份消息，立即派最快的信使騎馬出去求援，他則整夜未眠，惴惴不安。隔天早上，他沉著臉，既疲累又憂心，大營裡只有三千部隊可抵禦來犯之敵。[15]最近的支援部隊是鮑超部，位在祁門東邊約五十公里外的休寧，[16]而李秀成部已出現在祁門大營與鮑超部之間。情況非常不妙。但他寫信給安慶的曾國荃說明情況時，竭力表現得若無其事。他在信中說，他已盡了力，敵人仍能冒著濃霧和大雪如此來犯，也只能說是天意。他寫道，這時叛軍距他兵力不足的大營「僅八十里，朝發夕至，毫無遮阻。現講求守壘之法，賊來則堅守以待援師」。

在這之前他已想過多次當死亡來臨時要如何面對，而在這封信中他的語氣平穩，安然處之。他在信尾寫道：「回首生年五十餘，除學問未成，尚有遺憾外，餘差可免於大戾。」最後他向家人提出道德忠告：他要曾國荃「教訓後輩子弟，總當以勤苦為體，謙遜為用，以藥驕佚之積習，餘無他囑」。[17]他從容坐定，等待自己人生的終點。

但那天李秀成並未來犯。李秀成不知道祁門曾國藩部隊的虛實，也不知道這位湖南將軍麾下最能打的部隊位在另一個方向，距祁門有一日行程。李秀成的部隊翻山越領，冒著風雪而來，非常疲累，需要休息。而且他真正的目標，在江西和湖北境內等著他接收的數十萬太平天國新追隨者，還在遙遠的另一邊，在這個情況下，他不想冒險打一場勝負難料的激戰。[18]於是，攻占這山谷中央的縣城之後，他停下腳步。

隔天早上，鮑超——當初曾國藩若遵照皇上旨意將他北調，他這時大概正抵達北京——帶著一支整編的馬隊從東邊衝進山谷，排好戰鬥隊形。第一天，雙方打成平手。第二天許多人戰死。鮑超部人數較少，但休息較足，裝備也遠較優，而忠王把目標放在別處，無心戀戰，於是鳴金收兵，將疲累的部隊拉回山區，再度消失於大霧之中，留下谷底四千名死傷者。[19]

對鎮守長江以南的曾國藩來說，這個冬天是始終前途未卜、始終在移動的冬天，是補給線和通信線遭切斷再重開的冬天，是戰略要鎮失而復得的冬天。祁門外的太平軍共有三股，不包括已往江西進發的李秀成個人部隊。他們散開，開始一一翦除扼控曾國藩大營往外道路的城鎮。十二月十五日，他們拿下他大營西邊的城鎮，切斷他與安慶曾國荃的聯繫。八天後，他們又拿下他南邊的一個鎮，切斷他從江西過來的陸上補給線。他派鮑超和另一名大將分別往南和往西將它們奪回，但心知那是孤注一擲之舉。他已失去主動，淪入哪裡冒火就往那裡滅火的被動處境。但他也只能如此。他寫信給曾國荃說：「若不得手，則餉道一斷，萬事瓦裂，殊可危慮……唯部下兵勇四五萬人，若因餉斷而敗，亦殊不忍坐視而不為之所。」[20]

十二月二十七日，曾國藩寫信給湘軍水師一位統兵官，說皖南情勢不利，[21]一月上旬，他的部隊反擊翻過羊棧嶺再度入侵的太平軍。[22]祁門四面八方受擾，他開始懷疑長江兩岸的小衝突只是在吸引他的注意力，以掩護解安慶之圍的主計畫。[23]但除了抵禦不斷的攻擊，他別無他法。二、三月的激戰，戰事再度逼近到距祁門大營約三十公里以內。多虧鮑超在安徽省來回出擊，一有敵軍襲擾即前往壓制，曾國藩才得以保住性命。而他的軍隊能不致斷糧，得歸功於湖南將領左宗棠堅守祁門西南邊的瓷都景德鎮。這座有城牆環境的城鎮，扼守曾國藩僅有從江西來的補給線。但四月九日景德鎮落入侍王李世賢之手，曾國藩的補給終於全斷，與外界的聯繫也全部中斷。[24]

曾國藩自己的部隊陷入叛軍包圍圈，他擔心部隊餓死或被殲滅，於是和麾下一名統兵官一起帶領九千官兵東進，欲突破太平軍封鎖。他認為存亡在此一舉，在日記裡寫道：「口枯舌燥，心如火炙，殆不知生之可樂，死之可悲矣。」[25]但在太平軍封鎖圈邊緣，城牆環繞的徽州城外，曾國藩大敗。徽州太平軍守軍趁夜溜出城，放火燒掉曾國藩兵營，他的士兵四散潰逃。

曾國藩退回祁門，沒有糧食或補給，也沒有逃脫之路。一八六一年四月二十二日，他寫了一封沉重的信給湖南老家的幾個兒子，信中以認命的口吻說道，對他而言，這場戰爭就此結束。在日記中，他說那封信「略似寫遺囑之式」。[26]他告訴諸子，他這時所面臨的情況，和一八五五年一月他在鄱陽湖失去水師船隊，試圖自殺時一樣悽慘。他寫道，他的部隊這時仍完好，但「四面梗塞，接濟已斷，如此一挫，軍心尤大震動」。[27]

在遺書中，他告誡兒子勿走軍人之路。原只想成為學者的這位將軍，回顧自己走過的路，覺得一事無成。他告訴他們：「用兵本非余所長，兵貴奇而余太平，兵貴詐而余太直，豈能辦此滔天之賊？」他要他們勿走上自己那樣的路，只有平靜的士人生涯是他唯一感到自得的。他告訴他們，「爾曹唯當一意讀書」，信中懷念起較快樂的時光——這場戰爭將他完全吞噬之前的時光，他把一生奉獻給朝廷之前的時光。他告訴他們：「不可從軍，亦不必作官。」[28]

＊　＊　＊

一八六一年三月十七日拿下黃州後，英王陳玉成就定攻取漢口的位置。漢口位在安慶上游約八十公里處的長江北岸，與武昌隔江相望。拿下漢口後，他能以這裡為基地，迎接即將於四月從南邊前來會合的李秀成部。但漢口是北京條約明訂對英開放的口岸之一，而且好巧不巧，英王來到長江邊時，何伯司令的艦隊也在。這支艦隊剛於二月底首度訪問過南京，這時位在上游的漢口。何伯和巴夏禮正在漢口安排派駐英領事於該地之事，事成之後會順江而下，二度訪問南京（這一次訪問時，巴夏禮會要求太平軍勿進入上海方圓五十公里內）。

於是在一八六一年三月二十二日，英王部隊拿下黃州僅僅五天後，巴夏禮登門拜見英王。黃州的太平軍先頭部隊——當時約兩萬至三萬人，另有數萬人還在途中——正忙著構築防禦工事，此時「跳躍者號」（Bouncer）炮艇在岸邊一定距離處停下，拋錨，放下巴夏禮（其中許多太平軍士兵此前未見過洋人，看到巴夏禮時，覺得很有趣）。矮小的巴夏禮邁著大步昂揚走進城裡，沿途記下了三則告示：

一則邀城民與入城的太平軍做買賣，一則禁止士兵劫掠，第三則「貼在兩顆叛軍的人頭上」，警告凡是違反第二則之人會有的下場。他覺得叛軍看來疲累但友善，沒有內鬥或不滿的跡象，而且他確信他們來自中國各地，儘管和安慶的守軍一樣，主要來自湖北和湖南二省。這些人來自華中的英王轄地。巴夏禮由人帶路，來到城裡另一頭的黃州府衙門。在那裡，他走過夾道的戟和旗，看到英王坐著接見來客。他「看來年輕，身穿繡有龍紋的黃緞袍和風帽」，巴夏禮覺得他謙遜好相處，且極聰明。[29]

陳玉成對巴夏禮很坦率——一如天王，他小心遵守洪仁玕的指示：太平天國需博得洋人的友誼和善意。他告訴巴夏禮他這次出征的戰況，不過對十一月時受阻於多隆阿馬隊而未能南進安慶一事略而不提。但他的確相當坦誠透露太平軍各部的實力和他們在整個戰役裡的相對位置，也說明了他們欲在四月會合於漢口及武昌的計畫。他說他下一個目標是解安慶之圍，為此，他由北邊繞過官軍，這時已在官軍後面站穩腳跟。深感佩服的巴夏禮寫道，「目前為止完全如他（英王）的計畫」，並指出靠著最後一波長程急行軍，英王部隊已繞到官軍背後，這時已經準備好在其餘部隊前來會合之後從背後攻擊官軍，或是奪取上游的漢口，然後以漢口為基地，等待幾星期後其他太平軍部隊前來會合。（誠如巴夏禮清楚知道的，武昌防禦極薄弱，因而武漢三鎮人民得悉叛軍進逼後人心惶惶，這時已開始往鄉下避難。）對英王來說，拿下漢口將如探囊取物，但他告訴巴夏禮，他這時還不知道該不該攻取漢口，因為有英國人在那裡。

巴夏禮的回應對後來局勢的影響之大，非他當時所能預見。巴夏禮在報告中說：「我稱讚他在這點上的謹慎，勸他勿有進兵漢口的想法。」他向英王解釋道，英國人這時在漢口有重大利益，太平軍若占領該城，不可能「不會嚴重干擾我們的通商」。這些話背後隱隱帶有威脅之意，巴夏禮在報告中沒有明說此點，也沒有向英王直接告知此意，但英王大概心知肚明。陳玉成並未與聞巴夏禮與天王的商談，也不知道英國人有關中立政策的辯論，甚至不知道巴夏禮只是個通譯，權力有限。由於這些認知上的局限，他顯然將巴夏禮的話理解為如果他敢進兵漢口，英國人將和去年夏天在上海對待李秀成那樣，以炮火迎接他們。「必須如此安排他們的行動，以免和我軍起衝突，」[30]巴夏禮如此報告卜魯斯，說明他為何警告英王勿靠近漢口。

英王想談出兩全其美的辦法。他說他理解巴夏禮的憂慮，但建議或許英國人可在武昌與漢口做生意，而他和即將抵達的李秀成部可拿下武漢三鎮中的第三個城市漢陽。巴夏禮說絕對不行，因為武漢三鎮在商業上彼此關係密切（儘管額爾金所簽的北京條約只明訂英國人可在漢口通商，巴夏禮卻喜歡將「漢口」視為涵蓋武漢三鎮）。他主張：「叛軍若拿下三城中任何一城，必然會破壞整個商業中心的貿易。」英王不情不願地答應，而且告訴巴夏禮，他會等他剩下的部隊前來會合，「然後視情況決定下一步」。但巴夏禮離開後，他拿不定主意，不知是否該在無支援下從後面攻打圍攻安慶的湘軍，還是該照原計畫，不顧巴夏禮的警告攻打漢口。由於後一選擇已涉及對外關係，他不得不派人回南京聽取指示。[31]他藉由急奔黃州所取得的主動地位，隨之開始流失。一路追著他橫越安徽而來的官軍馬隊，已經抵達武昌並發出警訊。他的部隊在黃州掘壕固守，等待幾個月後才會抵達的指示，而同時，武昌與漢口的守城官軍正召喚援兵，秣馬厲兵，防備他們已經清楚知道即將到來的叛軍攻擊。

此時，在下游的安慶，守軍堅守城池已進入第八個月。北方桐城周邊和南方祁門周邊的激戰距安慶太遠，守軍察覺不到。安慶城內一切都很平靜。曾國荃構築的壁壘——距城牆約三公里遠的一連串土壘和深壕——已將安慶城向陸地的三面整個圍住，形同城外的一座新要塞，吞沒其內部的安慶要塞。在曾國荃部見不到的長江上巡弋的湘軍水師，則完成對安慶的整個包圍圈。

城內居民靠配給生活，但配給並不寒酸：每天每人一斤米（約〇．六公斤，提供超過兩千卡路里的熱量），而且有他們自己種的蔬菜和能捕捉到的小動物可以食用。巴夏禮會晤英王後，順長江而下回南京，途中曾在安慶停留。他指出他們看來有點「消瘦」，但身體健康且明顯滿意於現狀。對於解圍之事，他們並未顯出急切之意，還問他英王是否打算攻打漢口（「我回以我覺得他不會攻打那個港口，」巴夏禮在報告中說）。他們還託他抵達南京時轉告洪仁玕，送來米、食用油和鹽。就在這項請求中，他們笑容背後的焦慮開始浮現。因為巴夏禮搭汽船出發後，他們派人追了上去，硬要塞給他一把金飾，希望確保他會幫忙。叛軍以為可以收買巴夏禮，令巴夏禮覺得受辱。他怒不可遏，拒收禮物，此後未再有人登船拜訪。[32] 後來南京當局問他英國人是否可派出一艘船，幫忙將補給運到安慶，他回答不行，還嚴正地讓他們上了一課「中立的權利與義務」。[33]

但即使沒有巴夏禮的援手，安慶守軍還是有其他補給管道。這時已開始有外國汽船溯長江至漢口，其中有些船樂於在（面長江而且攻城部隊看不到也攻擊不到的）安慶南城門外停靠，卸下糧食和武器，以高於行情的價格賣給出城與他們買賣的軍人。執行封鎖任務的曾國藩水師若欲阻止洋船停靠，必然違反新簽的中英條約，因此，湘軍巡邏船只能發出零落的炮聲以示警告，然後任由掛外國旗的船隻自由來去，讓走私者在安慶大發戰爭財。

除了以較大規模供應守軍物資的外國船，在城牆外還有一個較富人情味的市場。這場攻防戰僵持太久，因而在攻城者和守城者間出現了一個市場，讓被圍在城裡的人能從圍住他們的人那兒買到一些必需品。[34]這有一部分是因為湘軍一方面臨的財務問題；湘軍拖欠薪餉已九個月，意味著湘軍士兵需錢的程度，就和城裡人需要食物的程度一樣迫切。[35]但這也反映了攻防雙方來自同一地區、背景類似這個事實；在安徽省的這個城市，在城裡為叛軍效命的湖南人和在城外為清廷攻打這座城市的湖南人一樣多。內戰初起時他們投入不同陣營，把自己的前途押在他們效忠的一方，然後各為其主，在戰場上拚搏。若非這場內戰，他們人在異鄉本可親如兄弟。他們說同樣的方言，來自同一個地區。上級軍官終將下令他們攻擊對方，但眼前，在命令尚未下達之時，雙方的士兵各自堅守陣地，嚴密監視對方一舉一動。

* * *

李秀成部未如期於四月出現。十二月從祁門旁的山谷撤走後，他大迂迴避開曾國藩的部隊，靠皖南的其他太平軍部隊來困住曾國藩，冀望藉由頻繁的騷擾使曾國藩打消圍城，將攻打安慶的部隊南調祁門以保護他的大營。將曾國藩困住後，忠王將目的地指向江西和湖北。在那兩省，有數十萬承諾加入太平軍的士兵等他接收。他以約略呈半圓形的路線，迂迴穿過曾國藩南邊的皖南，然後往西進入鄱陽湖南邊的江西，最後往北進入湖北省，向武昌邁進，與在那裡等他的英王會合。

他不在自己的地盤。這大片地區屬英王領土；忠王的地盤在東邊。而在長江以南，他所在的地方，大部分城鎮在清廷手中，儘管防禦薄弱。因此他的部隊得一路往前打，圍攻一座座城鎮，從一個鎮疾奔到下一個鎮，在眾多築有防禦工事的城鎮來回穿梭，以取得糧食等必需品和馬匹。曾國藩騰不出兵力追擊，因此李秀成部所到之處，城鎮一個個失陷，而且大部分很輕易就遭攻陷。但推進仍然緩慢，到了四月，與英王約定在武昌會合的日期已到，忠王部仍深處江西，在應抵達地點的南邊超過三百二十公里處。

這趟征途透著古怪，從他自己對那段日子的回憶來看，簡直玄之又玄。四月上旬，他的部隊抵達由南往北貫穿江西的贛江邊。贛江水冷且因雪融而漲人水，他的部隊沒船可渡河，也就無法繼續西進。對岸有敵人的民兵部隊，斥候發現贛江上有官軍的炮艇。於是他帶部隊沿著河岸往南走，仍找不到渡河之處。然後有一天，宛如神意所就，江水突然退乾到底。他的部隊徒步過了江。[36]

後來他解釋前進為何緩慢時說道，他覺得對沿途所遇到的人民負有某種義務。五月上旬，他的部隊集結於瑞州城，距武昌仍超過兩百四十公里。他想繼續前進，但瑞州人民堅請他留下。他發現他聲名遠播，連深處中國內陸的這裡都知道他的名號（這時期的數份客觀記述也證實此一現象）。在天下大亂的時代，他的出現予人秩序和安定的期望。那是一股吸力，而且有當地眾民投靠於他。他在瑞州等待時，約有三十萬新追隨者於數星期間投入他旗下，等到他再度踏上征程往北方的武昌進發時，他的兵力已大增數倍。但這些新兵未受過訓練，只有隨身帶來的農具當武器。而且，一如曾國藩所知的，部隊愈龐大，餵飽與訓練的難題就愈大。

他與敵人周旋的過程也到處透著古怪。前往瑞州途中，他的部下俘獲一名戍守赤崗嶺的清軍統兵官，一路押著他走。在瑞州，他們將他送給李秀成處置。但與此人談過之後，李秀成覺得他是個好漢，處死太可惜，於是邀他加入太平軍。那名軍官不肯，說身為「被擒之將不得願而回我也」。李秀成感動於此人的忠心，放了他走，並給他六十兩的盤纏讓他回清軍陣營。他不肯收錢。離開太平軍兵營後，他跋山涉水穿過江西，重新投入曾國藩麾下將領左宗棠旗下。但在這場不講寬恕的戰爭中，這位軍官已用掉他的好運。回到己方陣營後，他被當作叛徒砍頭。[38]

六月，李秀成率領數十萬大軍，終於抵達武昌城外，距約定的日期已遲了兩個月。與長江對岸聯繫幾乎不可能，而李秀成仍希望找到據守北岸漢口的英王，準備與他聯手攻下武昌，然後揮師東下，進向安慶。結果，英王未等待支援來到就先離去，更糟糕的是他並未拿下漢口。這時，武昌周邊由清廷掌控的城市三個月前就得到示警，經過這段時間的動員，已有重兵防守。

由於有大批未經訓練的新兵，李秀成只能待在武昌縣郊，不敢冒險往前。英王在黃州留下兵力駐守，以備李秀成抵武昌時與他協同作戰，但曾國藩的水師牢牢掌控長江，因而音信傳不到對岸。李秀成無計可施，只得請駐漢口的英國新領事代為轉交信函給黃州守軍。李秀成在信中告訴他們，他對英王在北岸的行動詳情所知甚少，請他們立即告知情況，以便他相應規劃部隊的調遣。英國領事把信留下來當紀念，並未轉交。[39]

得不到北岸部隊的回音，也不清楚英王在安徽的部隊調動，李秀成在這場預定的大戰役中變成沒戲可唱。他不能待在現處，因為他沒把握手下未打過仗的軍隊能否拿下武昌，而且東邊傳來消息，說鮑超部正前來對付他。如果作戰經驗豐富的鮑超勁旅，追上他欠缺經驗且裝備不良的菜鳥部隊，他料想會大敗而且死傷慘重。因此在六月底，他放棄西征之役，帶著龐大的新兵部隊出湖北，要回到他位於華東而安全的個人領地。鮑超部緊追在後，但李秀成仍得到天助。在贛江附近的某條小支流，官軍幾乎就要追上，但忠王部剛泅到對岸，隨之就刮起大風，風勢既強且猛，有四天時間無船能過到對岸，等到鮑超部能繼續追趕時，忠王部已經離得很遠，根本追不上。李秀成留下部分兵力駐守他沿途攻下的一連串城市，循著他先前的鋸齒狀路線往回走，穿過江西和皖南，最後將部隊分為兩股，進入浙江省，趁省會杭州防禦薄弱經略該省，而曾國藩的部隊則在李秀成撤走後加緊對安慶的包圍。

＊　＊　＊

四月李秀成未如期帶兵會師，英王陳玉成便單獨行動。關於是否攻打有英國駐軍的漢口，英王仍未收到南京方面的回覆，因此他決定留下部分兵力在黃州，然後帶精銳部隊東下，親自攻打圍攻安慶的湘軍，而未按原訂計畫在忠王部隊支援下進攻。四月二十七日，他率領三萬部隊抵集賢關，欲收復他的安慶城。人數居於劣勢的湘軍嚇得躲進他們密集構築的環狀防禦工事裡，忠王部隊開始在曾國荃的包圍圈外構築另一組防禦工事，對圍城者予以反包圍。有位英國海軍軍官從船上甲板注意到這個「奇怪景象」，叛軍和官軍形成三道同心圓式包圍圈——英王的部隊位在最外圈，圍住曾國荃的攻城部隊，曾國荃的部隊則又圍住城牆環繞的安慶城，叛軍守軍和平民位在安慶城中央。英王部在集賢關構築了一連串以木樁圍成的營壘，在菱湖兩側另外構築了十八座營壘。菱湖緊鄰安慶城東側，是曾國荃包圍圈的終點。控制了菱湖之後，叛軍建造一連串浮碼頭和簡便木筏，開始運送緊急物資給湖對面的安慶。[40]

但經過三天猛攻，英王部未能突破曾國荃以高壘深壕構成的主要防禦工事。他們無法往內挺進，打開曾國荃的包圍圈，但也無法往北進，因為在前述三層包圍圈外，還有一層包圍圈，那是從江上完全看不到的包圍圈。就在英王作勢欲吃下曾國荃在集賢關的圍城部隊時，由於有多隆阿凶殘的官軍馬隊一直停駐在北邊約五十公里處，英王本身遭切斷與外部的支援。十一月忠王部欲南下直驅安慶時，就是受阻於多隆阿的馬隊而未能如願。如今，這支馬隊橫在他位於安慶的部隊和太平軍掌控的桐城之間，而英王欲與南京聯絡，欲取得南京的增援，首先就要透過桐城。英王未能靠己力突破對安慶的包圍，又得不到來自長江南岸李秀成隊的支援，結果未能解安慶之圍，反倒自己也捲入這場龐大的包圍與窒息戰中。

＊＊＊

五月一日，洪仁玕統率的兩萬增援部隊抵達桐城，為英王帶來希望。二月時，洪仁玕在慕維廉注視下離開南京，踏上征途，如今終於抵達目的地。英王第一次欲突破官軍馬隊在桐城的防線未果之後，天王隨即命洪仁玕帶兵增援，而洪仁玕的任務很明確，支援英王擊敗那支馬隊。但他受命前來並非心甘情願，因為他懷疑暗中有政治因素作祟。在派他出京的命令中，他察覺到洪秀全家族其他成員（特別是洪秀全兒子）的嫉妒，那些人看不慣天王對他言聽計從。從那些命令中，他也察覺到其他諸王的怨恨。他和家人在京城過著舒服日子，寫治國文章，接待外賓，其他諸王卻於寒冬在外征戰，苦不堪言，為此心有怨恨。[41]

他從南京往南走，進入太平天國控制的安徽和浙江地區以募集士兵，組建軍隊。對他來說，組建軍隊並非難事，因為大趨勢利於叛軍一方。就連曾國藩都驚訝於當時太平軍的人數之眾，似乎源源而來，未曾中斷。前一年太平軍攻破江南、江北大營，拿下江蘇省的諸大城之後，曾國藩估計太平軍兵力成長超過十倍，而且他埋怨每次團練和官軍潰敗之後，其中大部分人就轉投叛軍陣營。[42]對干王（一如對江西的忠王）來說，問題不在於能否招到人，而在於如何將人集結成有戰力的部隊。洪仁玕回到長江北岸，西進以增援英王在桐城的守軍時，轄下兵力已幾乎是曾國藩全部湘軍的一半。

洪仁玕是另一類型的文人出身將領。他沒有曾國藩的戰略眼光，也沒有熱愛紀律與秩序的天性。但他相信思想的力量，出征時寫了多首詩來鼓舞士兵。接到天王授命之後，他寫道：「一枝卓立似干戈，橫掃千軍陣若何？」[43]洪仁玕的征戰詩與他投給外國傳教士友人的形象形成鮮明對比。那位和藹可親而自謙的傳道士不見蹤影，取而代之的是將領導國家前進的強者。在一首詩中，他寫道：「韃穢腥聞北斗昏，誰新天地轉乾坤？」這首詩的結尾氣吞山河：

志頂江山心欲奮，
胸羅宇宙氣潛吞。
弔民伐罪歸來日，
草木咸歌雨露恩。[44]

五月一日，洪仁玕部在桐城外就定位，派斥候越過丘陵與集賢關的英王營壘聯繫。[45]五月六日，他們兵分兩路南進，都遭多隆阿的馬隊狠狠擊退。就在這時，英王得悉支援部隊遭阻於桐城時，犯下了或許是這整場戰役裡最不可原諒的錯誤。他留下一萬兩千人守衛集賢關和菱湖的營壘，率領剩下兵馬北撤，欲從南邊攻打多隆阿的馬隊，洪仁玕則從北邊再次出兵，南北夾擊。英王預期不會離開太久。五月二十四日拂曉，三支部隊聯合攻打多隆阿，兩支往南打，一支往北打，但計畫外洩，他們中了埋伏。多隆阿派一支騎兵特遣隊繞到英王背後偷襲，打亂英王攻勢，迫使他倉皇北逃桐城，部隊死傷慘重。這場慘敗使英王與他在安慶的一萬兩千部隊分隔兩地，使他們孤立無援也失去英王的直接領導。

這場挫敗也代表洪仁玕初次帶兵作戰就此劃下句點。巴夏禮幾次來南京他都不在，而且巴夏禮第二次來時專橫跋扈，令天王不安，深感不能一刻沒有干王在旁。於是，洪仁玕在桐城作戰失利時，正好從南京傳來命令，召他回京再度接掌太平天國日益惡化的外交情勢。[46]

* * *

英王失策分割兵力後，守營壘的一萬兩千部隊——四千人在集賢關，八千人在菱湖——只剩他們帶來的糧秣可用。他們的人數仍多於曾國荃的圍城部隊，但多不了多少，而且官軍的增援部隊正在趕來。曾國藩一得悉「四眼狗」已抵安慶，即命鮑超用船將部隊運到長江北岸，協助曾國荃抵禦兵力更眾的叛軍。鮑超部於五月底在北岸集結後，往西穿過山區進向安慶。陳玉成撤往桐城隔天，他們猛然掩至，攻打集賢關四座陷入孤立的叛軍營壘。只花了一個禮拜多一點就攻破。六月七日（差不多是李秀成終於出現在武昌城外時），集賢關頭三座營壘投降，鮑超部殺光營壘內的三千守軍。[47] 第四座營壘多撐了幾天，逃不過同樣的下場。攻打這四座營壘時，鮑超要部隊只留一個活口：一名太平軍高階統兵官，一個身經百戰、受部下愛戴、深受英王器重的軍官。鮑超活捉他，把他押到安慶城下予以活活肢解，讓城裡守軍明白反抗的下場。[48]

鮑超部攻破集賢關的營壘時，曾國荃部集中兵力對付戍守菱湖水上通道的十八座營壘。這些營壘兵力更眾，比集賢關的營壘撐了更久，但七月初時終究糧食用盡，示意投降。[49] 但曾國荃不像他哥哥那麼冷血，卻也擔心他們詐降。為消除他的疑慮，他麾下一名營官建議叫叛軍先繳械。曾國荃同意，急命這名營官速速去辦。隔天，七月七日，菱湖營壘的八千叛軍交出所有武器：六千枝洋步槍、八千枝長矛、一千枝擡槍、八千枝明朝火繩槍，以及兩千匹馬。

曾國荃不知如何處置這批俘虜，「悍賊」人數幾乎和他的圍城總兵力一樣多。那位安排繳械投降的營官再度獻計，說最好殺光。曾國荃告訴他：「殺亦要設法。」於是那位營官提議：開營門，將俘虜一次帶進十個，逐批砍頭。他認為「只半日可以殺完」。曾國荃不忍執行這項計畫，於是交給那位營官去辦。營官回他的兵營準備，然後督斬八千名俘虜，據他自己所述，「自辰至酉」，只花了一天。[50]得悉弟弟擊破敵營，曾國藩大為高興，覺得攻破安慶似已有望。接下來幾日，他寫了幾封信給曾國荃，第一封較樂觀，建議他弟弟想辦法埋掉八千具屍體，或搬上舊船任其漂流而下，以免屍臭在營裡引發疾病。[51]但得知弟弟為殺了這麼多人而良心深感不安，他的信變得較著重於安撫弟弟內心的不安。七月十三日，他告訴弟弟，若孔夫子在世，也會說殺光叛軍沒錯，想藉此讓弟弟寬心。[52]七月十九日，他的語氣聽來幾乎是惱火於弟弟的過度疑慮。他寫道：「既已帶兵，自以殺賊為志，何必以多殺人為悔？」[53]

但攻城仍無重大進展。就在鮑超與曾國荃擊退來援的太平軍（並關掉城外的市場）時，有八艘外國船正從河邊給安慶守軍補給。有位英國特使（可能是巴夏禮）約定於五月來曾國藩大營，曾國藩決定「當以人禮待之，不以鬼禮待之」，冀望令他不再運送物資給叛軍。到了六月上旬，特使仍未出現，曾國藩在家書中寫道，如今每天都有數艘洋船上下行於長江，其中有艘船上個星期才靠岸，送了鹽和油給安慶守軍。他寫道：「我雖辛苦圍攻，賊仍供應不斷耳。」[54]兩天後，他寫信給曾國荃說，如果洋船繼續送補給到安慶，絕不可能拿下此城。此時，長江南岸他自己部隊的糧食補給岌岌可危，他覺得不宜強令他的部隊再度開戰。他寫道：「如洋船之接濟可斷，安慶終有克復之日；倘洋船不能禁止接濟，則非吾輩所能為力。」[55]

到了六月中，曾國荃的細作向曾國藩報告，說最近一艘洋船在安慶卸下將近兩百噸米，足夠讓城內人民超過一星期不致挨餓。聽到這消息，曾國藩再也耐不住性子。[56] 他絕望於洋人特使遲遲未至，寫信向位於武昌的湖廣總督抱怨，湖廣總督將抱怨信轉呈朝廷。同時，曾國藩命炮艇開始為行經安慶的所有外國船護航。問題是如果掛外國旗的船隻不聽湘軍炮艇命令，在安慶城外下錨，他的船長也不知該如何應對。[57] 擊沉外國商船可能會引來英國人再啟戰端。

在這件事情上，北京新成立的總理各國事務衙門立了大功。曾國藩的抱怨最後傳達到北京恭親王奕訢那兒。奕訢於七月十八日致函卜魯斯，抗議外國船在安慶靠岸。奕訢稱清軍有權登上任何想在叛軍領地靠岸的外國船，如果得到授權，清軍也有權沒收該船的船貨並逮捕船員。他請卜魯斯要上海的英國當局發予中英文執照，授權清廷搜查掛外國旗的船隻。卜魯斯不大相信外國船會補給叛軍，但也沒把握他們不會這麼做，而且他本來就對叛軍沒有好感，因此認為英國人不宜捲入此事。他也擔心這種走私活動可能會促使清廷全面封鎖長江，傷害到正規貿易。於是他採取行動。七月二十三日，他發文英國駐上海領事，先是埋怨道：「要在政府無力或無心申明其權利的國家裡限制外國人行動，乃是世上最難辦的事。」然後要他警告外國商人，清廷打算攻擊試圖闖越安慶封鎖線的任何船隻，如果真發生此事，英國海軍既不會保護他們，也不會要求損害賠償。[58] 物資運送就此停止。

到了晚夏，曾國藩從截獲的信件中得知，安慶城裡的糧食即將用盡。[59] 這個時候，他自己也是勉強在苦撐。四月時，祁門補給遭切斷，後來多虧左宗棠費力收復景德鎮，重啟對祁門大營的補給線，曾國藩才得以撐下去。但為了他自身的安全，也為了與弟弟曾國荃維持更密切的聯繫，他於五月上旬放棄祁門。同時他派鮑超渡江，還將大營搬到安慶上游只四十公里處的東流縣，大營就設在靠江岸停泊的一艘大船上。在東流，他有湘軍水師保護，能與位於安慶的弟弟保持直接聯繫，也不必像在祁門那樣倚賴易遭截斷的陸上補給線。

在初夏寫的家書中，他透露了這場戰役如何攸關個人的榮辱成敗。他在某封家書中寫道：「此次安慶之得失，關係吾家之氣運，即關係天下之安危。」[60] 他比以往更加將家族的未來以及他的整個生命和職業生涯，與為朝廷收復安慶城這一目標劃上等號。如果國家保住，他家將會興旺。如果國家傾覆，他家也保不住。在他心中，他幾個弟弟與兒子的榮辱和清朝的存亡緊緊相繫，雙方生死與共；如果拿不下安慶，一切都將保不住。南邊的太平軍開始撤走，一夜之間從他們控制的城鎮突然消失無蹤，顯示李秀成打算用兵於東邊的浙江，但曾國藩不改其志，繼續圍城。仲夏時，皇上命他派左宗棠從景德鎮去浙江助防杭州，他並未照辦。皇上還命他派一名水師將領到廣東，他也未照辦。[61] 他看出安慶脖子上已緊緊套上絞索，不想就此收手。

同時，在格外酷熱的這一年盛夏，英王最後一次嘗試解安慶之圍。他攻不破桐城南邊的清軍馬隊，於是帶剩下的部隊，加上已離去的洪仁玕留給他的部隊，大迂迴到西北邊，然後沿著湖北與安徽邊界往南穿過山區，再沿著長江北岸東行，來到多隆阿防線的南邊。如此迂迴跋涉三百多公里，八月二十四日，他再度來到集賢關，派人重占他們的營壘，準備傾所有兵力從後方攻擊曾國荃的圍城工事。

酷夏漸入尾聲時，集賢關的戰事來到最激烈的階段。深思熟慮與耐心退場，拚死一搏之心充塞心頭：英王拚死欲救出城裡的家人，城裡的守軍則一心想在餓死之前逃出城。為防止守軍走水路遁逃，曾國藩的水師將長江部分炮艇調到菱湖巡戈，炮轟想逃出東門、搭木筏逃走之人。[62] 八月底響起刺耳的槍擊聲和轟隆的炮聲，還有更響亮的聲音——令人汗毛直豎的叛軍喊殺聲。叛軍一排接一排——從城裡大舉衝出的守軍，還有從另一邊如潮水般掩至的援軍——前仆後繼，衝向曾國荃的塹壕，即便驚駭的炮手在敵陣裡轟出新的缺口，生者仍舊費力爬過屍體。經過七天七夜的殺戮與混亂、驚慌與刀刃相擊，九月十三日夜，一切突然結束，震耳欲聾的爆炸聲和叛軍尖叫聲消失，只剩安慶城北方無聲的火光。火舌吞捲周遭，逐漸壯大、升高，最終轟然一聲竄向夜空，就在這時英王死了替安慶解圍的念頭，放火燒掉集賢關的營壘，退走，讓安慶自求多福。[63]

＊＊＊

倖存的守軍大部分似已在最後那一夜逃出城，經由他們在城牆底下挖出的地道逃走。北方焚燒的營壘或許有助於引開圍城部隊的注意力，但至少有一份原始資料宣稱，他們逃走是事先就與官軍陣營的某人談妥，以換取不經戰鬥就交出安慶。無論如何，他們留下所有百姓，還有一些在城牆上與火炮拴在一塊而一臉慘白的炮手。湘軍於九月五日進城時，已無人防守。[64]

城裡的慘狀，再怎麼身經百戰、見慣不幸的人都想像不到。初夏外國船不再停靠、菱湖邊的營壘於七月上旬遭攻破後，就再沒有糧食運進城裡。到了夏末，每日配給白米之事早已是昨日黃花。菜園裡的蔬菜和野草都已吃完。所有動物，甚至老鼠，都吃光了，沒有東西可以餵飽城裡餓著肚子的數千人。或者應該說幾乎沒有東西。九月五日進城的湘軍駭然發現，安慶的市場從未關閉。人肉價格最後漲到每斤半兩。[65]

夏季時曾國藩就已寫信給弟弟，談到安慶投降時該如何處置。他寫信告訴曾國荃：「克城以多殺為妥，不可假仁慈而誤大事，弟意如何？」[66]愛民不表示愛那些與叛軍站在同一邊的人民。有人認為攻破安慶時，城裡總共倖存約一萬六千人，其中即使不是全為平民，至少也大部分是平民。有關他們後來遭遇的種種記述，差異主要在曾國藩麾下軍官是否先將女人挑出，再殺光剩下的人。[67]

十、天與地

天文出現異象。一八六一年七月，一顆巨大彗星拖著明亮的尾巴出現於西北天空，引發北京城民恐懼。城民認為那是皇帝將離開人世的徵兆。[1] 後來在九月五日拂曉，日、月一起升起，五顆已知的行星在天上排成一列，猶如一串糖葫蘆。[2] 中國各地的觀察者早早就起床，觀看這難得一見的五星聯珠奇景。有人說那是清朝將中興再起的跡象，但至少有一位觀察者對如此天象所代表的意義感到不解。趙烈文寫道：「瞻仰昊天，一喜一懼。」[3] 曾國藩本人把五星聯珠視為吉兆，而且湘軍就將在那一天攻下安慶。[4] 但就在他思索天意的神祕不可測時，有一名從北京出發的信使正在快馬南奔的路上，要將皇上駕崩的消息傳給他。

咸豐帝死於一八六一年八月二十二日，享年只三十歲又一個月。直接死因可能是結核，但從較幽微的內心層面來看，逃離京城後未能再回京的他死於羞愧和恥辱。九月十四日接到這消息時，曾國藩寫道「天崩地坼」。[5] 這消息使他鬥志全消。那天晚上他難以成眠，想著這位不幸天子的際遇。曾國藩省思道：「思我大行皇帝即位至今，十有二年，無日不在憂危之中。今安慶克復，長髮始衰，大局似有轉機，而大行皇帝竟不及聞此捷報，鬱悒終古，為臣子者尤感深痛！」[6]

咸豐帝的壯年早逝，對整個王朝來說是個凶兆，因為君王健康與長壽，代表上天滿意他的統治。滿清王朝的統治正當性，大部分有賴於清朝產生了中國歷史上兩位在位最久的皇帝，其中之一的乾隆帝，即咸豐帝的曾祖父，在位長達六十三年，史上未見。因此咸豐帝在位只十一年，在仍年輕力壯之時就病死，令人深感不安。但更令人惶惶不安的，乃是國祚的延續倚賴皇位的父死子繼，而偏偏咸豐帝膝下單薄。[7] 儘管多年來在歡樂的圓明園裡一直有十八位后妃在旁陪侍，但咸豐帝只生了一個能繼承王位的兒子。而一八六一年八月時，這個兒子只有五歲大。

透過一名來自上海的外國訪客得悉咸豐帝已死，太平天國朝廷大喜過望。從戰場回來不久的洪仁玕立即發布檄文，將皇帝的早逝歸咎於失德。他在這份充滿怨恨的檄文中寫道：「咸豐么麼小子，博奕酗酒，取之盡錙銖，揮之如泥沙。圓明園其醉鄉也，設男院其漁色也。今則園已灰燼，身墮地獄。」至於年紀尚幼的皇位繼承人，洪仁玕寫道，咸豐帝「遺數齡之餘孽，難繼妖傳」。鐵正熱，王朝氣數已盡。他宣告道：「正可乘勢頂天，無愧英雄立世。」[8]

洪仁玕對咸豐帝的指控，並非全是他個人所杜撰，而是在轉述過去一年已傳得沸沸揚揚的部分流言，即肆虐中國的諸多災禍乃是咸豐帝及其滿人朝廷失德所造成，他們的失德顯已觸怒上天，使他們失去天命。北京英國公使館的一名醫生在咸豐帝去世的幾個月前報告道，北京的菁英分子似已對清朝不抱信心。與他交談過的人都不支持叛軍，但也告訴他「他們不愛當今王朝，或對當今王朝的穩定不抱信心」。他說：「他們說那曾是個好王朝，存世已兩百年，但曾做為其特色的美德和勇武，已因為奢靡和淫逸的生活而消磨殆盡。」[9]「奢靡淫逸」正是一般人對咸豐帝生活的認知——整個國家逐漸崩潰之際，他卻過著無憂無慮的日子，與后妃窩在圓明園裡。從這個觀點來看，英法摧毀圓明園不是帝國主義行徑，而是上天的審判。

但那些北京菁英不（像曾國藩那樣）認為王朝的覆滅必然是不幸；王朝終會走到盡頭，由更強大的王朝取而代之，那是天理之必然。這位醫生寫道：「他們認為它大限已到，天意要它亡，它不得不亡，它現在已是一蹶不振，即使復興也不可能長久。他們說一蹶不振純粹是構成它的諸多成員道德敗壞所致。」[10]巴夏禮往來長江途中，也在與他交談的幾位清朝官員那兒聽到類似的言論。巴夏禮說，就連武昌的湖廣總督，整個清朝文官體系裡最有權力的官員之一，「似乎都覺得它超乎歷代王朝平均值的國祚，乃是造成它衰敗的足夠原因。」那位總督告訴巴夏禮：「朝廷之弊在於……體制的全然虛假，在北京未先改革之前，要在諸省追求改革，乃是徒勞。」那位總督只是長江流域裡發出類似看法的諸多官員之一，而巴夏禮覺得，「這個時期的不幸跡象之一，乃是有那麼多位高權重之人願意承認局勢敗壞，卻提不出對治之道，並且對這樣的結果，除了訴諸宿命，未提出別的說法來解釋。」[11]

＊＊＊

剛無奈接受安慶失陷的太平天國，尚無力進軍北京，但滿清皇帝之死，讓他們在重整旗鼓之際士氣復振。英王陳玉成被切斷與皖北殘部的聯繫，但李秀成部這時在東邊攻城掠地，幾乎所向披靡。啟程展開那場最終功敗垂成的西征之前，李秀成已攻占上海以西和以北的江蘇省大部；這時，結束經江西和湖北的征途東返，他將用兵矛頭指向江蘇南邊的浙江。浙江是大清帝國人口第三稠密的省分（次於江蘇和安徽），在面積稍小於肯塔基州的區域裡，住了兩千六百萬人——幾乎相當於當時美國全國人口。

李秀成規劃攻占浙江時，愈來愈不理會洪仁玕的意見。洪仁玕身為總理，負責協調諸王意見，批可諸王的行動。但洪仁玕不想拿下浙江，至少當時還不想；他想要安慶，即使該城已經失陷，他仍堅信李秀成和陳玉成能夠再次出征，將之從曾國藩手中奪回。控制長江仍是他鞏固中國南方這一戰略構想成敗的關鍵，他不願放掉長江。那年秋天，他從南京致函李秀成，求他停止攻打浙江，帶兵再溯長江而上，繼續與曾國藩周旋。洪仁玕在函中告訴李秀成：「夫長江者，古號為長蛇，湖北為頭，安（徽）省為中，而江南為尾。今湖北未得，倘安徽有失，則蛇中既折，其尾雖生不久。」[12] 李秀成回函道，安徽首府安慶今已無望，他不願離開浙江。[13] 洪仁玕大怒，但束手無策。

洪仁玕將長江喻為長蛇，以湖北省會武昌附近為蛇頭，上海附近為蛇尾，乃是自古即有的戰略原則，曾國藩也服膺此一原則。該原則不只強調武昌與安慶居於上游的優勢，而且強調應控制廣大的內陸農業生產區，即在此前諸王朝眼中比海盜為患的沿海地區遠更重要的地區。[14] 但這個古老原則未能說明十九世紀上海和其他沿海通商口岸前所未見的經濟發展，也未能說明海上貿易在取得武器和補給物資上的新重要性。李秀成認知到如今在東部可贏得的財政和軍事資源，遠多於過去，因此，儘管洪仁玕力勸他再攻安徽，他仍堅守鞏固富饒且人口稠密的華東諸省的計畫，太平天國的整個戰略重心隨之移到東邊。

洪仁玕敗戰桐城回來之後，整個變了一個人。飄飄然的統兵作戰滋味、桐城戰敗的經驗、他的運動一直未得到有力的外國支持，三者和合，促成他性格中較陰暗的一面顯露於外。他的反清宣傳，仇恨之意更濃，他與其他諸王更為不和。而他不在南京期間，權力結構——一如他所擔心的——已有了微妙但重大的調整。他回南京時，天王已下旨，群臣的奏摺不再需要干王蓋印才轉呈天王，因此他不再是洪秀全與外面世界之間唯一的斡旋者。[15] 天王的兒子洪天貴福這時已獲擢升到僅次於其父親之位，地位高於洪仁玕。洪仁玕仍是掌理對外關係的總理，仍主掌朝政（其他諸王前來他的王府議事，而非他去其他諸王府議事），但他不再是太平天國指揮體系裡公認的第二把交椅。這一貶職，再怎麼微不足道，都令他耿耿於懷，而且忠王不甩他命令一事，儘管將在外君命有所不受，仍意味著干王在整個指揮鏈裡的地位已不再如過去那麼明確。[16]

至少在外國人眼中，洪仁玕仍和過去一樣令人激賞。富禮賜，也就是來南京搜捕英籍傭兵的英國領事館官員，在停泊於長江上的一艘小船上度過數月，洪仁玕從戰場回來後，富禮賜與他會晤。富禮賜說洪仁玕是「我所見過最有見識的中國人」，[17] 並宣稱「如果整個太平天國都是這樣的人，中國很快就會是他們的」。[18] 英國皇家炮兵上尉布拉基斯頓（Thomas Blakiston）記下富禮賜的話，然後以那些話為基礎寫成一本富影響力的書。書於隔年在倫敦出版，名叫《長江上的五個月》(*Five Months on the Yang-tsze*)。此書有助於英國閱讀大眾瞭解干王，讓他們覺得他或許能使太平天國治下的中國步入開明之境。這本書談不上在為太平天國本身辯護，而且富禮賜覺得南京有許多令人遺憾之處；但他也看壞清朝，稱清朝的腐敗是「全國性痢疾」。[19]

富禮賜判定，英國唯一能做的事是冷眼旁觀，讓這場內戰自己打完。英國人必須從大局著眼，從大局考量，外貿短暫受損或傳播基督教之類問題都無足輕重。他主張，中國得走過動亂期，新秩序才有可能出現，「但願英格蘭或法國不要干預打得正激烈的內戰，以免局勢更亂！」富禮賜未表態偏於哪一方，但他坦承令他有好感的是叛軍，他待在南京期間叛軍待他「客氣」、「著實謙恭有禮」。他告訴布拉基斯頓：「和一群人生活在一塊，必然會對他們感興趣，而且喜歡上他們。」[20]

但洪仁玕不在京期間，太平天國遇到幾個外交挫敗。最令人頭痛的是何伯與巴夏禮的無理要求：在這一年結束之前，太平天國不得進入上海方圓五十公里內，或許還不得進入其他通商口岸的方圓五十公里內。但即使撇開這些官方接觸不談，傳教士圈子裡支持太平天國最力的人士，已有一些人在洪仁玕出征期間放棄在南京居住的計畫。艾約瑟於三月第一次前來南京，也就是洪仁玕出征後不久。艾約瑟對南京的初步印象，和去年秋天楊格非的印象一樣正面。他寫信給妻子艾珍道，叛軍首都「居高華美」，天王似乎是「在宗教問題上可以說得動的人」。[21]

但因為一些簡直是枝微末節的原因，艾約瑟搬到南京的計畫告吹。天王給他南京一棟房子供他的傳教團居住，但房子稍小——擠兩家人太小——艾約瑟夫婦找不到願意和他們一起共擠在這麼小間房子的另一對傳教士夫婦。洪仁玕出征在外，南京城裡沒有人為他們爭取較好的房子。艾約瑟不願丟年輕妻子一人在上海，但如果他們單獨住在南京，沒有其他傳教士作伴，他出去傳道時也沒人陪她或保護她。「大家都覺得那樣不妥，」艾珍寫給老家父母的信上說，「我無法長時間落單。」而且她身體虛弱，艾約瑟（與許多傳教士同僚不同）不是醫生。她擔心她時時需要人陪伴，「必會牽制到他工作」。

於是他們打消在南京居住的計畫，決定改去天津。在那裡，他們能得到仍駐守該城的英軍協助，而且天津已是通商口岸，他們能租到自己中意的房子。艾珍不必擔心沒有英國人陪伴，而且他們希望能獲准在北京附近設立傳教團。但那年夏天，艾珍以二十二歲芳齡死於發燒和腹瀉，這些希望終將成為泡影。艾約瑟為她換上結婚禮服，將她葬在天津。[22]

同樣在那幾個月期間，楊格非也決定不住南京。他於一八六一年四月，洪仁玕與李秀成都出征在外時，第二次來到叛軍首都。他覺得南京城安靜到像個死城，幾乎見不到老百姓。所有店鋪都奉天王之命歇業，只因為他愈來愈疑神疑鬼，擔心清廷間諜喬裝成商人潛入南京。在楊格非眼中，人民似乎害怕他們的統治者，天王性情變得更為多變難以捉摸；晚近就有幾個店鋪老闆不顧他的禁令開張營業，結果遭草草處死。但楊格非會晤的太平天國諸領袖仍歡迎他的到訪，表示希望他留下來傳道。但除了不安於南京的情況，他還擔心他從上海洋人身上察覺到的對叛軍的敵意。有位貨運業者拒絕載楊格非的同事艾約瑟到南京，說「他絕不會幫忙送他去和這些『匪徒』（worthless fellows）在一起。」許多洋人怪叛軍干擾絲與茶的貿易，而這位貨運業者正代表了他們的心聲。有鑑於此，楊格非擔心他若住在太平天國領地，會得不到支持或與洋人圈子斷絕聯繫。

最後他選擇到武昌對岸的漢口設立傳教團，即一八六一年三月何伯和巴夏禮已開闢的通商口岸。八月他乘汽船抵達漢口時，下游打了許久的圍攻安慶之役正步入尾聲，漢口則牢牢掌握在清廷手中。英國在漢口派駐了領事（把李秀成的信留住未發的那個人），而且漢口有定期郵寄服務，因而他覺得長遠來看漢口比南京安全。但在漢口，他未感受到在南京那種無偏見的開放和好客，畢竟在南京，天王親自對他下了歡迎外國傳教士的詔旨。漢口和武昌以曾國藩的追隨者居多，他們對洋傳教士似乎毫無好感，與叛軍的態度截然相反。曾國藩把清朝和太平天國的戰爭稱作本土儒家與外國基督教的戰爭，從這個觀點來看，傳教士正在宣揚叛軍的教義。因此，仇視基督徒漸漸成為湖南人引以為傲的特點。楊格非在漢口與某個湘軍將領共進早餐時，就體會到他的傳教士同僚在曾國藩勢力範圍內的省分將面臨的處境。那名將領吹噓過「湖南的軍事偉業和湖南人的勇武」後，向楊格非解釋道：「不擔心他們會相信耶穌，耶穌的宗教不可能會在那個著名省分紮下深根。」[23]

洪仁玕等人不在南京期間，至少羅孝全繼續待在那裡，住在干王府二樓套房。但比起初來時，這位白髮浸信會教徒更加困惑於自己的職位，而據訪客所說，他仍對謁見洪秀全時不得不下跪心懷不滿（事後來看，那是他唯一獲准拜見天王的時期）。他也抱怨太平天國領袖不願接受他的宗教指導。[24]但他繼續在英文報紙上為叛軍辯護。一八六一年三月，即洪仁玕離京去招兵的兩星期後，羅孝全投書上海《北華捷報》，駁斥某些人所謂太平天國只能打天下、無法治天下的說法。「現在不是談和平的時候，」羅孝全寫道：「在殺光『妖朝之人』以前跟他們談和平，就好比在殺光亞哈全家之前跟耶戶談和平。」[25]

羅孝全為太平天國繼續興兵反清辯解，招來英語報紙主編的嘲笑，儘管隨之常招來支持他的人的激烈反彈。《北華捷報》於一八六一年九月刊出一篇社論譴責他，但在收到——用那些主編的話說——「我們不得不承認比我們所認知的更大大贊同他的來信」之後，該報幾乎立即又刊登一篇社論收回前述意見。[26]《德臣西報》指羅孝全從「既不明智且站不住腳」的角度來看待叛軍，指他主張他們擁有的「消滅反對者的權利和義務，就和神權統治下的猶太人所擁有的權利和義務一模一樣」。[27]但他們全文刊出他的投書，而那些投書輾轉傳入了英語系世界。特別是在美國，他的投書引起熱烈的反應，替太平天國贏來普遍的支持，因為羅孝全是他們自己人。[28]

羅孝全的觀點是舊約聖經的硫磺烈火觀（譯按：硫磺烈火是懲罰有罪者的地獄之火），把太平天國視為在替上帝懲罰罪人。他在一八六一年七月投書《德臣西報》說：「革命，特別是內戰，不為一般人所樂見，也肯定始終不為一般人所樂見。」[29]但在中國境內的暴力行動背後，他看到有個「更高的力量」在運作。「上帝未冷眼旁觀這場（太平天國）運動，」他寫道：「上帝說過，『哪一邦哪一國不事奉你，就必滅亡。』」羅孝全表示，當前在中國進行之事，不折不扣是上帝對不願事奉祂的清帝國——甚至是中國歷代王朝——的懲罰報復。羅孝全深信，一如約書亞消滅迦南人，太平天國也是在遵奉耶和華摧殘滿清帝國的旨意。最後，他為這場戰爭的發起給了極盡冷血的理由，斷言，「從最崇高戰爭的角度來看，如果殺掉這國家一半的人，將使另一半的人得以認識何為正義，那其實不是比維持現狀來得好嗎！」

＊＊＊

清朝皇位的五歲繼承人是咸豐帝妃子葉赫那拉所生。葉赫那拉是年輕貌美的滿族女子，十五歲時就被咸豐帝選入宮中為妃，二十歲時生下一子。咸豐帝所生的小孩，只有兩個活超過一天，那個兒子是其中之一（另一人是女兒，無權繼承皇位）。[30]男孩成為皇位的當然繼承人，年輕的葉赫那拉在宮中的地位，頓時由第三級妃嬪「貴妃」升格為皇太后，級別與已故皇帝的皇后相當。後來葉赫那拉以她皇太后的徽號「慈禧太后」名聞中外。[31]日後，慈禧太后將和英國維多利亞女王並列十九世紀世上最有權力的女人；但在那時，她身為新皇帝生母的地位，仍是有名望而無實權。

至於真正的權力轉移，咸豐帝於臨終時指派八名他最親信的滿人大臣——肅順、載垣、穆蔭、端華和另外四人——輔佐他的幼子。照傳統做法，新皇帝太年幼而無法主政時，由一名或多名顧命大臣總攝朝政。顧命大臣通常是已故皇帝的兄弟或堂兄弟，將代幼皇帝掌理朝政，直到他成年為止。清初兩位年幼皇帝就經過這樣的攝政過程，但當年的經驗告訴後人，必須交出大權時，顧命大臣通常不想放。清初那兩位皇帝成年後，都發生險惡的權力鬥爭。但由於咸豐帝繼承人年紀特別小，肅順等八位顧命大臣可望掌理朝政至少十年，才會受到成年皇帝挑戰。

這些大臣正是當初隨咸豐帝避難承德避暑山莊的那些滿人大臣，屬於朝中主戰派，痛恨洋人在國內出沒。他們希望廢除新簽的條約，覺得恭親王奕訢對洋人太軟弱。他們主掌朝政之後，恭親王為新設的總理各國事務衙門所擬的計畫——亦即竭盡所能安撫洋人，同時集清朝僅餘之力對付太平天國——能否施行，隨之出現問題。但對曾國藩來說，他們掌理朝政是件好事，因為他在朝廷的最大靠山肅順是顧命八大臣之首。事實上，立皇太子由八大臣輔政的諭旨，就是由肅順代寫；咸豐帝臨終時非常虛弱（官方檔案如此記載），無法提筆親寫諭旨，於是由他口述，交他最信任的大臣寫下。[32]

對顧命八大臣權力的唯一牽制乃是兩位皇太后：葉赫那拉和咸豐遺孀慈安皇太后。咸豐死前給了她們各一枚代表皇權的印章。以小皇帝之名發出的任何諭旨，都必須蓋上這兩個印章才算合法。諭旨將由顧命大臣擬制，但兩位皇太后擁有印章，實質上擁有否決權。較年長的慈安皇太后一如預期，恭順好說話，但八大臣很快就發現，葉赫那拉不想事事照他們的意思辦。隨著她申明自己的獨立地位，揚言撤回對他們決策的批可，清一色男性的八大臣和新皇帝生母之間的緊張開始升高。

十月下旬，咸豐帝梓宮終於運回北京時，雙方的緊張關係白熱化。護送梓宮的行列浩浩蕩蕩，皇上遺體放在棺材架上，由一百二十人擡著。身為顧命八大臣之首，肅順護送皇上遺體，其他大臣先行，以便梓宮抵京時迎接送葬行列。兩位皇太后與先發隊伍同行，在門簾緊閉的大轎裡護佑小皇帝，小皇帝安穩（且具象徵意義地）坐在他生母大腿上。其他顧命大臣就在前面，伴隨她們而行。先發隊伍於十一月一日抵京，受到大批身穿白色喪服的文武官員和眾多好奇民眾迎接。那天天氣很好，涼爽晴朗，萬里無雲。[33]

兩位皇太后比肅順早一天抵京，迅即有所動作。她們一抵京，恭親王就帶了一支衛隊前來晉見。走在兩位皇太后前頭的其他顧命大臣想阻止他接近小皇帝，一如先前他們阻止他晉見逃難的皇兄。但這時京城是恭親王的地盤；與英法交戰之後，他恢復了北京的秩序，很得民心，而且改組後的北京衛戍部隊效忠於他。[4] 諸位顧命大臣想阻止他靠近小皇帝，恭親王揚言誰敢阻攔，他的衛隊就不客氣，於是如願見到皇帝。

在避暑山莊時，兩位皇太后就已和恭親王的弟弟祕密會晤了數星期，這時候雙方——擁有皇上印章的兩位皇太后和在京城有權有勢的恭親王——則照著先前談定的計畫行動。恭親王陪她們進京，隨侍在側。那天下午，肅順仍在護送皇上靈柩途中，恭親王召集群臣，宣讀經兩位皇太后蓋印、以小皇帝名義發出的聖旨，指控肅順等大臣叛國。不久，他又拿出另一道聖旨，下令逮捕他們治罪。當天晚上，恭親王的弟弟率領一支滿人衛隊馳往肅順紮營處，在帳中將其逮捕。其他顧命大臣在各自的北京住所被捕，恭親王將聖旨公告於京城各處。

加諸八大臣的諸多罪名，主要圍繞著那場喪權辱國的對外戰爭來鋪陳，其中一條指控八大臣以賣國建議誤導咸豐帝，導致清廷與英法兵戎相向。聖旨指責他們劫持巴夏禮等特使，因而失信於英法聯軍，招致額爾金揮兵入侵京城。除了要他們為洋人入侵一事負責，這道聖旨還指控他們違反皇上本身的意願，阻止皇上回京。[35] 最後，慈禧太后個人指控他們假造那道指派他們為顧命大臣的遺詔。她宣稱咸豐帝死前那一天，她一直待在皇上床邊，說他身子弱得無法開口講話，更別提口述遺詔要臣子寫下。

案子很快就審畢定讞。不到一星期，宗人府（審理宗室貴族案件的司法機關）就裁定顧命八大臣犯了上述所有罪行。其中五人遭革職，發配西部邊疆。三位高階成員——載垣、端華、肅順——被判死刑。慈禧太后特賜年長的載垣和端華以絹白盡，以彰顯她的仁慈，但那其實只是象徵性的恩賜；他們事實上被吊死在宗人府的地牢裡[36]。對她的頭號對手肅順，她就沒讓他這麼好過。十一月八日下午兩點，在眾多人民圍觀下，他在北京菜市口被砍頭。[37]

下令逮捕顧命八大臣的那道聖旨，還以小皇帝的口吻要求她的生母慈禧太后應親掌朝政，應從最高階親王中擇一或多位大學士輔政。[38]於是，以恭親王為首席軍機大臣，慈禧成為清朝的新統治者。

＊＊＊

洪仁玕返回南京後，繼續和來京的傳教士會面，儘管他已開始厭倦於討好他們。大部分傳教士遠不如楊格非與艾約瑟那樣有手腕或老練。赴中國傳教雖是去解救眾生，卻也是危險工作，投入這份工作的洋人中，狂熱分子和品性可慮者占的比例特別高。在上海租界，有許多人（即使不是大部分人）瞧不起生活在他們周遭的傳教士；有位年輕美國人在家書中寫道，傳教士「到處可見，但很抱歉，我得說他們的名聲不如在國內那麼好」。[39]有位英籍海關官員參加了一場教會禮拜式，禮拜式「由為了看來較崇高的職業而放棄補鞋匠工作的某人」帶領。事後他在日記裡寫道：「國內找不到更高尚的人來傳教，實在令人遺憾。」[40]

就有一位這樣的傳教士，使洪仁玕在族兄洪秀全面前很難堪。有關此人的原始資料未提及他的名姓。這位洋人在南京待了幾星期，夜裡住在河中小船上，白天在南京城裡傳道。身為涉外事務的主管，洪仁玕得為這名傳教士在京城裡的行為負責，但他無法每天跟著他四處跑。一沒人管，這位傳教士就開始在街頭宣講洪秀全不是真正的天王，太平天國不是真正的天國。他妖言惑眾的消息，最後傳到洪秀全耳裡，洪秀全開始留意。有一天夜裡，這位傳教士聲稱有急事要與城裡的洪仁玕談，說服兩名城門守衛不顧禁令打開南京一道城門。此事危及京城的安全，也觸犯了整天疑心有敵人祕密滲透進來的天王大忌。據洪仁玕所述，這兩名城門守衛「挨了一千大板，差點就被砍頭」。[41] 洪秀全接著拿掉洪仁玕主管太平天國涉外事務的職掌。

這件事之後不久，有位來自香港的老朋友，倫敦傳道會的郭修理（Josiah Cox）來到南京。洪仁玕與理雅各一同傳教時，郭修理就認識了洪仁玕，但看到干王時他差點認不出那就是當年他認識的那個傳教士助理。洪仁玕胖了許多，而且比起當年那個「清瘦、衣著破爛、積極的本地助手」，他似乎變得「比較粗魯」。[42] 第一次接見時，洪仁玕坐在王座上，冷淡、難以捉摸，顯得有點距離，感覺因郭修理的出現而幾乎渾身不自在。他與郭修理交談時，語氣中透著厭煩。他說：「考克斯先生，你知道我一直對外國人和傳教士很友善；這給我帶來麻煩，讓我遭到貶職。」他表示歉意，但也很坦白。他接著說：「老友來訪，我本該早點來迎，但我恥於見你。」郭修理告以好消息，想讓他高興：他告訴洪仁玕，在英格蘭，他們如今已知道干王是誰，干王將把中國帶往什麼地方。他們對他寄望甚高。郭修理說：「那裡有許多人關心你事業的順遂，我們教會的長者要我鼓勵你信守聖典。」洪仁玕回以「我感激在心」。[43]

然後郭修理問到在南京開設傳教團的事，洪仁玕差點勃然大怒。他站起來，滿臉漲紅，高聲說第一個搞得他名聲大壞的人就是個傳教士。他跟郭修理說起那個詆毀天王的洋人，說那人如何拿洪仁玕的名號在夜裡騙守衛開城門。他告訴郭修理，就因為那個傳教士輕率的行為，「我被降了兩級，拿掉涉外事務主管一職。」他忿忿告訴郭修理：「現在我和涉外事務沒有瓜葛，你別跟我談正事。」然後他坐回王座，順一順他的黃龍袍，想恢復平靜。

洪仁玕讓郭修理在南京只待了一晚和隔天部分時光，但已足夠讓這位傳教士知道洪仁玕在南京的家人和朋友非常擔心他。羅孝全低聲道，洪仁玕的印刷部員工，有兩位剛因為未照天王要求更動印刷品內文而被天王下令處死。洪仁玕的哥哥（洪仁玕離開香港後安排在理雅各家為僕的那位），不久前才帶著兒子前來南京和洪仁玕同住，他私下告訴郭修理：「傳教士不該來，因為教義不同，天王不會容許自己教義以外的其他教義存在。」他懇請郭修理為了他弟弟好，勿在南京傳道，以免引來「又個干王朋友在批評我們教義」的閒話。[44]此外，天王的教義與西方傳教士所宣揚的道理愈來愈背道而馳。在新近頒布的一連串詔旨中，天王表明世上沒有聖靈；聖三一除了上帝和耶穌基督，第三名成員就是他本人。由於洪仁玕對天王的影響力可能不保，郭修理擔心洋傳教士與太平天國領導人的關係只會更糟，從而太平天國朝廷與洋傳教士所屬政府的關係也只會變糟。

但在那堵恐懼與前途未卜的高牆背後，那個過去的洪仁玕——一八五二年春出現在韓山文家門口的那個圓臉客家人，讓理雅各「特別喜愛，極為敬佩」的那個人——仍偶爾現身。對郭修理來說，舊洪仁玕於他到訪那天下午出現在他眼前。他們一起用餐，然後，洪仁玕終於變得隨和，回到他過去的樣子，如郭修理親切說到的，找回「他過去那種充滿感情且流利的言談」。他生動談起他從香港跋涉到南京的故事，透露他對太平天國未來令人振奮的希望。他訴說出征時維持軍紀的不易。那天他帶郭修理參觀了他的王府，府內房間擺滿書籍和洋人送的紀念品，但金銀財寶讓郭修理投以責備目光。他不以為然地將洪仁玕的世間財寶看過一遍，向他的老朋友說：「哇！你變了，現在有錢了。」郭修理接著又說：「我仍是以前的我，擁有平和。」[45]

洪仁玕心裡猛然罩上一層陰影。他答以：「世上多的是在天上無一席之地的王。」

十一、十字路口

馬克思於一八五三年預測，太平叛亂將大大削弱英國在華貿易，從而「將火星拋到現今工業制度過度負載的地雷上」，但事實上最初的發展並非如此。英國對華貿易在這場叛亂期間反倒成長，只受到卜魯斯禁止與叛軍通商的限制。上海與廣州等通商口岸的中國商人仍購買棉織品和印度鴉片，販賣茶葉和絲，而且數量都有增無減。就在這場戰爭席捲上海周邊地區時，英國貿易也是成長，跌破所有預測和預期。因為，一如事實所表明，當本地的運輸網瓦解時，中國商人只剩一條路可走，也就是將他們的茶和絲賣給洋人，出口到國外。因此，即使在一八六〇年太平軍橫掃江蘇時，即使在英國人從上海向逼近的太平軍開火之後，絲的出口不只未減少，反倒在隔年成長三成。[1] 事實表明，中國這場內戰不足以撼動英國既有的全球貿易格局，至少在只有中國烽火連天時是如此。但一八六一年夏美國也爆發內戰時，這個格局就開始動搖。

一八六一年春夏，英國決策者正面臨清帝國可能瓦解的局面時，在地球另一端，美國也走向流血裂解之路。格雷伯爵在貴族院發言臺上提醒「毀掉亞洲政府容易，為其換上新政府不易」時，美國南方邦聯在阿拉巴馬州的蒙哥馬利成立才十天。那年三月艦隊司令何伯正與中國叛軍打開關係時，林肯在華府就任總統。到了四月，湘軍與太平軍在安徽的戰事升高時，美國已有十一州脫離聯邦。一八六一年七月，鮑超與曾國荃正在安慶城外屠殺數千叛軍戰俘時，美國內戰第一場重要戰役於維吉尼亞州馬納薩斯附近的布爾河畔爆發。

英國夾處於兩場戰爭之間，中國與美國是英國前兩大市場（對中貿易包括直接貿易和經由印度的間接貿易），而蘭開夏的紡織廠——英國工業的命脈——靠兩國的局勢穩定來維持。這些英格蘭工廠所購進的原棉有四分之三來自美國南部，成品則有將近一半在遠東賣掉。[2]美國棉花供應可能在不久後中斷一事，令英國政治人物大為憂心，憂心英格蘭的國內製造業經濟會垮臺——南方邦聯有許多人指望英國因為這層憂心而派兵參與美國內戰。而事實上，儘管一八六一這凶險的一年到來時，英格蘭的貨棧裡堆得滿滿的原棉，但是擔心日後供應中斷的恐慌，不久就把價格推升到使英國紡織業在亞洲無法獲利的地步。中國人自己也種植並加工棉花，但工業化的英國能以低於中國產品的價格出售自家紡織品到中國，不過，美國內戰爆發後情況改觀，因為英國紡織品變得太貴，中國人不再向外購買。英國對華出口一落千丈；從一八六一至一八六二年紡織品貿易額少掉三分之二，而且還繼續在減少。[3]英格蘭工廠開始一家家關門，到了一八六二年十一月，蘭開夏的失業率已達六成。[4]棉荒已然降臨。

但棉花只是英國對外貿易的一部分。過去，英國商人在中國購買的綠茶有三分之二由美國人喝掉。但由於美國市場的這一需求也消失，英國商人不得不往國內市場大倒存貨，結果可想而知。（如同上海某位英國商人直截了當說的：「國內的茶葉市場已經完蛋。」）[6]如果對華貿易自成一體，不受外在因素影響，英國人或許會因美國爆發內戰而短暫憂心，但最終只是一場虛驚——就像在美國還天下太平的時候，他們經受住中國的內戰那般。但對英國人來說，中美兩國的市場盤根錯結，密不可分，因而到了一八六一年晚春，兩場戰爭的同時進行已危及英國經濟命脈。

但有個辦法可能讓英國化險為夷。照額爾金所簽條約而新開放的中國通商口岸仍然冷清，但未來看好。由於英國在其熟悉的中美境內市場銷量都暴跌，英國人開始尋找新市場，而最有勝算的辦法似乎是擴大在華貿易——不只進出口貿易，還有通商口岸之間的貿易，特別是長江沿岸口岸間的貿易。畢竟在長江這條大河上，洋人的蒸汽動力船比起當地靠帆槳驅動的船大占優勢。由於美國內戰爆發，中國的通商口岸重要性大增，成為尚未開發而可能挽救英國對外貿易免於垮掉的寶地。然而這些口岸正好位在中國戰區的中央。隨著美國情勢急轉直入，益發混亂，英國迫於形勢，開始重新評估過去耐心面對中國變局的政策。簡而言之，就是不能再等：在中國境內，英國得擁有有利可圖且日益擴張的市場，而達成這一目標的最直接辦法似乎有賴於叛軍的配合，至少在初期是如此。而至目前為止，英國一直避免和叛軍建立貿易關係。

對英國境內大部分人來說，中國是遙遠的異域；但美國，一如達底拿在白河口毅然指出的，則與英國有著血濃於水的關係。因此，對中國這場已經打了十年的內戰，英國一貫的因應作風是拖沓而遲疑不決，與此相反，對美國內戰的因應則明快俐落，毫不遲疑。一八六一年四月十七日，林肯宣布封鎖南方邦聯所有港口，這項戰爭行為使這場衝突從國際法的角度來看更接近內戰而非僅僅是叛亂。五月十三日，英國政府宣布承認南方邦聯的交戰國地位做為回應。此舉表示英國將把南方邦聯視為競逐統治權的獨立政府，而非不合法的叛亂組織。英國政府代表維多利亞女王，要求英國人民對美國內戰採中立態度。

交戰國地位意味著南方邦聯能向英國銀行借款，能向英國製造商購買武器和必需品（但不含炮艇）。南方邦聯希望英國政府帶頭更進一步表態，正式承認南方邦聯為抗擊北方聯邦入侵的獨立國家。為此，南方邦聯派外交官赴英格蘭與法國，為他們國家的實質主權地位辯護，因為國際法原則建立在現實情況上，而非建立在當事人所希望實現或聲稱已是事實的情況上——或如羅素勛爵所說的：「交戰國權利問題，關鍵不在原則，而在事實。」[7] 帕麥斯頓和羅素私底下支持南方邦聯獨立，希望美國永遠一分為二，降低其對英國世界貿易霸主地位的威脅。

英國境內的中國政情觀察家，個個都看得出中美兩國情勢的相似，英國政府給予南方邦聯交戰國權利那一天，倫敦《泰晤士報》刊出一篇社論，呼籲給予太平天國類似的權利。由於清廷成立由恭親王主持的總理各國事務衙門（英國視之為額爾金「大聲敲打京城城門」的可喜結果），還有艦隊司令何伯走訪南京一事，極有可能讓英國如願和叛軍建立通商關係，英國因此覺得有可能同時與中國境內的兩個政權發展出有益且友好的貿易關係——而《泰晤士報》認為這一情勢將是中國「邁入光明未來的第一步」。

該報主編主張，欲與內戰雙方建立有利可圖的貿易關係，關鍵在於英國保持中立，而保持中立的關鍵，在於英國正式承認太平天國如南方邦聯一般，不只是叛亂團體，還是爭奪統治權的政府。他們寫道：「實質主權地位在南方首都得到確立已有十年，我們希望這一主權地位至少在他（南京天王）的交戰國權利裡得到承認。」他們撇開道德考量，認為為了英國未來在華貿易的現實利害，必須承認這一地位。他們接著說道：「他掌控了中國的水路大動脈，我們若不與他磋商，就只有打他。前一選項似乎容易，另一選項則是愚蠢至極。」[8]

兩個星期後的五月三十一日，來自格里諾克（Greenock）的蘇格蘭籍國會議員鄧洛普（Alexander Dunlop）在平民院發言，呼籲政府承認太平天國在其控制區裡的主權地位。他在發言中稱太平天國為「諸省的實質統治者」，中國境內「兩衝突團體」之一——將太平天國界定為交戰勢力的主要詞句——且要求政府責令中國境內的英國人在交戰雙方之間嚴守中立。那和英國政府剛宣布的對美政策如出一轍，若成為官方政策，卜魯斯將不能再禁止英國商人與太平天國通商，太平軍攻打清廷所控制的城鎮時，艦隊司令何伯也不能干預。此外——儘管鄧洛普表示他並無此意——英國商人將可以自由販售步槍、軍需品、非武裝的汽船給中國叛軍。炮艇則不在此列，仍受到國外服役法（Foreign Enlistment Act）的禁止（但美國的南方邦聯已在尋找此一政策的漏洞）。巴夏禮和何伯要求太平軍不得進入上海方圓五十公里一事，將不得施行。而一如在美國所見，承認太平天國為交戰團體，等於是往承認他們為獨立國家邁進一步。

根據羅素勛爵在過去數個月一再堅持的主張，鄧洛普要求的中立政策本該是英國一貫遵守的行為準則。但在國會裡提出這項動議，顯示已有愈來愈多國會議員懷疑明訂的政策和中國當地的實情有很大落差。在他的發言中，鄧洛普表示：「有足夠的事證證明，我國駐華代表所宣告的中立，就叛軍一方來說，並未真的守住。」在他看來，南方邦聯與太平天國的相似之處，明眼人都看得出。他主張：「太平天國向中國皇帝開戰，獲得成功已有很長時間，和美國的諸分離州一樣有資格獲承認為交戰團體。」[9]

鄧洛普洋洋灑灑列了英國違反中立的事例，而且這些事都傷害英國與叛軍的良好關係：一八五八年額爾金航經南京時炮轟該城；卜魯斯於一八六〇年接受清廷付款以支付守衛上海的開銷——鄧洛普稱（小心避用「傭兵」一詞）此舉已使中國皇帝得以「將我們女王稱作他的封臣之一，我們女王出兵保衛中國，然後如屬國般從他那兒領取報酬」。他提到卜魯斯警告英國商人勿與太平天國通商以免違反國際法一事。鄧洛普說：「同一個原則無疑未被用於美國的諸分離州上，英國國民未被警告不得與南卡羅來納州來往。」鄧洛普說，他所希望的，只是英國對所宣示的中立政策說到做到。他說：「如果勛爵大人向他保證會在中國施行不干預政策，他會樂於撤回動議。」[10]

鄧洛普有強力奧援。另一位蘇格蘭籍國會議員，來自格拉斯哥的布坎南（Walter Buchanan）附和道，英國應「在中國採行我們已在歐美宣布，做為我們政策基石的那個原則，不干預原則」。他質問為何英國駐華公使如此明顯偏袒清廷。他說：「我們看到這個古老帝國分崩離析，看到充滿活力的新勢力、新種族在競相追求進步與文明，我們要死抱著他們之中最虛弱、最腐敗、最不開明的一方嗎？」太平天國（在此他提到洪仁玕的影響力）已「承認並接受西方文明的影響」，而且證明了「他們並未自外於新思想的影響，也不像滿人那樣死抱著不關心及鄙視他國的作風」。換句話說，太平天國是中國的進步黨，如果英國得支持誰，非他們莫屬。[11]

至於太平天國的主權地位這問題，又有一名蘇格蘭籍國會議員，來自蒙特羅斯自治市（Montrose Burghs）的巴克斯特（William Baxter）痛批英國國內那些將太平叛軍斥為「出沒於鄉間，犯下殺人與驚人暴行……沒有正規政府或穩固地盤，十足的搶匪和海盜」的人。他主張——由此可看出倫敦一地支持太平天國的賽克斯與史卡思等人宣揚的主張日益為人所接受——「實情是他們占據了中國最富裕、最有生產力的六省；而且（帕麥斯頓）已承認做為獨立政治勢力才幾個星期的美國南方諸州的交戰國權利，卻看不出他不該拒絕已占據中國大片土地長達八年的太平天國擁有那些權利。」[12]巴克斯特提醒臺下同僚，滿清在北京加諸外國人的暴行，太平天國並未犯下。

羅素與帕麥斯頓不為所動。畢竟，英國要能與中國境內叛軍進行有利可圖的貿易，得先假定那些叛軍真能治理他們控制的地區，並維持那些地區的秩序，而他們兩人受到卜魯斯意見的影響，都不願接受這項假設。因此他們反駁道，承認太平天國這項動議沒有實際意義；他們主張英國在中國從未違反中立，以後也不會。羅素把剛收到的艦隊司令何伯初訪南京圓滿達成任務的消息告訴議會，並引述何伯向太平天國諸王的保證：英軍不會像先前在上海那樣阻止他們接近其他通商口岸。羅素問：「那不是中立嗎？」（第二輪談判時，何伯與巴夏禮要求太平軍不得進入上海方圓五十公里，並試圖要求在其他通商口岸也比照辦理，而這一輪談判的消息這時尚未傳回英格蘭。）羅素嘲笑巴克斯特所謂太平天國比清廷更人道的說法，間接表示他的對手失去中立，支持其中一方。「嘿，我可比議員閣下中立許多，」羅素說，臉上帶著得意的笑容。「我對那個國家的文明一直不怎麼欣賞，對中國人的人道作為又更不欣賞。」[13]

但羅素以較願意化解歧見的口吻說，英國不可能放棄在華的中立政策。他說：「那是我們在其他國家所採取的路線，」語氣中認知到他們拿中國與美國相提並論，「我看不出為何在中國不該照辦。」他認為清廷敉平太天叛亂或太平天國徹底推翻滿清「絕無可能」，但認同其對手的看法，即「我們不該選邊站……我可以向閣下保證，政府的立場將始終會是支持中立」。[14] 帕麥斯頓勛爵重申「我們的政策是維持絕對的善意中立」，結束了這場辯論。他保證，艦隊司令何伯與太平天國達成的新協議，將確使「我們與他們占領的那些地區的通商受到應有的保護，不會遭打斷」。他說，提升與清廷和叛軍兩者的貿易有益於英國，因此，失信於其中任何一方，都將是有害無利。這項動議因此沒有必要。[15]

鄧洛普滿意羅素的答詢，照約定撤回動議。《泰晤士報》認為這場辯論結局圓滿，達成了一項「共識，即不管我們所有人對通往中國重生之路有多清楚的認知，從各方面來說，我們都萬萬不該淌這渾水」。[16]

***

這個時候，李秀成的叛軍正在浙江攻城掠地，所向披靡。浙江省會杭州被圍八週後，於一八六一年十二月底陷落——比起曾國藩部隊圍攻安慶，李秀成花的時間少上許多就攻破杭州，這有一部分是因為杭州城裡有兩百三十萬人，很快就面臨無糧可食的困境。[17] 到了十二月十三日，食物已經吃光，守軍殺役畜和騎兵隊的戰馬來吃，百姓煮樹根和樹皮來吃。[18] 十二月二十九日，居民受迫於類似安慶居民的絕境，打開城門迎降，街頭上有數千具餓死的屍體。但相似之處就止於此。陷落之前，李秀成部隊將招降傳單射進城裡，承諾不傷百姓，並給他們加入太平軍或自謀生路這兩條路選。[19] 大體上看，這個辦法似乎奏效。杭州城陷落一星期後，該城附近一名忠於清廷之人以沮喪口吻寫道：「因忠王有令不許傷百姓一人，故杭州百姓並不加兵（譯按：並未協助官軍對抗他）……故百姓皆不苦長毛，而轉以官兵為病云。」[20] 這人寫道，杭州的暴力傷害大部分是自己強加於自己，而非出於叛軍之手；滿營的滿人官兵自焚而死，許多清朝官員自刎，但城中老百姓受的傷害相對較少。[21]

李秀成知道曾國藩的安慶暴行對民心的影響，因此在杭州竭力以較高的道德標準要求太平軍。與過去太平軍大肆屠殺滿人的做法大相逕庭，李秀成給杭州城裡的滿人和官員生路，儘管其中許多人最終選擇自殺。太平軍進城時，浙江巡撫在府邸懸梁自盡，但李秀成花錢請人將遺體運到上海厚葬，甚至用心將他的官服與官帽放入棺中一起下葬。[22] 他說那是因為他佩服此人的忠心事主。至少有一名清朝官員為這位叛軍將領意想不到的義葬舉動感到驚愕。他以納悶口吻說道：「豺狼也，豈尚有人心哉？」[23]

杭州是省會，因此是浙江全省的樞紐，該城失陷對清朝在華東的前景是重大打擊。但從某些方面來看，太平軍在同一時間對較小的沿海城市寧波的進攻，意義更為重大，因為寧波是通商口岸。自與巴夏禮和何伯在南京協商以來，太平軍首次測試何伯是否信守約定不阻擋太平軍進攻。寧波位於上海正南方，隔著杭州灣與上海相望，兩地走海路距離只約一百六十公里，走陸路則是兩倍遠。從上海走陸路過來，得先往內陸到杭州，再調頭往海的方向才到寧波。寧波距上海甚近，因此寧波的清朝官員寄望洋人也守衛該城，老早就請卜魯斯派英軍過來。但卜魯斯知道防衛上海已引發爭議，母國政府不想再重蹈覆轍，因此發文給他的寧波領事，告知如果內戰戰火蔓延到該城，他該清楚表明「我們不參與這場內戰」。[24] 但同時他也致函艦隊司令何伯，說「我認為我們不能把保護寧波的責任攬在自己身上」，但如果能在「不致違反我們對這場內戰抱持的原則下」，在該城展示英國海軍武力，他認為這麼做或許能將叛軍嚇跑。[25]

艦隊司令何伯照自己的意思解讀這些指示（和他本人對太平天國領袖的承諾）。一八六一年五月，情況顯示太平軍把矛頭對準寧波和浙江其他地方時，他派樂德克（Roderick Dew）上尉駕駛配備十四門炮的遭遇號（Encounter）前去勸阻。何伯要樂德克與最接近上海的太平軍統兵官接觸，仿效三月時巴夏禮成功阻止陳玉成攻打漢口那樣，「告知他攻占與破壞寧波城將嚴重傷害英國貿易」。何伯要樂德克上尉警告太平天國將領，在英國外交官與南京的太平天國領袖聯繫上之前，「不得對該城有敵對行動」。更狡詐的是，何伯雖承諾英國人不會反對叛軍控制通商口岸，卻說出巴夏禮未明說的那個威脅。他告訴樂德克：「不必言明必會動用武力，你就讓他想起去年在上海發生的事。」[26]

警告太平軍勿靠近寧波後，樂德克要親赴該港，協助當地的清朝官員「設下各種障礙阻止叛軍拿下該城」。何伯提醒樂德克，他揚言英軍會動武制止叛軍，只是想嚇唬他們，如果太平軍真的硬幹，樂德克絕不可對他們「真的開戰」。何伯下達給樂德克的指示中，就只有這點體現英國中立政策的精神。但何伯似乎認為即使那個約束都可能只是暫時的，因為他要樂德克從寧波回報「你所認為足夠守住該城的備用歐洲部隊兵力」。

但賽克斯、格雷、鄧洛普和巴克斯特等議員的主張起了作用，羅素勛爵恪守他的承諾。他在七月二十四日給卜魯斯的信中，正式批准何伯下給樂德克的命令，但只認可白紙黑字的部分，即嚇唬就是嚇唬，不能真的動武。他表達了強烈（且虛幻）的希望：如果太平天國能被說服而遠離那些通商口岸，清廷或許也會同意不用那些口岸來當攻擊叛軍的安全基地，於是就能避開衝突，同時不危害到英國貿易。但從卜魯斯或何伯的來信，都看不出清廷會同意將通商口岸視為中立區。無論如何，羅素雖同意何伯命令的字面意思，羅素回信卻語帶尖刻，反映他意識到何伯急於找個藉口來開戰。在給卜魯斯的信中，他最後嚴厲告誡：「但你會瞭解政府希望無論如何都不要對叛軍動武，除非為了保護英國國民的性命和財產。」兩個星期後，他更清楚說明政府的中立要求：他寫道，除開真為了解救英國國民免於「折磨或死刑」，否則英國在華部隊「絕不可干預這場內戰」。[27]

但何伯和卜魯斯已在為政策萬一改變該如何因應預為計畫。六月十六日，卜魯斯寫信給何伯，告訴他「我很同意保住寧波所能帶來的好處」，但承認「我得到的指示未讓我得以名正言順用武力來達成這個目的」。[28] 他要何伯耐心以對，心想一段時日之後中立政策說不定會退位。他指出，太平天國已答應在這一年結束之前都不動上海，而等到這段期限到期，倫敦政府說不定已因為他轉呈的叛軍轄區破壞情況報告，重新思考不干預政策。他告訴何伯，明眼人都看得出清廷太弱，壓不下這場叛亂，但如果太平天國贏了，他擔心會更不利於英國，因為他們滿腦子「不切實際的意圖」，肯定會「比現行王朝更難對付、更難控制」。

卜魯斯的想法不再那麼固執。他認為，或許英國不必冷眼旁觀，看中國落入太平天國之手。還有別條路可走，即何伯第一次溯長江而上時構想的那條路：英國人可將所有通商口岸都納入保護。卜魯斯一改其原本思維，推斷他們甚至能在不違背國會的中立要求下這麼做。清朝正使用來自通商口岸的關稅支付英國戰爭賠款，因此，關稅的順利徵收與英國本國利益密切相關。如果叛軍拿下通商口岸，切斷清廷的貿易收入，清廷將無法償付賠款（這時仍有數百萬兩賠款待還），叛軍實際上將會切斷英國的收入來源——幾乎可以說是向英國開戰的行為。卜魯斯認為，在上述情況下，英國或許可以保護通商口岸使不落入叛軍之手，同時仍嚴守中立。

循著此一思路導出不顧後果的結論，卜魯斯問何伯是否能派一整隊英國炮艇上行到南京。英國在華兵力不足以守衛所有通商口岸（事實上，這時候上海的英軍不到八百名，而且大部分是印度人），[29]因此，何伯的海軍或許可「作勢將要教訓（叛軍）首都」，逼他們不靠近諸口岸。

值得嘉許的是，艦隊司令何伯於七月十一日回覆道，攻打南京將是「最失策的舉動」。[30]（兩個月後羅素讀到卜魯斯的來信時，也力表贊同。）但何伯如此主張，純粹出於現實利害。他向卜魯斯解釋，南京太大，非海軍所能攻下，若真要攻南京，英國得派大批部隊登陸。即使如此，這一攻擊最終大概也只是將叛軍趕到更內陸，而對這場叛亂的整體走向毫無影響。何伯認為，只要太平天國諸王仍在南京，英國人至少還能和他們協商。儘管何伯沒有明說，但卜魯斯的計畫勝算不大，因為何伯非常清楚海軍武力的局限。英國炮艇的確遠優於太平軍的水上武力，但炮艇只在水道近旁掌有絕對優勢。如果太平軍大軍與英國部隊在陸上交手，鹿死誰手，殊難預料。

奉艦隊司令何伯指示，樂德克上尉開始在叛軍與清廷之間跳起巧妙的芭蕾舞。他先於六月南航寧波，察看該城防禦虛實，發現非常糟糕。只有一千名未好好編整的守軍，城牆上的舊炮也沒有彈藥。他針對如何強化寧波防禦，提了一長串建議給清軍守城主將，然後回航上海，循著河道和運河駛入內陸，拜訪距上海約三十公里的青浦太平軍守軍（他們駐守該地未被視為違反勿入上海方圓五十公里的約定，因為在巴夏禮前往南京之前太平軍就已控有該城）。樂德克上尉抵青浦前不久，重新招募新血組成的華爾洋槍隊剛攻打過那裡，而當樂德克上尉接近青浦時，可想而知遭到守軍開火攻擊。鑑於不受歡迎，他南下拜訪駐守乍浦的另一支太平軍。乍浦位在杭州灣岸，距上海約八十公里，隔著杭州灣與寧波相望。樂德克上尉的通譯稱該地的叛軍軍官特別怪胎，「身穿最亮眼的有色綢服，非常華麗，個個又髒又有病在身，手臂上布滿金鐲和痂。」樂德克上尉會晤的第一位太平軍軍官，詳述了太平天國與洋人的友好關係，要樂德克纏上他的黃頭巾。[31] 隔天他見了部隊統兵官，那人告訴樂德克他未打算進攻上海或寧波，還請樂德克提供槍和彈藥。他告訴樂德克，有許多洋人到太平天國的城市賣槍。

離開乍浦後，樂德克乘船再下寧波，並帶去十二門來自上海英國軍械庫的大炮，以強化該城防禦。（何伯覺得除非由英國人親自操炮，否則不算違反中立。）樂德克發覺從他離開到這次再訪期間，寧波官府「除了拔掉城牆牆面的雜草」，未在禦敵上有任何準備。他們完全沒有理會他提的那些建議，甚至城牆上既有的火炮仍無彈藥可用。但樂德克上尉第一次到訪時就已向寧波的清軍主將私下透露，他認為上級會向他下達協防該城的命令，因此，如果清軍未費心自己保護該城，他難辭其咎。[32]艦隊司令何伯得悉寧波防務的糟糕時，斷定英國試圖與清廷合作一事毫無意義。後來他寫信給英國海軍部說，「除開動用武力協防」，樂德克上尉已竭盡所能協助清廷守衛該城，但「由於清廷官員的懦弱無能」，他的協助「完全無效」。[33]

叛軍逼近時，寧波變成空城，有辦法離開的人都棄城而去。駐寧波最高級官員，寧紹臺道的道臺，買了一艘小汽船，停泊在近岸的海上，家眷和家當都搬到船上，但他只顧安排自己後路，未邀守城主將一起逃跑，守城主將憤而要官兵阻止道臺離城，因而那艘汽船航往上海時，只載了道臺的家眷。剛抵達寧波的英國領事夏福禮（Frederick Harvey）於十一月十二日寫道：「這個城像荒漠，只有航運業有在動。外國汽船正忙著以天價費用，將急欲離開該港的中國人運到上海。」十一月二十日，外國當局要城裡所有中國話說得不流利的傳教士來外僑居住區接受保護，外僑居住區位在江水對岸，這座有城牆環繞的中國城市東邊。[35]

十一月二十六日，叛軍距寧波城約五十公里，夏福禮報告道：「當地官府似乎士氣渙散，無力自保。」十二月二日，太平軍距寧波城只一日步程，一群英國人騎馬出城，請求太平軍統兵官一星期後再開始攻城。太平軍統兵官百般不願，還是同意了（英國人為何做此要求，原因不明，除非樂德克仍希望上級會允許遭遇號在叛軍抵達寧波時向叛軍開火）。那位如今形同被關在城裡的道臺向法籍的海關收稅員提議，只要他願組成一支外籍民兵隊，出城攻打太平軍，就給他五萬兩銀子，後來因道臺不願預付那筆錢而計畫停擺。為了穩定軍心，阻止官兵逃亡，城中各處貼了不實的告示，說有六艘英國與法國軍艦，帶著六百名洋人部隊，正從上海趕來守衛寧波（包括兩百名被不知感恩地稱作「黑鬼」的錫克人）。[36]

十二月九日，延遲一週攻城的期限一到，六萬名太平軍兵分兩路出現於寧波城門外，城外旗海飄揚，鑼聲與號角聲震天。一支突擊隊先攻，拖著梯子泅過寧波護城河。他們將梯子往城牆一靠，「像野貓般」往上爬。[37]守軍鳥獸散，迅速脫下軍服，想混在逃難的平民裡。突擊隊從城牆另一邊下去，打開南面和西面兩座城門讓其他太平軍入城。不久後夏福禮報告道：「寧波如今已完全且無可置疑地落入太平軍手裡。」[38]

這次攻下城池，死傷相對較少。與夏福禮的預期相反，未有大肆殺人之事。除開清軍逃離寧波城前放的火，城裡也沒有人放火。[39]雖有劫掠之事發生，他驚訝報告道，叛軍行事「出奇節制」。夏福禮協助道臺搭英國船逃到上海——對於此事，他思索了一陣子，然後斷定那不會違反中立——然後在十二月四日，夏福禮與美、法兩國領事一道，從外僑居住地搭船到江對岸的寧波城，與兩名叛軍統兵官會晤。這兩名統兵官和先前在戰場上一樣友善，說「他們希望和所有洋人友好，和睦相處」。三名領事表示，他們希望先前在清廷治下洋人享有的通商和居住特權一切照舊，占領期間不得傷害歐美人。兩名統兵官欣然同意，並主動表示凡是騷擾洋人者，一律處死。然後三名領事回到外僑居住地，關閉清廷海關，以示寧波不再歸清廷管，因而他們不再有義務替清廷效力。

從叛軍的角度看，占領寧波是一大成就。只花少許死傷就拿下該城，而且完全沒有傷害到洋人財產。此外，太平軍與歐洲強權完全沒有起衝突，這讓他們覺得巴夏禮和何伯的確信守他們於三月時在南京的承諾，未阻擋太平軍奪取上海以外的通商口岸。這讓太平天國重新燃起可和洋人和平共處的希望。到了一八六二年一月上旬，寧波城裡已經平靜，人數不多的歐洲僑民已開始邀太平軍軍官赴他們的晚宴。[40] 叛軍已經以行動告訴歐洲人，清軍完全無法延遲他們沛然莫之能禦的攻勢，而且與上海的官府宣傳相反，他們不是一心要禁絕中國對外貿易的破壞力量。

但英國駐寧波的最高階高員夏福禮領事，認為那完全稱不上是個成就。一月三日，他向倫敦報告，說寧波城裡「普遍平靜」，但仍無貿易，城裡仍無商人（大部分商人已搬到舟山這個尚未遭戰火波及的離島）。情勢在在表明，英國人不需擔心受到太平軍的傷害，但夏福禮的職責在督導通商事宜，而太平軍拿下該城才幾個星期，他就開始擔心貿易將從此停擺。毫無「中國正派商人回來的跡象」，他如此寫道。[41]（但他似乎太早下此論斷：八個星期後官方的《中國貿易報告》（*China Trade Report*）會寫道：「人民……回來甚多。該港口的貿易正在復甦，似乎很有可能完全恢復。」）[42]

夏福禮坦承，太平軍竭盡所能維持安定，履行所有承諾。他們貼出告示，呼籲人民重拾舊業。他們打算開設海關，關稅稅率如同先前清廷所課，他們甚至給三個月的免稅期，慶祝他們以和平手段拿下這個通商口岸。他報告說，他們竭力證明「他們不是外界常說的禍害」，表明「欲與我們和睦相處的……強烈意願」。但在這種種表象底下，夏福禮只察覺到謊言和欺騙。他確信他們培養友誼的舉動「建立在恐懼和缺錢上」。他們不可靠。[43]

* * *

一八六二年元旦，中國前途未卜。北京和南京兩方政府的高層都在改組人事，以迎接這場勝負無人能預料的內戰的下個階段。曾國藩個人的權力基礎隨著湘軍的成功而日益壯大，他繼續打這場戰爭，在安慶——如今是他堅不可破的要塞——建立了新大營，並計劃率手下大將東征，進入叛軍國度的心臟地帶。在安徽和安徽背後的華中，他的權勢如今無人能挑戰，只要他仍效忠於新朝廷，清朝也會屹立不搖。但放眼全局，曾國藩部隊控制區以外的清朝領土，幾乎處處都已非朝廷所控制。石達開率領的叛軍自成一支，橫行於湖南西邊的四川。西南部的穆斯林居住區公開叛亂反清。捻軍的馬隊繼續肆虐華北平原。這三股勢力之間的地區則落入非正式民兵部隊、土匪幫，以及地方強人之手。沒有希望，沒有方向。

拿下杭州後，忠王——年幼時在華南製炭為生的貧苦生活，如今已幾乎不復記憶——統率的兵力逾百萬之眾。安慶失陷切斷南京與華中的聯繫，使太平天國首都的側翼門戶大開，損失不可謂不大，但太平天國仍擁有遼闊富饒的東部。在東部，清軍勢力有可能已被掃蕩一空。這時李秀成幾乎掌控江蘇、浙江兩省全境，而在承平時期，這兩省上繳的稅占了清朝年收入的整整四分之一，被譽為「因擁有豐富資源而在任何方面都非世上其他同樣面積的地方所能比擬的地區」。[44] 拿下杭州與寧波後，他下一個進攻目標理所當然就是上海。拿下上海，整個拼圖才完成。他需要上海的錢莊、上海扼控沿岸的地利、上海未來的外貿收入。他需要掌控江蘇和浙江全境，不容許其中有一個清廷據點。過去兩年的發展已經告訴他，太平天國的英國「兄弟」不可能給他們應有的承認或尊敬。於是，一八六二年一月，天王不攻上海的承諾到期，李秀成開始準備再度出兵上海，而且這一次不是以輕武裝懇求對方配合的姿態前往。李秀成從未真的相信太平天國能贏得洋人的友誼，只是洪仁玕一直阻止他對洋人動武。但如今洪仁玕已被拔掉掌管涉外事務的職務，不再有決定權。

英國政府已重申不干預中國內戰的承諾，議會恪守中立原則，但對在華的洋人來說，艦隊司令何伯的干預念頭幾乎已是明眼人都察覺得到。卜魯斯竭力不偏袒任何一方，但仍希望在他表達英國人對太平天國的承認之前，先見到寧波當地華商接受太平天國的入主。他在一月十八日寫道：「在我們與他們建立更密切關係之前，他們應先得到（這樣的）國民承認。」[45]他要靜觀其變，再決定如何行動。同時，夏福禮領事針對叛軍治下死氣沉沉的寧波所寫的沮喪報告，已踏上送回英格蘭之路。何伯寫給海軍部的一封信，跟著夏福禮的報告同時發出，信中報告了杭州陷落之事。即使何伯知道李秀成放杭州滿人一條生路，以及厚葬浙江巡撫之事，他在這封信中卻隻字未提。他也未提到太平軍進城後的寬大處置，如何大異於曾國藩在安慶的大肆殺戮（兩艘行駛於長江的汽船，陷入從安慶漂流而下的浮屍陣中，船上乘客回上海後說出此事，因而上海居民對安慶殺戮之事非常清楚）。何伯只以寥寥數語報告道，叛軍拿下杭州後，「據說犯下了他們常有的暴行」。[46]

在這些令人憂心的報告之前，卜魯斯幾個月來已把他所聽來太平天國會大肆破壞的跡象轉告外交部。卜魯斯希望這些跡象會使羅素勛爵相信，不管議會中有強烈道德原則的自由派議員希望在中國得到什麼，不干預政策將使英國在華貿易停擺。而由於美國內戰對英國經濟構成的威脅，英國不能輕言放棄在華貿易。

這些報告經謄抄、摺疊、放入信封再封口後，塞進專門裝官方公文的大皮袋，踏上前往英國的兩個月旅程。它們先由定期郵船送到上海，在那裡與其他郵件一起裝進大木箱，由中國挑夫扛到外灘。挑夫排成一列，踩著快步，在擁擠骯髒的街上左閃右躲，將木箱扛到高高堆著棉花袋和鴉片木箱的碼頭上，最後將木箱搬上停泊在港口的一艘黑色長郵船。那些大木箱是最後一批上郵船的貨，郵船上已滿載乘客，甲板上擠滿竭力掩蓋心中的寬慰——寬慰於終於逃離這汙穢、疾病、格格不入與可怕的地方，航向故鄉——向前來送行者愉快揮舞手帕的男女。[47]

但這些報告並非孤單遠行，因為在一八六二年一月十五日，從碼頭解纜航進黃浦江的這艘郵船上，巴夏禮是乘客之一。終於獲准放假回英格蘭探親的巴夏禮，經過多年劍拔弩張的談判、遠行和折磨，已處於「緊張、心力交瘁的狀態」，極度渴望暫時離開在中國爭鬥的生活，安靜休息一陣子。[48]他在北京被俘時的英勇表現，受到本國同胞的高度肯定，將以戰爭英雄之姿回英格蘭。畢竟英法聯軍燒掉圓明園，主要就是因為他的緣故。他的受辱吃苦，乃是讓英國在那場戰爭中唯一師出有名的一點，英國緊抓住此事不放。因此，他將以名人之姿返國，將受倫敦上流社會人士的舉杯歡祝，將受到民眾的歡呼打氣，將以三十四歲之齡受英女王封為第二等巴思爵士（Knight Commander of the Order of the Bath），成為有史以來最年輕獲此殊榮的人之一。

卜魯斯認為他轉呈的報告和信件深具說服力，但再怎樣都不如不久後將受封為爵士的巴夏禮有說服力。他能口說言談，而且他的發言是英國公眾急切想聽到的。這時他的觀點比卜魯斯更為悲觀。巴夏禮在中國所做的最後一件事——使早就想放假返鄉的他不得不為此延遲請假——是與南京的太平天國領袖再度商談，要他們延展不靠近上海的期限，結果遭拒。這次談判破裂，在激烈互責中不歡而散，何伯底下一名指揮官因此氣得揚言，叛軍若敢靠近上海，聯軍不只會像以前那樣把他們轟回去，還會以「你們的愚行所應得的更嚴重後果」懲罰他們。[49]這時，巴夏禮比他的任何同胞都更清楚知道，叛軍已不想再接受英國的要求。因此，他也是以預言家的姿態返回英格蘭，將說明那場正要襲來的風暴。

一月十七日，《紐約時報》一名記者從寧波發出報導，說：「中國一片黯淡，我們不知明天會如何。」[50]

第三部

太平

十二、破釜沉舟

曾國藩需要更多兵力。湘軍已經拿下安慶，但一旦拿到那個據點，其東邊就緊鄰著一大片由叛軍控制且有數千萬人口的土地。太平天國仍掌控皖北數個重要城鎮，英王陳玉成退至該地，如今準備再戰以雪前恥，而在安慶下游至南京的長江兩岸，也牢牢掌控在叛軍手裡。此外，在南京的東側，有整個東部沿岸，是曾國藩無望拿下的地方。經過長達一年的圍攻安慶之役，官兵疲累不堪，有許多人想回家；他擔心士氣漸漸低迷。[1] 但湘軍可以牢牢掌控這座城市，因此曾國藩一邊思索下一步，一邊集中全力重建該城。他接管了安慶的巡撫衙門，改為兩江總督衙門。儘管安慶多年不在清廷轄下，他請求朝廷繼續以該城為安徽省會。在他的指示下，龐大民工開始重建安慶城的府學和試院（帝國文明最具體的象徵）。他們修補了城牆。這位新兩江總督終於在所轄三省的其中一省，有了體面的權力基地。

曾國藩直接控制的土地——主要是安徽省南半部——面積相對較小，而且民生凋敝，狀況極糟。

在長江以南，祁門和休寧周邊屬多山地形的數個縣，經過一年半的安慶戰役，農業生產已完全瓦解。山谷中的稻田為雜草覆蓋，山坡上的茶樹未經修剪，漸漸荒蕪。逃入山中捱過這場戰禍的農民，食物已經吃光，餓著肚子。曾國藩手中經費拮据，幫不了他們多少（照理要由那些種稻、種茶葉的農民來供養他的軍隊，而非由他的軍隊供養他們）。奉曾國藩指示，安徽官府在皖南山區設了救濟站，發粥給饑民。共有七個救濟站，每站能餵飽三千人。他希望能做點好事，但在寄回湖南的家書中坦承，皖南情況太糟，他開始聽到農民吃死人的傳言。[2]

清廷對付太平天國的戰事，這時由曾國藩掌控全局，而隨著他的心思轉移到如何在遠比他全力攻打安慶時大上許多的新戰場致勝，他開始改造自己的軍隊以為因應。接下來往南京推進需要更多兵員，為此，他於一八六一年十一月，也就是拿下安慶兩個月後，派弟弟曾國荃回湖南，招募六千名湖南新兵。從政治上來看，此舉帶有風險；他還不知道使肅順失勢的北京政變之事，而且繼續擴大私人武力——由他弟弟在家鄉省分招兵買馬——會激怒朝中批評他的人，那些人原本就認為他日益威脅到朝廷的威權。但他於十一月十六日上奏摺解釋他為何決定從湖南招募新兵時，並不知道朝中政局的變化。他信誓旦旦表示，「本可乘賊情驚惶之際，直搗金陵老巢」，前提是他有足夠兵力。最佳辦法是「曾國荃一軍深入賊之腹地」，他寫道：「坐失機會，實屬可惜！」他解釋道，新招的湖南新兵可駐守湘軍已拿下的城鎮，使老兵得以隨他的弟弟出征，攻向下游的叛軍首都。[3]

但即使他弟弟如願招募到六千新兵，兵力仍然不夠。誠如他從一開始就主張的，欲消滅敵人「老巢」只有一個辦法，即將之團團圍住，切斷所有補給和增援管道，因此戰場不只安慶與叛軍首都之間約三百二十公里長的河邊平原地區。即使他能讓弟弟的部隊直攻到南京，即使他能透過長江持續補給該部隊，叛軍首都的其他側面仍未被堵住。要完全切斷南京與外界的聯繫，他得拿下皖北，也就是得消滅仍盤據該地虎視眈眈的陳玉成部；得牢牢控制長江以南的皖南，也就是在圍攻安慶之役期間他勉強控制住的那個地區；還得控制從浙江省和省會杭州通往南京的通道；尤其得拿下太平軍於一八六〇年輕易就攻占的南京以東諸下游城市——無錫、常州，以及最重要的，李秀成大本營所在的園林城市蘇州。

一套戰略開始在他腦海中成形。他構想兵分三路，一路由安慶出發，往東順長江而下，進向南京。另一路由左宗棠率領，從江西進入浙江南部，然後轉北，從南邊攻打省會杭州。第三路——後勤問題最大的一路——起於江蘇省，從東邊往回打，攻向蘇州和南京。欲實現這個構想，他得想辦法在太平天國的另一邊部署一支可靠的部隊，但沒有安全路線可讓那支部隊繞到太平天國另一邊，而派數千官兵直直穿過敵境中間，危險是他所不敢想。但從某個角度來說，這根本是毋庸考慮的問題，因為在他能搞定如何將部隊部署在南京另一邊之前，得先有這支部隊存在。就在他弟弟回湖南招募更多新兵時，他擔心湖南的人力消耗太甚，不久後湖南會無壯丁可招。[4]

因此，他一改過去的一貫做法，擴大兵員招募來源，派身材瘦高的三十八歲安徽學者李鴻章回到皖中的家鄉，募集一支全新的地方民兵部隊，補強湘軍戰力。李鴻章一如曾國藩，是翰林中人，是通過科舉最高層考試的人中龍鳳。他比曾國藩年輕十一歲，他父親李文安於一八三八年在北京與曾國藩同時考取進士，他父親與曾國藩因此結下一輩子的情誼。李鴻章通過鄉試後，一八四四年初次來到北京，準備考進士，當時曾國藩即收他為學生。一八四七年李鴻章以優異成績考中進士。[5] 因此，李鴻章與曾國藩締結深厚關係，既是因為父執輩的交情，使曾國藩猶如他的叔父，更重要的是因為他拜曾國藩為師。照儒家說法，一日為師，終身為父。

但要經過一段時日，曾國藩才倨以李鴻章帶兵的重任。青年才俊李鴻章志向遠大，而身為他恩師的曾國藩對此知之甚明。儘管彼此相識多年，且李鴻章的哥哥已投入曾國藩幕府，李鴻章於一八五八年第一次來湘軍大營找差事時，曾國藩並不歡迎他這位學生。事實上，李鴻章來的第一個月，曾國藩還對他完全不理不睬。李鴻章大為喪氣，最後要一位幕僚去問曾國藩為何不見他，不和他講話。曾國藩挖苦回道：「此間局面窄狹，恐艨艟巨艦，非潺潺淺瀨所能容。」[6]

接下來幾年，曾國藩用心挫這位晚輩的傲氣（例如他睡懶覺時，叫衛士硬將他拖下床），而李鴻章則努力讓恩師相信他的忠心與謙遜。他們有意見不合之處，曾國藩在祁門時，李鴻章甚至棄他而去，但到了一八六二年，兩人的關係已經穩固，曾國藩決定讓李鴻章統率一支兵力僅次於湘軍的個人部隊。曾國藩麾下有比李鴻章更忠心的大將，有比李鴻章作戰經驗更豐富且更能打仗的大將，但他們無一人和翰林李鴻章一樣是進士出身。挑選將材時，曾國藩極看重學問。

一八六二年初，李鴻章開始運用與湘軍幾乎一模一樣的一支地方民兵部隊，也就是淮軍。他以曾國藩在湖南開創的那種方法招兵買馬：在家鄉親自招人，組成來自同一家鄉的部隊，讓士兵為他們本就認識的軍官效命。藉由這些方法，他糾集了七千名安徽農民，一八六二年將他們帶到安慶，交由湘軍有作戰經驗的部隊訓練。淮軍將遵循曾國藩為湘軍擬訂的組織原則、思想教育方法，以及紮營與作戰規則。因此，李鴻章的淮軍幾乎是曾國藩所建湘軍的百分之百翻版，其內部遵循一模一樣的個人關係邏輯——只是淮軍來自別省（儘管淮軍將當初訓練他們的幾營湖南部隊納入編制，使這種地域之別也變模糊）。在其他方面，淮軍是湘軍的小翻版，唯一重大的差別在於淮軍得聽命於人；李鴻章聽命於曾國藩，而曾國藩雖然形式上得徵求朝廷許可，其實未聽命於哪個人。

處死肅順，整肅其黨羽之後，慈禧太后與恭親王最終決定留住曾國藩。他們沒有理由把軍政大權交給這位漢人將領，而非交給忠心的滿人，但他們也知道沒有湘軍的支持，他們壓不下太平天國（而由於清朝正規軍的腐敗無能，曾國藩若不聽命於他們，他們也管不住他）。於是在一八六一年十一月下旬，也就是處死肅順兩個星期後，他們以幼皇帝的名義發布一連串上諭，再次確認咸豐帝在肅順敦促下授予曾國藩的軍政大權；曾國藩仍是管轄皖贛蘇三省的兩江總督，同時節制那三省的軍務，具有前敵指揮大權。[7] 但新政權對他的重用不止於此，恭親王和慈禧太后更進一步提高他的職權，將浙江省的軍務也歸他節制，顯示他們極力欲取得並保住曾國藩對新政權的忠誠。江南四省——清帝國最富裕、人口最稠密的四省——的巡撫，將歸他直接管轄。清朝立朝至今，未有漢人官員獲俱以這麼大的權力。

升官的消息先傳抵曾國藩大營，再傳來政變的消息，這兩個消息都令他大為吃驚且不解。他於一八六一年十二月十五日收到再度任命和升職的上諭，在浙江省於叛軍殺戮下日漸瓦解之際，得悉浙江歸他節制的新職責；寧波已失陷六天，省會杭州陷入重重包圍，兩星期後也會失陷。那重新喚起他過去對於辜負重用與失敗的憂心。他在日記裡寫道：「權太重，位太高，虛望太隆，悚惶之至。」「思陸放翁謂得壽如得富貴，初不知其所以然，」如今他才終於理解那話中之意。他夜半未寐，坐在案前，思索歷史上「得虛名而值時艱者，往往不克保其終。思此不勝懼」。[8]

但一得悉政變和顧命大臣遭處死與流放的消息，他就漸漸比較理解為何朝廷授予令他承擔不起的大權。十二月二十三日，北京一位友人的來信告知他，朝廷已落入不知名的皇太后之手，如今由她「垂簾聽政」。三天後，一船要送給曾國藩的無價珍寶運抵安慶：慈禧太后賜予他的稀有禮袍、貂裘、綢緞、御用玉指環、地毯和其他寶物。[9] 意思非常清楚。新政權為取得他的效忠而拚命拉攏他，此舉令他坐立難安，他一再上奏婉拒督辦四省軍務之職。[10] 一八六二年二月得悉他們也授予他大學士之職時，他奏請皇上待他真的收復南京，再授予他的家人官爵。[11]

儘管曾國藩一再聲明受之不恭，一旦認清慈禧太后為確保他繼續效忠，幾乎什麼都肯做之後，他開始善用手中的新權力。由於有了朝廷的堅定支持，一八六二年頭幾個月，華東的行政大權由曾國藩和他的門生完全接管。他本人續任兩江總督之職，並指派他最信任的部屬接任職級僅次於他的巡撫之職。他的忠心門生李鴻章署理江蘇巡撫，下轄上海、蘇州與南京。曾國藩的湖南同鄉左宗棠，即在安慶戰役期間使祁門的補給線不致遭切斷的那位統兵官，受命浙江巡撫，下轄寧波與杭州這兩個重要城市。他另有兩個門生分別出任江西及安徽巡撫。整個戰區，包括更上游的部分內陸地區，如今全由唯曾國藩馬首是瞻並且大部分來自湖南的一批人全權治理。[12]

就這些人事任命來說，如果一省受清廷的控制較穩固（例如江西），親手挑選巡撫意味著曾國藩能將該省（大不如承平時期但總數仍很可觀）的許多稅收，挪去支應在戰事最激烈的省分裡，他的部隊所需的薪餉和物資。但在江蘇和浙江之類受叛軍控制的省分，巡撫一職比較像是懸在將領眼前的戰利品；如果那位將領能從叛軍手中收復他名義上管轄的省分，他就能在該省省會坐上巡撫之位，享受隨之而來的權力與威望。

當然，清廷正用同樣的原則來驅策曾國藩為其賣命。他所獲賜具有實權的高位顯職，乃是朝廷所能給予他，讓他甘願在戰爭中冒生命危險消滅叛軍保住王朝的最強有力獎勵（其實是唯一能給的獎勵）。南京則是最大的戰利品。南京不只是叛軍的首都，還是位高權重的兩江總督衙門歷來的所在地。如能擊敗太平天國，南京就可能是他的。在弟弟曾國荃正於湖南招募新兵以便攻打南京、他的門生李鴻章正在招兵買馬組建淮軍之時，曾國藩把最遠的目標擺在收復南京和在南京等著他們——他自己、他的幾個弟弟、整個曾家和曾家後代——奪取的不朽個人榮耀。這是促使曾國藩效忠清廷不渝的最大因素。因為如果清朝垮掉，將無榮耀可得，將無權力可得，他的兒子也將得不到不朽的遺產。清廷引導他走到一個使這兩個目標——為王朝收復叛軍首都、為家族拿下南京城——同時存在且不可分割的境地。因此，為了諸弟和諸子，在王朝已瀕於瓦解之際，他再度把自己和滿清政權拴在一塊。

＊＊＊

那年冬天，洪仁玕過得並不如意。他在南京的官場生涯從一開始就受苦於緊繃的拉扯。他對族兄天王堅定不移的效忠把他拉往一個方向，而他欲拉攏洋人到太平天國陣營則把他往另一個方向拉。傳教士要求他「修正」叛軍教義，他自己這邊的人則期盼他爭取洋人支持他們的反清戰爭。事實漸漸表明，兩者各行其是，都不可能實現。他出征安慶不在南京期間，這一緊繃關係迅速惡化，而且誠如郭修理看到的，到了一八六一年秋他返回南京後，他已瀕於崩潰。洋傳教士來到南京，帶給他些許空洞的承諾，而他們所屬國家的外交官，對待太平天國諸王粗暴且專橫，提出離譜的要求，讓主持涉外事務的洪仁玕為此受罰。洋傳教士看準叛軍一再拉攏洋人而占叛軍的便宜，卻未有任何回報。

洪仁玕以族兄對他的寵信為賭注，呼籲和洋人交好，許多率領太平軍在外征戰的王和統兵官，因為干王的要求而繼續愛護他們的「洋兄弟」。但隨著向洋人示好未受到理睬，他在都城開始受到批評。他成為耳語戰術的靶子，有人指控他所器重的洋傳教士在顛覆天王的權威，指控他保護並鼓勵他們，從而使他本人說不定威脅到太平天國的存亡。這些指控令他難堪。郭修理登門拜訪時，洪仁玕正努力脫離洋人圈子；他與洋人走得太近時，例如與郭修理走得太近時，出手保護他的是他憂心忡忡的親哥哥。到了一八六二年冬，南京城裡只剩羅孝全一位傳教士。

然後，就連羅孝全都離他而去。

這位美國傳道士說，他不得不離開南京，因為一八六二年一月十三日洪仁玕終於瘋了。羅孝全說，那一天干王拿著一把長劍闖進他位於樓上的住所，「毫無預警或正當理由」，當著他的面殺掉他的中國僕人。然後，「殺掉我那位無辜又無力保護自己的可憐男僕後」，洪仁玕轉向他，想激這位白鬍傳教士還手，以便用同一把劍了結他。洪仁玕「像極魔鬼」跳到僕人的屍體上，用他穿著綢布鞋的腳猛踩僕人一動不動的頭。然後他衝向羅孝全，推開羅孝全坐的長凳。見羅孝全沒還手，洪仁玕拿起一杯茶，朝羅孝全臉上砸去。然後他抓住這個老人，猛搖他，朝他右臉頰猛甩一個耳光。羅孝全轉身，洪仁玕往他左臉頰又一個耳光，打得他兩耳嗡嗡作響。羅孝全挨了兩個耳光仍未還手，洪仁玕終於放下他，「像隻狗般」對他吼，要他「滾開」。[13]

一星期後，羅孝全搭上一艘行經的英國炮艇逃離，匆忙中丟下他的所有書籍和衣物。一月三十日他出現在上海，兩眼圓睜，上氣不接下氣，回到他因加入叛軍行列而睽違了十六個月的租界。凡是肯聽他說話的人，他都向對方說洪仁玕已經發瘋。抵上海後不久，他發表了他的遭遇，列出一長串的指控：指控洪仁玕殺了他的僕人，指控他曾想殺死羅孝全本人，指控他搶了羅孝全所有書籍和衣物。他寫道，「我原是（這個）革命運動組織的友人」，但「過去我有多支持他們……現在就有多反對他們」。曾為叛軍執掌對外宣傳大旗的羅孝全，從此成為對叛軍批評最尖刻的人。

後來才發現這位美籍傳道士的故事，大部分是他個人所虛構。一如他曾鼓起如簧之舌誇張地頌揚叛軍，如今他亦以同樣的手法痛批叛軍。那位「遇害」的僕人似乎後來出現於上海，活得好好的。羅孝全所謂遭洪仁玕搶走的書籍和衣物也送到上海，由這位老傳教士領回。而他的故事，每次重述都不盡相同。在最早的版本裡，他說洪仁玕那位「苦力哥哥」唆使他殺了那個僕人，但接下來幾星期，他哥哥在這件事裡的角色愈來愈吃重。六月，有份在香港出版的小冊子說，羅孝全終於承認洪仁玕其實沒有攻擊那名僕人；毆打那名僕人的是洪仁玕的哥哥。而打人也不盡然是毫沒來由，那個僕人犯了罪

（罪名不詳，有份原始資料說他在干王的步道上大便），羅孝全想護他，不讓他受罰。正是這種偏袒作風，使洪仁玕招來府內自己人批評，而他哥哥動手打那個僕人，可能就是為了不讓他受到那些批評。沒有證據顯示羅孝全本人受到攻擊。[14]那一天激動失常的，似乎是這位來自田納西州的傳道士，而非干王。

洪仁玕本人把他與羅孝全的爭吵稱作一件小意外，儘管他有可能刻意淡化其重要性以隱藏他心中的失望。對於此事，他只說由於「一日因些少誤會（羅孝全）即便不告而別，逃出城外，無論如何不能挽留之」。[15]但不管在南京那個寒冷的一月天干王與羅孝全之間究竟發生了什麼事，從那之後，在上海，再沒聽到有誰替洪仁玕講話，從而沒聽到誰根據宗教理由發言支持叛軍。這事對太平天國對外關係的傷害很大。誠如當時某人所遺憾說道，這位美籍傳道士的背棄南京，意味著「將我們新教傳教士與太平運動連在一塊的主要環節如今已經斷掉」。[16]從此，叛軍與他們國度以外的世界之間沒有直接的溝通管道——不管那是正確的、誇大的、不切實際的、批判性的或其他的管道。

這事就發生於上海洋人正在防備李秀成部逼近之時，時機可說再糟糕不過。在如此渾沌的時期，這消息使任何可能替叛軍講話的人就此噤聲。因為，至少就目前來看，太平天國最開明的王——溫和、圓臉的洋傳教士寵兒，引領中國進入十九世紀全球潮流的新政權首腦——似乎一直都是個假象。而隨著干王的外在形象化為一縷青煙，隨之跳脫出來的黑暗內在是隻怪物，和其他所有怪物沒兩樣的怪物。

＊　＊　＊

一八六一至一八六二年那個冬天，曾國藩在安慶耐心擴編、訓練他的部隊時，在孤島般的上海，鄉紳和當地官員只能自求多福。他們於十一月時派了一支小代表團到上游安慶，淚眼乞求曾國藩派湘軍到他們的沿海貿易重鎮保護他們。他們承諾，只要他能保住上海，憑著海關收入和當地商人的捐款，他們每月能付給他數十萬兩銀子。但曾國藩一開始並未答應；他很清楚上海是個大財庫，但從戰略上看，他的焦點在南京，上海位在南京的另一邊，距離太遠。從湖南農民的內陸視角來看，上海是世界的盡頭。他告訴他們耐心以對，說李鴻章於來春訓練好他的淮軍時，他或許能找到辦法幫他們。但那至少是幾個月後的事，代表團空手而回。

鑑於太平軍幾乎肯定會在冬天這幾個月期間來犯，英國人和法國人也未保證出兵保護，上海的有錢華人除了依靠他們花大錢組建（卻幾無戰果可言）的華爾洋槍隊，別無辦法。上海商人給華爾的承諾——付以高薪，破城後任由他的部隊洗劫——沒變，於是在重賞驅策下，儘管英國政府幾次阻攔，這位在美國塞勒姆出生的菲利巴斯特仍繼續經營他的傭兵隊。前一個夏天從艦隊司令何伯的旗艦脫逃之後，華爾偷偷回到他位於松江的基地，重新召集他殘破民兵隊的餘部。經過前面幾次戰敗和英國人的查抄，只剩六十八名外籍傭兵，但他們仍擁有拿破崙野戰炮，而且如果能攻破西北方約十五公里處的青浦城，他們仍能依約得到大筆財富。

前一年，華爾的洋槍隊至少四度攻打太平軍控制的青浦城，都未能得手，這個夏天他們再度進攻，依舊鎩羽而歸。他們使用和先前一樣的打頭陣策略——由他們這小股外籍部隊先用火炮轟城門，強攻城牆，然後大批清軍跟進，攻入城裡，趕走守城叛軍。但增援的清軍再一次未準時出現。洋槍隊慘敗，華爾失去已殘破的部隊將近三分之一的兵力。這未讓他得到上海洋人的同情；華爾在華組建民兵隊之舉，令上海洋人甚為難堪，因而得悉洋槍隊在青浦慘敗，他們感到寬慰。許多洋人希望他可恥的事業就此結束，上海的《北華捷報》宣稱，繼先前幾次受挫，青浦再嚐敗績，終於使外籍民兵隊的「不光采事業劃下句點」。卜魯斯於七月三日向羅素勛爵報告，他對「外籍兵團已遭解散，甚感欣慰」。[17]

但華爾並未就此金盆洗手。美國境內的動亂開始波及到上海租界時，他再度現身。一八六一年八月下旬，上海傳言當地一艘名叫涅瓦號（Neva）的快速帆船已被一群加利福尼亞人（某上海居民口中的「狠角色」）買下。他們亮出一封蓋有蒙哥馬利市郵戳的信封，說那是美國南方邦聯總統戴維斯（Jefferson Davis）所發的捕拿敵船特許證。香港的英文報紙《每日雜報》（*China Daily Press*）和《德臣西報》，都報導說這幫戰時特准攻擊敵方商船的南方邦聯武裝民船船員的頭頭是華爾。據這些報導，他這群人要用取自上海美國軍火庫的火炮裝備涅瓦號（軍火庫主管是美國南方人），然後開始擊沉中國沿海的北方聯邦商船。[18]

當時美國在中國只有一艘海軍船艦，即小型船薩吉諾號（Saginaw）。薩吉諾號從香港全速駛往上海以獵捕涅瓦號——但那是在船上兩名支持南方邦聯的軍官得悉此任務而辭職之後。結果，涅瓦號船上載的不是火炮，而是威士忌，儘管先前的報導已在美國本土引起很大轟動，使華爾以美國在華冒險漢子的形象，或《紐約時報》所謂的「著名菲利巴斯特」的形象，驟然聲名大噪。[19] 十一月九日，《紐約先驅報》（*New York Herald*）刊出社論，稱華爾效命於北方聯邦，想藉此澄清他為南方邦聯效力這個一直未消的傳言。這篇社論說華爾其實打從骨子裡反對南方脫離聯邦，還引用了他先前寫給紐約某友人的信佐證（這是他僅存的少數親筆信之一，因為他的後代恥於他不道德的事業，後來燒掉他大部分書信）。「我想這時政府應已稍稍壓下某些分離派惡棍的氣焰，並奪回薩姆特（Sumter，按：位於南卡羅來納州的海防要塞，被認為是美國內戰的爆發之地），或至少圍住薩姆特，」華爾在信中告訴他的友人：「我很遺憾未能與你一起參與此事。」[20]

不管亡命之徒華爾站在哪一邊，在美國內戰的壓力開始大大衝擊諸通商口岸的租界時，華爾是當時在華最受矚目的美國人。在上海，英國人是美國人十倍之多（有位美國人寫道：「他們（那些英國人）是極令人反感的一群勢利鬼」），而儘管在華美國人大部分是北方人，在華的英國人絕大部分支持南方。北方聯邦的海軍兵力幾乎全被召回北美，以封鎖南方港口——只剩下薩吉諾號，而該船於一八六一年十二月朽壞，什麼都沒留下。在華的美籍商人不得不靠英國軍艦來保護他們的商業利益，而他們極痛恨必須仰人鼻息。英國人於晚宴上嘲弄美國人的內戰時，兩方就打了起來。[21]

一八六二年初，為了所謂的特倫特號事件，上海英國人與美國人之間的惡感白熱化。一八六一年十一月，在古巴附近，一名美國船長追上英國郵船特倫特號，登船逮捕兩名南方邦聯的外交官。英國憤慨於美國人強行登上英國船隻，幾乎就要對美宣戰。英國部隊乘船前往加拿大，準備從北方南侵美國時，艦隊司令何伯備好他在上海的部隊，隨時可沒收上海美國人的住居、船隻和資產。[22]（儘管美國僑社流傳一則他們樂見的傳言：如果真發生這事，華爾會先發制人攻擊何伯的船隻，把那些船搶過來，用船上的火炮炮轟英國租界。）[23] 緊張情勢最終平息，但在一八六二那整個冬天，每傳來一聲炮響，宣告有汽船從北美駛抵上海，就會有一群效忠北方聯邦的心急美國人跑到碼頭，向船員打探消息，急欲知道祖國是否已和英國開打。其中一人預測道：「一旦開打，商業會完全瓦解，這裡的美國人幾乎個個都會趕赴舊金山。」[24]

這個時候，太平軍已在前來途中。第一批警訊發於一月十一日，遠方火燒的濃煙開始遮蔽上海北邊的地平線。隔天，新一波難民開始抵達城外，帶著少許家當的老婦和小孩。[25] 火變得更近。鐘聲響起，火炮擦淨，諸外國領事祕密會晤，籌劃守城之道。當地志願軍集合到深夜，憂心忡忡從瞭望臺上遠望，看著照亮北邊大地的火光逼近。美國人擱下恩怨，加入英國人和法國人的守城行列。有個美國人在寫給母親的信中說道：「如果有機會，我們要讓英國人見識我們的本事不比他們差。」[26]

他們的確該擔心。雖說一八六〇年輕易擊退來到上海城外的太平軍，但這一次，零星的報告指出，叛軍的武器和訓練比外國聯軍所預期的更精良。有位名叫戈佛史東（Goverston）的英國水兵，一月十八日聲稱在上海城外數公里處遭一支一萬五千人的叛軍部隊俘虜，然後獲釋。叛軍硬給他斟酒，訊問他上海守備的事。他說叛軍配備英國和德國滑膛槍，還說叛軍中一名阿拉伯人告訴他，另有一支配備埃菲爾德式步槍的叛軍和一支祕密的歐洲人部隊在趕來途中。據他的說法，叛軍「看來氣色很好」，吃飽喝足。（然而戈佛史東自己坦承，他在上海時喝得太醉，過了上岸休假的收假期限，因而他有可能為了避免受罰而編造這整件事。）數天後，一支配備滑膛槍的兩、三千人叛軍，攻下上海北邊約十五公里處的吳淞鎮，拿下黃浦江入長江三角洲的河口，使戈佛史東的說法有了更有力的證據支持。目睹這場戰事的英國皇家海軍某上尉報告，他們組織的完善、配備的精良——不只勝過薄弱的吳淞守軍，也勝過他在白河見過的清朝精銳部隊——令他「相當震驚」。[27]

＊＊＊

李秀成無意在攻占上海的過程中毀掉那裡，因此施行大包圍策略，測試洋人抵抗的決心。一月，李秀成部兵分五路——有些兵力為數千，有些達數萬——拿下上海兩邊各約數公里外的兩個鎮。他的支持者開始將大張宣傳告示打進松江和上海，承諾只要獻城，就給予安全和保護。在這些告示中，李秀成提到過去一年他的部隊行經江西、湖北和最近征服浙江之事。其中一份告示寫道：「凡所經之地，其於投誠之百姓則撫之安之，其於歸降之勇目則爵之祿之。」[28]後面又寫道，勸城中之人「著即放膽，亦照該等急早就之如日月，歸之如流水」。至於洋人，他提醒他們勿插手，警告凡是「助逆為惡，相與我師抗敵，則是飛蛾撲火，自取滅亡」。[29]

李秀成集結大軍於遠處，大張旗鼓武嚇城內守軍，而由於上海對外交通遭緩緩切斷，上海面臨貿易衰退的威脅。他希望以此武嚇和威脅，不費一兵一卒，讓城中清朝官員自動出降。城內人心惶惶。艦隊司令何伯派人赴香港調英國援兵，廣州領事將上海岌岌可危的消息轉告倫敦。這名領事說：「我們的防守兵力薄弱，要守的地方廣闊，且中國難民人滿為患，其中無疑大部分是叛軍分子，一旦前方遭到攻擊，他們就會在後方製造恐慌。」[30]

當難民又一波波湧進已然人滿為患的上海租界尋求保護時，有消息傳來八萬名太平軍正從蘇州進逼。消息說這批太平軍打算從青浦搭船到下游的上海，預計於一月二十五日左右抵達。[31]英法部隊的主力守衛上海縣城，擠滿難民的廣大租界則交由兩百名志願兵、一些配備步槍與刺刀的警察和位在最外圍的一隊旁遮普步兵保護。一月二十四日，也就是傳說太平軍抵達日的前一天，英、法當局在牆上貼出中文告示，宣布上海和相鄰區域受聯軍保護。然後他們準備迎擊即將來犯的敵軍。

但一月二十五日，太平軍並未現蹤。隔天仍無叛軍蹤影，就在這時，上天介入。[32]上海地處亞熱帶，夏天炙熱，冬天氣溫鮮少降到冰點以下，但一八六二年一月二十六日，城中守軍遠望地平線，注意敵軍動靜時，開始下雪，一連下了三天，雪下在叛軍與商人頭上，下在難民與傳教士頭上，蓋住房舍、城牆和田野，雪白一片。河川封凍，結了靠不住的一層冰，穿過鄉間稻田的狹窄馬道被雪蓋住，不見蹤影，因而移動幾乎不可能。上海雪厚六十公分，寧波三十公分，長江下游地區整個癱瘓。到了一月三十日，（清同治元年，太平天國十二年）農曆大年初一的吉日，東部沿海地區被冰霜覆蓋。寧波一位傳教士在堅固的房子裡，火燒得很旺，夜裡的室內溫度仍只有零下十三度，而在屋外，散布於廣闊田野的叛軍士兵，在薄帳裡發抖，快保不住性命。[33]

二月上旬天氣轉好，冰雪開始融化，元氣大傷而士氣低迷的太平軍也振作起來，開始行動。但這時他們發現除了天候難題，在松江——進向上海的踏腳石——遭遇意料之外的抵抗，使情勢更為不利。原來，過去幾個月，華爾除了在他祖國的內戰插上一腳，還在松江訓練一支新民兵隊。這支部隊不同於六月時潰敗的那支部隊，主要因為他終於不再找歐洲船上的逃兵補充新血，而開始訓練松江當地的華人部隊。他留下前一支民兵隊裡為數不多而有經驗的歐美人擔任軍官訓練新兵，但除此之外便倚賴華人士兵，而由於華人士兵的的薪餉只有外籍傭兵的十分之一，於是兵力大增。

華爾底下的外籍軍官，大部分幾乎自一開始就跟著他，而他的兩名副手（他一召集到夠多士兵而可以自稱將軍時，這兩人隨即晉升上校），都和他一樣是美國人。其中一人是來自緬因州的捕鯨人，名叫法爾思德（Edward Forester），曾因兵變困在日本，後來來到中國。[34]另一位是為人浮誇的南方人，來自南卡羅來納，名叫白齊文（Henry Andrea Burgevine）。白齊文的父親是法國軍官，打過拿破崙戰爭，最後移民美國的查珀希爾（Chapel Hill），教法語為生。白齊文本人曾在克里米亞半島的法軍當過兩年志願兵，但在投入華爾麾下之前，他幹過的其他工作包括報紙編輯、郵務員，還有九至十七歲在美國參議院當聽差，都和後來的傭兵生涯八竿子打不著。[35]

華爾教華人士兵回應英語命令，聽標準軍號聲作息和進退。他要他們穿上歐式軍服——燈籠褲配短上衣——個個都說軍服非常帥氣。炮兵軍服是藍色，步兵軍服是綠色，步兵和炮兵都纏綠色頭巾。盛夏時，他們全穿著紅色鑲邊的白色燈籠褲和短上衣。[36]華爾訓練他的部隊以變換快速的陣形打仗與移動；要他們排成列，組成步兵方陣，下令開火才能開火。[37]那是英國入侵北京期間令他們大為滿意的「廣州苦力團」的翻版，差別只在這些人帶的是槍，而非運送補給。

他為他的士兵配備購自上海軍火商的最先進武器：來自英格蘭的埃菲爾德式步槍（就是一船船運到美國賣給南軍和北軍的同款步槍），[38]以及英國滑膛槍和一些普魯士步槍。經過固定的操練，他們據說槍法很準。華爾的弟弟亨利・華爾（Henry Gamaliel Ward）跟著哥哥的腳步來到中國闖天下。透過弟弟的牽線，華爾也開始尋找更重的火炮，可以的話，甚至想辦法買進炮艇。錢不是問題；他的金主楊坊和與楊坊相似背景的人，手中滿是他們從上海貿易中賺得的現金，為了保住身家財產，他們樂於出錢。為中國部隊大規模購買軍火，普遍認為有違道德（且未必合法），但亨利．華爾甚至大膽到想從美國公使手中買下美國船薩吉諾號（結果遭拒）。[39]此事未能如願後，他試圖透過父親從美國買進一批輕型炮艇。他父親在紐約開了一家船務代理公司，想與在華的兩個兒子聯手賺大錢。

替中國部隊裝備西式武器的不只華爾一人，因為至少在寧波失陷之後，就有洋人將武器源源不斷賣給叛軍。那些武器不是最精良，但大大優於這場內戰一開始時使用的十七世紀火繩槍，而且出售量很大。這項祕密交易的詳細收支紀錄如今難以找到，但根據被查獲船貨的紀錄，頗能瞭解其大概。例如在一八六二年，英國公司大衛蓀洋行（Davidson and Company）被查獲旗下有艘船，透過新加坡欲運送三百門炮、一百箱小型武器，以及五十噸彈藥給叛軍。[40]在另一個例子裡，某艘被擄獲的美國船上面的帳簿揭露，該船所屬公司剛供應吳淞叛軍將近三千支滑膛槍、八百門火炮、一萬八千顆彈丸，還有三百多萬個雷管。[41]江南是個火藥桶。

一八六二年二月三日，大地仍未解凍之際，華爾的新民兵隊打了重建後的第一場激戰，面對來犯的兩萬太平軍，成功守住松江。他們在城外設下埋伏——隱藏的炮陣地——奇襲在大雪紛飛中來犯而已元氣大傷的叛軍，撂倒兩千多名叛軍後，叛軍統兵官才下令撤退。華爾的士兵生擒七百多名逃跑的叛軍，將他們押到上海，交給道臺處決。[42]兩天後，華爾的民兵隊繼續出擊，攻打松江與青浦半途的一座小山，迫使太平軍統兵官撤離設在該處的陣地。

上海鄉紳的私人軍隊首度證明自己是支能打的部隊。代理江蘇巡撫之職的薛煥（即去年夏天提出假證件證明華爾是中國公民的那位官員），建議將部隊名稱由平實但無法振奮人心的「洋槍隊」，改為更有氣勢的「常勝軍」。[44]這個漂亮名稱（流於拖大的名稱，因為他們打過的勝仗不多），會被後來某些替華爾立傳之人視為中國人崇拜該部隊洋人領袖的表徵，[45]但其實用這新名字取代「洋槍隊」，只是欲吸引更多通常討厭洋人的中國人投入這個民兵隊，同時想討北京的歡心，好讓這時終於公開面對世人的新政府不致懷疑非中國籍指揮官的忠誠。

說到忠誠問題，儘管洋人始終把這支民兵隊叫做「華爾的部隊」或「華爾底下受過訓練的中國人」，它其實是當地軍事組織的一部分，而且華爾聽從付薪水給他的上海官員和銀行家指揮。他直接聽命於上海道臺吳煦，而從現存的一些命令公文來看，吳煦似乎相當尊敬他，以「將軍」的中文尊稱「麾下」稱呼他，每寫到他的名字就另起一行，讓他的名字高於其他內文。但同時，他帶有討好之意的尊敬很有可能是出於擔心，因為吳煦顯然不相信華爾和他的民兵隊行事會有所約束。特別值得注意的是，他似乎煩惱華爾部下無法無天的劫掠。在下給華爾進攻青浦的命令中，吳煦懇請他一打完仗就立刻離開。他寫道，勿讓常勝軍進城，這樣做事才俐落，不會惹麻煩。然後他又重複同樣的意思，強調：你們一破城，就把它交給（官軍），回松江。別讓常勝軍進城。[46]

儘管華爾底下的人有一些危險分子，但華爾是上海鄉紳最大的希望所寄，他們竭盡所能讓他不生二心。籌錢供養這支部隊的有錢銀行家楊坊，甚至於一八六二年三月將女兒常梅嫁給華爾。這是個奇怪的安排，因為就中國人的觀點看，她是個瑕疵貨：他的未婚夫還未成親就過世，她既稱不上是寡婦，在中國社會裡又幾乎嫁不出去。[47]去年夏天何伯逮捕華爾時，已和華爾有婚約的那個中國女子的遭遇沒有史料可查，但那人肯定不是楊常梅。這樁婚姻主要是利害的結合，因為對銀行家楊坊來說，那使他得以將華爾緊抓在身旁，有助於確保他的忠誠（而除了把他不幸的女兒嫁給洋人，她在上海商界眼中毫無價值）。對華爾來說，那有助於確保楊坊依約資助他的民兵隊。位於中間的楊常梅一生成謎，唯一留下的東西是現今擺在美國麻州塞勒姆一間博物館裡的少許首飾。

在上海，雪暴結束後，英國人和法國人趕緊強化防務。駐華皇家海軍司令何伯和駐華法軍司令卜羅德（Auguste Leopold Protet，與何伯同是第二次大沽口之役的敗戰將軍），二月十三日會晤，簽署守衛上海、反擊太平軍進犯的聯合協議。兩人開始草擬計畫，欲組織一支能上戰場和叛軍對抗的地面部隊，肅清上海方圓五十公里——何伯長久以來認定的勢力範圍——裡的叛軍。羅素勛爵已清楚告訴艦隊司令何伯，英國不容許國民干預中國內戰，除非為阻止英國國民受折磨或喪命，但就像他一貫的作風，何伯漠視命令，視情況便宜行事。

他們手上的兵力薄弱；有炮艇，但只一千五百五十名正規軍，其中六百五十人是英國人，其餘是法國人，另有少許水兵當後備。[48]此外有兩百名平民志願兵，包括美國人。上海城裡和周邊的清軍，形式上有約一萬人，但公認並不中用。如此薄弱的聯軍兵力，或許足以守住上海縣城有防禦工事的城牆，擊退攻城叛軍，但不可能於野戰擊敗叛軍。艦隊司令何伯得想辦法增強兵力，不然就得困守於上海城牆內。艦隊司令何伯為何突然改變想法，決定另眼相看他一直拚命打壓的那支民兵隊的美籍變節菲利巴斯特，原因就在此。

由於華爾似乎不再慫恿歐洲水兵棄船逃走，更重要的，他由中國人組成的新部隊的確擋住了太平軍對松江的進攻，於是何伯決定將他對這位美籍傭兵的敵意擺到一旁，試著和他結盟。華爾對保護上海興趣不大，但聯軍炮艇的支援將使他更易攻下太平軍所控制的城鎮，於是同意和何伯並肩作戰。到了二月底，艦隊司令何伯提起華爾時，已改用帶有高度肯定意涵的新字眼稱呼他——不再是變節者或菲利巴斯特，而是值得尊敬的專家，「其與中國人打交道的經驗，乃是我樂於大大仰仗的。」[49]

對於何伯欲組建地面部隊的計畫，卜魯斯初步表示同意。他在三月十九日的信中論道：「只要在中國有些許經驗，就會確信待在城牆內固守，定會使來犯者相信我們怕他們，沒本事和他們野戰。」[50]但儘管他同意何伯欲將叛軍趕出上海周邊地區的意圖，卻堅持要聯軍只能守上海本身，至於可能被叛軍奪回的城鎮，其駐防任務是清軍的事。至於何伯欲與華爾合作的提議，卜魯斯爽快同意。卜魯斯認同何伯的看法，認為這位美籍菲利巴斯特所統率，由外國軍官與華人士兵組成的混編部隊值得效法，或許能使清廷打贏這場戰爭。在同一封信中卜魯斯告訴何伯：「除了在奉行更高明原則的軍隊組織裡，我看不到拯救這國家免於全面混亂和土匪橫行的希望；華爾上校的部隊的確提供了一個起點……理該予以鼓勵和擴大。」

＊　＊　＊

但對於雇洋人幫朝廷打仗，曾國藩抱持極審慎的態度。首先，他不認為他們特別能打。在祁門，他已知道李秀成的出征部隊中有洋人，但把他們斥為「係用錢雇，無足輕重之鬼」。[51]在他眼中，忠心比貪婪遠更能激勵人奮勇殺敵。但他承認在上海，找洋人幫忙或許是現實上不可或缺。二月二十日，即華爾在松江附近打了頭幾場勝仗後不久，曾國藩在奏摺中坦承，借洋人傭兵助守上海乃至寧波，或許有益於清朝。他剖析道，洋人已在那些地方住下，因而可望為了他們的自身利害而助守。但他力勸朝廷勿讓洋人會剿內陸叛軍，特別是勿讓他們助剿蘇州或南京叛軍。那些地方沒有洋人聚居，歐洲人將純粹是為了錢幫朝廷打仗，而這會滋生重大流弊。他寫道：「不勝為笑，勝則後患不測。」事後他們會要求什麼樣的回報，誰都猜得到。因此，他重申只該讓洋人助守上海，勿讓他們會剿。[52]

但由於安慶資金捉襟見肘，他最終決定不該把上海完全交由洋人去守，因為他本身需要上海。也就是說，只要這個國際城市獨立運行，在道臺吳煦和巡撫薛煥治下，上海鄉紳就能養活自己的傭兵隊，能向朝廷完糧納稅，但曾國藩的軍隊從中得不到任何好處——而如果湘軍不開始替士兵大大加薪，則有譁變之虞。他在二月一日寫信給弟弟曾國荃，顯露想法改變：「上海一縣，人民千萬，財貨萬萬，合東南數省，不足比其富庶，必須設法保全。」[53]十天後他寫道：「聞上海每月實可籌銀五十萬兩，不忍坐視其淪陷也。」[54]

於是，曾國藩和上海鄉紳終於有了合作基礎。鄉紳希望曾國藩到下游上海保護他們的身家和事業，曾國藩則把上海視為他攻打南京的軍事經費來源和攻打蘇州的可能基地。雙方各有所圖，但當下的目標一致，於是，到了一八六二年春，曾國藩一改十一月時冷遇上海代表團的做法，決定試著派兵赴上海解圍。如果成功，那支部隊可以成為他切斷南京對外聯繫戰略中的第三支先頭部隊。問題癥結仍在於如何讓部隊抵達上海。

上海道臺吳煦替他解決了這問題。吳煦找上英國麥肯錫洋行（Mackenzie, Richardson & Company），與之簽訂合同，由該洋行用英國汽船將九千名官兵和支援人員從安慶運到上海——此舉悄悄實現了洪仁玕一直無緣實現的計畫。清朝官員和英國當局都推斷（相當正確的推斷），叛軍的岸置炮臺不敢向掛英國國旗的船隻開火。巴夏禮在南京告訴太平天國諸王，英國人絕不可能運送補給物資給餓著肚子的安慶太平守軍時，以草率無禮的口吻對他們上了一堂「中立權利與義務」的課，而這時艦隊司令何伯碰到類似要求，做法卻與巴夏禮截然相反。他很乾脆就同意用英國汽船運送李鴻章的軍隊，因為那「有利於他不讓討厭的太平軍靠近上海的計畫」。[55]

藉由來回三趟的運送，不到一個月，李鴻章的六千五百名淮軍及其支援人員就在四月底時赫然駐紮於上海，隨時準備從東邊往南京打。李鴻章取代薛煥，接任江蘇巡撫之職，成為上海道臺吳煦的上司，當地的清軍也隨之歸他節制——意即常勝軍自此聽命於他。

李鴻章的部隊如此迅速且安全運抵上海，令曾國藩大為欣喜，在太平天國的另一邊，終於有了忠於他的部隊。但運兵費用高得離譜：十八萬兩銀子，約略相當於上海一個月關稅收入的三分之一，或四萬多名湘軍士兵的月薪總和。「可駭而亦可憐！」[56] 他在一封家書裡寫道。那使他更加堅持他對接受外援一事的既有看法，他也由此認定，中國得自建汽船，才不會繼續讓洋人趁火打劫占便宜。但比有損國家尊嚴更糟糕的，那大大傷害他的文官職責，因為他不只是軍事將領，還是負有照顧所轄人民生活福祉之責的總督，而十八萬兩銀子代表在國庫空虛且他幾乎供養不了安徽軍隊的一切所需、更別提照顧他所控制地區的平民大眾時，讓民間捐獻的大筆金錢流入貪婪的洋人之手。一如他在同一封家書中寫道，當時湘軍的給養或許不足，但在安徽，就只有軍人有東西吃。[57]

最初，清廷命令曾國藩派其弟曾國荃而非李鴻章去上海。但曾國荃比曾國藩更想得到收復南京的殊榮，因而直接表明除了叛軍首都，他不願把旗下部隊帶到別的地方——甚至為此故意延擱帶新招士兵從湖南回來的日期，直到曾國藩確定派李鴻章而非他赴上海，才動身賦歸。因此曾國藩再一次抗命，而曾國荃在得到會讓他在主戰場作戰的承諾之後，終於在三月回到安慶。新招的士兵被派去駐守據點，老兵則重新集合，再度跟著他出征。

三月二十四日，在安徽省內處於困苦挨餓的情況下，曾國藩送弟弟曾國荃從安慶出征。曾國荃率領二萬湘軍走陸路和水路，並有他們的弟弟曾國葆另率五千部隊與他會合。曾國荃出征那天，李鴻章的淮軍仍在為進赴上海做準備。曾國荃部循著長江北岸往東走，漸漸消失於遠方。他們將進入太平天國的心臟地帶，攻打位在心臟地帶深處而整座城如同要塞的南京城。[58]

＊＊＊

隨著太平軍前進受阻，上海陷入遠處敵人緩慢的圍攻。米價上漲五成，麵粉價上漲一倍。由於天氣寒冷，木柴價漲了一倍多。[59]但讓上海城民提心吊膽的太平軍進犯並未發生。上海反倒陷入度日如年的包圍，所有人靜觀其結果。英國的地面當局確信，雖然保持中立，但他們可以反擊對上海的直接威脅，而那無疑包括包圍他們的叛軍。在這點上，他們得到當地居民百分之百的公開支持：《華北與日本市場報告》（*North China and Japan Market Report*）推測，整個上海租界，除開那些靠著偷運槍枝給太平軍發財的洋人，這時全都樂於見到聯軍「以槍炮考驗條約的中立條款」。[60]

華爾與英法部隊的聯合作戰，一八六二年二月二十一日首度小規模展開。他們進攻距上海約十三公里的高橋村。華爾統率六百人，何伯與卜羅德帶總數五百人的海軍部隊，並讓他們帶著一只可發射六磅重炮彈的火箭筒登陸。戰事很快就結束，叛軍棄村而去，只有一名法軍喪命。[61]嚐到勝利的滋味，他們繼續發動攻勢。

對於初次的小衝突，上海洋人有喜有憂。有些上海洋人，尤其傳教士，樂見何伯主動攻擊叛軍。最近洪仁玕精神失常的消息，已使傳教士不再對太平天國治下基督教中國的誕生寄予厚望。幻滅之後，他們感到憤慨，有些傳教士更因為先前寄望之深，而在失望後由愛生恨，痛恨叛軍。在三月十七日的私人信件中，上海的英國國教會主教表達了對艦隊司令何伯出擊的完全肯定，說他甚至希望何伯不只是保衛上海。「據說當局只想接到卜魯斯要他們將（叛軍）趕出這省內全部有城牆環繞之城鎮的命令，」他寫信告訴美籍傳教士衛三畏：「其實我希望他們不只攻下南京。該動手將鄉下這些怪物肅清了。」[62]但有些傳教士指責英國人激起太平軍在鄉間報復，使難民湧入上海城，從而製造混亂。有位傳教士投書《紐約福音傳道者》（*New-York Evangelist*），說：「上海人民正遭遇的苦難，有很大部分得歸因於外國針對他們執行的政策。」[63]

諷刺的是，何伯這次出擊主要是為了上海商界的利益，但對何伯此舉譴責最烈的人當中，卻有部分人士來自上海商界。商人並非一致支持他的行動，許多商人擔心，最近針對太平軍採取的主動攻打方針會毀掉上海本身。英國貿易公司龍頭怡和洋行（Jardine, Matheson and Company），一八六二年二月二十七日在內部傳閱函件中寫道：「聯軍司令正採取的方針，恐怕會帶來天大災難。」該函件描述了何伯與華爾聯合進攻高橋的情況，說這類行動只會「激怒絕不可小覷的敵人」。鑑於上海之外的「整個鄉間」「在太平軍手中」，該函件警告，「若這項自殺政策堅持到底」，那「最後即使未毀掉所有貿易，也會大大干擾所有貿易」。[64]

或許有些傳教士希望對叛軍開戰，或許有些商人擔心此事成真，但艦隊司令何伯仍未得到倫敦批准如此做。英國政府的政策是絕對中立，因而上海周邊的交火仍必須嚴予節制，只針對太平軍圍城部隊對上海的直接威脅回應。小衝突中有人傷亡，但雙方都仍在試探對方。嚴格來講，「好鬥吉米」沒有發動攻勢，他與敵人交火，都局限在上海近旁。但他其實很想甩開這個局限。

* * *

這樣的情勢不可能長久維持，幾乎必然會有根本的轉變，而由於一樁意外，轉變的臨界點終於到來。四月二十三日，寧波的太平軍舉辦慶祝活動。他們的統兵官范汝增在杭州升了職，剛從杭州回寧波。過去幾個月，儘管北方上海周邊有零星戰事，寧波城裡一直很平靜，且華、洋商人的貿易日益熱絡。倫敦《泰晤士報》的香港記者在一個星期前報導，寧波太平軍和以往一樣「不與洋人為敵」，該地區的華商已「和守城的叛軍首領達成諒解」，因而正恢復他們的生意。主要的進口商品是用以餵飽周邊鄉間人民的穀物，且寧波已開始出口英國最亟需的大宗商品棉花。[66]事實上，撇開棉花不說，由於浙江省戰時無法滿足稻米需求，以及英法船隻能從豐收的暹羅廉價進口稻米供應該省所需，儘管絲和茶葉的出口大減，至一八六二年六月三十日截止的那個年度的寧波對外貿易，整體來講將比寧波仍在清廷控制下的前一年度成長八成二。[67]夏福禮領事所預言的蕭條並未出現。相對於杭州灣北岸上海附近的零星戰火，這位《泰晤士報》記者語帶樂觀地表示，杭州灣南岸寧波的情況「顯示，除了兵戎相向，還有其他與（叛軍）打交道的方式」。

但夏福禮本人把情況預想得更嚴重，認為那是難逃的劫數。他在三月二十日寫了封信給卜魯斯，幾個月後《泰晤士報》刊出該信內容。他在信中不再保留對叛軍的強烈憎恨，而且坦承在寧波發生任何變化之前許久，他就已懷抱並滋長這份憎恨。他在信中告訴卜魯斯：「在此我要……冒昧宣布，毋庸置疑的（且我堅持這項看法已十年不變），太平叛亂是史上最虛妄的政治運動或群眾運動，太平教義是歷來最龐大、最褻瀆上帝的強加教義或道德規範。」照著這條思路一路鋪陳，最後此信得出其最具敵意的結論：「閣下請放心，對於這個運動，我們將只會獲致正確的評價，且給它完全公正的對待，也就是它將被我們視為大規模的陸上海盜行徑——所有人都感到憎惡的海盜行徑——且被與這個龐大帝國通商的基督教暨文明國家以能力所及的所有辦法將之從地表掃除。」[68]

四月二十三日早上十點過後不久，正在慶祝的太平軍在寧波東城門鳴禮炮，向范將軍致敬。東城門面江，江的對面就是洋人居住區。禮炮瞄得不甚準，有幾發炮彈越過江面，呼嘯穿過法國炮艇星號（L'Etoile）的索具，落在洋人居住區，打死兩、三名中國居民（確切人數不詳）。英國皇家海軍艦艇斑鳩號（Ringdove），最近幾日也差點遭太平軍的滑膛槍彈射中。[69] 得悉禮炮誤擊事件後，斑鳩號艦長致函太平軍將領抱怨此事，當天就收到懇切的道歉。寧波城中有兩位太平軍將領，一是范汝增，一是黃呈忠，來函致歉的是黃呈忠。黃將軍保證會查出是哪些士兵所為，「予以嚴懲」。[70]

在上海，艦隊司令何伯一聽說寧波傳出炮擊聲，還未得悉道歉之事，就立即有所行動。他和法國艦隊司令卜羅德派樂德克上尉率一支聯合部隊前去，以「使這項肆無忌憚的惡行（得到）應有的賠償」。[71] 但樂德克駕遭遇號抵達寧波，迅即瞭解太平軍統兵官道歉之事，覺得道歉合情合理。在樂德克看來，情勢已經平息，因此在四月二十七日寫了封表示友好的信給范、黃兩位將軍，接受他們的道歉。他寫道，他們所表達的意思「很令人滿意，並讓人強烈覺得想要我們記住，你們希望維持與英國人和法國人友好的關係」，因而除了要求移走對準洋人居住區的那幾門炮，以免再發生這類意外，他不會要求進一步的賠償。他要他們放心，英國人立場中立，寧波叛軍只要仍然對他們友善，「大可放心，我們絕不會主動破壞友好關係。」[72]

但奇怪的是，隔天樂德克又修書一封給太平軍兩位將軍。這一次他不再滿足於前一天已接受的道歉，而是指責他們讓英國人受到「嚴重侮辱」，「破壞我們希望與你們人民維持的和睦關係」。他寫道，他奉派從上海「帶可觀的兵力」前來，「以為這些侮辱討得……應得的道歉」。於是在四月二十八日，他不只要求他們將鳴放禮炮的那幾門炮從城門移除，還要求他們將面東朝向洋人居住區的炮全部移走，包括沿著江岸布設而仍在興建中的新大型炮臺。他警告道，他們必須在二十四小時內開始拆除那座炮臺，超過二十四小時，英國人就會自己動手拆；如果英國人拆除時遭到開火攻擊，「我將視之為敵對行為，將移走江上所有外國船隻，將把我們的人移出洋人居住區，接下來很有可能會拿下寧波城。」[73]

樂德克的態度突然從友善轉為敵對，以及他突然收回先前接受道歉的立場，似乎出於兩個因素。首先，他似乎弄清楚意外有兩件，而非一件：斑鳩號差點遭擊中和後來炸死洋人居住區居民的禮炮，發生於不同天。他斷定這構成侵略行為。另一個原因是他剛收到來自倫敦的新命令，那些命令是羅素勛爵針對一月時送回給他的那些報告終於做出的回應。後來的發展表明，夏福禮領事對寧波將毀的悲觀預測、艦隊司令何伯對太平軍在杭州犯下種種暴行的暗示、巴夏禮所謂不久後必然會與太平叛軍一戰的說詞，三者聯合的影響，使得英國政府朝他們三人一直希望的方向回應。

誠如羅素勛爵於讀過那些報告後向海軍部解釋的，「寧波失陷時，即使未出現其他城市陷落時被人親眼目睹的那些暴行，(仍)已使工商業停擺，把全部或大部分溫順的居民趕跑，使廣大地區淪為廢墟，受到嚴重破壞。」受夏福禮的看法影響，羅素認定此後不該再與太平軍共用一港。他推斷：「基於人道與商業考量，都應避免讓上海城和上海港……走上類似的結局。」[74]

但羅素未劃地自限於上海。他認定，類似的保護「應盡可能加諸其他通商口岸」，亦即寧波將從此也置於英國軍事保護傘底下。最後，羅素要海軍部告知何伯：「英國國旗在長江上必須受到海軍保護，英國商業必須全面受到皇家軍艦的協助。」[75]艦隊司令何伯在上海、在通商口岸、在中國境內，幾乎他認為英國貿易利益受到太平軍直接威脅的任何地方，均獲授予與太平軍交戰的自主權。那些命令在樂德克離滬前往寧波前不久傳抵上海，而從他於四月二十八日改變態度來看，他似乎是在深思熟慮之後決定把那些命令看成准許他自行找事由來開戰。[76]

太平軍兩位將軍回了樂德克語帶威脅的第二封信，安撫口吻一如以往。他們再度誠摯道歉，但不願移走朝東的火炮，指出那些炮是保衛寧波城，防範來自江上之攻擊所必需。他們說他們自己人在江對岸的洋人居住區，受到同樣嚴重的罪行與侮辱傷害，但他們從未像這樣要求道歉或賠償。他們說這只是個令人遺憾且較無關緊要的意外，但表示願移除那些火炮的火藥及炮彈，堵住它們的炮眼，只在寧波城受到攻擊時再予以啟用。「我們極希望和你們維持友好，」他們表示。[77]但他們堅持得有自衛能力。

他們拒絕樂德克的要求，正中樂德克下懷。一個星期後的五月五日，夏福禮帶來消息，說被趕下臺的寧波道臺（十二月時失去該城的道臺）剛結束在附近的流亡生涯，帶著由一百五十艘武裝小船組成的雜牌艦隊和由農夫與農婦組成的烏合之眾返回寧波。那支艦隊的隊長是曾在沿海以劫掠船隻為生，綽號「阿爸」的布興有，而那群烏合之眾則以「乾草叉、帶尖釘的竹子、鋤頭」為武器，「有些人甚至以大頭短棒」為武器。[78]誠如樂德克向何伯描述的，這支「奇怪的軍隊」溯江而上來到這裡，意在攻打寧波，而根據夏福禮的說法，他們正請求英法助一臂之力。此外，他們打算進攻的地點，正是樂德克剛要求太平軍撤走所有防禦火炮的那段城牆；顯而易見，寧波出現爭執的消息已傳了出去，而且傳得很快。樂德克完全同意他們的計畫，告訴道臺「由於叛軍拒絕我們所提的某些要求，我將不反對他們」取道洋人居住區攻打寧波。[79] 於是他們溯江而上，在樂德克同意下，紮營於洋人居住區，隔江與寧波城相對。

然後樂德克又修書致太平軍統兵官——首先重申英國不動武的立場（「我們保持絕對中立，」他說）——然後對他們下了十足強人所難的最後通牒：由於他們拒絕移走面朝洋人居住區的火炮，如果他們此後用那些火炮轟擊攻打他們的人（這些人將從洋人居住區的方向進攻，正是基於這個原因），他將視之為對英國的戰爭行為。他警告叛軍：「如果你們從洋人居住區對面的炮臺或城牆，朝進犯的清廷支持者開炮或開槍，從而威脅到我們在洋人居住區的官兵與人民的性命，我們將不得不還擊，炮轟該城。」[80] 他給了他們一條路：立即放棄寧波城。

後來，懷疑此中有蹊蹺的人覺得，最後的流血收場明顯是事先就計劃好的。[81] 事實上，就連夏福禮本人都在五月九日寫給卜魯斯的信函中強調不可思議的巧合：這支效忠清廷的雜牌部隊出現的時機，「正好就在我們與兩位將軍的書信往來，在我們沒真的打起來的情況下，已經弄得極不愉快時」，還說那因此是一個「非比尋常但幸運的巧合……一個好得不該丟到一旁而錯失的良機」。[82]

隔天清晨，炮轟開始。

十三、吸血鬼

與一八六一年叛軍幾乎兵不血刃拿下寧波相比，一八六二年五月清廷的收復該城，讓無數人丟了性命。最初，效忠清廷的雜牌部隊按兵不動，把危險任務交給洋人執行。英國人和法國人動用六艘炮艇的火炮炮轟寧波城（下午兩點暫停，以便樂德克好好吃他的午餐），然後派一支聯軍突擊隊翻過城牆，從裡面打開城門。揮舞大頭短棒的農民軍和他們的海盜友軍，經人在後驅趕才渡江，跟著洋人部隊進城，但一進到城裡，原本對攻城提不起勁的他們立即變得生龍活虎。[1] 據某位目擊者所寫，兩週後刊登於香港《德臣西報》的記述，海盜部隊「幾小時內就帶來比叛軍在整整五個月占領期間所帶來還多的損害」，剛拿回權力的道臺則在聯軍進攻後的那一整天，忙著「砍掉他捕獲的倒楣叛軍的頭」。[2]

對這份記述的讀者來說，比文中所述的斷頭和內臟更令人不安的，是該文激起英國人正漸漸變成清廷傭兵的憂心。因為這篇文章宣稱，夏福禮領事的私僕（洋人口中的「哈維的男僕」）是在寧波「殺人及拷打的主要人士之一」。這個年輕男僕名叫鄭阿福，「一身綢衣，穩坐在矮種馬上，帶著侍從遊街過市，命令他們處死倒楣鬼。」更切中讀者要害的是，該文聲稱入侵寧波後情勢一片混亂時，哈維的僕人「下命令……給英格蘭士兵」，而那些士兵始終聽他的指示。這個僕人的主要角色，得到浙江一位中國官員不相干的記述證實。這名官員稱鄭阿福是英軍與道臺的海盜部隊之間的連絡人，說「哈維的男僕」與「阿爸」串通，偷偷從太平軍那邊朝遭遇號開炮，炸死兩名船員，使樂德克可以名正言順反擊，對叛軍全面開炮，從而引爆五月十日早上的戰事。[3] 至於誰在替誰賣命並不清楚。

此事令人震驚地撕破英國的不干預承諾，而且就發生在許多人以寧波為例，說明太平天國真的對洋人友好且歡迎通商之際。中國境內的英語報紙（這時非常支持干預的《北華捷報》除外）都刊出滿腔怒火的抗議文。《陸上通商報告》（*Overland Trade Report*）有篇文章寫道：「為了從太平軍手中奪下這處港口，聯軍做了許多神祕兮兮、口是心非的事，有關他們所作所為的官方報告，處處都不尊重事實，因而真相極難取得，且肯定從未公諸於世……完成這項計畫的方式，令英國的威信蒙上無法抹除的恥辱。」香港《每日雜報》則有文章寫道：「從沒有比聯軍從太平軍手裡奪走寧波更虛假、更無緣無故、或更說不過去的事。說句公道話，那該記載於史冊，讓英國皇家海軍艦艇遭遇號的樂德克上尉永遠蒙羞。」[4]

在地球另一端，《紐約時報》刊出駐上海記者的報導，宣稱攻打寧波一事，代表英國不再只是守衛通商口岸，代表它開始在中國進行殖民擴張。這名記者寫道：「這些事件意義深重。」從他所處的世界看，明眼人都看得出，沒有英國和法國持續的軍事支持，清朝絕對撐不下去——而今這兩個國家已用行動表示，他們願意提供這樣的支持。「但他們會不帶任何目的這麼做嗎？」他如此問美國讀者：「不會。他們不久後就會成為這個帝國的實質統治者。」[5]入侵寧波之後仍餘波盪漾的那段時期，許多人和他一樣憂心英國人（和居次的法國人）正著手像他們在印度那樣接管中國。但這位記者著墨的重點，在於他所屬國家的沒有作為，而非聯軍破壞中立的不足取。「這些問題大大攸關美國的利益，美國不也該置喙嗎？」他問道。（或者，誠如該報後來所說的：「如果我們在這件事情上沒有作為，不久後我們將看到中國受英國和法國統治，而對我們不利。」）[6]但美國在華應有何作為這個問題，得等到美國自己的內戰結束，等到美國能重拾其在世界競爭舞臺上的位置，才有心力去處理。在那之前，這位記者只能哀嘆他在自己國家和中國之間所看到的類似處境，兩國都因為（他所認為）南方邦聯和太平天國帶來的內部破壞而受到削弱，讓外國人得以趁隙操控。最後他說道：「願我們的大叛亂和中國的大叛亂不久後縮藏於山洞地穴裡，不再擾亂我們的安定。」

如果說從最根本的動機來看，夏福禮領事、樂德克上尉，還有艦隊司令何伯是為了改善英國在華貿易而出手干預，他們的努力短期來看效益不大。寧波城重歸清廷控制一個月後，有兩位歐洲商人向香港的《每日雜報》投書說，道臺把稅率調高到「幾乎形同禁止通商」的地步，「阿爸」統轄的海盜艦隊「封鎖（甬）江，阻止農產品運到這地方」。為戳破在清廷收復寧波之前那幾個月，太平軍使浙江民生凋敝、滿目瘡痍的謠言，他們拿出他們商行裡一名絲貿易商的日記四處傳閱。這名貿易商在寧波仍受叛軍掌控時，從該城出發，遊歷內陸數個區域。他發現那個地區生氣勃勃且多產，「作物生長茂盛」，人民普遍「很快樂」。他說他所到之處都受到「友善」人民「禮遇」，說情勢已經「平靜」（在短短的日記中重覆了二十一次）。他觀察到，叛軍的確掠奪村莊，但事前發出充分的警告，而且也「不想干擾通商的洋人」。他寫道，即使在雙方兵戎相向之後，「叛軍仍對洋人非常友善；他們待我們很好。」[7]

＊　＊　＊

上海和香港浮現的義憤，在民意正猛然轉向不利於中國叛軍的英格蘭，最初幾乎聽不到。巴夏禮在受訪和公開露面時表明，太平天國是一幫怪物。夏福禮領事有關寧波被毀的悲慘報告——把寧波說成像是已從地圖上被抹掉一般——得到廣泛刊載，而且少有人質疑他的說法。

到了一八六二年夏，就連馬克思都在讀過夏福禮的報告後，認為太平天國成不了氣候。馬克思最後一篇談中國內戰對全球之影響的文章，七月刊登於維也納報紙《新聞報》（*Die Presse*），而引述自夏福禮寫給卜魯斯的某封信的文字，占了該文過半篇幅。在馬克思引述的段落中，夏福禮嚴正表示，太平天國的真實面貌「與妄言（太平天國）『拯救中國』之事的英格蘭傳教士的錯覺不相符……經過十年鬧哄哄而煞有其事的活動之後，他們摧毀一切，毫無建樹」。夏福禮寫道（且馬克思引述道），這個中國叛亂群體是個嗜愛暴力和砍頭的群體，是「由流氓、遊民和壞人組成」的群體，是「肆無忌憚侮辱婦人和女孩」的群體，是「引起驚恐」與製造「駭人情景」的群體。總而言之，太平天國「聲勢浩大，空洞無物」。

根據夏福禮的說詞，馬克思推斷太平天國是「除了想改朝換代，未體認到任何職責」的「惡魔」。「他們對人民的危害更甚於舊統治者帶來的危害，」他寫道：「他們的使命似乎就只是在阻止（中國）以穩健方式解體，就只是在毀滅它，而且其毀滅方式荒唐駭人，又未植下復興的種子。」他不只以嫌惡的口吻指斥叛軍成不了氣候，也以同樣的口吻，如額爾金勛爵般認為整個中華帝國沒有前途——因為其無可救藥地沉溺於古代，從而與境外快速改變的世界脫節。「但只有在中國，才可能出現這種惡魔，」馬克思推論道：「那是停滯型社會生活的產物。」[8]

倫敦《泰晤士報》的主編群希望動武。他們曾把洪秀全稱作英國該與之建立通商關係的「實質君主」，但一年後的一八六二年五月，他們反倒嚴正表示太平天國是「中國的惡棍，使城市杳無人煙、把人屍拿去餵野狗，是無情的撲殺者和無能的屠夫」。他們以先前未有的辛辣口吻譴責捍衛中立政策的英國人，特別把矛頭指向領事密迪樂。他在一八六一年二月所寫，讚許太平天國政府的那封信，這時在英格蘭終於可以取閱。這些主編稱他是「在國內死抱自己看法的漢學家」，指責他無視於「占去當地每位居民注意力的屠殺聲和火光」。他們嚴正表示，毋庸置疑的，「該開始攻擊這些搶匪了」。[9]

當然，在這一年裡已經改變的事，是夏福禮、巴夏禮和何伯告訴他們太平天國是一股完全無法無天的勢力。但未改變的是《泰晤士報》一貫的看法，即中國，還有印度，將是使英國免受美國內戰衝擊的救命符。幾週後該報主編寫道：「如果美國必然離我們而去，不再是可讓我們獲利的顧客……那麼中國和印度兩者有可能崛起，遞補美國的位置，協助我們度過難關，儘管是痛苦度過。」英國可轉向亞洲這個真正具有發展潛力的地方，藉此擺脫對美國的依賴（和「它令人望而怯步的關稅，它燃燒冒煙的棉花堆，它貧困的人民，它必然逃不掉的破產」）。他們寫道，儘管英國正苦於「過度自信地倚賴（美國）所帶來的傷害」，所幸，「我們在遠東所播下、耙鬆、澆水的好種籽正迅速成長、結果。」[10]

根據夏福禮的報告，《泰晤士報》這時嚴正表示，英國經濟復甦的唯一途徑乃是消滅太平天國。叛軍已成為「阻擋我們摘取金蘋果的龍」。誠如這些主編這時向讀者說明的，那是很容易理解的人道問題：如果上海和寧波的茶葉市場毀於太平天國之手，英國政府將會調漲茶葉稅，以保住其亟需的茶葉貿易收入。那將使英格蘭社會喝茶的下層民眾，包括因為蘭開夏紡織業垮掉而餓著肚子的那些人，日子不好過。他們指責那些提倡中立的政治人物，以高調而抽象的字眼談論外交政策的道德責任，卻未「關心人民所受的苦」。英格蘭「追求絕對中立」，完全不關心「英格蘭喝茶者或中國產茶者的死活，就和不關心蘭開夏紡織工人的死活一樣」。因此，干預的主要用意在於人道救助，不只救助中國農民，也救助英格蘭自己的窮人。他們主張，即使撇開老百姓受苦的問題不談，光是基本的經濟因素，「考量到英鎊、先令、便士」，就表示「應該將橫亙在我們和我們的金蘋果之間的那條龍殺掉」。[11]

但對於中國境內的殺戮慘狀，《泰晤士報》主編群之隔閡無知，就和被他們嘲弄在空談道德原則的那些政治人物無分軒輊。他們在一八六二年夏發表的漂亮主張——太平天國是人道威脅，因而協助清廷恢復中國秩序乃是英格蘭的榮幸——隨著不好的消息從亞洲傳回，迅即從他們口中消失。因為防洪閘門已經打開，有了英國政府准他自主行事為後盾，艦隊司令何伯正把英國帶進一場反中國叛軍的戰爭，而此舉的道德後果幾乎是深不可測。

與華爾常勝軍結盟，並得到李鴻章的爽快同意後，聯軍於一八六二年晚春大舉進攻上海周邊的太平天國據點。最初進攻非常順利，這主要得歸因於太平軍的裝備較差。五月十三日，即攻打寧波三天後，一支來自上海與松江的聯合部隊完成了華爾的民兵隊從未能完成的任務：用四十門重炮，包括一門六十八磅炮和四門一百一十磅炮彈的巨型海軍阿姆斯特朗炮，連轟整整兩小時後，這支部隊從太平軍手中拿下青浦。英法軍隊將青浦南城門炸成碎片之後，華爾的三千五百名華人部隊衝進缺口，在軍樂隊高奏「天佑女王」之際，把被炮彈震得七葷八素的守軍嚇得退走。聯軍方面幾無傷亡。[12]

但不久後叛軍就展現他們的反擊能力，歐洲人不知不覺被拖進這場戰爭泥淖的更深處。拿下青浦四天後，法國艦隊司令卜羅德領軍攻打松江下方的南橋村。開打後不久，一名叛軍狙擊手開槍射穿法國艦隊司令胸部，擊破心臟一條主動脈，那天晚上失血過多而死。不久後，悲憤的法軍從叛軍手中奮力拿下附近有防禦工事的柘林村，屠殺該村包括婦孺在內三千人，然後放火燒掉整個村子，為他們摯愛的艦隊司令之死報仇。[13]

但聯軍初步的勝利保不住多久，因為攻破有城牆環繞的城市是一回事，守住它是另一回事，而且聯軍沒有足夠人力來守城。拿下青浦後，立即就有消息傳來，說李秀成正率大軍從蘇州南下，欲趁常勝軍不在之時撲向松江。[14]華爾帶兩千部下折回松江，以協助抵禦叛軍進攻，留下副手法爾思德帶領僅僅一千五百兵力駐守青浦，而青浦不久後也遭到包圍。青浦的初期戰事一結束，艦隊司令何伯就立即帶炮艇隊回上海，因此法爾思德孤軍守城。他們固守將近一個月，曾伏擊一艘行經該城、載了武器與彈藥要給叛軍的法國走私船，藉此取得補足。但法爾思德拒絕太平軍以黃金交換他們棄守的提議後，他底下的歐洲軍官幾乎兵變，他不得不將其中部分軍官關起來以鎮住軍心。然後，華爾與何伯於六月十日未經周詳計畫即前來援救——結果卡在何伯堅持要他們燒掉整個青浦城以免還得再派兵駐守，因而功敗垂成。最後，華爾與何伯倉促撤兵，法爾思德麾下所有官兵遭屠（被他關起來那些歐洲軍官最先遇害，叛軍先頭部隊將他們的頭插在矛尖上），法爾思德本人遭太平軍生俘。太平軍將他衣服剝光，囚了兩個月，才被李鴻章贖回。[15]

此後，情勢每下愈況。一位英國士兵描述了一批叛軍俘虜被英國人與法國人交給清朝上海官府後的遭遇。夏天時，全球多家報紙開始刊載他的生動記述。根據他的記述，清軍在英國軍人袖手旁觀下殺了這批俘虜。光是此事不足以引發危機，但他還寫道，這次連嬰兒和腹中的胎兒都未能倖免於難。他的記述有部分如下：

> 一名年輕女子，看來懷胎約八個月，先前遭周遭暴民施以種種殘酷虐待，都未發出一聲呻吟或嘆息。暴民挖出她子宮中的胎兒，抓著胎兒的一隻小手，舉起給她看；她一看到胎兒，立即發出一聲令人心碎、令老虎聽了都心生惻隱的尖叫，然後，流著血、身子顫動的胎兒被丟到她胸脯上後，她使出最後一股超乎人類的力氣，將雙臂從按住她的人手上掙脫，猛然將胎兒抓到她流血的心臟上，至死抓著不放。由於抓得很緊，無法將母子分開，他們就這樣一起被丟到屍堆上。
>
> 俘虜中另有一名等著被開膛剖腹的少婦，懷裡抱著一名在開心叫著、跳著的十個月大漂亮男

> 嬰。男嬰被猛然從她懷裡搶走，擲向劊子手，劊子手舉起殘酷的小刀，當著他母親的面，刺進他柔嫩的胸膛。出生不久的嬰兒被從母親懷裡搶走，當著母親的面開膛剖腹。年輕壯丁遭開膛剖腹、截肢，割下的部位塞進他們嘴裡，或丟向叫好大笑的中國人群裡。

此文作者請求世人原諒他成為這場殺戮的共犯。「但就此為止：這些情景，我再也寫不下去，」他在此文最後說道：「如今我只能永遠悔恨自己眼睜睜看著這種可怕景象。我再也不適合當軍人。」但為那天的事擔上最沉重道德包袱的是他的國家。他寫道：「願上帝原諒英格蘭在這場戰爭裡扮演的角色。」[16]

這則駭人聽聞的故事席捲英語世界的媒體圈，從格拉斯哥到紐芬蘭，從路易斯維爾到舊金山，多個地方的報紙都刊出。它最早出現於印度的某份英語報紙，撰文者匿名。艦隊司令何伯稱它是「百分之百虛構」，儘管幾乎沒有人刊出他的說法。即使那真是虛構，何伯的駁斥反倒使更多人相信。他用來駁斥那個故事的主要證據，是上海道臺吳煦的說詞。吳煦是華爾的上司（一般來講，華爾抓到的戰俘就由吳煦處決）。何伯絲毫未懷疑吳煦的真誠，說吳煦向他保證「各類囚犯……都受到仁慈而人道的對待」，彷彿當他們只是一群不聽話的小孩般，「他未予以嚴厲對待，打算照顧他們直到化敵為友為止」。[17]

無論如何，在一八六〇年清廷劫持歐洲特使後，政府一直將滿人說成是一幫野蠻殺人犯的英國，這份令人毛骨悚然的記述立即得到民眾的採信。那些反對干預中國內戰的英國人，立即拿著這則故事大作文章。賽克斯上校投書倫敦《每日新聞》(*Daily News*)說:「我不管叛軍是偶像崇拜者、佛教徒、儒教徒、穆罕默德信徒,或假基督教徒,他們是人;他們請求我們友善對待,而我們在屠殺他們時所流下的血,其腥氣蒸發上天,使我們受到不利的判決。」[18]《經濟學人》嚴正表示:「真正的政策本應是除非絕對必要,避免干預……以及積極且一貫地阻止英格蘭人插手(清)帝國事務。」[19]該雜誌主編開始擔心英國已被深深拖入這場中國戰爭裡,因而除了將該國納為殖民地,別無他法來挽救英國的顏面。

儘管這則記述在英國激起憤怒和羞愧,在美國卻激起強烈的報復之心。由於帕麥斯頓和羅素等英國政府主要官員明顯偏袒南方邦聯,一八六二年夏,在美國北方諸州,反英情緒正高昂。這時美國總統林肯尚未頒布「解放宣言」,因此,支持南方邦聯的英國人可將美國內戰稱作民族解放戰爭,而非反奴隸制戰爭(這時南北雙方都仍允許蓄奴)。在英國,許多自由派稱頌美國南方抵抗北方專制政權,其中可能又以財政大臣格萊斯頓最不掩飾這一立場。同年十月,他在新堡告訴向他歡呼的聽眾:「毋庸置疑的,戴維斯等南方領袖已打造出一支陸軍;似乎正在打造一支海軍;而且他們不只打造這兩樣東西——他們已打造出一個國家。」從而幾乎和南方邦聯站在一起。[20]

英國政府明確支持美國的南方叛亂者——這時南方邦聯在內戰中占上風——相對的,美國北方的記者利用來自中國的悲慘消息,痛批約翰.布爾(John Bull,指稱英國人的綽號)完全樂於為一個殘酷野蠻的政權賣命,鎮壓遠比蓄奴的南方邦聯更無辜的一個運動組織。八月三十日出版的《浮華世界》(*Vanity Fair*)載道:

我們的極優秀朋友，布爾，目前在中國駐有軍隊。

在中國駐有軍隊！幹嘛？

呃，就是鎮壓中國叛軍，而必須承認，那些叛軍正努力欲推翻他們威嚴的、崇高的、強大的君王。

那約翰跟那場爭吵有什麼關係！

一點關係都沒有！

然後，他們結束開玩笑的對話，開始數落英國在這兩場內戰裡的兩面作風：「噢約翰．布爾！約翰．布爾！……你這個愛喝啤酒的大酒桶偽君子！這會兒禱告，下一會兒劫掠——這會兒表示同情，下一會兒搶劫——這會兒感到哀痛，下一會兒屠殺——這會兒可憐黑人，下一會兒把黃種人開膛剖腹……。」[21]

《週六晚郵報》（*The Saturday Evening Post*）更不客氣，質問此事遭披露之後，英國人怎麼敢對美國的內戰說三道四。他們寫道：「英國政府似乎把美國境內這場叛亂視為非常值得讚許的事，對中國人的叛亂則似乎抱持不同的看法。」然後該報引用這份暴行記述的一段文字，據此推斷，「英格蘭人自己的歷史——從頭至尾——一直是血、血、血的紀錄，在這種情況下，要他們對現今美國叛亂活動裡必然令人痛苦的事裝出極駭怖的樣子，的確是強人所難！」[22]

沉潛許久的理雅各，在憤怒、痛責虛偽，以及報復之聲此起彼落的此刻，重出檯面，加入爭辯。洪仁玕在倫敦傳道會的這位老恩師和提攜者，這時仍是香港上流社會最受敬重的成員之一，而由於他（在洪仁玕協助下）將孔子著作譯成英文，他也逐步成為英國最頂尖的中國事務專家，日後將成為牛津大學的首位漢學教授。[23] 此前，他大部分時候不就叛亂活動的進展或他前助手的政治事業公開發表看法。但這時為回應英國干預中國內戰之舉，他浮上檯面，為有關中國這場內戰的國際辯論增添一股審慎理性的聲音。一八六二年秋，英國境內各大傳道會刊物刊出理雅各的一封投書，文中他強烈反對干預，表示：「聽到我們政府已同意……艦隊司令何伯的做法，甚感痛心。」他說，英國民眾不清楚中國境內的真正情勢，因為英國報紙的報導一直受到扭曲且流於偏頗，「以合理化用最暴力、最強勢手段對付（太平叛軍）的做法」。

但他撰寫此文不是為了替太平天國辯解。理雅各一直不是很看得起這個叛亂群體，自當年他力阻洪仁玕赴南京與他族兄會合時就是如此。因為他這個立場，洪仁玕等到理雅各返鄉探親、人不在香港時，才動身前赴南京。但接下來幾年，他們兩人的深厚情誼並未消解，得知他最喜愛的中國人已成為干王及洪秀全的首相之後，理雅各對這個叛亂群體的興趣更為強烈。他照顧洪仁玕的哥哥和侄子，直到他們準備好去南京為止。而且這幾年間他與洪仁玕偶有書信聯絡，更晚近時還寫信提醒他，情勢已在變，西方有人在講太平天國不好的事，要他小心注意。

在這封投書中，理雅各坦承洪仁玕勸他支持太平天國從未如願。儘管早期帶有些許樂觀，對於這個叛亂團體在宗教方面的教義和做法，他一如以往不以為然，而得悉洪仁玕納妾，他尤其感到驚愕。

彷彿在為死去的友人寫悼文似的，他哀嘆洪仁玕的實際表現證明他勝任不了他所擔負的重大任務。他寫道（文中提及羅孝全），那些扣在洪仁玕頭上的罪名，的確是莫須有的指控。但「他背棄信仰，違背良心」，而且理雅各不相信中國叛軍會成為真正的基督徒，即使有洪仁玕引導亦然。

但——而且這是他投書中最突出的一點——那不表示英國可以肆無忌憚對他們施暴。理雅各主張，太平天國對西方諸國友好是出於真心：「一八六〇年，乃至去年，我們若願意與他們協商，就會發現他們稱呼我們『洋兄弟』出於真心善意，其中具有重大意義。」但如今，由於艦隊司令何伯不明究裡發動攻擊，良機已失。清廷的殘酷程度即使未甚於叛軍，也和叛軍不相上下，而外國的干預只會助長那份殘酷，使殘酷無休無止。理雅克警告道：「我們會在戰場上殺掉數千人，而諸省巡撫會在刑場殺掉數萬人……我們的高階軍官將會效命於許多殺人屠夫。」

理雅各說，滿清在中國的日子已到盡頭，就像斯圖亞特王朝在英格蘭或波旁王朝在法國一樣。他們已是苟延殘喘。英格蘭在中國唯一可採行且符合道德的做法，乃是收手，回復中立。不管會發生什麼不好的事，那是中國的戰爭，英格蘭插不上手。「但別跟著它（清廷）稱他們為叛軍，」理雅各在最後傷心說道：「別出借我們的軍隊和艦隊去為它做它自己做不來的事。如果我們只做該做的事，按照上帝的旨意，中國會在不久後走到比現今更好的狀態。不管發生什麼事，國家作惡以成善，就和個人作惡以成善一樣不可原諒。」

結果，根本不需來自海外的公開強烈抗議，艦隊司令何伯欲肅清上海方圓五十公里內叛軍的軍事行動，很快就收場下臺。事實表明，這一出擊從軍事的角度看根本不可能成功。由於未得到母國承諾增援，英法在上海的聯合部隊兵力太薄弱，即使有華爾協同作戰，仍不足以在拿下城池後擊退來犯叛軍，守住城池。因此，卜羅德喪命和青浦慘敗之後，何伯不得不承認挫敗。他將艦隊撤回上海，把聯軍攻下的地方放掉，讓給李秀成，改為專心固守上海。[24]但話說回來，那原本就是他的基本職責。關於何伯愛逾越命令的作風，倫敦的《旁觀者》(*The Spectator*)哀嘆道：「不遵守英格蘭命令這個慢性印度病已蔓延到中國。」[25]十月，何伯將會卸任離華，由更加溫和、更具外交手腕的艦隊司令庫柏(Augustus Leopold Kuper)接任。(發布這個人事案之前，英格蘭境內傳言，有資格在艦上懸旗表示職銜的海軍將官無人願意接駐華海軍司令這個燙手差事。)[26]遭遇號的樂德克上尉因在寧波逾越命令遭海軍部正式申誡，皇家海家將不會再親自上場打叛軍。[27]不受任何外國政府管轄的華爾，此後只得靠己力打仗，但他不在意，因為英法部隊雖有很管用的重炮，卻往往妨礙他們劫掠。[28]

* * *

對曾國藩來說，那年春天是他在這整場戰爭期間最順遂的時刻。首先，出於與洋人在上海和寧波出兵干涉無關的某些因素，多隆阿的馬隊在皖北騷擾英王陳玉成方面有了重大進展。九月丟掉安慶後，陳玉成退到北邊約一百四十公里處，自一八五八年就受叛軍控制的廬州城。他以廬州為基地，開始召集太平軍和捻匪盟軍，計劃兵分四路北征，進入河南與陝西二省，並可能繼續往北京挺進，趁新朝廷虛弱的當頭拿下京城，做為其最後目標。[29]其中三路於一八六二年頭幾個月依計畫北征，但英王本人受困廬州，被多隆阿馬隊和其他湘軍部隊包圍。他們將其對外聯繫完全切斷，使他收不到其他幾路部隊的消息，也就無從得知他們已在哪裡攻下城池，無法確定突圍之後他該把部隊帶到哪裡。

五月十三日，由於廬州城內糧秣愈來愈少，年輕的英王帶四千部眾突破廬州北側的湘軍圍城陣地。多隆阿的馬隊撲向英王棄守的廬州城，英王則帶領兵馬往北疾行，日夜兼程，以和最靠近他們的友軍會合——那支友軍由苗沛霖統率，按照既定計畫，負責攻打廬州西北邊約一百一十公里處的壽州城。苗沛霖是來自皖北的民兵部隊首領，原效忠清廷，一八六〇年秋英王想解安慶之圍而率兵初次穿過皖北時，苗沛霖轉投太平天國。[30]英王救安慶未果那一役，苗沛霖部是支援英王作戰的一股重要勢力，這次北征，苗沛霖部是四路部隊中的一支。陳玉成抵壽州城門時，看到苗沛霖部隊官兵在場迎接，頓時鬆了口氣，心想他們已攻下壽州。怪的是看不到苗沛霖本人。

由於通信中斷，陳玉成不知苗沛霖遭清軍大敗於壽州，四月二十五日全軍投降清廷。苗沛霖再度投靠清廷，答應將英王遞交清軍，換得清廷饒他一命。於是，陳玉成走過壽州城門欲和友軍會合時，立即被對方拿下。六月遭處死。在供狀中，英王毫無悔恨之意，只為部下難過。他告訴俘虜他的人：「是天意使我如此，我到今日無可說了，久仰勝帥威名，我情願前來一見。太平天國去我一人，江山也算去了一半。我受天朝恩重，不能投降。敗軍之將，無顏求生。但我所領四千之兵皆係百戰精銳，不知尚在否？至我所犯之彌天大罪，刀鋸斧鉞，我一人受之，與眾無干。」[31]

皖北發生此事時，英法聯軍在上海城外的征剿，為進兵南京的曾國荃幾乎闢了一條坦途。為因應華爾與聯軍的聯合出擊，李秀成不得不將部隊東調。他率主力部隊從蘇州下松江，親自統率部署於上海周邊戰力較差的部隊。這一兵力轉移——幾乎和皖北英王部隊被滅同時發生——使安慶與南京之間長江沿岸的太平守軍，無望得到來自北邊或東邊的增援，就在此時，曾國荃開始攻打這些太平守軍，目標遙指叛軍首都。

幾個月前，沒人能料到上海附近會出現這樣的敵對態勢，更別提在那邊出現與太平軍相抗衡且有戰鬥力的部隊，因此，太平軍突然東調，令相關各方都感到意外。長江沿岸的太平守軍不敵曾國荃進攻，紛紛棄守要塞，燒掉營壘。他困惑於他們的不事抵抗，納悶於他們準備在後面怎麼對付他。[32] 他所不知的是，他們根本沒有準備反擊，因為太平軍主力已移到他的攻擊範圍之外。敗走的太平軍退回南京自保，而在這點上，他得感謝艦隊司令何伯。

這對太平天國來說大勢不妙。叛軍諸王一直知道曾國藩在安慶的部隊將威脅下游的南京，但沒料到湘軍會這麼快就來犯。洪仁玕就未料到情勢會有如此轉變，後來坦承「從未準備彼等能突如其來如是之速，我軍毫無預備」。[33] 最重要的是，負責首都和天王安全的李秀成也沒料到會這樣。忠王以哀嘆口吻說道，湘軍於一八六二年春從安慶往長江下游進攻，連破未有周全防備的守軍，直抵首都大門，一路勢如破竹。[34]

到了五月下旬，曾國荃部已來到南京郊外。避開南京城西北側火力強大的岸炮炮臺之後，他的水師支援部隊在南京城正西北邊（上游）的長江對岸占據有利位置。在南岸，湘軍水師也拿下護城河與長江合流處，從而掌控該城護城河。曾國荃帶部隊走陸路來到南京城南方，在水師從北方掩護下，從南邊攻打南京城。[35]一八六二年五月三十日，李秀成仍在東邊約三百公里外打華爾和法爾思德以控制松江和青浦時，曾國荃部一路挺進到就在南京南城門外的一座小山山腳。[36]

他們要攻打的這座小山，由山頂的一處石造要塞守衛，山名雨花臺。雨花臺一名是在承平時期取的，相傳南朝梁武帝時，雲光法師在這座林木蓊鬱的小山上設壇講經，因說法虔誠所至，感動上蒼，落花如雨，「雨花臺」因此得名。這時，山上的樹木已經全部砍掉，以建造營壘和瞭望塔。山上也不見一朵花。唯一的雨是灰濛濛的毛毛雨，使湘軍士兵腳下的褐土在他們立樁築營、開始在山腳挖壕溝時，變成爛泥。

南京城牆冷灰色的牆面，讓站在城垛下方十八公尺處地面上的任何士兵都感受到固若金湯的氣勢。但南京城牆有其罩門，雨花臺就是罩門之一。這座陡峭的小山只有九十多公尺高，約八百公尺寬，正座落在南京城南城門外，與城門直直相對。明朝時南城門是防禦陸上來犯之敵的主要關卡，建造得特別宏偉堂皇：那是一座多層式的花崗岩巨構，設有可容數千部隊的甕城和藏兵洞，還有可騎馬登城的馬道，城牆頂上的走道寬度足以讓兩匹馬並馳，又不至於干擾到戍守炮眼的炮手。

但由於駐守兵力遠少於明朝設計這個城門時所規劃的兵力，南城門談不上是投射兵力之處，反而比較像是在一段攻不破的花崗岩城牆中防守較薄弱的點。從雨花臺山腳到南城門厚重的強化木門，中間隔著長只八百公尺且完全平坦的一塊地。男子步行八、九分鐘就可走完；疾馳的馬則只要一分鐘。從雨花臺這一側的瞭望塔往南京城望，可看到南京城牆內遼闊的城區——宮殿府邸的覆瓦屋頂、舊滿城的廢墟，乃至遙遠另一頭圍住南京城北側的城牆內牆面。[37]從瞭望塔上，肉眼就可以掌握南城門頂上的動靜，用小型望遠鏡便能算出胸牆上守軍的人數。從地面上望去，長長的灰色城牆往城門兩側逶迤數公里遠，但從雨花臺上的瞭望塔望去，彷彿伸出雙臂就能將整個都城抱在懷中。

曾國荃想拿下雨花臺做為圍攻南京城的基地。這時他還動不了石造要塞裡的雨花臺守軍，但他已將部隊駐紮在山腳。他轄下兵力不到兩萬，包括負責維持從長江來的補給線暢通的水師支援部隊，但他們在南京城邊緣的高土牆之間構築了十座壁壘森嚴、彼此相連的營壘，開始掘壕固守。一旦完全站穩腳跟——儘管敵眾我寡——他們就是敵人弄不走，就像附著在大型哺乳動物背上堅硬的小寄生蟲。

* * *

湘軍手中的火繩槍、刀劍和洋人軍火販子所賣的現代武器，威力相差極大，因此，曾國藩對洋人上門兜售武器無動於衷，就特別令人奇怪。他見過一些洋槍，覺得「洋物機括太靈，多不耐久，宜慎用之」，射擊二十或三十發後就得修理。[38]但他之所以不用它們，主要出於哲學性的理由；他完全不相信不同的武器能使戰局改觀。弟弟曾國荃請他為進攻南京的部隊弄來一些洋槍時，他寫信告訴弟弟：「然制勝之道，實在人而不在器。」他以鮑超為例，說他「並無洋槍洋藥，然亦屢當大敵」。而圍攻南京的綠營將領和春與張國樑，一八六〇年春時「洋人軍器最多，而無救於十年三月之敗」。曾國藩說軍力強弱取決於才幹，而非兵器。「真美人不甚爭珠翠，真書家不甚爭筆墨，然則將士之真善戰者，豈必力爭洋槍洋藥乎？」[39] 最後他還是禁不住弟弟一再的要求，一八六二年派人到廣州與上海，買了一些洋槍洋藥供南京駐軍之用。但買的數量不多，他仍固執地認為他的軍隊必須仰賴傳統兵器——擡槍和鳥銃、刀、矛、中國火炮（「劈山炮」）。[40]

曾國藩或許對洋人的小型兵器存疑，卻深知較大型的洋人武器能令從未見過這類東西的中國人感到何等驚駭。射程達八公里的阿姆斯特朗炮之類的英國火炮，就有這樣的震撼力，在中國小船根本無法前進的水上，以迅疾靈活之勢逆流而上的汽船，其震撼力尤其嚇人。（長江沿岸有眾多住在河上的縴夫，以縴繩幫人拉船為生；千百年來他們重重踩下的腳步，在岸邊岩石上踩出深而平滑的腳印。）

最初曾國藩覺得，汽船除了可能用來在長江上下游間運送郵件，對攻打叛軍沒有用處。[41] 一八六一年夏，他上奏咸豐帝，說湘軍在水上已穩占叛軍上風，湘軍唯一的弱點在陸上，而汽船在這方面幫不了他們。[42] 但到了一八六二年春，李鴻章部隊靠汽船運到上海一事，已使他相信汽船的確也可用於軍事，但中國人不該仰仗洋人提供汽船，以免向他們租用時任憑他們坐地起價。

不管他自己有沒有能力運用它們，他相信洋船和洋炮的古怪本身，就是它們的最大優勢，而那種優勢必須打破。誠如上海商人雇洋傭兵為他們打仗時知道的，誠如廣州附近的中國統兵官要官兵穿上西洋服裝時知道的，自英國打贏鴉片戰爭以來，中國沿海居民一直近乎迷信的認為洋人軍隊、洋船、洋槍炮比較強——而在曾國藩看來，那根本是錯覺。他認為，中國該戳破那種錯覺。他上奏道：「輪船之速，洋炮之遠，在英法則恃其所獨有，在中華則震於所罕見。」因此他鼓勵清廷買一些回來，即使只為了減輕它們令中國人震懾的威力。「若能陸續購買，據為己物，在中華則見慣而不驚，在英法亦漸失其所恃。」[43]

他在安慶大營親自啟動這個過程。一八六二年二月，他從上海買了一艘小汽船，邀幾位中國科學家和工程師在安慶設工坊，以瞭解其如何建造。這艘船不久就故障，他們無力維修。[44]但到了那年夏天，他底下一名工程師製造出一件能用的原型蒸汽機。仔細檢視那部機器，並看了機器如何用於推動輪子之後，曾國藩在日記裡寫道：「竊喜洋人之智巧，我中國人也能為之！彼不能傲我以其所不知矣。」[45]一年後，他們會在安慶造出一艘長八．四公尺，能在長江以還不錯的速度逆流而上的小汽船。

曾國藩的工程師在安慶的試驗，還未能立即用於軍事，但一八六二年夏，他們仍在開發第一部小蒸汽機時，他希望恭親王從海外買幾艘全尺寸汽船一事有了眉目。艦隊司令何伯試圖直接介入中國內戰未果之後，卜魯斯一直在想辦法以不讓英格蘭再受難堪的方式助清廷恢復國內秩序。因此，任職於清廷上海海關的英國人，建議讓清廷透過總理各國事務衙門的恭親王從英國買進幾艘汽船時，卜魯斯表示支持。倫敦政府尚未同意，但卜魯斯希望倫敦政府認同這是使清廷得以自衛並保護通商口岸，同時不需靠英國軍隊代為平亂的最佳辦法。

受清廷委託向英格蘭訂製汽船的是李泰國（Horatio Nelson Lay）。他是個容易緊張激動的英國語言學家，以英國海軍名將納爾遜（Horatio Nelson）的名字取名（有踵武先賢之意，但瞭其一生，看來是徒勞），和納爾遜並無親戚關係。他當外交通譯時學會口說和閱讀中文，一八五九年起受清廷之聘，在上海擔任海關總稅務司。一八六二年夏，他在英格蘭老家休假，收到接任他總稅務司職位的赫德（Robert Hart）來信，授權他代表清廷購買幾艘汽船。[46]那是非正式協議，李泰國並未與清廷簽合同，

位於安慶的英王當代浮雕，以社會主義英雄的形象呈現。太平天國的諸位領導人沒有任何真實的肖像逃過戰火摧殘。

湘軍主帥曾國藩

曾國藩的弟弟曾國荃，畫中與童子及鶴在花園裡

多隆阿使用望遠鏡觀察遠處

鮑超乘馬，與湘軍長槍隊同行

淮軍主帥李鴻章，一八七九年

額爾金勛爵（左）與恭親王，貝亞托攝於一八六〇年北京條約簽訂時

北京東北角城門，貝亞托攝。

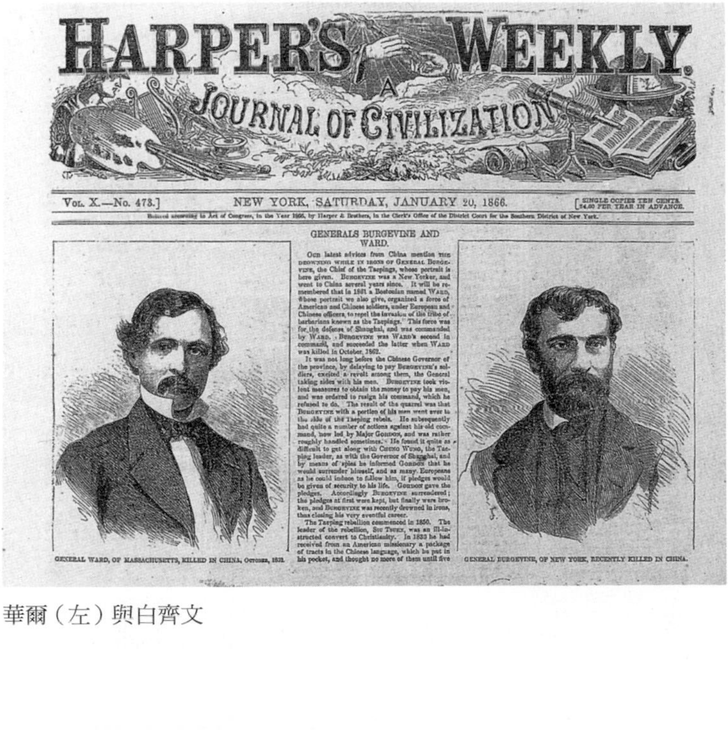

HARPER'S WEEKLY.
A JOURNAL OF CIVILIZATION.

Vol. X.—No. 473.] NEW YORK, SATURDAY, JANUARY 20, 1866. [SINGLE COPIES TEN CENTS. $4.00 PER YEAR IN ADVANCE.

Entered according to Act of Congress, in the Year 1866, by Harper & Brothers, in the Clerk's Office of the District Court for the Southern District of New York.

GENERALS BURGEVINE AND WARD.

Our latest advices from China mention THE DROWNING WHILE IN IRONS OF GENERAL BURGEVINE, the Chief of the Taepings, whose portrait is here given. BURGEVINE was a New Yorker, and went to China several years since. It will be remembered that in 1861 a Bostonian named WARD, whose portrait we also give, organized a force of American and Chinese soldiers, under European and Chinese officers, to repel the invasion of the tribe of barbarians known as the Taepings. This force was for the defense of Shanghai, and was commanded by WARD. BURGEVINE was WARD's second in command, and succeeded the latter when WARD was killed in October, 1862.

It was not long before the Chinese Governor of the province, by delaying to pay BURGEVINE's soldiers, excited a revolt among them, the General taking sides with his men. BURGEVINE took violent measures to obtain the money to pay his men, and was ordered to resign his command, which he refused to do. The result of the quarrel was that BURGEVINE with a portion of his men went over to the side of the Taeping rebels. He subsequently had quite a number of actions against his old command, now led by Major GORDON, and was rather roughly handled sometimes. He found it quite as difficult to get along with CHUNG WUNG, the Taeping leader, as with the Governor of Shanghai, and by means of spies he informed GORDON that he would surrender himself, and as many Europeans as he could induce to follow him, if pledges would be given of security to his life. GORDON gave the pledges. Accordingly BURGEVINE surrendered; the pledges at first were kept, but finally were broken, and BURGEVINE was recently drowned in irons, thus closing his very eventful career.

The Taeping rebellion commenced in 1850. The leader of the rebellion, SIU TSUEN, was an ill-instructed convert to Christianity. In 1833 he had received from an American missionary a package of tracts in the Chinese language, which he put in his pocket, and thought no more of them until five

GENERAL WARD, OF MASSACHUSETTS, KILLED IN CHINA, OCTOBER, 1862.

GENERAL BURGEVINE, OF NEW YORK, RECENTLY KILLED IN CHINA.

華爾（左）與白齊文

「中國人」戈登穿著清朝官服

由蘇州河北邊望向上海灘，一八六九年

英法聯軍攻占後的大沽北炮臺內部。貝亞托在英軍攻入地點拍攝。

英法聯軍攻占後的大沽北炮臺內部。貝亞托在法軍攻入地點拍攝。

巴夏禮

海軍少將何伯，綽號「好鬥吉米」

卜魯斯，額爾金勛爵的弟弟，英國駐華公使，一八六〇～一八六四年

蒲安臣，美國駐華公使，一八六一～一八六七年

只得到總理各國事務衙門屆時會付款的口頭保證。但根據這個相當簡略的協議，李泰國策劃了當時某人所謂「重振中國、讓自己更上層樓的漂亮計畫」。[47] 簡而言之，他決定為清廷訂購一整個艦隊的先進軍艦，配備整編的歐洲水兵和海軍陸戰隊員。

李泰國極不喜歡被人當作傭兵，聽到人影射他在清廷底下做事，火氣就上來。誠如他所喜歡說的，他「為他們」做事，而「非在他們底下」做事。他對中國人和歐洲人相對地位的看法，屬於當時更加沙文主義的一種；誠如他在一封公開信中向羅素勛爵說的：「把有身分地位的人說成在亞洲野蠻人底下做事，實在荒謬。」[48] 為免他的觀點遭人誤解，他在那封信中接著釐清道：「目前，歐洲人與亞洲人之間沒有平等可言……中國人與我們相比只是小孩；他們往往是難管教的壞小孩，應該把他們當小孩而非大人來對待。」[49] 後來另有一位與他同時代的人表示，這樣的觀點「與他和中國人共事一事很不搭調，不管是在他們底下做事，還是為他們做事都一樣」，[50] 但眼前他自認是清廷在英格蘭的代理人，也要求別人如此看待。

向英國政府講述他的計畫時，李泰國對太平天國或煩人的內戰中立問題著墨不多，反倒是強調一隊炮艇如何有助於英國在華的長遠利益——例如藉此確保長江通商的安全，藉此消滅沿海海盜。最後，他也認為它們或許能打開中國內陸，讓英國得以入內探察，儘管能否有這效果仍不明確（特別是因為這些船照理要受清廷管轄）。他還信誓旦旦表示，這支艦隊將使蒸汽動力和電報「在中國人支持下」引進中國，而那將隨之「必然促成全帝國行政治理上的全面改革。」[51]（他略而不提在中國只有太平天國總理洪仁玕曾表示有意施行這類革新）。最後，他一再熱切地強調，這不會是支傭兵部隊，而會是英國艦隊，以英國人為司令和水兵，而他們將為中國皇帝做事，而非在中國皇帝底下做事。

清廷或許會支付這支艦隊的開銷，但李泰國自行挑選了艦隊司令，一個得過勛章的英國皇家海軍上尉，額爾金第一次出使中國時擔任狂暴號船長的舍納德·阿思本（Sherard Osborn）。根據李泰國所擬的四年聘任合約，阿思本在中國只聽命於皇帝。此外，皇帝所下達的命令只透過李泰國轉達，李泰國將以相當於海軍參謀長的身分駐在北京。他在合約裡明訂，由他親自審閱皇帝所有命令，凡是不符「道理」者，均不傳達給阿思本。這項做法若非反映了李泰國所謂中國人全是沒長大小孩的看法，就只是反映了清朝皇帝本身還是六歲小孩的事實。[52]

而鄧洛普於一八六一年五月撤回他要求承認太平天國為交戰團體的動議一事，就成為攸關李泰國能否為清廷購得軍艦的重要因素（或許有人會想起，他是在帕麥斯頓和羅素一再保證英格蘭目前和將來都會一直在華保持中立之後，撤回了該動議）。沒有交戰團體身分，中國叛軍得不到英國國外服役法的保護。該法明令禁止英國公司將炮艇賣給與英國和平相處之政權交戰的團體。清廷是中國境內唯一獲得英國承認的政權，因此英國公司可自由將炮艇賣給清廷，用以對付太平天國。相對的，就在李泰國於倫敦努力為清帝訂購作戰艦隊時，美國南方邦聯的海軍首席代表布洛克（James Bulloch）也正為了同樣目的在倫敦，而李泰國如願，布洛克卻鎩羽而歸。美國南北雙方獲英國承認為交戰團體，兩者嚴格來講都與英國處於和平狀態，因而英國的造船業者依法不得賣炮艇給他們任何一方。[53]

國外服役法只有一點妨礙李泰國實現其中國計畫，那就是阿思本及其船員均受該法的約束。該法的最基本條文，是禁止英國國民為外國政府打仗，因此阿思本出任清朝海軍艦隊司令一事，需要英國政府的特別同意。英國國會仍希望英國在華保持中立，但帕麥斯頓和羅素於一八六二年夏天國會休會後發布兩道樞密命（order in council），暫時取消該法的施行，使議員在隔年二月復會之前無法討論這兩道命令，藉此避開他們預期會碰到的議員反對。

第一道樞密令發布於一八六二年八月，下令暫時取消國外服役法的施行，好讓李泰國和阿思本——命令中點出他們兩人姓名——得以為中國皇帝效力。這道命令允許他們提供武裝船艦給中國皇帝，也賦予他們為那些船艦招募英國船員的獨有權力。這些船員只能投入李泰國和阿思本麾下，不能投入別人麾下。四個月後，帕麥斯頓政府再發布一道命令，大幅擴大原來允許的事項，使任何英國軍官都可以合法為清朝皇帝打仗，批准他們「在任何軍事、作戰或其他行動裡為該皇帝效力，為此目的前去海外任何一個地方或數個地方，接受來自該皇帝或聽命於該皇帝的任何委任、授權或其他任命，接受報答他們服務的任何金錢、薪水或報酬」。

但在招募人員的過程上有了意想不到的變化。英國政府能給予阿思本和李泰國招募英國國民加入清朝海軍的權利，但無法授予他們中國任職令——那完全屬於清朝皇帝的權限，得等到抵達中國，他們才能取得任職令。但離開英格蘭之前，他們得先辭去在英國皇家海軍的職務或得到皇家海軍准予休長假，以便加入阿思本的艦隊。因此，在這段青黃不接的時期，阿思本將帶去中國的水兵和陸戰隊員，將在實質上沒有官方任職令，從而在行為上將和傭兵——英國政府不欲他們成為的角色——一樣未受管束，無法究責。

對此事的反應，首先出現於報紙。羅素和帕麥斯頓對華政策的一百八十度大轉變，讓人覺得近乎是明知不合理仍刻意為之：英國在一夜之間從滿清的敵人，變成賣軍火給清廷官方的販子和有意拯救清廷的人。《潘趣》（*Punch*）雜誌說得最貼切：「我們的勇武友人舍納德．阿思本……將被派去摧毀、重擊並消滅接近我們通商口岸的任何太平軍。他肯定會得到一身的勛章，但羅素勛爵的提議在道理上說不說得通，我們就沒那麼確定。」[54] 前東印度公司董事長賽克斯上校投書倫敦《每日新聞》，以困惑的口吻寫道：「卜魯斯先生和麥華陀（Walter Henry Medhurst）、夏福禮兩位領事一再於官方文件中表示，清廷是地表上最腐敗無能的政府；他們拷打並殺害我們軍官，殺害戰俘，虐待囚犯，在在說明他們的殘忍無情；而今我們政策的目標，卻是讓具有這些問題的政府恢復有效率的運作。」[55]

到了隔年二月國會復會時，這支艦隊已是既成事實，國會不得不予以同意，但此事仍受到議員嚴厲批評。新會期第一天，一八六三年二月五日，保守黨黨魁迪斯累里（Benjamin Disraeli）——談不上是個感情用事的道德家——責備帕麥斯頓突然一百八十度改變對華政策。他嚴正表示：「曾對韃靼王朝動武的閣下，如今要支持那個韃靼王朝，對中國皇帝的這些叛亂子民動武。我們的立場完全改變。我們要對太平叛亂團體動武。」在同一場發言中，他斥責帕麥斯頓未能為南方邦聯介入美國內戰（他所謂的「大革命」），[56] 但他接著說道，中國一事顯示，帕麥斯頓百分之百願意涉入與英格蘭的關係遠不如美國與英格蘭之關係親密的一個國家的內戰。他哀嘆道，政府中似乎無人清楚瞭解中國叛軍是什麼樣的人或他們所真正代表的心聲。「太平天國是誰？太平天國是什麼？」他問。「先生，我認為我們與太平天國毫無關係。不管他們是愛國者，還是土匪強盜，都與英格蘭人民無干。太平天國該有什麼地位，是中國的事，不是英格蘭的事。」[57]

在自由黨方面，賽克斯上校揮著手中的中文太平聖經，以挑激口吻問所有在場者誰敢把太平天國稱作褻瀆上帝者，另一方面則嚴正表示英格蘭欲給予軍事支持的「韃靼幼皇帝」，「出了北京城牆」就幾無影響力。[58] 三天後，他在平民院質詢道，是否已同樣允許英國軍官投入太平天國旗下為其打仗，外交部次長萊亞德（Austen Layard）答道沒有，並不客氣地說：「政府沒這個榮幸結識……太平皇帝。」[59]

但在英格蘭，對於成立這支艦隊，主流看法是樂觀其成。一八六二年十二月，在皇家地理學會有場溫文有禮的辯論，「每個對中國事務有興趣者」均與會。巴夏禮、李泰國、阿思本與財政大臣格萊斯頓，在這個場合談論了這支艦隊和中國的未來。李泰國以浪漫口吻談這支艦隊平息中國內戰與促進貿易的潛力。阿思本說他要去中國「散播和平，不是去流血」，並希望在一段時日之後向大家報告「南京已在進攻結束後拿下，過程中完全未有太平軍喪命」。更樂觀的看法是李泰國以更天馬行空的想像提出的建議：太平軍或許會被說服完全放棄中國，而被移到東邊的群島上開拓土地，「那裡有荒地、食物、人力和宜人的氣候」。格萊斯頓給予阿思本和李泰國完全且衷心的同意，告訴他們去「將文明的福惠，而非文明的禍害，帶給中國人」，顯示自一八五七年以令人折服的言詞極力反對帕麥斯頓對華用兵的格萊斯頓，立場已經改變。[60]

《泰晤士報》也贊成阿思本的遠征，說英國人或許覺得中國人不如美國人來得親，但「中國太平天國與清廷之間的戰爭攸關我們利害的程度，幾乎和美國聯邦主義者與分離主義者之間的戰爭攸關我們利害的程度一樣大。」而由於阿思本的艦隊即將啟程，中國內戰似乎會較快結束。《泰晤士報》說：

「在中國有許多市場隨著勝利的易手而開啟或關閉，而蘭開夏的高煙囪可能在有機會感受到下一場美國戰役的勝負變化所產生的影響之前，就先感受到清廷獲勝的正面效應。」[61]

英國造船業者很高興接下清朝這筆生意，並端出他們最好的成品。頭三艘是買來的舊船，因而幾乎立即就可派上用場（原叫莫霍克號、非洲號和雅斯培號，這時改名北京號、中國號和廈門號），其他艘則必須從頭訂製，而且要花上一年才會建好。李泰國決定等所有船都造好，法定的文書作業都完成，再將整支艦隊送到中國。[62]一旦完成，將會有八艘船，包括七艘炮艇和一艘軍需船。七艘炮艇大小不一，最大的是遠洋軍艦，最小的是吃水淺、能在中國混濁河水上飛速行駛的明輪船（明輪船不適合遠航，必須將部件裝箱運到亞洲，再組裝成船）。它們總共會搭載四十門現代火炮和四百名兵員，而李泰國堅持要他們清一色是「第一流的歐洲軍官和水兵」。清朝此前從不需要海軍旗幟，因此李泰國自行為清朝設計了一面旗：綠底、黃線對角交叉，中央有隻小黃龍。

一八六三年夏天，船隻已經準備好，隨時可航往中國，而這時，經過測試，證明這番等待的確值得。它們或許沒有最新的鐵甲（用來和威力大抵薄弱的太平軍火炮對抗，根本不需鐵甲），但在其他方面它們是最先進的艦隻。長七十二・三公尺的旗艦江蘇號，一八六三年五月在樸茨茅斯附近的史托克斯灣試航時，最高航速達到十九節，在四趟試航期間平均航速達十七節，為有紀錄以來最佳的成績之一。有人更說它是當時世上最快的軍艦。[63]

在英格蘭，這支威力強大的軍事艦隊被取了幾個優雅的名字。一般稱之為英中聯合艦隊（Anglo-Chinese Flotilla），將它的任務稱為英中遠征（Anglo-Chinese Expedition），強調它所代表（或提倡它的人所宣稱的）在英國與中國清廷之間，為保護共同貿易利益和打擊沿海海盜所展開的君子合作。後來的史家會根據創立該艦隊的兩位英國人之名，將它稱為李泰國—阿思本艦隊（Lay-Osborn Flotilla）。但在當時的上海，這支艦隊的唯一目的明顯在於消滅太平天國，該地洋人震驚於英國改弦更張轉而願意為受人唾棄的中國清廷打仗。在上海，它有別的名字：吸血鬼艦隊（Vampire Fleet）。

十四、雨花

當時，奪人性命的不只如雨般落下的炮彈和彈丸、爆炸、或短柄小斧與長矛；不只傳染病和屠殺，或自殺；不只戰區裡令人苦不堪言的饑荒。在戰區，衣著襤褸的倖存農民努力填飽肚子，向聲稱管轄他們的機構繳稅。無處可逃。許多人離開原本人口稠密的江蘇和浙江兩省，進入上海或其他通商口岸，那些地方有洋槍洋炮，讓他們覺得較安全。正有大批難民湧入租界的消息，令卜魯斯深感憂心，他不想看到英國成為中國人民的保護者（儘管英國國內有人說，這正表明只要英國開口，中國人民就會蜂擁到它旗下，張開雙臂接納英國成為中國的新統治者）。

光是在上海，到了一八六二年，已經有一百五十萬人擠進上海縣城和租界，以躲避外面的戰火。[1] 最有錢的難民住房子，但大部分是窮人，住在用草席搭的簡陋棲身之所，或住在多到塞滿水道的小船上。還有些難民連遮風避雨的席子都沒有，他們挨在一塊，餐風露宿。隨著春天降臨，繞過租界邊緣的小河因季節性溼流的流入，水色變褐，河中滿是從上游稻田挾帶下來的泥土和糞便。到處可見半腐的屍骸——有些是牲畜屍骸，有些是人屍——漂浮於惡臭難聞的水上。[2] 這些小河是上海難民用水的主要供應來源，而儘管飲用水照習慣都煮沸過，用來洗滌和用來做飯菜的水並未經過煮沸。

霍亂病例於一八六二年五月首度出現。這些病人先是出現痙攣，沒有其他症狀，然後開始嘔吐。但接下來，來得又急又猛的腹瀉危害最烈，使人拉得臉色蒼白，全身虛脫，往往幾小時後就身亡。但霍亂何時出現可能難以確定，因為大部分上海居民本來就苦於腹瀉。到了六月，這病演變成不折不扣的傳染病，住在船上的可憐難民大批病倒，住在簡陋草席屋的難民也難倖免，房子和街頭也出現密集疫情。在小小租界裡，住在上海的約兩千名洋人，一天有十或十五人死於霍亂，軍艦上的船員也因霍亂而有多人病倒病死。[3] 但受害最慘的是居住在擁擠環境裡的赤貧中國人。到了六月，每天有數百人病死。到了七月，每天數千人。疫情最烈時，租界裡一天有多達三千人死於霍亂。上海街頭橫七豎八躺著未埋的屍體，其中有些屍體裝在用薄木板製成的簡陋箱子裡，有些屍體則只是用草席草草蓋著，在盛夏的高溫裡任其腐爛。[4]

有些中國人稱這種病為番痧，意思是外國傳染病。[5] 霍亂從這個通商口岸往外擴散。它循著當年額爾金入侵北方的路線，沿著海岸往北擴散，這條路線如今有運送郵件的定期郵船往來行走。六月中旬霍亂抵達大沽要塞，然後循白河而上傳到天津，在短短可怕的幾星期內奪走天津兩萬條性命。它再從天津傳到北京，肆虐毫無防禦之力的帝都。[6]

南方，因為某個原因，倖免於難，但就在霍亂沿著海岸悄無聲息傳往北京之際，它也循著長江及其支流傳入內陸。來往於長江上的小船，那年夏天將這病從上海帶進安徽——帶進它們的貯水裡，帶進它們乘客的腸子裡。它從曾國藩的大營透過湘軍補給線往外擴散，到了晚夏，營壘裡的湘軍官兵大批倒下。[7]七、八月時，他在奏摺中向皇上報告了受損情況。位於雨花臺山腳的曾國荃部有萬人病倒、奄奄一息，占湘軍圍城兵力整整一半。在皖南的鮑超部，也有萬人病倒，就連鮑超本人都罹病（曾國藩因此憂心忡忡，所幸他極為倚重的這位大將最終康復了）。浙江省左宗棠部的感染率達到五成，其他部隊感染率更高，在皖南的湘軍部隊六至七成罹患此病。[8]他報告道，有太多士兵病倒、垂死，他的軍隊無法主動出擊。[9]

先進文明也找不到對治之道。上海英軍發放所謂的霍亂帶，也就是纏繞軀幹使軀幹保暖的法蘭絨寬腰帶，因為他們認為這病是腸子受了會出汗的寒氣所引起。辦公室設在北京的英軍首席醫官得知上海有許多住在小船上的難民死於霍亂後，認為衛生不佳不是致病因素（因為他認為這些難民屬於上海居住環境較乾淨的）。他想找出符合科學的解釋，懷疑是「大氣裡某些電子化學變化對某些體質的影響」所致。[10]同時，在安慶，曾國藩命令麾下統兵官發放高麗參給患病官兵，冀望至少可稍稍緩解症狀。[11]但他把這場疫病的發生歸罪於自己。他不知道這病已經擴散到何等地步，但認定他部隊染上的病是上天對他領軍帶兵的審判，上天因為他掌握太大權力而懲罰他。他甚至奏請朝廷派另一位能分攤他職責的欽差大臣前來，減掉他一半權力，以平息上天的怒氣，結束這場疫病。[12]朝廷回道這場疫病不是他一人的錯，還說這也不是「朝政闕失，上干天怒」。他讀了如釋重負，「感激涕零」。[13]

在南京或更遠的太平天國統治區並未傳出什麼疫情，但叛軍轄下鄉村人口的稀疏（相對於上海和天津地區城鎮人口的擁擠）以及他們與通商口岸較無往來，或許使他們在霍亂透過國際貿易網、沿著帝國補給線擴散時較不易受到波及。但太平天國所控制、最靠近上海的那些鎮，靠往來不斷的賣貨郎和走私者（當然還有居無定所的民兵）與上海保持聯繫，而這些鎮的疫情似乎和上海本身一樣嚴重。[14] 冬天時中國內地十八省的疫情終於平息，霍亂經由滿洲往東北擴散到帝國之外，然後越海傳到不知情的日本。清廷正為內憂外患而焦頭爛額，無力蒐集到全面資料，但英國人試著這麼做。他們的資料只限於狹窄的外國情報網，但九月時，他們靠羅馬天主教會某個傳教士的協助，估算在上海方圓約六十公里範圍內——當時有人口數百萬——約有八分之一人口死於霍亂。[15]

＊ ＊ ＊

雨花臺的湘軍陣地在遭到這波疫病襲擊之前就已岌岌可危。弟弟不顧後果紮營於如此靠近南京城牆之處，令曾國藩深為憂心，而曾國藩首次向朝廷報告曾國荃部已抵南京城外時，提醒朝中大臣勿抱過高的期待。他指出先前綠營將領統率七萬兵力包圍太平天國都城八年，結果一無所成。相對的，他弟弟轄下只有兩萬兵力。[16]

然後又爆發霍亂，到了一八六二年秋，曾國荃部有戰鬥力的兵員只剩原來一半。[17] 曾國藩派來可觀的增援部隊，但在將他能投入的兵力都派去圍攻南京之後，身體健壯的圍城士兵仍不到三萬，且無後備部隊可調用。[18] 但這些部隊繼續加深壕溝，強化防禦工事。他們頂住雨花臺山頂石造要塞守軍的進攻，頂住南京城守軍偶爾出南城門的攻擊。無論如何，這幾次交手雙方人數相當。但令湘軍兵力銳減的那場疫病，讓李秀成有機會停下他在東邊的征戰，返回南京。隨著東邊諸部隊忙於照顧病人和料理死者，上海附近的戰事趨於平息，李秀成抓住這機會，回應天王日益急切的召回要求。晚夏，他撤回蘇州，在那裡糾集三支部隊出征以解救南京——一支攻打皖南的鮑超，一支攻打長江水師，以切斷湘軍的補給線，第三支由李秀成親自統領，攻打雨花臺的曾國荃營壘。[19] 到了九月下旬，他們已在路上，從南京南邊逼近曾國荃部。李秀成直轄兵力達十二萬，但在他抵達之前，當地就謠傳他統率三十萬大軍，甚至六十萬大軍，直奔而來，因此在李秀成大軍到來之前，當地已陷入幾乎使天色為之一暗的恐懼當中。[20]

一聽聞叛軍準備解救南京，曾國藩立即開始運送米、鹽、火藥、彈丸給雨花臺的弟弟——弟弟的營壘能容下多少，他就運去多少。但他沒有增援部隊可派，至少沒有能抵禦李秀成大軍所需的兵力。鮑超被困在皖南，叛軍在該地發動凌厲攻勢以收復失土（十二月，叛軍甚至奪回曾國藩在祁門的舊大營）。曾國藩也漸漸指揮不動多隆阿及其馬隊。

往北追擊英王後，多隆阿開始不理會曾國藩的命令。曾國藩要他到南京守住長江北岸，以保護雨花臺的曾國荃部，多隆阿藉口不來。追根究柢是個人嫉妒使然；多隆阿的兩萬馬隊在去年阻絕英王屢次欲救安慶上居功甚大，但曾國荃是曾國藩弟，而且在收復安慶的功勞簿上名列首位。[21] 這位驕傲的滿人將領已開始不滿於自己一直扮演支援角色，不想再犧牲自己成就曾國藩一家的榮耀。因此他未將其馬隊帶到東邊的南京支援曾國荃，反倒受命督辦陝西軍務，率所部往西北進入乾燥的陝西省，以鎮壓當地日益升高的回族叛亂。[22]原來，陝西當地爆發回民與漢人的暴力衝突，據說已造成數萬人死亡，有支回民部隊因此從鄰省四川入侵陝西，以替當地回民助陣。[23]朝廷派多隆阿前去攻打回民令曾國藩驚愕，在他看來那就像「以所謂騏驥捕鼠者也」。[24]但他低估了回民，兩年後多隆阿於古都西安西邊約六十公里處，有城牆環繞的盩厔城外攻打回民時戰死，未能再幫曾國藩攻打太平天國。

李秀成部於十月十三日開始攻打雨花臺，但曾國藩要到七天後才知道此事，當時他弟弟的第一份軍情才由信使送達，告訴他李秀成剛率大軍來到他營壘外。他弟弟每天傳來最新軍情，但曾國藩人在遙遠的安慶大營，除了心焦之外，幫不上什麼忙。他把他能調到的少許援兵派到南京，但算一算也只有數百人。他卜卦，以瞭解上天是要讓叛軍留下或散走。[25]

曾國藩從安全的安慶寫信給受圍的弟弟，想給他鼓勵。如果忠王（曾國藩口中的「偽忠王」）兵力逾十萬之眾，曾國藩推算他的大軍每天將需要補給六十噸的米。只要湘軍水師能守住長江與護城河的合流處，李秀成大軍就得不到大量補給，那麼他能撐多久？根據最近在皖南的經驗，曾國藩知道走陸路運送補給有多困難。即使叛軍努力用南京城裡的存糧補給李秀成大軍，也將面臨將大量穀物運出城門，繞行城牆數公里運送時曝露於敵人攻擊範圍的難題，而且這支大軍每月將近兩千噸穀物的需求，將很快就用光南京城裡的存糧。[26]

儘管他在寫給弟弟的信中顯得樂觀，私底下曾國藩十分緊張。十月某日的日記，記載了他心中的苦：

念沅弟危險萬狀，憂心如焚。至內室擺列棋勢，繞屋徬徨。三更睡，不能成寐，至五更成寐，又得噩夢。[27]

他幾乎不再就寢，因為疲累煩亂而開始拒見訪客。每天弟弟的來信，都帶來更為不利的消息。在十月二十四日曾國藩收到的信中，曾國荃說他們遭不斷攻擊已七晝夜，說他們堅守不退（曾國藩在日記中寫道「稍慰安慰」）。但太平軍拿購自外國軍火販子的新武器對付他們。他們朝曾國荃營壘射落地開花炮，即落地後會像天女散花般散開的炮彈。[28]

兩天後，曾國藩得知由李秀成表弟侍王李世賢率領的另一支叛軍部隊已離開浙江省，挾十萬之眾，將前來合攻雨花臺湘軍。但消息傳送遭耽誤，等曾國藩得悉這支敵軍開拔時，該部隊已走了三個星期——這麼長的時間，走到南京綽綽有餘。[29]

隔天，未收到他弟弟曾國荃的來信。

曾國藩整夜未睡等候信使，憂心曾國荃「本身受傷乎？抑全軍決裂乎？」[30] 曾國荃的確受了傷，被落地開花炮的碎片打中臉，但只是皮肉傷，未危及生命，然後曾國藩又開始每日收到令他心情低沉的軍情報告。得悉曾國荃仍活著，雖讓曾國藩鬆了口氣，卻紓解不了他心中弟弟最終還是會命喪雨花臺的憂慮。他找上位於上海的李鴻章，急切要求他派兵支援。李鴻章說跟淮軍一起到上海的數營湘軍，他不可或缺，但表示願派常勝軍到南京。曾國藩數次提醒別人，絕不可讓洋傭兵入內陸幫清軍剿亂，這次卻不情不願接受這項提議，顯見在曾國藩眼中情勢已危急到何種程度。[31]

但常勝軍還沒準備好，一時還不能出征，而且等到該部隊能到達南京，已是幾星期之後（事實上它一直未能成行，但曾國藩那時還不知道）。於是在十一月，他發出撤兵之議。曾國藩寫信告訴弟弟，如果敵人攻勢減弱，就該放棄雨花臺和攻城計畫，帶著他的傷兵和病號走水師路線退到安全之地。他提醒道，情勢顯示那根本守不住。[32]一旦安全了，他們可去救援鮑超。那時候，曾國荃部面對兵力比他們大上許多且武器精良的大軍不斷攻擊，已苦撐了將近一個月。

但曾國荃不肯撤。曾國藩求他退到安全之地，他不理會，堅守不退。事實上，太平軍雖享有人多勢眾的優勢，在築有防禦工事的營壘裡，他仍是「主」，而太平軍是「客」，他的部隊以火力一再殺退毫無遮蔽的來犯敵軍，敵軍的攻擊大部分被他的厚牆和深溝擋下。曾國荃估算，光是十一月某日的激戰，他的人就殺掉營壘外的數千叛軍，而他自己這邊死不到百人，傷可能兩百人。[33]但李秀成的士兵耐心挖地道通到外牆底下，安裝炸藥，以把外牆炸開。各營壘的防務，就是想盡辦法保住外牆，替大炮裝填彈藥，不斷以火繩槍對付來犯者。守軍努力識破敵人地道，以便在坑道兵挖到外牆之前就予以破壞，但一旦眼見地道將穿過外牆底下，他們也著手在營壘的安全區裡建造新防禦工事和壕溝，以便在外牆遭炸開時有所依恃。[34]

曾國藩仍然憂苦，希望他弟弟撤退，希望化解從內部啃咬他而無時不在的焦慮和憂心。他寫信給人在湖南的長子曾紀澤，要他暫時離家，來安慶大營與他會合。他感到孤單，需要家人陪伴，他告訴長子如果他來，父子都會受益。他能幫曾紀澤準備科考，讓自己再度沉浸在讓他只感到平和的學問中。至於兒子能幫他什麼，他告訴曾紀澤：「父子團聚，一則或可少解怔忡病症。」[35]

但奇蹟似的，曾國荃撐了下來。他的部隊破壞了敵人的大部分地道，使其無法造成損壞，而當土造防禦工事真的擋不住時，他們的後備防禦工事頂住了。[36]嚴守紀律的曾國荃部隊承受敵人四十五天的進攻而未倒下，然後，十一月二十六日，李秀成終於停止進攻。[37]事實表明，一如曾國藩當初的判斷，少了有效的水上補給線，李秀成不得不靠南京城來補給，而那威脅到南京的存亡。他派去攻打湘軍水師的部隊，未能從水師手中奪下長江與護城河的合流處，於是湘軍補給源源不斷，而他的補給受阻。最後，因為糧秣短缺而不得不放棄這場戰役的，不是曾國荃的入侵部隊，而是就位在自己都城邊的忠王部隊。此外，冬天就要到來，而李秀成的官兵沒有可捱過寒冬的衣物或裝備；前一年的可怕雪暴讓他吃足苦頭，他不想重蹈覆轍。[38]於是忠王讓大軍的各分支部隊返回江蘇和浙江，以處理他出征在外時那兩省冒出的問題，他本人則避難於南京城裡過冬，療傷止痛，思索接下來該如何解決城外的敵軍。

湘軍未在南京攻下什麼據點，就連雨花臺上那座石造要塞也仍在叛軍手裡（其實李秀成的攻勢有許多就從那個要塞發動）。但光是這支精疲力竭的湘軍部隊——在敵人都城的眼皮底下——捱過一個半月的攻擊一事，就讓人稱頌。但曾國藩仍勸弟弟放棄雨花臺陣地，退到安全之處。他主張，從戰略角度看，保住這支部隊比保住任何陣地來得重要。[39]但曾國荃待著不走。對於這場勝利，曾國藩絲毫不覺欣喜，他擔心李秀成退入南京只是暫時休兵，以後還會出兵再犯。

長期無眠和憂心，使曾國藩身體出了問題。他牙齒痛得很厲害，有時痛到無法工作。他覺得老了，心力交瘁。在十二月五日的一封信中，他告訴兒子曾紀澤：「余能速死，而不為後世所痛罵，則幸矣！」[40] 十天後，他在另一封信中告訴曾紀澤：「兩月以來，十分憂灼……心緒之惡，甚於八年春在家，十年春在祁門之狀。」前一事指一八五八年他於父親去世後回籍奔喪，抑鬱辭去官職，那年有大半年時間不願再帶兵打仗。後一事指一八六一年春他得不到補給，受困於皖南，篤定認為自己命已休矣。他告訴曾紀澤，這時他內心更為憂灼，還要他勿把此信拿給他母親看。[41]

但最慘的事還在後面。那天下午，他寫完給兒子曾紀澤的信後不久，信使帶著來自南京曾國荃的信抵達。[42] 他一直擔心弟弟曾國荃的安危，對他更小的弟弟曾國葆沒放什麼心思。曾國葆的作戰經驗不足曾國荃，在圍攻南京之役中帶五千兵力前來支援曾國荃。這時三十四歲的曾國葆，比曾國藩年輕十七歲，是曾國藩還在世的三個弟弟中年紀最小的。一八五八年，曾國藩另一個弟弟曾國華在三河死於太平軍之手時，發誓要替他報仇的弟弟就是曾國葆。曾國荃派人來告訴曾國藩，曾國葆已經病倒。接下來幾天，兩兄弟聯繫非常密切，曾國葆露出復原之色，有幾天時間他們欣喜於弟弟終於熬過最危險期。結果，曾國葆再發高燒。他得了傷寒，一月十一日天剛亮，曾國藩打開來信，收到么弟已死的噩耗。

十五、鮮血與榮耀

一八六二年九月二十一日華爾肚子中了一槍，那天夜裡「在極痛楚中」死於寧波。[1] 與李鴻章淮軍並肩作戰的華爾常勝軍，一八六二年晚夏至初秋，趁忠王部隊不在時肅清了上海附近數個鎮，九月時，他應新成立的常捷軍的請求，帶領部分常勝軍南下浙江。常捷軍是中法混合軍，仿常勝軍的方式成立，旨在將太平軍趕出寧波周邊地區。常勝軍在該地區打得不順利。華爾的臨終遺言符合他的一貫作風，是要索錢。他說吳煦和楊坊——上海道臺和他所謂的岳父——共積欠他薪水十四萬兩銀子（當時約值二十萬美元；很龐大的一筆數目，因而他國內的家人直到二十世紀都在向中國政府追索這筆錢）。至死仍讓他受辱的是，受命將華爾遺體載回松江安葬的那艘汽船的船長，正好是個消極攻擊型且極厭惡這位已故將領的南方邦聯支持者，他不肯接這份差事。禁不住華爾的副手施壓，他最後同意了，但沒有替船重新裝填煤炭就出港。載華爾遺體去安葬的汽船，駛到寧波和上海之間的杭州灣公海時失去動力，隨波逐流。華爾的副手將船長關起來，然後把木質船體的水上部分拆下，丟進火爐裡，才讓船再度動起來。木頭燒完之後，他們把船艙裡的五十桶豬肉也丟進鍋爐裡，終於燒出足夠的蒸汽，讓船開到海灣對岸。[2]

此後常勝軍開始走下坡。華爾死後，李鴻章提議由法爾思德接掌常勝軍，但被叛軍俘虜那段時期讓他身心受創嚴重，他不得不婉拒。接下來，順理成章由華爾的另一位副手白齊文接任。來自北卡羅來納州的白齊文受到何伯、特別是受到卜魯斯的大力支持，卜魯斯極希望由美國人掌管常勝軍，因為那可以杜絕英國欲接管中國的疑慮。[4] 白齊文很受本國同胞歡迎，因為他對於本國的內戰持中立立場（與他擔任阿肯色州國民警衛隊總指揮的兄弟不同），[5] 且在性格上來說，他是非常典型的美國南方人，勇武而有魅力——在這方面的確勝過讓人眉頭一皺的華爾——而且他接掌這支華洋混合民兵隊時，個個對他寄望甚高。[6] 他以行動證明他在帶兵上的確很有一套，但他特殊性格的另一面是脾氣壞，嗜好杯中物。

一八六二年整個秋天，在白齊文統領下，常勝軍再添勝績，繼續趁太平軍部隊隨李秀成回南京解圍而不在當地之際，肅清上海附近另外數個鎮的叛軍勢力。到了冬天，上海方圓五十公里內已幾乎肅清，但白齊文自己惹出麻煩。首先，楊坊已遲付數個月的薪水。然後李鴻章命令他帶常勝軍到南京援助曾國荃，而在他和其他外籍軍官看來，那簡直就是去送死。白齊文抗命，因為去南京，喪命的機率遠大於洗劫的機率。但楊坊挑明，白齊文不去南京，他就不付積欠他部隊的薪水。最後白齊文火大。華爾藉由娶楊坊女兒來確保楊坊如期支付薪水，但白齊文採取不同的辦法，可能是更直接的辦法。

一八六三年一月四日，他帶著幾名侍衛出現在楊坊家，對他動粗，毆打他的臉，從他家中搶走四萬銀元，運回松江付清士兵的薪水。李鴻章宣布解除白齊文的職務，懸賞五萬兩獵取他的人頭。[7]

此事之後，清廷不再找美國人統領常勝軍。白齊文一被趕下臺，即被人發現他（和之前的華爾）揮霍公款，積欠巨債，幾乎接管松江府官署，架空中國官員。卜魯斯覺得很沒面子，要常勝軍隊長一職此後「不得由冒險家」接掌，而應「由在本國軍事部門任職，而必然擁有軍事知識和懂得以儉約方式管理部隊的軍官來掌管」。[8]他不希望由菲利巴斯特和傭兵來統領常勝軍，而希望由具有應有的任職令，愛惜羽毛，且願意接受祖國究責的外國軍官來帶領。

從美國人圈子顯然找不到這樣的人，因為他們都得回祖國，因此卜魯斯不甘不願地同意讓英格蘭人接掌常勝軍。一如他鼓勵成立阿思本艦隊背後的用意，他在為英國介入中國測試新的介入方式——也就是說測試如何將英國的直接介入降到最低，且用清軍的某些單位當英國的代理人。他的目標很簡單：找出辦法來恢復中國國內秩序和擴大通商，同時仍保持英國官方的中立立場。這項策略的關鍵，乃是賣武器給清廷，出借一些正派、負有盛名、可指望不會幹出先前幾次戰役中常見的那幾種暴行和私掠行為，進而不會讓祖國難堪的軍官給清廷。由於帕麥斯頓所發布的兩道樞密令中的第二道命令——發布於華爾去世的消息之後——已使所有英國軍官皆可為清廷打仗而無犯法之虞，卜魯斯欲在中立與介入之間找出兩全其美的辦法一事，也就沒有法律障礙。但他將永遠不會改變英國無意為清朝打仗的看法，他在該年十月寫道：「敉平太平叛亂或對太平天國動武，不干我們的事。我們在上海唯一想做的事，乃是保護這座港口及其方圓五十公里範圍，而我們這麼做，不是因為我們喜愛中國政府，而是因為我們擔心目無法紀的太平幫眾若拿下上海會大大損害我們的利益。」[10]其他人對此則有不同看法。

第一個試著統領常勝軍的英國軍官是賀蘭德上尉（Captain Holland），而他接掌不久，就讓常勝軍嚐到成立以來最慘的敗績。他因此被解除職位。常勝軍積欠的薪餉愈來愈多，士兵開始在其大本營松江府劫掠商家。最後，終於在英國皇家工兵官戈登（Charles Gordon）身上找到更受看好的接任人選。他將因為參與這場內戰，而以「中國人」戈登一名永遠為其同胞所知，並將與阿拉伯的勞倫斯一起躋身大英帝國英雄之列。他後來在蘇丹服役，也死在該地，而他也將因為這段經歷，以「拯救大英帝國」者之名，活在青年傳紀讀者心中。[11]

戈登有著典型的帥氣英格蘭人外表，鼻子挺直，額頭高，留著濃密工整的髭，有著清澈的藍灰色眼睛。他畢業於英國伍利奇的皇家軍事學院（他進入該校就讀時，華爾未被西點軍校錄取一事已過了兩年），而且他出身軍官世家，先祖靠著婚姻晉身富人；波士頓茶葉黨事件中遭洗劫的船，就是他外祖父旗下的船隻。[12]他有地圖繪製經驗，且善於視覺性思考，在征戰中巧妙使用地圖和素描。他也基於宗教理由而不近女色，終身未娶，十四歲時就遺憾自己不是太監。他也碰巧有大舌頭毛病，說話口齒不清。[13]

戈登出任此職，完全未能杜絕外界英國打算控制中國的疑慮。戈登接掌常勝軍時，《北華捷報》主編群寫道：「要約束文明英國在這一省的擴張，就如同用打包繩捆住高大櫟樹的纖維一樣。」不久後，他們預測：「這一省內每個據點的鑰匙都將掛在大不列顛的腰帶上，然後大不列顛將成為這一富饒的中國省分裡國內外事務的大仲裁者。」[14]但如此介入的未來結果，英國國內人士似乎看不清楚。倫敦《旁觀者報》寫道，「中國無疑將受惠於英國一個世紀的統治」，但「那不需要設定一個炮轟繁榮城市的目的，不需要制定一個允許我國國民去治理三億中國人的政策嗎？」[15]戈登人事案的確至少有助於安撫那些較沒那麼死硬反對介入的人——純粹因為不放心而主張謹慎行事的人——因為得知將由有教養的戈登與阿思本，同時也是可敬、正派、信基督教的女王僕人，而非由一票卑劣的菲利巴斯特與逃兵來領導清朝的陸上及水上官軍，他們會感到寬心。該報認為，因此可以給予援助，同時仍保住中立（至少勉強稱得上中立），並且更重要的，保住英國的國家尊嚴。

一八六三年三月，戈登接掌這支道德敗壞而常勝軍一名已徒然令人覺得諷刺的部隊時，按照名冊所載，有三千名華人士兵（儘管已有許多人跑掉），另有華爾時期留下來的兩艘吃水淺的明輪和三十門野戰炮。[16]本來還有幾門更大的炮，但被賀蘭德搞掉了。經過幾位無能指揮官的帶領，加上楊坊的失信，未拿到薪水的常勝軍士兵脾氣火爆，不服管束。戈登抵松江接任這個新指揮職時，命令他們列隊行進，以檢視他們的紀律狀態，他們卻連這點要求都抗命。他厲聲訓斥（據說高聲罵道「胡搞！」），[17]然後，根據某個說法，他把積欠的薪水發給他們，或據另一個說法，他要人拖出一個較不聽話的士兵槍斃，從此贏回他們的效忠。[18]

華爾和白齊文能打勝仗，主要歸因於李秀成想拔除駐紮在南京城外的湘軍，因而調走他在上海附近的最精銳部隊。面對叛軍全力抵抗時，他們就少有勝績。但戈登將對江蘇境內的太平軍構成真正的威脅，因為與菲利巴斯特型人物的前兩任隊長不同——他們只為了個人利害出擊——他願意和李鴻章密切合作。具體地說，他與李鴻章麾下最善戰的統兵官、原為太平天國將領後來轉投清廷的程學啟協同作戰，李鴻章則（效法曾國藩）在後面運籌帷幄。對於自己麾下的士兵和外籍軍官，戈登永遠不大看得起，他稱他們是一幫不受管束、愛「不分青紅皂白劫掠與屠殺」的殺人犯。[19] 但身為英女王所出借而必須愛惜羽毛的軍官，他既努力以盡職心態效命於清朝皇帝，也努力維繫英國的名譽，因而以在他之前的傭兵所往往不願接受的方式，接受他在當地軍事階層體系裡的位置。同時，與仍統率上海英國海軍時的何伯相反，戈登眼前受聘於清廷，以領半薪方式暫時向皇家工兵隊告假，因此他可自由帶兵到上海方圓五十公里外打仗。

一將部隊整頓好，戈登即和程學啟聯手出擊，以從叛軍手中奪回江蘇省。由於兩人的合作，常勝軍打頭陣的策略開始奏效。戈登的小部隊可藉由吃水淺的汽船在狹窄水道上迅速移動，利用其火炮在猝不及防的太平軍城鎮城牆上轟出缺口，而程學啟的部隊——訓練遠優於與華爾協同極差的清廷官軍——則依約大舉攻城，以無比殘酷的方式殺敵。他們的聯合出擊，將上海周邊的叛軍完全肅清，到了一八六三年夏，已清出一條深入內陸而足以威脅蘇州的通道，而蘇州是從東邊攻打南京最重要的踏腳石。

＊＊＊

戈登與李鴻章的聯合出擊，看來非常順利，唯一的麻煩是白齊文仍頗為活躍，仍想再回常勝軍。

遭革除常勝軍隊長之職後，他躲過追捕，逃到北京，避難於美國駐華公使蒲安臣（Anson Burlingame）家中，冀望拿回常勝軍隊長這個肥缺（據說他光是薪水就達一年四千英鎊）。[20] 白齊文費心巴結美國公使，送了他許多禮物——六箱加州葡萄酒、一本地圖冊、一個地球儀給蒲安臣，兩頂轎子和一些藝術品給公使夫人、一盒法國糖果給公使的七歲女兒。[21]

白齊文在挑選盟友上很有眼光，因為蒲安臣是真正對美國菲利巴斯特友好之人。奉林肯總統之命出使中國的蒲安臣，一八六二年初來到中國，而林肯給他的指示幾乎就只有一項，即避免招來英國人或法國人的敵意，因為如果出問題，他沒有海軍可做後盾。留著羊排絡腮鬍的蒲安臣生性好勝且極善於辭令，曾是麻塞諸塞州國會議員，在波士頓執業當過律師。他初抵中國，見到華爾，當下就很欣賞這位來自新英格蘭的同胞。這位菲利巴斯特聲稱已歸化中國，但蒲安臣視華爾為忠貞的美國人。他在寫給美國國務卿的信函中提到華爾：「不管是自我流亡，還是為外國打仗，還是多風波一生中的種種事件，都無法澆熄這位四處流浪的共和國之子胸中真正忠誠的心火。」[22] 誠如蒲安臣理解到的，在美國因本土陷入內戰而無力插足亞洲事務之際，華爾在上海之外為中國人打仗，可為所有美國人爭取中國政府好感，確保中國內戰結束後美國人在中國擁有影響力。

身為林肯的特使，蒲安臣自然對叛亂不懷同情，而他對太平天國的看法，從來都只有厭惡。恭親王注意到中美兩國的相似之處——清廷如同美國的北方聯邦，太平天國如同南方邦聯——以此鼓勵蒲安臣支持清廷。鑑於南方邦聯的武裝商船阿拉巴馬號一直在大洋上摧毀北方聯邦的商船，蒲安臣請求恭親王不准該船停靠中國港口，恭親王爽快答應，且向蒲安臣說這是他們兩國都面臨的問題。恭親王致函蒲安臣，說美國南方諸州叛亂，反他們的政府，從這情況看來，貴國與中國的處境非常雷同，在中國，煽動叛亂的子民正在造中國的反。[23]聽到中國政治人物如此比擬，蒲安臣的妻子笑開了懷。她寫信給父親說：「他們說：『我們覺得你們的處境和我們一模一樣，你們有叛亂，我們也有叛亂，因此我們能理解你們的情況。』我在想『南方的騎兵』聽到被人拿來和『太平天國』歸為一類，不知會做何感想！」[24]

蒲安臣既欣賞華爾，自然也同樣喜歡接華爾之位的白齊文。因此在一八六三年春，白齊文現身北京住進美國公使館時，蒲安臣立即開始遊說總理各國事務衙門赦免其罪，恢復原職。[25]李鴻章不想和這個打傷楊坊、抗命不帶兵去南京的美國人有任何瓜葛，但美國公使直接找上恭親王，逼他接受對白齊文的安排（卜魯斯也聯手施壓。人在北京而孤單的卜魯斯已喜歡上這個話很多的美國公使，且仍覺得由非英國人統領常勝軍較妥當）。最後恭親王軟化，白齊文在一名欽差大臣陪同下回到上海。欽差大臣帶了一封信前去，白齊文以為信中有總理各國事務衙門的命令，要李鴻章讓他重掌常勝軍。

但這封出自恭親王的信，其實稱不上是命令，而比較像是建議。不管是命令還是建議，李鴻章都斷然拒絕照辦。白齊文直接找上戈登，戈登尊敬上司的決定權，告訴白齊文只要李鴻章要他下來，他就下來。然後，李鴻章和戈登甩下他，繼續攻打蘇州，沮喪的白齊文再回北京，但這次總理各國事務衙門說，李鴻章要不要讓他恢復原職，他們完全使不上力。白齊文再度發火——這一次他不只是發火，還多動了腦筋報復。他再下到上海，找來七十名外籍傭兵，包括數名在他當華爾副手時遭撤職的軍官，然後偷走常勝軍一艘炮艇，開到較上游的蘇州，投靠太平軍。[26]

＊＊＊

上海和國外的洋人深信，外國人即使不是決定中國這場內戰之走向的唯一因素，也是首要因素。從他們的觀點來看，白齊文帶著大批華爾麾下的洋人軍官投靠叛軍，肯定會扭轉江蘇的戰局。而的確，在他定居蘇州且開始訓練太平軍打戈登之後不久，叛軍就開始在戰場上占上風。《紐約時報》因此預言道：「如果叛軍夠聰明，讓他盡情發揮所長，恐怕不只在他領導下的太平軍會收復已遭奪走的土地，連上海都可能有危險。」[27]《紐約前鋒報》的標題下得更聳動，大喊「美國承接帝國的機會來了」，好似這個美國人有可能奪下清朝帝位。[28]就連倫敦《泰晤士報》都坦承：「曾在印度建基立業者，其才幹不如如今埋首於中國的那些人。」[29]

戈登的常勝軍於蘇州城外準備攻打該城時，白齊文開始從設在蘇州的新基地冒險夜赴敵營，密會他的英國對手，勸他不要再為清廷效力。其實戈登幾乎已經幹不下去。他漸漸發現常勝軍的經費問題很難解決，而且他不大管得住底下的人。程學啟愛殺俘的作風也令他深以為恥。但白齊文改投太平天國之後，他已經決定要留下來，因為他覺得基於他對英格蘭的職責，他得保住上海，不讓其落入叛軍之手。[30]但《紐約前鋒報》那則異想天開的標題其實也不是太離譜，因為白齊文的野心遠不只是拿下上海：他提議戈登和他聯手，帶各自的部隊一起北征北京，推翻清朝。

人在北京的卜魯斯風聞白齊文的計畫，擔心清朝會就此亡掉。他寫報告給羅素勛爵，說如果白齊文帶太平軍北征，華北的捻軍可能會支持他，「若成功拿下北京，當今的王朝肯定會遭推翻，不管那是否會促成太平天國的掌權皆然。」[31] 但即使未發生那些事，白齊文仍是清廷面臨的最迫近威脅。同樣令卜魯斯感到困擾的，是促使白齊文變節的前因，亦即恭親王和總理各國事務衙門無力讓李鴻章聽命於他們一事。在卜魯斯看來，那似乎清楚表明，不管太平天國的戰事如何發展，清朝的中央政府——也就是他借予英國軍官、售予彈藥和船隻，想藉此防止其垮掉的那一方——其實可能已不是中國真正的權力中樞。具體地說，誠如他在白齊文投奔蘇州前後向羅素勛爵報告的，他擔心曾國藩正漸漸發展成「中國中心地帶厲害的權力角逐者」。[33]

得悉白齊文變節改投敵營，曾國藩本人甚為開心，那正證實了他所謂洋傭兵不可靠的看法。[33] 但常勝軍的中國籍指揮官，也就是已被李鴻章解除道臺之職，以便帶兵前去攻打南京的胖乎乎吳煦，[35] 一直未依約派常勝軍前去援助曾國荃，令曾國藩大怒。在曾國藩眼中，常勝軍即使不可靠，仍是中國軍隊；他告訴弟弟曾國荃，常勝軍抵南京後，務必把非來自湖南的該部隊士兵與他自己的士兵分開，要安排他們住進讓他們惹不了麻煩的專闢營壘裡。他還私下向李鴻章透露，他最憂心的事情是，如果他們真的照約定前來協助攻下叛軍首都，這支由洋人領軍的部隊士兵，會想辦法搶走大部分戰利品。[35] 但在常勝軍完全未現身之下，這些可能出現的問題根本不值一顧。在他仍憂心弟弟在雨花臺守不住時，他寫了兩封嚴厲的信給吳煦，痛斥他是個不可靠的懶鬼（「天下有如此延遲，而可謂之救兵乎？」），信中對他滿是厭惡。他告訴吳煦：「無論中國、外國，無論古人、今人，無論大官、小官，有才、無才，危急之際，言而無信，便一錢不值矣！」36

常勝軍未依約前來援助他弟弟，曾國藩就此對傭兵死了心。李鴻章在江蘇借傭兵打仗，乃是他身為巡撫，掌握一省兵權，自己可作主之事，但就安慶的湘軍大營來說，曾國藩雖然對西方科技愈來愈感興趣，卻不想與洋人有任何瓜葛。一八六三年四月，即戈登接掌常勝軍後不久，英軍駐華部隊新司令士迪佛立（Charles Staveley）前來安慶拜會曾國藩，曾國藩對他來訪的反應差不多就是覺得厭煩。當時他正在長江更下游視察，士迪佛立發現他不在安慶，決定追上去和他一會，曾國藩為此顯露小小的不耐。他給了這位英軍司令一個小時會面，在那期間，士迪佛立提議曾國藩雇用英國軍官帶湘軍鎮壓叛軍。士迪佛立希望成立的中英混合編隊，規模比常勝軍大得多：十七營一萬兩百名華人士兵，每營二十一名軍官。士迪佛立說，只要清廷願意給外籍軍官五萬八千多兩的月薪（約八萬美元），他能提供外籍軍官，並保證他們能攻下南京。仍為運送李鴻章部隊到上海的天價費用耿耿於懷的曾國藩，三言兩語將他打發掉。他告訴士迪佛立去北京找總理各國事務衙門談，然後回頭忙他自己的事。37

並非曾國藩不想要外國援助，而是他不想因為外援而與洋人有往來。他瞧不起洋人的文化，認為他們沒教養，不守規矩，不懂儒家的忠信之道。他們的國家大體上利欲薰心，特別是英國與法國只要有機會占中國便宜都不會放過。因此他只倚賴與洋人相熟且能帶新知識和新科技到安慶給他，使他毋須雇用歐美人的本國人。有一些年輕聰明的中國物理學家和數學家到安慶跟他一起奮鬥，其中大部分人從通商口岸的新教傳教士那兒習得數學與科學（同時與傳教士所宣揚的宗教保持安全距離）。曾國藩邀他們到湘軍大營，加入他的幕府，聘他們當顧問。

耶魯大學畢業生容閎就是聽到他召喚的年輕人之一。一八六〇年秋拜訪洪仁玕之後，他甚少用到他的太平天國通行證。一八六一年他的確用它在遠離通商口岸的長江沿岸城鎮蕪湖開了家航運公司，並在六個月期間把將近兩千噸的茶葉從叛軍控制的皖南地區運送到下游上海。[38]但利潤不如他所希望，而且他得了重病，纏綿病榻兩個月，於是決定不值得冒染病、戰火與被搶的風險做這種生意，自此認命待在上海。[39]

一八六三年晚秋，也就是他去南京三年後，容閎收掉在上海的生意，前去安慶的湘軍大營求見曾國藩。容閎得到曾國藩的賞識，是經由兩位與他和曾國藩皆熟識的本國友人推薦。這兩人一是工程師，一是數學家，皆已投入曾國藩幕府，正協助曾國藩造汽船。一八六〇年容閎拜訪舊識洪仁玕時態度高傲，堅持要太平天國做到他所列出的條件，他才肯替太平天國效勞。但這次他到安慶時，那種高傲已不復見，反倒幾乎卑躬屈膝於這位湖南將軍面前。他覺得曾國藩的權力之大「近乎帝王」、「幾乎不受限制」。在容閎如崇拜者般崇敬的眼光中，曾國藩這時「簡直是、幾乎是中國最有權力的人」。[40]

兩人第一次會晤時，曾國藩慢條斯理、極有耐心地打量容閎，嘴上帶著淡淡微笑，仔細察看這個在外國待過很長時間的年輕人的面相。他盯著容閎看讓容閎感到「不自在」，但容閎似乎給了他好印象。他說他從容閎的眼神看出，容閎會是出色的指揮官。他問他成家與否。容閎摸不透坐在他對面這位將軍的腦袋在想什麼，曾國藩盯著不放的目光似乎看透他的內心。[41]

接下來兩星期，兩人又晤談了幾次，那段期間容閎住在安慶，驚嘆於曾國藩身邊人才的薈萃與忙碌——一百名幕僚、數百個來自中國各地的顧問，全受到「他人品與盛名的磁力」吸引，來到這個安徽城市。[42]但容閎不曉得這位將軍莫測高深的外表背後潛藏的隱憂——特別是他不為人知的憂心：他眼前的名聲得之有愧，他的大權在握終歸虛妄。誠如曾國藩在容閎登門拜訪後不久向李鴻章私下透露的，「長江三千里，幾無一船不張鄙人之旗幟，外間疑敝處兵權過重，利權過大，」但他們不知道其實我資源不足，兵力太少。[43]容閎完全未看出這點。

那兩個星期結束時，曾國藩給了容閎一個任務。或者更精確地說，他要容閎告訴他，他應該接什麼任務，他能為這位湖南將軍做什麼。先前在安慶接受晚宴款待時，這位歸國留學生已從席間諸人口中清楚知道曾國藩想要什麼：機器與武器。容閎想給曾國藩想要的答案，以博得這位「中國偉人」的歡心，[44]於是完全不談教育改革、學校教授聖經或建立現代銀行體系之事——當年他為自己加入太平天國向洪仁玕所提的絕對條件——而是當場表示願回美國，利用他在當地的關係，為曾國藩購置建造現代工廠所需的一應設備，以生產西方槍炮、彈丸和火炮供湘軍使用。[45]

曾國藩同意他的提議，於是容閎回美。一八六四年他達成使命，向麻塞諸塞州費茨堡的樸得南公司（Putnam Machine Company），訂購到足以建成一座完整工廠的蒸汽動力機器，安排將其運到上海（由於美國當時還在打內戰，容閎能辦成此事著實不簡單）。由於時間配合且從所在地前往母校算方便，他在這趟美國行期間，還抽空回到紐黑文，參加他的第十次耶魯大學校友會。在寧靜的校園裡，枝葉茂盛的榆樹底下，老同學談論美國內戰種種出人意料的變化，容閎聽得熱血沸騰，竟爾想投身北方聯邦軍半年——因為在終結他祖國的叛亂上，他已盡了自己的本分。[46]

* * *

如果說白齊文改投叛軍陣營，使叛軍在江蘇取得優勢，那麼在他離開上海四個星期後，在清廷一方出現的另一股力量，則似乎必定會抵消那項優勢：一八六三年九月一日，阿思本終於抵達上海接掌他的艦隊。在英格蘭國內，阿思本已成為相當有名氣的公共知識分子，在《布雷克伍德的愛丁堡雜誌》（*Blackwood's Edinburgh Magazine*）發表了兩篇談〈中國之進步〉的文章，其中第二篇取了很大膽的篇名，〈太平天國與其療方〉（*The Taepings and Their Remedy*）。他在這文章中詳述了他對其此次任務的恢弘期許。他寫道：「中國政府和人民都要我們在他們危難的時刻出手相助，而他們將會給予我們長久以來所努力爭取、且往往用武力去爭取的進入機會和通商自由。」他保證他「以中國境內的歐洲人為兵員的歐華部隊」，將把蒸汽動力、電力和鐵路引進中國，「使這個廣大國家敞開大門接受基督教和通商」。[47]

但真的踏上中國土地，阿思本才知道李泰國的整個計畫根本是他自己所編造。清廷從無意雇用歐洲的海軍幫忙打仗。更糟的是，清廷甚至不確定他們同意購買的那幾艘船將編入中央的水師或省級的水師。中國政府內部的公函往來顯示，對於如何安置這支艦隊，恭親王與曾國藩各有己見，想法南轅北轍。一八六二年十一月發布的諭旨表示，這支艦隊將是朝廷的資產，將先用於對付太平叛軍，然後用於巡弋中國海疆（以及，未言明的，用於抵禦日後外國的侵略）。據恭親王的說法，這批船的兵員將由不同族群組成：水兵將選自瀕海的山東，炮兵將選自華中的湖南，海軍陸戰隊將由滿人充任。

但曾國藩有別的想法。具體地說，他認為這支艦隊將增添湘軍水師的實力。他在一八六三年一月三十日上了奏摺，以回應上述諭旨。他寫道，根據才幹混用不同類型的人是件好事，但他指出，這樣的混編可能造成內部不統一。按照他所提的計畫，所有兵員，包括船長、炮手、水兵，全都用湖南人。湖南人不懂航海，因此他拿掉巡弋海疆的想法，說這支艦隊應只用於內陸河湖。他建議只保留極少數洋人，或許每艘船留三或四名洋人來掌舵和維護引擎，其他兵員則全可從湘軍中選用，一旦他的官兵嫻熟所有操作，就可完全取代洋人。他解釋道：「始以洋人教華人，繼以華人教華人。」[48]他寫道，等湘軍完全掌控訓練和操作之事，「長江各項水師出自一家，仍可聯為一氣」。然後，這支蒸汽動力炮艇艦隊，將成為他湘軍水師中的一部，與長龍、快蟹、配備黃銅炮的舢板並肩作戰，而曾國藩將控制整個長江。

最後，曾國藩的想法壓過朝廷的想法，再一次說明整個中國誰講的話最有分量。因此，阿思本於九月一日抵達上海時，已有一份來自恭親王的公函等著他拆閱，函中告知他此後會有一位湘軍水師提督擔任這支艦隊的司令。阿思本被貶為副司令，只能管艦隊上的外籍兵員（而照曾國藩的計畫，外籍兵員為數不多，且會在不久後全部換掉）。此外，這份公函表示，這支艦隊的行動調度，將不是如李泰國所承諾的聽命於清朝皇帝，而是直接聽命於曾國藩與李鴻章。[49]

阿思本上北京抗議，但恭親王斷然拒絕批准他與李泰國簽的那份合約——特別是將讓阿思本只聽命於皇帝而可以不理會其他人命令的那些條款。李泰國於晚春時就回到中國，比阿思本早到，原以為會得到清廷大力讚許，但等到阿思本來北京時，他已是絕望無奈。十月，他花了三星期勸總理各國事務衙門照他的計畫辦，同意阿思本的合約，但該機關不為所動。恭親王不再出席會議。上海有傳言說曾國藩威脅恭親王，說若不把阿思本艦隊納入他麾下，他會「停掉對朝廷的所有補給」。[50]

恭親王說了算，於是十月下旬，阿思本宣布辭去清廷委任他的職務，要回英格蘭。他的宏大理想——成為清朝皇帝海軍司令，恢復中國的安定，「在太平天國無人喪命下」拿下南京，讓古老中國見識現代科技的奇蹟，促使中國歡迎英國人前來通商——在受命屈居曾國藩直轄部隊副手的羞辱下頹然瓦解。阿思本抱怨道：「我來這裡是為了效力於皇帝和他底下的攝政，而不是受省級機關的差遣。」[51]

但阿思本是他的海軍部隊裡唯一有委任職務可辭的人。他於北京表達他的憤怒期間，他那支重武裝艦隊的四百名未拿到委任狀的兵員正在北方某港口，無事可幹且滿心期望地等待。先前在上海時，已有艦上兵員開小差加入太平軍，他因而將整支艦隊移到那個北方港口。[52]阿思本辭職時不願把艦隊的控制權交給恭親王，此舉激起整支艦隊最終會落入太平天國之手，乃至落入美國南方邦聯之手的疑慮。對南方邦聯來說，若有這支艦隊在手，或許就能打破北軍對南方的封鎖或破壞北軍的全球航運線。美國南、北兩陣營在上海的代理人都想買下這支艦隊。[53]

美國駐華公使蒲安臣最不希望這批船落入南方邦聯之手，因此，居間調解促成這支艦隊解散的就是他。艦隊最後虧本賣掉，送回印度和英格蘭。當初在英國國內大肆宣傳外加種種保證，結果落得這樣的下場，令英國人大為難堪。但更難堪的在於，這是一記警訊，說明卜魯斯和李泰國所構想的大英帝國與滿清帝國之間溫文有禮的合作——他們已說服英國首相和財政大臣都接受的合作——其實根本毫無基礎。先前卜魯斯說服羅素和帕麥斯頓在中國內戰中站在對抗叛軍的一方時，把清朝的新政府說成是個聽話而開明的中央政府，但事實漸漸表明，完全不是如此。

＊ ＊ ＊

對清廷來說，慶幸的是戈登未受白齊文的誘惑。戈登堅守原則，拒絕和這位美國人一道推翻清朝皇帝，反倒勸白齊文回清廷這邊，保證他如果離開太平軍不會受懲。隨著性格火爆的白齊文漸漸發現他的新主子和舊主子一樣難相處，他為太平天國效力的想法有了動搖。他惱火於自己得聽命於叛軍將領，堅持要太平天國讓他帶領一支獨立部隊。[54] 他頻頻前往敵營會晤戈登之事，開始招來猜疑。他偷來的那艘炮艇意外炸掉。舊傷復發，他把愈來愈多時間花在喝酒。有次蘇州的太平軍統兵官交給他大筆錢，要他去上海買一批彈藥和槍，回來時卻帶著一船白蘭地。[55] 又有一次，他最好的朋友在正午時喚醒他，告訴他有些軍官在談他喝酒的事，白齊文要那人說是哪些軍官在嚼他的舌根，那人不肯，白齊文就拿出左輪手槍朝那人的臉頰開了一槍。[56] 白齊文叛投太平軍的日子，至此差不多就要沒戲唱。一八六三年十月十五日，蘇州遭戈登部隊攻打時，幾名白齊文的追隨者倒戈，前往清軍陣營投降。幾天後白齊文也跟進。[57]

由於有戈登本人保證既往不究（還有這時非常活躍的蒲安臣也介入），白齊文躲過遭清廷以叛國罪處死的命運，但條件是他必須離開中國，永不得再來。一八六五年他違反赦免條件，潛回中國募集新民兵隊，遭清軍捕獲，不久後，在帶著腳鐐手銬下溺死於中國某條河裡，結束他的一生。當地官府說押送他的那艘小船意外翻覆，但沒人相信。[58]

由於吸血鬼艦隊解散，英國的代理性介入走回原來的路子，即戈登常勝軍與李鴻章淮軍兩支陸上部隊在江蘇的合作。由於白齊文於十月離開太平軍，他們攻取蘇州的一大障礙就此排除。但即使沒有白齊文的協助，蘇州城的防禦仍很強固。到了一八六三年十一月，戈登的常勝軍在李鴻章麾下的太平天國叛將程學啟所率淮軍協力下，已和蘇州守軍打成僵持的局面。該城受到相當有效的包圍，但經過十一月下旬幾次苦戰都遭守軍擊退，情勢看來常勝軍無法以強攻拿下城門。

但城裡守軍出現不和。蘇州守軍主帥是慕王譚紹光。他準備死守蘇州城，但他底下有六位等級低於他的王，他們非常擔心部眾和家人的安危，沒把握挺得住清軍的圍攻。十一月二十八日，程學啟告訴戈登，說已有其中一位等級較低的王偷偷前來見他，向他保證只要他們能從內部將慕王及其親信拉下臺，他們願意獻城投降。到了十二月一日，他們已在和程學啟及戈登認真商談開城門迎清軍之事。這群人的首領是納王郜永寬，據戈登的形容，他「中等身高，膚色淡黑，年約三十歲，臉相看來很聰明、很討人喜歡」。[59]他似乎不大放心，於是求助於戈登。

戈登說，只要能以最少死傷拿下蘇州城，什麼計畫他都同意，然後交由程學啟去跟他們談反抗慕王、獻出蘇州的條件。曾是太平天國將領的程學啟，發誓保證與有意投降的諸王同心（他先前當太平軍將領時就已認識納王郜永寬），並保證他們事後安全無虞。在官方報告中，戈登說他在這次會晤後立即前去見李鴻章，清楚告訴李鴻章必須寬大對待投降的諸王。李鴻章同意。[60]

十二月四日早上十一點，慕王在王府盛宴款待納王等人。吃完豐盛酒菜和禱告之後，他們同去禮堂，個個穿上緞袍和王冠，在臺子上的長桌邊一一就座。慕王開始講話，講到只有從一開始就加入太平軍的那些來自南方的老兄弟才真的可靠時，氣氛變得緊繃。在座諸人大部分來自華中的湖南和湖北。其中一位等級低於慕王的王聽了之後，起身脫下緞袍，公然挑釁。接下來是一陣扭打。有人持匕首刺中慕王，慕王倒在桌上。然後他們全撲上去，將他從臺子拖到下面的地板，按住他，由一名手下割下首級。接著他們召集自己的人馬，準備開城迎降並派人騎馬出城赴清軍陣地找程學啟獻慕王人頭。[61]

隔天，戈登搶在清軍之前冒險進入蘇州城，證實城內平安無事。那六王「看來很自在」，似乎急著想向李鴻章獻城，急著想了結他們在這場戰事中的角色。他問他們是否滿意自己所為，他們說是。隔天早上他又到納王府見他們，發現他們已經薙髮，準備當天稍晚依計畫投降。[62]一如以往，他們心情很好。戈登和納王聊了一點未來的打算。他很感激戈登安排和平獻城，說他希望不久後再與他相見。

但那天稍晚，李鴻章搭小船帶著衛隊前來接管蘇州時，情勢生變。原本平靜的城裡爆出槍聲，戈登看到民眾四處跑。他聽到士兵吶喊著跑過蘇州街頭。他在城牆外找到程學啟，問他怎麼回事，程學啟避而不談，「看來忐忑不安」。最後程學啟告訴戈登，諸王一直未現身投降。戈登憂心忡忡，騎馬回城裡確認納王安危。這時街上人來人往，他騎馬經過成列的投降叛軍，經過四處打劫店鋪和民宅的成群清軍。終於來到納王府時，發現裡面空無一人並且遭到洗劫。

戈登認定投降的諸王已按計畫前去見李鴻章，開始懷疑程學啟被人擺了一道，懷疑李鴻章在諸王投降時將他們俘虜。隔天黎明他開始找李鴻章，希望逼他釋放納王等人，找了幾小時仍無所獲，但再度碰到程學啟，程學啟告訴他，他真的不知道這是怎麼回事。其實不然。根據戈登走開繼續去找李鴻章時，留在原地的一名外籍軍官所述，前太平軍將領程學啟往地上一坐，哭了起來。他請那名外籍軍官代他向戈登抱歉，說他完全是奉李鴻章之命行事。那天早上更晚時，戈登終於找到獻城諸王的遺體。他最先認出的是丟在泥地上的納王頭顱，然後找出其他人的遺骸。他報告道：「手和身體被人以可怕方式劃過，砍成兩半。」納王的「身體部分埋在土裡」。[63]李鴻章的部下把他們全部處死並肢解。

戈登怒不可遏。李鴻章殺降俘使他這個保人失信於納王等人；他向他們保證過會平安無事，他們出賣主帥，獻城給清軍之後，竟遭李鴻章如此殘酷殺害，在戈登眼中是可恥至極的行為。他宣布不再效力於李鴻章，說不想再見到他。後來他寫信告訴母親：「雖然這麼想太無人性，但我很希望他受審處死。」[64]戈登的義憤像燎原之火蔓燒整個洋人圈。十二月十六日，上海十國領事官員發表聯合聲明，譴責李鴻章「令人髮指、極端背信棄義的作為，很可能促使西方諸國收回對清廷的支持，收回勇武軍官對清廷一直以來的援助」。[65]

戈登發怒之事，經由傳送和轉述之人一再加油添醋，登上倫敦《泰晤士報》版面時，已成為充斥暴怒與復仇情緒的誇張故事：戈登及其英格蘭軍官拿槍猛射李鴻章的官兵，想阻止那場屠殺而未果。《泰晤士報》那篇報導寫道：「他們個個朝他們遇見的每個清朝官員和清軍開槍、裝彈、再開槍，戈登本人據說就槍殺了三十五人。」該報導還說，他們攻到李鴻章的住所，但未能攻進去。最後這篇報導寫道：「每個人都氣憤到極點，個個都遺憾於戈登未能抓到（李鴻章），將他吊死。」[66]

經過這件事，英國民眾對自己國家在中國內戰中扮演的角色，由支持一改為反對。蘇州殺降之事，令他們非常反感與震驚，主要不是因為他們對戈登失信之辱有感同身受的憤怒（儘管他們的確為此感到些許憤怒），而是——更重要的——因為這件事透露了更大的真相。這讓他們如此震驚，是因為它確切表明那是李鴻章與曾國藩的戰爭，而非戈登的戰爭。它表明那些支持戈登此次任務的英國人錯了——事實上非常天真——誤以為「中國人」戈登完全主導征剿中國叛軍的行動。他們洋洋自得於英國在教導清廷如何打它自己的戰爭，以為他們的紳士軍官是清朝軍人的表率，為他們立下效法的榜樣，結果他們錯了。簡而言之，蘇州殺降之事終於讓英國人看清楚，儘管在華那些驕傲的英國代理人一再反駁說他們不是傭兵，但其實他們就是傭兵，一直都是。

戈登與李鴻章的猛然決裂，為英國與清廷的直接軍事合作畫下句點，也使英國人再度思索是否得就此派足夠的兵力前去，以控制廢墟般的中國，一如當年英國在印度所為。對在上海和海外的許多英國人來說，如今這似乎是勢不可免。當初，寧波的清軍主帥一開始未能利用樂德克的援助時，何伯曾沮喪地寫道，由於「清朝官員的懦弱跟無能」，和他們根本合作不起來。而一如何伯下的這句評論，阿思本和戈登兩人在中國的有志難伸，證實了卜魯斯的樂觀盤算——英國可用清朝做為代理人，恢復中國境內的秩序和商業，或至少英國可在無損自己顏面下做到此事——根本是一廂情願。有人更甚至推斷，如果英國真希望中國安定，此後就得自己來。《紐約時報》寫道：「歐洲這兩個強國若想成功平靖這帝國的局勢，只有對它投入強大兵力一途——而若以此方式達成此事，隨之幾乎必然發生的事，乃是中華帝國永遠臣服於歐洲強權之下。」[67]

將中國納為殖民地，或至少將南半個中國納為殖民地，是卜魯斯最不希望走的路，而且英格蘭國內的報紙激烈反對這麼做。（《經濟學人》說：「我們在中國要做的事是通商，不是統治。」）[68]但那些在領事館服務而有著無比野心的人，巴不得這一天盡早到來。包臘（Edward Bowra）是任職於上海清朝海關的英國人，一心想站上李泰國曾擔任的海關總稅務司之位，他對情勢的評估或許是當時最坦率的。一八六三年十二月，他「欣喜於此地情勢的轉變」。那時正值戈登憤而請辭不久，包臘覺得戈登這時似乎可能決定為維多利亞女王攻下江蘇，而非為李鴻章和曾國藩。「每天都有有助於我們攻占土地，或無論如何有助於英國占領南中國的新事情發生，」包臘在日記裡寫道：「而我國政府似乎不想見到這樣的結果。」[69]

包臘——一如之前的額爾金勛爵——心裡知道，征服中國是他的同胞真正想要的；他們只是不敢正視自己內心的卑劣想法。他寫道，英國政府就像「傻子或孩子」，總是發布義正詞嚴的命令，然後「埋怨花了多少錢」。他們「通常和人一起掠奪，協助他人侵犯，保護並推崇冒險者，在這同時又同情受害者，痛斥遠征，譴責既有政策」。他認為，如果英格蘭希望在華的通商繼續成長，最好就不要為流血殺戮和攻城掠地這種若要得到自己想要的東西就必須付出的代價，裝出驚駭不已的模樣。

但包臘的出兵侵華期望，最終無緣實現。阿思本和戈登請辭的消息傳回國內之後——民眾看清清軍的殘暴，看清有他們同胞參與的那場屠殺之後——英國國會裡冒出熊熊怒火，英國政府對此做出回應，最終向外界證明它比小孩或傻子還要強。蘇州殺降消息傳到英格蘭後，帕麥斯頓政府眼見民意支持縣降，立即撤銷允許英國軍官在清軍任職的那兩道樞密令，更另外下指令給上海的英國當局「明確撤回戈登少校的休假和為中國皇帝效力的許可」。[70]

帕麥斯頓處置明快，迅速中止了介入政策，因而等他來到平民院接受質詢時，辯論已無意義；他的對手攻擊的那個政策，實際上已經中止，而他們的討論主要只是在讓他們有機會公開痛批帕麥斯頓。但他們並未放過這個機會。例如，巴克斯頓「欣喜」於阿思本任務的「失敗」，「因為那使我們有機會免於陷入極尷尬棘手的處境」。[71] 德文波特（Devonport）地區選出的議員費蘭（William Ferrand），支持一項認為「本國進一步干預中國內戰不明智且沒必要的」象徵性決議，宣稱帕麥斯頓的對華政策「不只受到平民院朝野雙方議員的譴責，還受到本國全體民眾的反對」。[72]（但是否大部分議員認為該通過純粹象徵性的議案來表達反對之意，則是另一回事；這項反對介入的決議，列為星期五待議事項的最後一項，且當天無其他動議，而到了辯論終結時，議場裡剩下的議員連將該決議付諸表決都不夠。）

一八六四年五月三十一日，羅奇代爾（Rochdale）選出的國會議員科卜登（Richard Cobden）提出一項極富爭議的決議，為辯論注入新能量。這項決議要求英國政府在中國採行其在美國施行的同一個不介入政策，並特別論及卜魯斯的「絕望狀態」，因為他所建議的那個政策，或在他默許下在該地執行的那個政策，似已失敗瓦解」。[73] 賽克斯上校痛批英國「站在清廷一方的直接干預和屠殺太平軍」政策，並搬出戈登寫給某位傳教士的私人信件內容說：「如果當初拿虛擲在清廷一方的苦心的一半，用在叛軍身上，這個國家老早就天下太平了。」[74]

最後，首相不得不屈服於反對意見，重拾不介入政策——仍允許保護上海，對抗對上海的直接攻擊，但不再參與通商口岸以外的戰事。[75]首相帕麥斯頓針對科卜登的決議為自己辯解時，表示他和其他支持阿思本及戈登為中國服役的人都是出於一片好意，不該為此受譴責，但也坦承他支持清廷的努力未有成效。「那些措施無效，」他難得抱愧承認：「我為此感到抱歉。」[76]

但這一挫敗之中也有令他感到得意之處，因為他已經得到他想要的。一八六四年夏，那些辯論正在平民院上演時，美國內戰已打了三年，蘭開夏棉荒已持續兩年。而從那時的角度來看，帕麥斯頓和其他支持英國站在清廷一方介入中國內戰的人，能指出中國境內的貿易，如他們所認為的，拜英國努力鎮壓太平天國之賜而大增。自英國開始積極剿滅中國叛軍後的幾年裡，來自對華貿易的總收入其實增加了兩倍。[77]換句話說，帕麥斯頓及其支持者能辯稱他們受到唾棄的政策其實成效卓著，不管道德上有何可議之處或政策上有何矛盾之處，他們在中國的冒險舉動已協助英格蘭頂住美國內戰對其經濟的衝擊。帕麥斯頓於五月二十日在平民院得意表示：「與中國通商將為我們開闢廣大的商業活動領域，那是老早就有的看法，而毋庸置疑的，與該帝國通商活動的大增，使我們得以安然無事面對美國境內仍在進行之事對我們的通商和製造業加諸的不幸阻撓。」[78]換句話說，一扇門關上時，另一扇門打開。

但就在英國政府的管家和僕人掙扎於英國的作為是否對得起良心時，就在那一掙扎透過他們亂無章法且矛盾的政策體現於地球另一端時——一下子在華積極出擊，一下子又收手，一下子收錢替人打仗，一下子又講原則，一下子把清朝捧得老高，一下子又痛斥它——曾國藩及其軍隊一直執著於他們堅守不退的唯一目標。因此，等到英國人終於撤回上海的中立斗篷裡面，在他們對中國內戰的介入禁不起道德折磨而自行轟然瓦解時，中國已不再需要他們的援助。

十六、翻山越嶺

一八六二年初羅孝全離開洪仁玕後，洪仁玕即與外界少有往來。一年半後的一八六三年夏，即戈登常勝軍和淮軍正在江蘇省攻城掠地時，終於有位名叫羅存德（Wilhelm Lobscheid）的流浪德國傳教士來到南京。他發現干王滿懷怨恨，帶有防衛心態。「我們有失信於洋人嗎？」洪仁玕問他：「我們有因為英國與法國的敵意而予以報復嗎？」他說，如果洋人想與太平天國為敵，最好小心點。「我們在自己的國家打仗，以擺脫外族支配，在有人朝南京開了第一槍之後，願落入我們手裡的外人遭殃。」羅存德驚愕於洪仁玕語氣裡流露的遭出賣之痛，希望叛軍與外國強權之間有新的開始。從南京回來後他投書香港一份報紙，說：「卜魯斯爵士總有一天會被叫回去交待他建議他們政府採行的政策的破壞過程，而外國影響力最終會在叛軍的議事會議裡占上風。但那份影響會表現在生絲生產場和茶園的廢墟上，或表現在數千名英國國民的墓地上，我們很快就有機會一睹。」[1]

雖然洪仁玕不再管理涉外事務，但仍是叛軍朝廷裡的高官，依舊經手都城南京的所有事務。[2] 其他王想見他深居宮中的族兄，多半仍得透過他。對傳教士的怒氣消了之後，天王立即給了他新的職務，而那些職務從某些方面來看，比先前天王交付他的職務更切近於天王個人，因而也就代表更得到天王的信任。一八六三年，他要洪仁玕負責扶保他十幾歲的兒子幼天王，不管洪秀全本人發生什麼事，都要確保幼天王安全。身為儲君的守護者，洪仁玕擔心有負天王「聖命遺託」，「不勝惶恐流涕」。[3] 迫在眉睫的戰爭壓力，使洪仁玕不得不擱下他的中國新政府與新外交計畫。征戰和補給線得擺在第一位，而隨著這兩方面的形勢日益嚴峻，他的建國理想退到了遠方。他念茲在茲的革新——鐵路、法院、貿易中心、報紙、礦場、銀行、工業——全都得暫時擱下。穩住京城的領導中心，是他唯一能做的。隨著戰場上的形勢日益不利，洪秀全精神失常的程度加劇，他一直渴望世界末日降臨，而敗亡的徵兆驅使愛空想的他往那個方向想。他不同意撤離南京，只信賴天父，開始隨意賜予追隨者獎賞和高位，封了許多新王——一百多個——多到他兒子幼天王弄不清楚所有王的名字。[4] 就在大夥該同心協力共度難關時，京城內官員的齟齬加劇而且愈來愈水火不容。

* * *

同時，鄉間的饑荒加劇。曾國藩已在皖南設了救濟站，但在多山的皖南，情況還是惡化，悲慘程度遠甚於他初掌控安慶之時。他在一八六三年六月八日的日記寫道：「皖南到處食人。」輕描淡寫的語調，說明這種不可思議之事已如何司空見慣。他在日記裡數次提到食人之事，但這一次他之所以在日記裡寫下，主要不是因為吃人肉一事——因為那已不是第一次——而是因為人肉變得很貴：「人肉始買三十文一斤，後增至一百二十文一斤。」自去年以來價格漲了三倍，意味著就連這最難下嚥的維生物資都愈來愈買不起。他寫道，江蘇境內，南京以東和以南也有食人之事，儘管人肉價格據說較便宜。他戈登於征戰時親眼見到可怕的食人殘跡，但覺得他在上海的同胞不可能領會此事真正的駭人之處。他在給母親的家書中寫道：「在書上讀到人食人肉的事，不如親眼看到被割了肉的屍體那麼駭人。」[5]

皖北一片荒蕪。鮑超想找出一條貫穿該省的補給線，以供給南京對面長江北岸部隊的糧秣，最後死了心。承平時期，平坦的安徽中部春天時是連綿不斷的翠綠平原，新發的水稻在大太陽下閃閃發亮，映照在細細的灌溉溝渠上，煞是美麗。但鮑超報告道，一八六三年春他走過該地區，超過一百五十公里的路連一片禾葉都沒見到。沒有木頭可用來升火煮飯，沒有東西可讓人活命。[6] 從江蘇也傳來類似的悲慘消息。戰火使上海方圓一百五十公里的鄉間幾乎荒無人煙。野豬在人去屋空的村子裡覓食，吃乾掉的死屍。身為兩江總督，這裡屬曾國藩的轄區。他在日記裡鬱鬱寫道：「亂世而當大任，豈非人生之至不幸哉！」[7]

但荒蕪亦非全然是壞事。不管曾國藩是否積極支持焦土政策，他在大地的荒蕪凋敝中，的確看到了對他平亂的助力，那是異時異地的其他人也會看到的助力。在一八六三年四月十四日的奏摺中，他描述了皖南的破敗。「黃茅白骨，或竟日不逢一人，」他寫道。而如此荒蕪慘狀，最令他憂心之處乃是糧食無著的叛軍可能試圖脫身，往西南竄入江西。[8]

同時，他解釋道，這種形勢有許多可喜之處。叛軍倚賴他們所在地區農民的支持和接納來存活，而饑荒將引發衝突。人民將會離開太平天國控制區周邊的區域，如煙一般消散，使他們失去支持者。農民如無種籽，不得不棄田而去，使叛軍無物可食。他寫道：「賊行無民之境，猶魚行無水之地，賊居不耕之鄉，猶鳥居無木之山，實處必窮之道，豈有能久之理。」[9] 因此，他認為，這一破敗凋敝最終將使叛軍無法生存。

＊＊＊

經過幾個月不動聲色的準備，一八六三年六月十三日，曾國荃終於在一次夜間突襲中拿下雨花臺上的石造要塞。他拿下這個據點只損失少許兵力，但想方設法為弟弟表功的曾國藩上報朝廷，說有六千叛軍守軍死於此役。[10] 拿下這座小山之後，曾國荃就在實質上封住了南京南城門。從雨花臺上曾國荃的新制高點望去，叛軍首都如一只巨大的象棋盤展開於山下。包圍遊戲自此真正展開，而他哥哥曾國藩，在安慶的寢室裡下著他樂此不疲的圍棋，小心翼翼落子，籌謀接下來如何圍住南京城，切斷所有逃路，結束這場較量。

南京城西門和最北的城門，面向呈東北走勢流經該城的長江。長江對岸，與南京城遙遙相對之處，座落著數座巨大的太平軍要塞，扼守流經南京、寬逾一．五公里的長江段。六月三十日，湘軍水師猛攻這些要塞。水師利用強勁側風，派出一波波舢舨，舢舨順著水流，迎著逆風，搶風而上，然後發炮，調頭，敞開船帆順風往上游走，脫離敵軍射程，如此井然有序地環行攻擊。太平軍岸邊炮臺朝著繞圈而行的舢舨開炮，殺死殺傷兩千多名湘軍水兵，但最後要塞被攻陷，所有守軍遭屠。湘軍完全掌控長江與南京西北隅交會處的江面，叛軍再也無法渡江到南京北邊。南京城西側諸門對他們來說已經沒有用處。[11]

江邊要塞被攻陷之前最後一位渡江的太平軍將領，是結束北征而於六月二十日返回南京的李秀成。他於一八六三年二月，即未能拔掉曾國荃在雨花臺的營壘而退入南京的三個月後，率兵離開南京，欲突破皖北湘軍，為首都開闢一條新補給線。他在荒蕪的安徽四處尋覓，結果和鮑超一樣徒勞無功，而在這趟征途中，他的官兵挨餓，苦不堪言。他們慘到吃草，卻一再發現他們攻打的城市有補給充足的湘軍部隊守著。他們遭守城湘軍擊退，付出慘重傷亡。曾國荃在李秀成不在南京時攻下雨花臺要塞的消息，則是促使他決定結束此次任務的因素。一收到這個消息，李秀成即調頭直奔京城。六月二十日他回南京時，江北要塞尚未失陷，他的部隊分成數個梯次，花了十天陸續渡江，而據他的估算，渡江回來的部隊比二月他帶離南京時少了十萬。但他一回到身陷圍城的天王身邊，就不得不再動身離去，因為受到李鴻章部威脅的蘇州和受到左宗棠部攻打的杭州，需要他去救援。要打的戰場太多，而統兵官太少，資源也太少。[12]

控制長江使湘軍控制了南京西側諸門，而由於最南邊的城門被他弟弟在雨花臺的營壘封鎖，曾國藩轉而將重心放在南京城北面和東面。一奪下江邊要塞，曾國藩即派鮑超渡江到南京城下，圍攻神策門，即該城北側主要的內陸門，結果未能得手。鮑超軍營爆發疫情，而且皖南和江西的湘軍也派人來求援。這兩地的湘軍守軍正與從浙江往西逃的太平軍交手。曾國藩不得不將鮑超撤離南京，派他回安徽，這道城門因此得以繼續通行。

一八六三年整個夏天和秋天，曾國荃部繼續往外拓展，陸續攻下十個有重兵防守的橋梁和關隘，從而掌控了南京城東南邊的出入道路。[13]十一月，他派一支特遣隊往東北，到南京正東邊丘陵上的明陵所在地，要部隊建一道約五公里長的土壘連接他的東南邊陣地，藉此幾乎完全封鎖南京往東的通路。在南京城東側，唯一仍未被封鎖的城門是太平門，出太平門往東約三公里，即是湘軍設於明陵的營壘。該處城牆外，陡峭的鍾山往南京城迤邐而來，山坡上有兩座設了重兵的太平軍要塞拱衛太平門。鍾山面朝南京的那面山坡名叫龍脖子，設在龍脖子頂端的要塞是天保城，設在龍脖子底部的要塞是地保城。到了一八六三年十二月，太平門和拱衛該門的兩座要塞，還有南京城北面鮑超棄攻的神策門，乃是南京全長約三十七公里的城牆上，尚歸叛軍控制的點。

南京城內平靜中透著恐懼。只剩兩座城門還未遭封鎖，因而只剩兩條路可以出城，糧食供給因此受限，幾乎沒有人車進出城。城內住了約三十萬人，其中三分之一是軍人。[14]十二月蘇州落入李鴻章之手後，李秀成再回南京，面陳天王南京無法守住，懇求天王放棄京城，轉進江西。天王不肯，忿忿指責他沒有信心。[15]天王的固執不可理喻，但李秀成不願抗命，於是他開始動員城內居民為長期受圍做準備。但這麼大的城裡人口這麼少，這就給了一條生機。在他的命令下，城內居民開始在城內北部闢地耕種。只要辛勤幹活，他們能種出足夠他們吃上好一陣子的食物——如果守住城牆，或許能永遠糧食無虞。但受困的社會裡人心浮動。洪秀全的疑心病愈來愈嚴重，就連他的族弟洪仁玕都壓不下他失去理智的殘酷暴行。人民提心吊膽，深怕受到他沒來由的怪異刑罰。與城外之人通信，就遭用石頭砸死或公開活活剝皮。[16]

要不是他們知道安慶老百姓的下場，或許會有更多人逃出城，懇求官軍允許他們薙髮，回到清廷那邊。到了十二月下旬，他們也知道蘇州投降諸王的下場。[17] 他們的判斷很明智。接下來幾個月，南京將數群婦女送出城，雖然她們沒有立即被殺，卻面臨更未卜的未來，被「送」給農民當老婆。[18] 但就連那樣的寬大處理都將成為絕響。一八六四年晚春，曾國藩會勸曾國荃勿再讓婦孺逃出城。他解釋道，迫使叛軍供養城內全部居民，將使他們更快餓死。他不希望他弟弟在無意間讓任何叛軍家眷活命。[19]

由於英王已死，忠王疲於應付多個戰場，洪仁玕再度身不由己領兵作戰。有鑑於南京城出口被一個個截斷，天王要他出城到附近領土招兵，回來解南京之圍，但就連作戰資歷淺薄的洪仁玕都察覺到形勢已變。具群眾魅力且能征善戰的英王一死，南京即失去北邊及西邊安徽境內的安全屏障，失去英王，京城守不住從北方來犯的敵人，無法重新打開過江渡口和過江後往北到浦口的道路，而在前一次南京被圍期間，浦口是他們最重要的出口。（當年李秀成攻打杭州，藉此解了南京之圍，他就是從這時他們已無法控制的那個渡江口出發進向杭州。）沒有將領可以替補英王之位；他在世時，龐大部隊欣然跟著他四處征戰，如今他已死，他的部隊已經解散，或返鄉，或往北加入捻軍，或投降清軍。洪仁玕被捕後在供狀裡寫道：「英王一去，軍勢軍威同時墮落，全部瓦解。」[20]雪上加霜的是，消息傳來，就連翼王石達開也在夏天率其叛離部隊在四川降清，盼他前來解救南京的希望也落了空。

洪仁玕於一八六三年聖誕節隔天啟程離京，留下兄長與妻兒在南京。[21]他先到東邊約八十公里處的丹陽，即一八六〇年清軍綠營主帥張國樑喪命之處。丹陽守城主將說沒有多餘的兵力可供洪仁玕帶回南京，於是洪仁玕繼續上路，欲前往更東邊約五十公里處大運河沿岸的常州。就在這時傳來常州已落入李鴻章部之手的消息，他不得不留在丹陽過冬。春天到來時，他往南進入浙江，位在省會杭州北邊約八十公里的湖州城仍由太平軍固守。[22]

一八六一年洪仁玕出京招兵時，幾乎不費吹灰之力就可招到兵員——只要插上他的旗子，寫下他的詩，然後等，就有成千上萬人前來投奔於他，跟著他上戰場。但那種盛況已成過去。在丹陽和湖州，他只看到勢弱，而非強大有自信。守城主將擔心會遭剛攻下蘇州與常州的官軍攻擊。士兵擔心糧食不足，不願離開較安全的駐地，跟他回京。[23]他於是妥協，決定暫時在湖州住下，並向守城主將承諾，他會在那裡跟他們一起等到九月，屆時南京收割的新穀物可供養他們所有人，他們就能一起回師京城。[24]

這個時候，新兵員的加入使湘軍兵力成長到前所未有的規模。到了一八六四年一月，南京已有五萬湘軍。[25]曾國藩轄下的兵力約十二萬，其中約十萬是陸師，其餘屬水師。除了他弟弟在南京統領的五萬人，還有兩萬人守皖南，一萬人守皖北，一萬三千人跟著鮑超四處征伐，一萬人駐守在安徽與蘇州之間。[26]而這還未計入李鴻章的淮軍。淮軍拿下蘇州後，從東邊進向南京，以秋風掃落葉之姿接連攻破有城牆環繞的無錫與常州。此外也未計入浙江境內一路打向杭州，準備從南邊攻向南京的左宗棠部。各路部隊逐漸往南京匯集。

兵力擴大的同時，清軍繼續出擊。一八六四年二月，曾國荃部終於拿下龍脖子頂端的要塞天保城。叛軍仍據守龍脖子底部的地保城，守衛龍脖子與城牆交會之處。[27]但隨著拿下天保城，清軍支配了戰場，他們能在神策門與太平門旁邊設立營壘而未遇到什麼抵抗。這最後兩個尚能通行的城門一旦遭到包圍，南京城就完全斷絕與外界的聯繫。[28]不久，三月三十一日，左宗棠部在來自寧波的法、華混編部隊支援下，拿下浙江省會杭州。該城守軍殘部逃到北邊約八十公里處的湖州，與洪仁玕一同在那裡避難，直到夏天結束。散布於浙江境內各處的其他叛軍部隊開始放棄浙江，往西潰退，進入江西。由於失去杭州與蘇州，太平天國在東部再無掌控大城。京城失去救援管道，只能在被圍中獨力苦撐。

* * *

曾國荃做了個夢，夢到他攀爬一座高峰，但爬到峰頂時，找不到可再往前走的路，於是調頭。但調頭時，發現後面也沒有路。三月底某個陰鬱的雨天，他把這個夢告訴部屬趙烈文，難過地說這恐是不祥之兆。他部隊的糧草幾乎用盡——因為事實漸漸表明，鄉間的殘破凋敝，不利於圍城的湘軍更甚於守城的敵軍。儘管他們的長江補給線仍然暢通，未遭遇敵人爭奪，到了一八六四年春，他們已無法從補給線得到大量食物。士兵完全靠稀飯活命。他擔心他的營官會因為愧於無法給士兵更好的給養，而不再維持營中紀律。曾國荃向趙烈文透露：「目下食米將罄，採辦無地。更一月不破城，必成瓦解之勢。」[29]

城內是不同的光景。四月時，南京北端的大片土地已一片新綠，守軍撒下的第一批小麥種籽，已從新耕土壤冒出幼苗。相較於周邊方圓數百公里的荒蕪，這裡是豐饒與耕耘的綠洲。一名湘軍水師提督透過望遠鏡遠遠看到他們辛勤耕種的成果，心中既羨慕又苦楚。就在城內叛軍期盼豐收之日時，那名水師提督卻擔心若不盡快攻下南京，他底下的官兵會餓死。[30]

曾國荃部苦撐到初夏，但來自北京的壓力開始升高，清廷漸漸不耐於久圍無成，要求拿下南京，不得再拖延。但曾國荃想獨占收復南京的功勞，因此不接受調李鴻章淮軍來南京助攻的建議。身為全軍統帥，曾國藩既想拿下勝利，又擔心他弟弟一味頑拒援助，南京湘軍會因補給短缺而瓦解，為此不知如何是好。他痛斥弟弟愛慕虛名，六月十九日寫信給曾國荃說道：「何必全克而後為美名哉？人又何必占天下之第一美名哉？」[31]曾國藩比弟弟更瞭解北京宮廷政治，畢竟他弟弟未在朝廷待過，因此他最後還是邀李鴻章前來合力攻打南京——心知若不這麼做，將招來他曾家把個人野心置於國家利益之上的指責。李鴻章體諒恩師的尷尬處境，很禮貌地找了個不便前來的藉口，讓曾家得以繼續獨力攻打南京，同時化解來自朝廷的批評。[32]

這時，曾國荃在南京的圍城工事範圍，已大到令人咋舌的地步。湘軍建造了一條約五公里長的補給道路，從長江江岸穿過濕地抵達距曾國荃的雨花臺大營不到三公里的硬質陸地。常勝軍解散後，戈登以百姓身分去了雨花臺拜訪曾國荃，從雨花臺頂上的瞭望臺凝望下方南京城裡悄然無聲的千門萬戶，他看出如果攻破城牆，將不會受到什麼抵抗。他指出：「城牆連綿數英里都無人防守，只在零星地方見到單單一人，而那人若要得到支援，也在數英里之外。」城裡一片寂靜，「死寂」籠罩這廣大城市。[33]

放眼望去，一道道壁壘圍住叛軍首都：木造胸牆連綿數公里，中間穿插眾多營壘——共有一百多個——每個營壘裡面有數百官兵。在某些地方，營壘逼近城牆，近到距離只約一百公尺，但沒人從城牆上往這些營壘開槍。事實上，這些營壘裡洋溢著寧靜和休息（有人會說是無聊）的氣氛。富創業心的當地人搭起簡陋店鋪，賣商品給軍人。沒有明顯可見的哨兵。並不是湘軍士兵懶，而是眼前除了等待，沒事可做。真正的工作在地下進行，外面看不到。

湘軍缺乏能擊穿城牆的火炮，因而靠較古老的辦法來攻破有城牆圍繞的城市：挖地道通到城裡。曾國荃的坑道兵在城牆周邊挖了許多個坑。在護城河中斷處或護城河離城牆夠遠而他們能在河岸內開挖之處，他們先往下挖約四．五公尺深，然後開始橫向朝城牆挖。但在有護城河保護城牆的地方，他們就得斜斜往下挖到二十七公尺深處，以安全繞過河底。[34]為不讓偶爾出現於城牆上的觀察員發覺，他們在開挖處的前面匆匆造起圍椿，但隨著地道愈挖愈長，坑道兵運出的土石也愈堆愈高，最後高出用來遮住開挖口的圍椿。此外還有個問題，即有些坑道距地表較近，隨著這類坑道愈挖愈長，坑道上方地表的草變黃，從而留下一道洩漏坑道路線的痕跡，守軍的觀察員特別留意這樣的痕跡。[35]

地道寬約一．二公尺，高約二．一公尺，內部用木頭和樹枝搭起的架子支撐。如果上方無水，坑道兵就往上鑿出通風孔，這可以防止坑道中的人窒息，卻有可能引來敵方觀察員注意。同時，太平軍也在同一批觀察員引導下，從城裡往外慢慢挖對抗地道，一旦鑿穿入城坑道的坑壁，他們即用風箱將坑道注滿毒煙或灌進滾水或汙水淹死敵人的坑道兵，毀掉敵方坑道。[36] 有一次，湘軍坑道兵將地道挖到離城牆夠近、適合引爆炸藥之處，爆炸威力卻不夠，未能炸出足以讓湘軍進入的缺口。叛軍隨之在既有的城牆後築了一道新牆，堵住受損的地方。

到了六月，湘軍已在南京城周邊三十多處挖了地道，坑道兵死了四千人，戰事卻毫無進展。[37] 但七月三日，湘軍終於拿下南京城東側龍脖子底部的地保城。一如南邊雨花臺上那座石造要塞，地保城居高臨下俯瞰南京城，但位置更高更近，幾乎碰到城牆牆面。拿到這座要塞之後，曾國荃部在龍脖子山坡上架設了一百多門炮，開始日以繼夜不斷炮轟城裡。炮彈呼嘯越過城牆，在城裡的建築和地面上炸開，嚇得觀察員和坑道兵急忙躲到安全之處。湘軍開始用毛石、泥土和草束填補地保城與城牆之間的凹處，希望填到能直接走進城裡的程度。在這些火炮的火力掩護下，在龍脖子底部的地底下，曾國荃最費工夫的地道愈挖愈長。

這條地道從距城牆約七十公尺處開始挖，主坑朝城牆直直挖去，每天前進約四．五公尺。接近厚近十五公尺的城牆時，主坑分為數支，每個分支獨立開挖，每隔一段距離就在巨大的城牆底下鑿出洞室。守軍知道這條坑道，但龍脖子上的火炮不斷發出地動天搖的炮火，使他們無法挖掘對抗坑道來反制。七月十五日午夜，李秀成率領數百名騎兵從太平門閃電出擊，想攻破那條地道開口處的圍樁，但被湘軍逼回城裡。三天後，這條地道幾乎完成，曾國荃下令在城牆底下的洞室埋設炸藥。這一次，由於經過多次失敗而渴求成功，且擔心朝廷已失去耐心，他決定炸藥埋愈多愈好，以求保險。於是他的部下在城牆底下埋了六千個布袋，共裝有二十噸火藥。[38]

七月十九日正午，炸藥引爆。一營四百名挑選過的精兵蹲伏在城牆旁的地上，緊握著刀，誓死如歸準備衝進突破口與敵人近身肉搏。他們後面一段距離處，龍脖子的山坡上，還有一千人準備跟著殺進去。導火索點燃，往下緩緩燒進坑洞，然後消失於漆黑的地道口。時間在焦急等待中一分一秒過去——先是五分鐘過去，然後十分鐘，然後二十分鐘，三十分鐘——導火索在不可見的地底緩緩往前燒，在粗糙的地道地面一路發出火花，最後像蜘蛛足般叉開為數股，跑完最後距離，抵達多個目標。然後，一陣駭人的地動山搖，高厚的城牆被往外和往上炸開，再炸開，煙霧和石塊在轟然巨響中竄飛，先是遮蔽天空，然後落回地面，紛紛落下的花崗岩碎石，把蹲伏在城牆旁那四百人的前鋒部隊個個都砸成肉餅。但黑煙散去，露出他們不成人形的屍體，也露出城牆上一道將近六十公尺寬的缺口。[39]

* * *

轟然爆炸聲迴蕩至遠處，列隊於龍脖子上的湘軍一聲吶喊，開始往山下衝。他們高舉著刀衝進城牆缺口，爬過碎石和死去同袍的屍體，和太平守軍正面交手。第一批突破守軍阻擊的湘軍部隊，穿過城裡寬闊的大街，手持地圖，直奔天王宮。但李秀成搶先他們一步，先把洪秀全兒子幼天王送到別處。第一批湘軍部隊抵達天王宮時，發現宮裡空蕩蕩悄無聲息，非常詭異——因為天王已經歸天。他在湘軍攻破城牆的六個多星期前就已去世，很可能是病死，他們抵達天王宮時，洪秀全已經穿著龍袍入土（後來曾國藩開棺驗屍，確定死者真的是他）。[40]他們搞不清楚狀況，向曾國荃報告幼天王已經自殺。其他部隊從城內攻打各城門，趕走守軍，開城門或架梯子，其他湘軍部隊隨之從四面八方湧進南京城。

那天晚上湘軍入城，到處一片混亂之際，李秀成揮淚和家人告別，帶一小批部隊，騎著馬，領幼天王馳過南京街頭，個個皆做湘軍打扮。燦爛的落日餘暉映於身後，他們往東衝過城牆突破口，強行闖過驚訝的崗哨，消失於暮色中。[41]

湘軍找不到李秀成，曾國荃恐慌陡升。他誤以為幼天王和他父王一樣已經過世，但如果李秀成逃脫，他知道他能在別處重整旗鼓，繼續反抗。打了這麼久的南京包圍戰將是白忙一場，這場戰爭將不知何時才會結束。但最後李秀成還是落入湘軍之手。李秀成衝過城牆突破口，甩掉連夜追擊的騎兵之後，把自己的上等駿馬讓給幼天王，自己騎駑馬。駑馬跑沒多久就跑不動，不肯再前進。他於是要幼天王跟其他人先走，自己只帶著兩名騎馬者在後慢行，然後在南京南邊約二十公里處的一座荒山破廟裡落腳。

李秀成一行人沒有食物，沒有計畫，走一步算一步。當地一群農民在那裡發現他們，得知李秀成的身分後，哭著跪在他面前求他薙髮，以免被捕，同時想找地方讓他躲藏。但那群農民裡面也有人在弄清楚這個外地人的身分後，看準將他上繳官府可以發大財。其中兩人（他稱他們為「奸民」）抓住他，七月二十二日，即他逃出城只三日後，將他交給曾國荃部隊。[42]

幼天王行蹤不明，但曾國荃終究抓到了忠王。他是清廷最想抓到的太平天國要員，太平天國最後一個驍將。沒有他的領導，太平軍殘餘勢力或許會繼續戰鬥，存活，甚至在帝國的偏遠角落據地稱王，但永遠不可能捲起在他領導下太平軍具有的那股氣勢。隨著他的被俘，這場戰爭實質上已經結束。

南京陷落時，備受吹捧的湘軍紀律完全瓦解。湘軍士兵薪水微薄且只能勉強填飽肚子，離鄉在外辛苦征戰多年，終於拿下最後的目標之後，他們無視上級命令，肆無忌憚掠奪，使叛軍首都淪為廢墟。曾國荃公告禁止部隊殺害百姓或擄走女人，但士兵無法無天燒殺擄掠時，統兵官視若無睹（有時候甚至幫助士兵這麼做）。擋路的叛軍全遭他們殺害於街頭，較年輕的婦女被拖走，還活著的壯丁被強拉去當挑夫，幫他們將大批戰利品——金、銀、絲、裘、玉——運出城去。甚至有些進城調查劫掠情形的曾國荃個人幕僚，都遭四處為非作歹的成群湘軍士兵搶劫和毆打。[43] 士兵先是放火燒王宮與王府，然後燒民宅，然後整個南京城好似全陷入火海。上升的煙霧屯結空中，成為紫紅色雲塊，飄浮在殘破的南京上空數日，直到七月二十五日下午一場暴雨，才終於將這座城市清洗乾淨。[44]

曾國荃幕僚趙烈文於七月二十六日進城，瞠目結舌於城中所見。仍活著的叛軍男子，似乎全在替湘軍士兵搬運戰利品或幫他們挖掘埋在地下的寶物。在他看來，這些人之後可能會獲釋或至少逃出城。但其他人不是。老人遭恣意殺害，無法替湘軍士兵幹重活的病人和體弱者亦然。他在日記裡寫道：「沿街死屍十之九皆老者，其幼孩未滿二三歲者亦斫戮以為戲，匍匐道上。」就他所見，城中留下的婦女無一人在四十歲以下。「老者無不負傷」。湘軍士兵對他們嚴刑拷打，逼他們說出值錢物品的藏放處，因而身上「或十餘刀，數十刀，哀號之聲達於四遠」。[45]

他認為這一切無疑全是湘軍所為。他在日記裡列出他所知道參與屠殺和掠奪的幾名曾國荃麾下統兵官的名字，怒不可遏寫道，他們「不知何以對中丞」（曾國荃）？何以對皇上？何以對天地？何以對自己？」屍體腐爛於街頭，臭不可聞，曾國荃下令各營至少將屍體拖到路旁，覆以碎土，這樣至少城裡還有路可通。[46]

被擄出南京的數千名年輕女子下場如何，今所知無多，但至少有名女子為城陷後她個人的遭遇留下紀錄。她名叫黃淑華，十六歲。她說，士兵上門，「殺二兄於庭，乃入括諸室。一壯者索得予，挈以出，弟牽其衣，母跪而哀之。彼怒曰：『從賊者，殺無赦，主帥令也。汝不聞也？』遂殺母及弟。長嫂至，又殺之。掠予行，而仲嫂則不知何往。時予悲痛哭詈，求速死。彼大笑曰：『予愛汝，不汝殺也。』」[47]

那名士兵把她綁起來，放上船，帶她一起回湖南。他來自曾國藩的家鄉湘鄉，也就是曾國藩湘軍、乃至這整場平亂戰爭的發軔之地。如今，經過這麼多年，曾國藩的子弟兵終於要衣錦還鄉。一旦跟這個士兵回到他老家的村子，黃淑華將一輩子變成殺害他全家的仇人的妻子。有天晚上他們在客棧留宿過夜時，她把自己的遭遇寫在一張紙條和一張帛上。帛貼身藏著，紙條貼在客棧牆上，然後找到機會殺了他，再上吊自殺。

七月二十八日，曾國荃部突破南京城牆九天後，曾國藩從安慶來到南京，叛軍首都終於落入他手裡。對湘軍的上層軍官來說，雖然管不住部隊，這仍是值得慶祝和品嘗勝利滋味的一刻。曾國藩坐在轎子裡，由曾國荃麾下軍官帶領繞著城牆走，向他講述打過和打贏的戰役，帶他參觀遭到破壞仍在悶燒冒煙的地方。晚上是吟詩玩樂的時刻，喝酒唱歌的時刻，緬懷與遺忘交織的時刻。席開百餘桌的盛宴，擠滿軍官、幕僚和部屬，同時請人唱戲助興。曾國藩得勝的消息一傳到北京，朝廷立即以高位厚爵獎賞，京城靜默，慈禧太后喜極而泣。[48]

但慈禧太后遠在異地；在南京城裡，結束的是他的戰爭，而非朝廷的戰爭。曾國藩在南京攻陷報告裡加了不實陳述，說有十萬叛軍在戰場上喪命，誇大他家人和軍隊的功績，掩蓋他們洗劫和施暴平民的事。他細心篩濾上呈給朝廷的資訊。為此，抵達南京那一天，他就接管訊問李秀成之事。李秀成被俘一星期以來，湘軍幾位統兵官已從他那兒取得長長的口供，詳述他的出身和這場戰爭的過程，說明他做過的戰術決定，其中有許多決定是他們仍不清楚的。訊問之事由曾國荃拔得頭籌，他一開始就毫不掩飾自己對此事的興致勃勃；他的主要工具是一把錐子和一把小刀。他命人從李秀成臂上割下一塊肉，後來因為他人的勸阻才住手。[49]

七月二十八日曾國藩接管訊問之事，聞名已久、飽經風霜的內戰雙方主帥在戰場交手多年，終於首度面對面：一邊是肩膀高挺的曾國藩，眼神疲累的學者，長鬍已轉灰白；另一邊是瘦而結實、戴眼鏡的李秀成，木炭工出身的太平天國大將。但這裡不會上演阿波馬托克斯（Appomattox）的情景（譯按：南軍總司令李將軍於阿波馬托克斯向北軍總司令格蘭特投降，事後，李將軍安度晚年，未遭迫害或清算）。兩個戰場對手首次照面，沒有遺憾之情，沒有惺惺相惜。對戰敗的李秀成來說，那絕不是和解的前奏，絕不是退出江湖、安度晚年的先聲。這場戰爭不是以投降，而是以消滅劃下句點。曾國藩將在接下來幾個晚上花許多時間修改他對手的五萬字供狀，刪除對湘軍不利的段落，叫人謄抄全文，用線裝訂成書，上呈清廷，然後恣爾下令處死李秀成——儘管他知道清廷會命他將這名叛軍將領活著押送北京。[50]

* * *

洪仁玕最後一次出現於洋人面前是在湖州，時間就在南京陷落前不久。名叫內利斯（Patrick Nellis）的傭兵當時人在那裡。他原是阿思本艦隊的兵員，後來受誘投入太平天國軍隊，當時正在協助防守湖州城。那時是七月上旬，太平天國正到處顯露敗象，儘管湖州城一時之間還守得住。洪仁玕和另一個王在大會上向眾人講話，似乎講了幾小時。內利斯不會說中國話，不大懂他們的講話內容，只聽出幾個他聽得懂的地名：蘇州、杭州，這是他們就要失去的地方；江西，這是他們就要逃往的地方。講完之後，洪仁玕走下講臺，往他走過來。

他用英語和內利斯說話，但因為久未使用，說得緩慢且不順。過去那種流利已經不見。畢竟已經很久沒有傳教士登門拜訪，而且他很久沒有用牛排跟葡萄酒款待洋人朋友，很久沒有用英語對他們唱讚美詩，很久沒有和他們一起回味過去在香港度過的美好時光，或令他們著迷於他對太平天國未來的美好憧憬。那個時代已成昨日黃花。他的希望全都凋萎了。

他問內利斯是哪國人。

「英格蘭人，」內利斯答。

「我碰過的洋人沒一個是好的，」洪仁玕說。[51]

十月上旬，他們終於追上他。李秀成於七月被俘後，洪仁玕離開湖州，接下保護幼天王的重任。在一群落魄士兵和騎兵護衛下，他們逃了將近三個月，一路逃到南京西南方超過六百五十公里遠的江西省南部，距當年他初從南方往北走時越過的梅關只約兩百四十公里。他們一路尋找安全的棲身之地，等到清軍查出他們的逃亡路徑時，他們已離廣州和香港較近，離失陷的南京較遠。最後，在江西石城東北方二十四公里處的偏遠山區，他們結束了逃亡。當時，這支衣衫襤褸的逃難隊伍由洪仁玕殿後。人困馬乏，他們停下來過夜。直覺告訴他應摸黑循著鄉間小徑繼續逃，但沒有當地人能帶路。近午夜時，他們突然遭到攻擊。想必有個哨兵站崗時睡著了。清軍突然掩至，他們來不及穿上盔甲或騎上馬。洪仁玕隻身徒步逃走，在夜裡胡亂穿行於林間，進入漆黑的山裡，最後來到兩側山壁夾峙之處，前方無路。[52]身後也無退路。

結語

對朝廷來說，曾國藩於一八六四年七月抵達南京接管該城，不只是勝利的一刻，也是恐懼的一刻，因為他是當時全中國最有權勢的人。叛軍京城已滅，他的軍隊兵力無人可以抗衡。華中和華東實質上在他的軍事獨裁統治下，而且他始終未完全聽命於朝廷。他的湘軍為保住清朝的國脈而戰，但他控制的地區大抵上位在清廷直接影響範圍之外，儘管清廷幾乎完全靠他來平定太平天國之亂，但清廷無時無刻不是帶著強烈的憂懼看著他的一舉一動。[1] 事實表明，卜魯斯的憂心——曾國藩將成為「中國中心地帶厲害的權力角逐者」——只道出真相的一小部分。因為在太平天國覆滅後的幾十年裡，流傳著這樣的說法：曾國藩底下的數名高級將領——包括他弟弟曾國荃——曾勸他放棄搖搖欲墜的清朝，在南京自登大位，當中國的新皇帝。[2]

但他沒有那麼做。事實上，就在他進攻南京之役開始進入最後階段時，他就已經準備解散湘軍，交出兵權。他要在平亂之後繼續擔任兩江總督這個封疆大吏，坐鎮南京的兩江總督府——他命人在天王宮廢墟遺址興建的宏偉官署——督導華東的重建。但就在中外觀察家緊張等著看這位平亂將軍是否會揮師北上推翻滿清皇帝，掃平群雄，一統中國時，他決定交出權力，把湘軍士兵送回家鄉，在清朝官僚體系裡單純當個文官，如此度過餘生——那的確是最有權力的文官，但仍只是個官，仍是效忠於幼皇帝與其攝政慈禧太后的子民。

曾國藩既掌大權又順服朝廷，令人覺得矛盾，使那些認定他是個無情軍事領袖的人感到困惑不解。其實，他內在自我與外在自我的涇渭分明，判然兩分，造就他這樣的作為。外在的曾國藩的確是個傑出而無情的將領，到了這場戰爭的末期，已擁有幾乎不受約束的權力。他統領一支身經百戰的軍隊，中國境內最令人生畏的軍隊，軍中士兵來自他的家鄉湖南，只效忠於他，把他幾乎當神一般。對於生靈塗炭、血流成河，他處之泰然（對於自己可能死於戰場，他同樣處之泰然）。他是容閎眼中那位「簡直是、幾乎是中國最有權力的人」，是卜魯斯所憂心將接管中國中心地帶之人。他令清廷不放心，因為多年來清廷控制不了他，要不要聽朝廷命令，大抵上看他高興。

但內在的曾國藩，只有他的諸弟、諸子與少數摯友知道的那個曾國藩，乃是極恭敬、淡泊、常苦於抑鬱與前途茫茫之人。他是個將領，但從無意奪取天下，建朝稱帝。他對自己擁有的兵權或權力從未感到高枕無憂。他最希望的乃是回他的書堆裡，當個儒家文人，平靜度過一生。對這樣的人來說，在內戰結束後奪取大位，乃是全然不可思議之事。他或許懷疑朝廷官僚腐敗、貪婪、無能，但他從未質疑皇帝本人的正當性。曾國藩抱有宗教般的忠誠心態，堅信上天已選定帝國的統治者，不管朝中大臣說什麼或做什麼，為人臣子就必須遵守上天的選擇。

此外，那些後來不解於他為何不奪取大位的人——這樣的人還不少——認為，中國皇帝之位值得爭取。但在曾國藩看來，特別是在他所處的那個亂世，權力是不祥之物。權力讓他害怕失敗，讓他害怕辜負了加諸他的重責大任，以及讓他時時憂心於隨著個人權勢膨脹到前所未有的地步，將因逾越應守的分際招來上天的懲罰而毀了自己。他知道勤於任事的皇帝終身活在戒慎恐懼之中，整個國家的重擔全壓在他肩上，從即位至死，他的一生全在上天明察秋毫的目光注視下。在這場戰爭的最後幾年，曾國藩已在安徽嚐到這種重責大任在身的滋味，而且那種重任還比不上皇帝肩負的責任之重。那段日子是他有生以來最苦的日子。中國皇帝不值得豔羨，而該令人可憐。

曾國藩湘軍的解散始於一八六四年八月，即攻陷南京不到一個月後，但在拿下該城之前，他就已經朝這個方向準備。五月，他向朝廷請病假——他向弟弟曾國荃解釋，那其實只是個藉口，好讓他於戰爭結束後歸隱，好杜絕對他的權勢猜忌日深的政敵對他的批評。他建議曾國荃也這麼做。他寫道，如果「金陵克復，兄弟皆當引退，即以此為張本也」。[3] 但曾國荃不接受哥哥的建議，曾國藩隨之寫了一封嚴厲的信要曾國荃照他的話做。曾國藩已見過戶部上的奏摺，摺中推測他弟弟想擴大財政權。他勸誡其弟勿招人嫉。他寫道：「自古握兵柄而兼竊利權者，無不凶於國而害於家，弟雖至愚，豈不知遠權避謗之道。」[4]

儘管他努力退到臺下，不久後仍招來朝中官員的抨擊——先是指控曾國藩弟弟曾國荃及其下屬劫掠和管理無方，指責他們腐敗、擅權，未能管好轄下部隊的紀律。[5] 然後北京的批評者把矛頭指向曾國藩本人，指責他為了中飽私囊讓華東人民受苦，說他爬上高位不是憑才華，而是全靠運氣。他已完成任務，朝廷不再需要他，因此他們要他為自己的專橫與傲慢受到教訓。在他剩下的八年歲月裡，在他鬍子轉白，眼力慢慢退化到看不見這期間，他們不讓他休息，不准他退休或暫時卸下官職。他在這場戰爭後所寫的日記，充斥著遺憾之語。他夢想回到書堆、回去老家，重過靜心沉思的生活，但一再遭到阻攔，最後只能再度哀怨地期盼至死才能得到的解脫。他在一八六七年的某封家書寫道：「或比今日人世差覺快樂。」[6]

＊＊＊

十九世紀中國這場內戰所奪走的人命，最廣受認可的估計是兩千萬至三千萬人之間。這個數據必然不夠客觀，因為沒有可靠的當時人口普查資料可供比較，因此這個數據基本上是根據若沒有這場內戰，中國後來應該會有多少人口推測出來。據一九六九年發布的美國一項研究結果，晚至一九一三年，也就是清軍攻下南京將近五十年後，中國人口仍未回到一八五〇年之前的水平。[7]由中國境內一組學者所完成，於一九九九年發布的一項更晚近研究，估計受害最烈的五省——江西、湖北、安徽、浙江、江蘇——在一八五一至一八六四年間，人口共少掉約八千七百萬：其中五千七百萬人死於這場戰爭，其他人則是因為降低的出生率而無緣出世。對這場戰爭在所有省分造成的人口衝擊，他們推測是七千萬人死亡，人口總共少掉一億多。[8]這些較高的數據，晚近傳播更廣，但引發爭議；批評者主張後人無從得知有多少死者死於戰爭、疾病和飢餓，有多少人移居他地過活。[9]但就連走過長江下游地區的人所寫的最主觀軼事雜記，都證明中國城市和鄉村所蒙受的深深傷創——太平天國戰爭過了幾十年後仍未治癒的創傷——而今那些數據開始讓人感受到，在這場據認是人類史上奪走最多人命的內戰中，中國所蒙受的破壞和社會混亂的程度乃是前所未見。

由於混亂與暴力程度驚人，這場戰爭最令人驚愕的結果，或許是清朝在平亂後仍繼續保住江山一事——而且不是在太平天國覆滅後苟延殘喘幾年，而是又存世了將近五十年，直到一九一一年才被漢人民族主義革命推翻。但不能說是清朝打贏了反太平天國的戰爭，而應該說是清朝獲救——靠曾國藩的省級民兵隊和英國人的隨意干預兩者聯手而獲救。這兩股勢力——一來自內部，一來自外部——彼此猜疑甚深，但他們各自的攻打太平天國行動，事後來看，似乎像是在協同作戰。這兩者都為拯救清朝而戰，因為他們基於不同的原因，都深信清朝的存續比較有利於他們各自的未來：對曾國藩來說，那將保住在戰前就讓他享受到許多好處，那由高位、肯定、道德和學術成就組成的體系。至於英國人，則是因為某些英國人——整體來講影響力頗大的一群人——深信保住清朝，阻止太平天國主宰中國，乃是確保英國對華貿易繼續成長，從而彌補他們在世上其他地方（特別是在美國）之嚴重損失的唯一辦法。

如果說這場戰爭結束後的情勢發展令曾國藩失望，對英國人來說，最終的回報則更令人不看好。英國人預料平亂之後，對華貿易會大幅成長，結果是一場空。事實表明，這場戰爭的結束，反倒是上海遭殃的開始。帕麥斯頓勛爵認為，英國出手助清廷對付太平天國，將提升英國在華的利潤，後來的發展的確如他所料，只是原因並非他所認為的那些。事實上，促進英國對華貿易的不是和平的降臨，而是戰爭的持續。英國人的介入，使太平軍無法拿下上海，使上海周邊地區長期陷於戰火，從而使中國的商人、財富和貨物，為了躲避英國人所協助維持不墜的混亂，而大量湧進安全的上海。逃到上海的有錢人推高地價，為上海洋商帶來可供他們買進再轉手賣出的大量貨物。此外，只要長江沿岸的戰事仍熾，中國商人就願意以高出行情的價錢，雇請掛外國旗幟而不會受到攻擊的船隻運送他們的貨物，以策安全。但太平天國一滅，這些好處全部消失。長江恢復航行安全，外國航運業者的優勢隨之大減，而難民離開上海，使上海的房市跟著崩盤。戰爭期間的榮景為漫長衰退所取代，英國前兩大商行在衰退期間破產。諷刺的是，任何人——特別是帕麥斯頓——都未能體察到，讓中國恢復安定其實從不符合英國的利益。[10]

在外交方面，也沒有什麼令英國人樂見的發展。介入中國內戰，未讓他們從清廷那兒得到他們預期的善意或好感，也未使清廷對他們重開對外通商的大門。卜魯斯會在不久後因他的「敬重中國官員政策」受到嘲笑，[11]在許多人眼中，那項政策使得英國政府變成清朝統治者抱在膝上玩賞的小狗。但在無奈接受自己在中國這場戰爭中的角色之後，英格蘭之所以感到自得，是因為不斷有人重述卜魯斯對中國情勢的看法——到了幾乎眾皆認同的地步——這場戰爭中的破壞皆是太平天國所造成，太平天國是不折不扣的一股無法無天的勢力，太平天國是所有文明有禮者或受到良好治理者的公敵。從這個觀點來看，英國介入這場戰爭無疑就是人道義舉。由於這一時勢觀被奉為標準說法，戈登與華爾將以中國這場戰爭的偉大外國英雄之姿留名青史，將被視為挽救中國免於毀滅的人。相對於發動鴉片戰爭和燒毀圓明園之恥，戈登和華爾被昂然標舉為華洋合作的可喜象徵（乃至善心象徵）。基於同樣的道理，這場戰爭在英語世界裡將被永遠定位為太平叛亂，而非內戰——意即英國站在清朝那一邊，把太平天國視為純粹是反對正當合法政府的叛亂者，不法之徒和混亂的製造者，造成當時混亂的唯一元凶。異議的聲音寥落，但仍有一些在當初就質疑本國介入政策之依據的人，在戰後繼續表達不以為然之意，儘管他們當下明知這類異議不再受到歡迎。英國駐華領事富禮賜曾走陸路遊歷太平天國領地，在南京城外的小船上住過數個月。他在一八六七年為《皇家亞洲學會華北分會會刊》(*Journal of the North-China Branch of the Asiatic Society*）所寫的一篇文章，就以極為尖銳的口吻表達這類觀點。文中，富禮賜駁斥英國境內的傳統觀點，認為消滅太平天國並未使中華帝國走回正軌，且哀嘆「事實再怎麼形諸文字，都無法掃除偏見……而我在太平天國統治區的經驗，儘管得自在該國京城的長住，只要與既有的看法背道而馳，就永遠得不到正面看待。」[12] 他指出消滅太平天國後對華貿易的衰退，然後語重心長說道，英國人民於這場戰爭期間仇視叛軍，但「如果明天投票，會有多少外國人不希望他們回來？」

事實上，誠如他親身體會到的，太平天國從不是外人眼中的怪物或蝗蟲，但他知道他的同胞沒人想聽真相。「但如果要我說說南京真正的主流秩序，」他寫道：

> 那的確很像華沙條款，但仍有其秩序——天王的軍官裡有一位特別厲害的將領……在未淪為戰場的地方，土地得到充分耕種——太平天國部隊的行為絲毫不比清軍的行為惡劣——且紹興與杭州之類城鎮的居民，在太平天國治下過的日子，比起那些城市被清廷收復、落入蠻族官員之手後

居民的不幸遭遇，要好上太多；──如果我言之鑿鑿說出這些事，我會被斥為叛軍，被斥為在詆毀如今正籠罩該帝國的燦爛政治黎明。[13]

＊＊＊

一九一一年清朝終於覆滅時，中國將落入新一代反滿革命人士之手。這些人非常清楚他們的反清前輩的作為，其中有些人剪掉辮子，留起長髮，看起來就像典型的太平天國分子。還有些人寫宣傳小冊，痛斥曾國藩是古往今來最大的漢奸，為了保住滿清異族王朝殺了不計其數的漢人同胞。這批新一代革命分子最著名的領袖是廣東人孫逸仙。他從小聽人講述太平天國英雄的故事，朋友還替他取了綽號洪秀全。[14]

攻下南京後的幾十年裡，雖有李鴻章與左宗棠等前將領和漢族官員推行改革，力圖振衰起敝，但中國國勢仍每下愈況。在國內，他們成就不凡，在消滅太平天國後又敉平了捻亂和回亂，使一度分崩離析的帝國恢復秩序。但對外戰爭所招來的巨額賠款使國庫破產，而滿清朝廷改不了的腐敗與守舊之風，阻礙了他們的全面改革。國內或許已經安定，但放眼世界舞臺，中國已落後於正以驚人速度崛起的鄰國日本。日本再度受益於中國的前車之鑑。一如一八五〇年代日本政府選擇不與外國衝突，而是與外國簽訂條約，藉此免於一場日本版的鴉片戰爭，一八六〇年代具影響力的年輕武士，則把打完內戰的中國視為前車之鑑，認為若沒有徹底改革，日本可能也會淪為和中國一樣的處境。一八六〇年代更晚時的一場革命，讓位給一場如火如荼展開的工業化與社會轉型計畫，這項計畫與洪仁玕為衰弱不振的中國提出的振興構想，儘管在宗教上無相似之處，在精神上卻出奇類似。到了一八九〇年代，日本的現代化海軍將徹底擊潰清朝艦隊，日本將從中國取得臺灣，做為其第一個重要殖民地。到了二十世紀初期，中國的改革者將把日本視為中國救亡圖存必須效法的榜樣。

但或許中國不必然得走到這樣的境地。一九〇九年接受英國記者採訪時，日本的老政治家伊藤博文——四任總理大臣和十九世紀改革運動的總設計師——提到剛在中國境內展開最後以一九一一年辛亥革命收場的反清革命活動，並且說那其實老早就該發生。在他看來，中國這批新一代革命分子只是在完成太平天國於五十年前開始的工作，而他堅信如果當初外人不阻擾太平天國，他們早就已經成功。他告訴那位記者：「你們西方人，特別是你們英格蘭人，與中國交往時所犯下的最大錯誤，就是協助滿清鎮壓太平叛亂。」[15]

伊藤博文的說法和戰時主張保持中立的許多觀察家的看法如出一轍。那些觀察家主張英國不該插手，因為中國這場戰爭是自然的朝代更替過程的一部分，得讓它自己走完全程，但言者諄諄聽者藐藐。他主張：「幾乎毋庸置疑的，太平叛亂發生時，滿清已是山窮水盡，而戈登及其『常勝軍』阻止它遭推翻，進而阻擋了一正常、有益的自然過程。自那之後滿清的所作所為，無一證明他們值得一救。滿清根本不值得救。而等到滿清垮臺，由於垮臺是必然且不久後就會發生，動盪將更為暴烈，而且會拖得更久，因為那被延遲太久，老早就該發生。」

太平內戰當時，有些英國人——在上海、在英國國會和在報紙上——極力主張，外國出兵介入中國內戰以恢復中國秩序，長遠來看對中國不是件好事，反倒會使中國人繼續受老早就不再強盛與清明的腐敗政權壓迫。而伊藤博文在清廷攻下南京四十多年後的一番後見之明，有助於證明那些英國人的確有先見之明。他回顧太平天國戰爭後清朝的統治歲月，斷言「自那之後滿清的所作所為，無一證明他們值得一救」，而當時許許多多中國人若聽到他這個看法，大概會迅即表示認同。

從一百多年後我們今日的觀點來看，伊藤博文的預測——滿清遭推翻時，「動盪將更為暴烈，而且會拖得更久，因為那被延遲太久，老早就該發生」——果然不幸言中。他接受採訪兩年後，滿清覆滅，由中華民國取而代之，而中華民國幾乎是甫一成立就分崩離析，陷入內戰。中國受苦於數十年內戰，國力衰弱，面對外敵的持續入侵幾乎束手無策，將在接下來的二十世紀裡，竭力恢復其在過去的歷史長河裡與世界舞臺上，曾長期占有的顯赫強勢地位。但一九一二年，當這個遭延擱的徹底改造過程終於如火如荼展開時，這個國家已遠遠落後於競爭者，直到近年以前，要迎頭趕上都似緣木求魚。

＊　＊　＊

這場戰爭對其勝利者和中國本身都未帶來什麼長遠的好處，如果說從這場戰爭的結果可得到什麼道德教訓，那絕不可能是令人鼓舞的教訓。因為從某個角度來說，這場戰爭如此收場，或許該歸咎於我們大無畏傳教士的助理洪仁玕。在香港與傳教士共處數年後，他深信他很瞭解英國人，能充當中國與英國之間的橋梁。這一信念使他提倡對洋人安撫與開放的政策，從而最終害了他自己的人民。同樣的，也可歸咎於生性內向的英國駐華公使卜魯斯。他於上海和北京短暫駐在之後，就認為清廷是文明之邦，力抗一群沒有國王或治國理想的亂民，據此讓他的母國政府相信，必須站在他認為中國境內唯一可長可久的政權那一方，介入中國的內戰。

洪仁玕與卜魯斯的共通之處，在於都自認對於對方文明裡良好且可認識的事物有他人所沒有的深入瞭解，此外，他們還有一個共通之處，即他們都錯得離譜。因此，外國介入與太平天國覆滅的故事，或許最終只是告訴我們信任不該信任之人會帶來多大的遺憾。這個故事說明了我們認為跨越文化與距離的連結——我們對人的德性根本上同一的希望，我們認為在同一德性下所有人沒有差別的信念——有時其實只是我們虛構的東西。當我們慶幸終於看透將我們與另一個文明隔開的那扇陰暗的窗戶，心喜於在另一邊的陰影之間發現隱藏其中的類似形體時，有時我們不曉得自己只是在凝視我們自己的倒影。

人物一覽表

朝廷

咸豐　清朝皇帝

恭親王　咸豐帝的同父異母弟

肅順
載垣
穆蔭
端華
——咸豐帝的滿族顧命大臣

葉赫那拉　咸豐帝妃子，後來的慈禧太后

文祥　軍機大臣

僧格林沁　蒙古旗人和將領

郭松燾 漢人官員
張國樑 盜匪出身的綠營將領
和春 綠營將領
吳煦 上海道臺
薛煥 江蘇巡撫

太平叛軍

洪秀全 天王
洪仁玕 洪秀全族弟，干王、總理大臣
李秀成 忠王
李世賢 李秀成表弟，侍王
陳玉成 英王
譚紹光 慕王
石達開 翼王
郜永寬 納王

省級軍隊

曾國藩 湘軍統帥

曾國荃、曾國華、曾國葆　曾國藩諸弟，湘軍統兵官

左宗棠　湘軍將領

鮑超　川籍湘軍統兵官

多隆阿　湘軍中的滿族騎兵隊指揮官

李鴻章　曾國藩門生，淮軍統帥

程學啟　淮軍統兵官，原為太平天國將領

其他中國人

容閎　一八五四年耶魯大學畢業生

楊坊　上海銀行家，常勝軍的贊助人

楊常梅　楊坊女兒，一八六二年嫁給華爾

英國人

中央政府

帕麥斯頓勛爵（Lord Palmerston）　首相

羅素勛爵（Lord Russell）　外相

格拉斯頓（William Gladstone） 財政大臣

塞克斯（William H. Sykes） 代表蘇格蘭亞伯丁郡的國會議員

外交官和領事級官員

詹姆斯．布魯斯（James Bruce） 第八代額爾金伯爵，英國對華全權代表

卜魯斯（Frederick Bruce） 詹姆斯．布魯斯之弟，英國駐華公使，一八六〇～一八六四

威妥瑪（Thomas F. Wade） 通譯，後來成為劍橋大學漢學教授

巴夏禮（Harry Parkes） 通譯和領事級官員

夏福禮（Frederick Harvey） 領事

密迪樂（Thomas Taylor Meadows） 領事

福禮賜（Robert Forrest） 領事

軍方

海軍少將何伯（James Hope） 駐東印度、中國皇家海軍司令，一八五九～一八六二

樂德克（Roderick Dew） 皇家海軍遭遇號艦長

戈登（Charles Gordon） 常勝軍隊長，一八六三～一八六四

舍納德．阿思本（Sherard Osborn） 英中聯合艦隊司令

其他

理雅各（James Legge） 蘇格蘭籍傳教士，後來成為牛津大學漢學教授
艾約瑟（Joseph Edkins） 英格蘭籍傳教士
艾珍（Jane Edkins） 艾約瑟之妻
楊格非（Griffith John） 威爾斯籍傳教士
鮑爾比（Thomas Bowlby） 倫敦《泰晤士報》記者
史卡思（John Scarth） 商人
李泰國（Horatio Nelson Lay） 清政府海關總稅務司

美國人

華爾（Frederick Townsend Ward）傭兵和常勝軍創辦人
白齊文（Henry Andrea Burgevine）
法爾思德（Edward Forester）
華爾的副手
羅孝全（Issachar Jacox Roberts） 來自美國田納西州的傳教士
蒲安臣（Anson Burlingame） 美國駐華公使，一八六一～一八六七
達底拿（Josiah Tattnall） 美國東印度海軍中隊臨時司令，一八五八～一八五九

法國人

葛羅男爵（Baron Gros） 法國對華全權代表

海軍少將卜羅德（Auguste Leopold Protet） 在華法軍司令

俄羅斯人

伊格那提耶夫（Nikolai Pavlovich Ignatiev） 外交官

瑞典人

韓山文（Theodore Hamberg） 傳教士

大事年表

一八三七
洪秀全首次做異夢。

一八三九～一八四二
中英鴉片戰爭。
香港割讓英國。
上海開港通商。

一八四三
洪秀全開始在客家人當中傳教。

一八五〇
三月九日　咸豐帝即位。
夏　拜上帝會信徒在廣西頭幾次起事。

一八五一
一月十一日　洪秀全宣告創立太平天國。
太平叛亂開始。

一八五二
洪仁玕見韓山文。

一八五三～一八五四
洪仁玕在香港向韓山文學習西方知識。

一八五三～一八五六
克里米亞戰爭。

一八五三

一月八日 曾國藩受命在湖南辦團練。
一月十二日 太平軍攻克武昌。
三月十九日 太平軍攻克南京，屠殺滿人。
四月二十七日 英船赫耳墨斯號停靠南京。

一八五四

二月 曾國藩的湘軍開始在湖南打太平軍。
五月 洪仁玕至上海，欲至南京未果。
七月二十七日 容閎自耶魯大學畢業。
十月十四日 曾國藩的湘勇奪回武昌。
十月二十五日 巴拉克拉瓦之役，克里米亞戰爭。

一八五五～一八五八

洪仁玕在香港，受雇於倫敦傳道會。

一八五五

一～二月 湘軍慘敗於九江。
二月十一日 曾國藩自殺未遂。

四月三日　太平軍再攻下武昌。

九月　中國西南爆發回亂。

一八五六～一八六〇

中英第二次鴉片戰爭

一八五六

九月二日　東王與其部眾在南京政變中遇害。

十月八日　廣州清朝官員登上走私船亞羅號。

十二月十九日　湘軍再度拿下武昌。

一八五七～一八五八

印軍譁變。

一八五七

四月二十日　額爾金勛爵出任對華全權代表。

十二月二十八日　英法聯軍炮轟並占領廣州（一月一日拿下）。

一八五八

五月　洪仁玕離香港前往南京。

五月二十日　英法艦隊攻打大沽要塞，接著入侵天津。

六月二十七日　中英簽署天津條約。

十一月～十二月　額爾金的艦隊溯長江而上，經南京抵漢口。

十一月一日　英國開始直接治理印度；東印度公司解散。

十一月十五日　太平軍在安徽三河鎮大敗湘軍。

曾國藩弟曾國華戰死。

一八五九

四月二十二日　洪仁玕抵南京，五月十一日封為干王。

六月二十五日　英法聯軍兵敗白河口：英國艦隊在大沽要塞遭重創。

一八六〇

五月　太平軍大敗圍攻南京的清軍。

六月　曾國荃圍安慶（直到一八六一年九月才攻下）。

華爾召募洋人在上海組成洋槍隊。

六月二日　忠王攻占蘇州。

六月十日　曾國藩代理兩江總督職；八月十日真除。
七月十五日　忠王修書表示太平軍不會傷害上海洋人。
七月十六日　華爾的洋槍隊拿下松江。
七月二十八日　曾國藩在祁門設大營。
七月三十日　華爾攻打青浦不克。
八月一日　英法聯軍艦隊登陸北塘。
八月二日　艾約瑟、楊格非抵蘇州見洪仁玕。
八月十九日　英法聯軍在上海攻打太平軍。
八月二十二日　英法聯軍攻陷華北大沽要塞。
九月二十二日　咸豐帝逃離京城。
十月十三日　英法聯軍占領北京。
羅孝全抵南京。
十月十八日　英軍燒圓明園。
十月二十四日　中英北京條約簽署。

一八六一

二月九日　美利堅邦聯（南方邦聯）在阿拉巴馬州的蒙哥馬利創立。
二月二十日　艦隊司令何伯首訪南京。

三月四日　林肯宣誓就任美國總統。
三月二十二日　巴夏禮在黃州與英王會晤。
四月十七日　林肯下令封鎖美利堅邦聯港口。
五月十三日　英國承認美利堅邦聯交戰國地位。
五月十九日　華爾在上海被捕。
五月三十一日　英國國會辯論太平天國的交戰國地位。
六月七日　英國國會辯論是否要承認美利堅邦聯。
七月二十一日　第一次牛奔河之役。
八月二十二日　咸豐帝駕崩。
九月五日　湘軍攻克安慶，屠殺城中倖存者一萬六千人。
十一月八日　特倫特號事件（美國內戰）。
北京政變：肅順等數位顧命大臣遭處死。
十二月九日　太平軍拿下寧波。
十二月十五日　曾國藩獲授予蘇、皖、贛、浙四省兵權。
十二月二十九日　忠王李秀成攻克杭州。

一八六二

一月二十日　太平軍攻吳淞，開始包圍上海。

一月二十二日　羅孝全逃離南京，投書譴責太平天國。
二月十日　艦隊司令何伯提交肅清上海區叛軍計畫。
英國人、法國人、華爾開始結盟。
四月　李鴻章淮軍靠汽輪運抵上海。
四月二十五日　李鴻章代理江蘇巡撫職。
五月十日　英法聯軍從太平軍手中奪回寧波。
聯軍浙江戰役開打。
五月十二日　英法聯軍與華爾拿下青浦。
五月十三日　多隆阿從英王手中拿下廬州。
五月十五日　英王在壽州被俘，六月四日處死。
五月十七日　法國艦隊司令卜羅德攻打太平軍時中彈身亡；法軍四處劫掠。
五月三十日　曾國荃在雨花臺山腳紮營。
開始圍南京（一八六四年七月才攻陷）。
夏　上海爆發嚴重霍亂疫情。
屠殺太平軍俘虜之事登上國外多家報紙。
七月二十日　美國公使蒲安臣抵北京。
九月十七日　安蒂特姆之役（美國內戰）。
九月二十一日　華爾在寧波中彈身亡。

十月十三日　李秀全開始攻打雨花臺曾國荃部（打了四十五天，十一月二十六日結束）。
十二月十三日　北軍大敗於維吉尼亞州佛雷德里克斯堡。

一八六三

一月一日　林肯發布解放宣言。
一月七日　曾國藩弟曾國葆在南京死於傷寒。
二月十三日　英中聯合艦隊自英格蘭啟程往華。
三月二十五日　戈登接掌常勝軍。
六月十三日　曾國荃部拿下雨花臺。
石達開在四川投降，六月二十五日處死。
七月一～三日　蓋茲堡之役；美利堅邦聯在內戰中轉居下風。
八月二日　白齊文叛投太平軍。
九月　容閎在安慶會晤曾國藩。
舍納德．阿思本抵華接掌英中聯合艦隊。
十月十五日　白齊文投降。
十一月十九日　林肯發表蓋茲堡演說。
十一月二十日　額爾金勛爵死於印度。
十二月四日　太平軍慕王譚紹光遭部下將領刺殺，隨後，刺殺者將蘇州城降給由戈登與程學啟領軍的清軍。

十二月六日　李鴻章掌蘇州，處死投降的太平軍將領。

英國與清廷的軍事合作結束。

一八六四

三月十九日　格蘭特接掌北軍（聯邦軍）總司令。

五月三十一日　常勝軍解散。

六月一日　洪秀全死。

七月十九日　曾國荃攻下南京。

七月二十二日　李秀成在南京郊區被俘。

七月二十八日　曾國藩從安慶前來接管南京。

八月七日　李秀成遭處決於南京。

十月九日　洪仁玕在江西被俘。

十月二十五日　幼天王被俘，十一月十八日處死。

十一月二十三日　洪仁玕在江西南昌遭處決碎屍。

一八六五

四月九日　南方邦聯李將軍在維吉尼亞州阿波馬托克斯縣城投降。

阿興說，「人遲早得選邊站，如果還想當人的話。」

——葛拉罕．格林（Graham Greene），《沉靜的美國人》

誌謝

每個研究計畫都有它奇妙的一刻，而就本書的研究計畫來說，那一刻發生於在祁門某個悶熱的晚春下午。那時我從安慶搭巴士穿越山區，剛抵達那裡。我離開到處是瓷磚和玻璃帷幕的祁門現代化大街，循著一條小巷走進這城市古老的城區，不久就發覺自己迷失於它曲曲折折的石板路小巷裡。那些小巷安靜而涼爽，兩邊林立著明代石頭屋和蒼勁的松樹。我不知道在那裡會找到什麼，但當我和張自強（譯音）聊上話，告訴他我在找什麼，他帶我穿過迷宮般的巷弄，進入這城市的中心地帶，在小路的盡頭，前面豁然開朗，太平天國戰爭時曾國藩湘軍大營行轅所在的宏偉建築呈現眼前——仍保持原樣，內部寬敞，空蕩蕩且年久失修，覆有精細雕刻的漆梁，局部蓋著塑膠布以防雨淋。我在這大屋外四處查看時，郅品泰（譯音）發現我，邀我到他家一坐。他當過紅衛兵和清潔工，退休後把所有時間花在研究當地歷史，蒐集他一輩子未離開過的這個城市的相關一手資料和故事——曾國藩舊行轅的前廳被分割為數個房間，他在前廳裡度過人生中的不少歲月。他家裡堆著高高的文件和書籍，我在那裡喝茶，聽他講祁門的歷史，度過一個愉快的下午。嶄新的毛澤東肖像從牆上俯視著我們，令我陡然想起中國歷史的不同時期有時可以像是被一道貫穿時間的閃電打中一般融而為一——這位毛澤東的文革之子，如今在平靜的老年，住在瀰漫著過去那個混亂時期氛圍的房子裡，探究他周遭的片斷史料，用他自己的方式瞭解流動於中國不斷變遷的表象底下更深層的恆常之流。

我要感謝美中關係全國委員會（National Committee on U.S.-China Relations）透過公共知識分子計畫（Public Intellectuals Program），也就是我在二〇〇八至二〇一〇年參與過的計畫，協助我完成此書。Jan Berris、Dan Murphy，以及我在該計畫中的同僚，是我撰寫此書時給我鼓勵與支持的最大支柱，我要在此一併感謝他們——特別是在二〇〇九年夏赴長沙期間，那些不嫌我囉嗦、耐心聽我講述對湘軍之看法的人。我在哈佛大學費正清東亞研究中心和約翰霍普金斯大學歷史學系的研討會上，提出這個寫作計畫的早期成果時，與會聽眾給了我寶貴的意見。特別是Henrietta Harrison、Ian Miller、Hue-tam Ho Tai、William Rowe、Marta Hansen，在那些場合給了我特別有益的看法和建議。國家人文基金會（National Endowment for the Humanities）發的夏季津貼，協助我展開這個寫作計畫的研究工作，而來自麻塞諸塞州阿姆赫斯特人文與美術學院的（UMass Amherst College of Humanities and Fine Arts）資助，在寫作計畫的整個期間沒有斷過。

我要感謝Robert Bickers、Tobie Meyer-Fong（梅爾清）、Heather Cox Richardson不辭辛勞閱讀我的整部草稿，並提出意見。他們所提的疑問、修正和參閱新原始資料的建議，使這本書更為周全。我未完全接納他們的意見，因此若有錯誤之處，不管是不符事實還是詮釋有誤，錯完全在我。梅爾清除了讀過草稿，還不斷給我支持，在與我的討論中給我意見。她就我所用的原始資料向我提問，將她從對太平天國時期的研究所得到的想法與我分享（而她的研究成果也即將問世），讓我在鑽研中國十九世紀這些冷僻的領域時不致覺得孤單。每個做學問的人都該有這樣一位同事。

我要特別感謝史景遷（Jonathan Spence）鼓勵我探究更大的主題，如此嚴格地要求我。也要感謝Dave Merrill設計地圖；感謝Lei Duan和Li Xiaoying用心且能幹的研究協助；感謝Yeewan Koon、Julie Niemeyer、Jeff Moser協助取得插圖；感謝Joel Wolfe過目本書內容；感謝Adam Desjardins協助我弄清楚軍服；感謝Sharon Domier給我圖書館查閱的協助；感謝Chuck Wooldridge告訴我他對南京的認識；感謝Huang Yuanzhong、John Delury、Mathew Grohowski、Mary Rankin、John Schrecker、Mary Bullock、Susan Naquin給我意見、引見、線索，並回答大大小小的疑問。也要感謝耶魯大學圖書館、哈佛燕京圖書館、麻塞諸塞歷史學會、美國國會圖書館、皮博迪埃塞克斯博物館、北京中國人民革命軍事博物館、南京太平天國歷史博物館的職員。本書有許多章節撰寫於格林費爾德的賽倫咖啡館（Siren Café）和蒙塔古的基利古夫人咖啡館（Lady Killigrew），我感謝這兩家店的老闆提供空間給我思考和寫作。

麻塞諸塞大學的歷史系讓我得以兼顧教學和寫作而不致顧此失彼，我的學生讓我的腦筋不致閒著，本書中的許多想法，我都先找了他們來測試是否說得通。我特別要感謝那些拿簡單且率直的問題問我的人，例如Michael Nicholls。他們那些問題根本不可能答得出來，卻把我對這項寫作計畫的構想引到新的方向。

Yu Wei、Chen Fangfang、Yi Li在南京給了我幫助。Cheng Zhiqiang在如何到他故鄉安慶上給了我意見。休寧的雅禮協會老師，特別是Brendan Woo，在我跑遍城裡為本書找資料時，提供了友善的指引和款待，還帶我走上黃山，留下令人難忘的回憶。在二〇一〇年春同一次走訪安徽期間，美中關係全國委員會的Jonathan Lowet和雅禮協會的Zoe Durner-Feiler，與我一道循著陡峭的碎石子小徑，穿過滿身瘤結的松樹林和茂密青綠的茶園，爬上黟縣北邊的羊棧嶺山坡，一覽一八六〇年晚秋曾國藩在某個大霧籠罩的重要下午，欲查看敵人來犯動靜時無緣看到的景象。

從一開始Brettne Bloom就不斷給我信心和鼓勵，我很慶幸有她當我的經紀人。在Knopf出版社，Andrew Miller是那種再也見不到的好編輯；他從頭至尾與我一道努力，讀過我先後完成的各份草稿且提供寶貴意見，而他高明的編輯功力也使草稿去蕪存菁。Andrew Carlson以幽默欣然的心情促成這本書的問世，並給予這本書額外的一輪編校。我也衷心感謝Brian Barth和Soonyoung Kwon費心製作此書。

最重要的，我要感謝妻子Francie的支持與陪伴，感謝女兒Lucy帶給我們夫妻倆的喜悅。她們是我的支柱、明星和指南針，我要滿懷愛意將此書獻給她們。

Nineteenth Century Confucian General," Ph.D. diss., Yale University, 1975, p. 171; on Zeng' s depression in his later years, see ibid., pp. 170–172.

7. 華強與蔡宏俊，〈太平天國時期中國人口損失問題〉，收於《晚清國家與社會》（北京：中國社會科學院，2007）, here citing Dwight Heald Perkins, *Agricultural Development in China, 1368–1968*（Chicago: Aldine Publishing Co., 1969）, pp. 274–283.
8. 葛劍雄、侯楊方、張根福，《人口與中國的現代化：一八五〇年以來》（上海：學林出版社，1999）, p. 109；被引用於華強與蔡宏俊，〈太平天國時期〉，pp. 69–70.
9. 見華強與蔡宏俊，〈太平天國時期〉，pp. 70–75.
10. On the postwar depression in Shanghai, see Robert Bickers, *The Scramble for China: Foreign Devils in the Qing Empire, 1832–1914*（London: Allen Lane, 2011）, p. 182.
11. "Asia: Important from China and Japan; Foreign Relations with China Out of Joint," *New York Herald,* December 28, 1865.
12. Robert James Forrest, "The Christianity of Hung Tsiu Tsuen," *Journal of the North-China Branch of the Royal Asiatic Society,* new ser., no. 4（December 1867）: 187–208, quotation on p. 188; reprinted in part in Prescott Clarke and J. S. Gregory, *Western Reports on the Taiping: A Selection of Documents*（Honolulu: University Press of Hawaii, 1982）, p. 427, romanization modified.
13. Forrest, "The Christianity of Hung Tsiu Tsuen," p. 188, romanization modified, "T' ien-wang" changed to "Heavenly King," "Ch' ang-mao" to "Taiping."
14. 孫逸仙的綽號：Marie-Claire Bergère, *Sun Yat-sen,* trans. Janet Lloyd（Stanford, Calif.: Stanford University Press, 1998）, p. 33; Harold Schiffrin, *Sun Yat-sen and the Origins of the Chinese Revolution*（Berkeley: University of California Press, 1968）, pp. 5, 23.
15. Valentine Chirol, "The Chinese Revolution," *The Quarterly Review* 216, no. 431（April 1912）: 536–553, quotations on pp. 538–539.

45. 趙烈文，《能靜居日記》，同治三年六月二十三日條（July 26, 1864），收於《太平天國》，vol. 7, p. 274.
46. 趙烈文，《能靜居日記》，同治三年六月二十一日條（July 24, 1864）, in ibid., p. 274.
47. 《象山縣誌》（1874），最後一卷，p. 26；被引用於朱東安，《曾國藩傳》（天津：百花文藝出版社，2000）, p. 225.
48. 謝正光，"Tseng Kuo-fan, A Nineteenth Century Confucian General," Ph.D. diss., Yale University, 1975, pp. 166–167.
49. 趙烈文，《能靜居日記》，同治三年六月二十日（July 23, 1864），收於《太平天國》，vol. 7, p. 272.
50. 五萬字：曾國藩給紀澤信，同治三年七月七日（August 8, 1864），《曾國藩全集》，vol. 8, p. 2833；根據他同一天的日記，他把它刪節為約兩萬八千字（一百三十頁，每頁二一六字）。見《曾國藩全集》，vol. 11, p. 4025.
51. "Statement of Patrick Nellis," in Prescott Clarke and J. S. Gregory, *Western Reports on the Taiping: A Selection of Documents*（Honolulu: University Press of Hawaii, 1982）, pp. 412–416; quotations, in paraphrase form, on p. 415; Spence, *God's Chinese Son,* p. 329.
52. 洪仁玕的第四份南昌供詞，收於《太平天國》，vol. 2, p. 415.

結語

1. 羅爾綱的看法，來自《湘軍新志》（臺北：黎明文化事業公司，1988）, p. 285.
2. 例如，見蕭一山，〈曾國藩不做皇帝〉，收於《清代通史》（臺北：商務印書館，1962–1963），vol. 3, pp. 778–781.
3. 曾國藩給弟信，同治三年三月二十六日（May 1, 1864），《曾國藩全集》，vol. 8, pp. 2800–2801.
4. 被引用於朱東安，《曾國藩傳》（天津：百花文藝出版社，2000）, p. 236.
5. 謝正光，"Tseng Kuo-fan, A Nineteenth Century Confucian General," Ph.D. diss., Yale University, 1975, p. 168.
6. 曾國藩家書，同治六年六月六日（July 6, 1867），《曾國藩全集》，vol. 8, p. 2975; translation modified from Andrew Hsieh's in "Tseng Kuo-fan, A

確見到耕種之事（且此事得到洪仁玕供詞的證實），耕種想必是在該城北端靠近長江處。戈登的記述，影印收錄於Curwen, *Taiping Rebel,* pp. 297–299, n. 42.

31. 曾國藩家書，同治三年五月十六日（June 19, 1864），《曾國藩全集》，vol. 8, p. 2818.
32. Hail, *Tseng Kuo-fan and the Taiping Rebellion,* p. 288.
33. 常勝軍解散後，戈登以私人身分走訪雨花臺得到的感想；被引用於Curwen, *Taiping Rebel,* pp. 297–299, n. 42.
34. 趙烈文說雨花臺邊護城河底下的地道深七至八丈（當時一丈約合三・五公尺），見《能靜居日記》同治二年十二月二日條（January 10, 1864），收於《太平天國》，vol. 7, p. 212.
35. 王盾，《湘軍史》，p. 176; Jonathan Spence, *God's Chinese Son*（New York: W. W. Norton, 1996）, p. 324（for this paragraph and the following）.
36. 王盾，《湘軍史》，p. 176.
37. 龍盛運，《湘軍史稿》，pp. 420–421.
38. 朱洪章《從戎紀略》（臺北：文海出版社影印本，1968），p. 120，說有六千布袋的火藥；王盾《湘軍史》，p. 177，說有三萬斤火藥（約一萬八千公斤）；至於總儲備量，在同治三年五月五日（June 6, 1864）給曾國荃信中，曾國藩說他剛運去四萬斤火藥，加上先前運去的五萬斤和另外從上海運去的九萬斤（總共一百二十噸）。這封信見《曾國藩全集》，vol. 8, p. 2813.
39. 朱洪章，《從戎紀略》，pp. 121–123; 王盾，《湘軍史》，p. 177; Curwen, *Taiping Rebel,* p. 299.
40. 曾國藩家書，同治三年六月二十九日（August 1, 1864），《曾國藩全集》，vol. 8, p. 2831.
41. Curwen, *Taiping Rebel,* pp. 154–155.
42. Ibid., pp. 155–156.
43. Jonathan Porter, *Tseng Kuo-fan's Private Bureaucracy*（Berkeley: Center for Chinese Studies, University of California, 1972）, p. 69, n. 107.
44. 紫紅雲：趙烈文，《能靜居日記》，同治三年六月十七日條（July 20, 1864），收於《太平天國》，vol. 7, p. 270；趙烈文認為這些火七成是湘軍所放；雨：《能靜居日記》，同治三年六月二十二日條（July 25, 1864），p. 274.

12. 龍盛運，《湘軍史稿》, p. 419; Curwen, *Taiping Rebel,* pp. 138–140.
13. 龍盛運，《湘軍史稿》, p. 419.
14. John Lovelle Withers, "The Heavenly Capital: Nanjing Under the Taiping, 1853–1864," Ph.D. diss., Yale University, 1983, p. 233; 據Withers的說法，南京城守軍大概只有約萬人。
15. Curwen, *Taiping Rebel,* p. 140; 李秀成說他於十二月上旬抵南京，且把李鴻章得以拿下蘇州歸因於他不在蘇州坐鎮。但據洪仁玕在南昌的第四份供詞，李秀成是在失去蘇州後才返回南京。見洪仁玕，第四份南昌供詞，收於《太平天國》, vol. 2, p. 414.
16. Curwen, *Taiping Rebel,* p. 151.
17. William James Hail, *Tseng Kuo-fan and the Taiping Rebellion, with a Short Sketch of His Later Career*（New Haven, Conn.: Yale University Press, 1927）, p. 283.
18. Ibid., p. 285.
19. 曾國藩家書，同治三年三月二十四日（April 29, 1864）,《曾國藩全集》, vol. 8, p. 2800.
20. 〈洪仁玕自述〉，英譯本，in Michael, *The Taiping Rebellion,* vol. 3, p. 1527.
21. 洪仁玕，第二份南昌供詞，收於《太平天國》, vol. 2, p. 412.
22. 洪仁玕，第四份南昌供詞，in ibid., p. 414.
23. 〈洪仁玕自述〉，英譯本，in Michael, *The Taiping Rebellion,* vol. 3, p. 1513.
24. 洪仁玕，席寶田營第二份供詞，收於《太平天國》, vol. 2, pp. 401–405, see p. 405.
25. 王闓運，《湘軍志》(長沙：嶽麓書社，1983）, p. 68.
26. 王盾，《湘軍史》(長沙：湖南大學出版社，2007）, p. 175.
27. 王闓運，《湘軍志》, p. 68.
28. 龍盛運，《湘軍史稿》, p. 420.
29. 趙烈文，《能靜居日記》，同治三年二月二十三日條（March 30, 1864），收於《太平天國》vol. 7, pp. 227–228; 在同治三年四月十二日（May 17, 1862）的某份奏稿中，曾國藩針對必須在湘軍物資用盡之前攻破南京一事，有幾乎一模一樣的陳述。見王盾，《湘軍史》, p. 176.
30. 龍盛運，《湘軍史稿》, p. 420, 引用了彭玉麟的來信；戈登一八六四年六月訪南京時，未注意到有種植作物，但他人在南京城南端，而由於彭玉麟的

78. *Hansard,* May 20, 1864, vol. 175, c. 533.

十六、翻山越嶺

1. Wilhelm Lobscheid, "The Taipings: A Visit to Nanking, and an Interview with the Kan-Wong," letter to the Hong Kong *Daily Press,* dated June 10, 1863; quoted in Augustus Lindley（Lin-le）, *Ti-Ping Tien-Kwoh; The History of the Ti-ping Revolution*（London: Day & Son, Ltd., 1866）, pp. 600–601.
2. 洪仁玕的第二份供詞，收於《太平天國》，vol. 2, p. 437；黃文英的供詞，英譯本，in Franz Michael, *The Taiping Rebellion: History and Documents*（Seattle: University of Washington Press, 1966–1971）, vol. 3, p. 1534.
3. 〈洪仁玕自述〉，英譯本，in Michael, *The Taiping Rebellion,* vol. 3, pp. 1507–1530, quotation on p. 1513.
4. 〈洪天貴福親書太平天國諸王名單〉，收於《太平天國》，vol. 2, pp. 426–427.
5. 曾國藩日記，同治二年四月二十二日條（June 8, 1863），《曾國藩全集》，vol. 10, p. 3890；從每斤三十文增加為一百二十文；Charles Gordon, letter to his mother, quoted in Demetrius Boulger, *The Life of Gordon,* 2 vols.（London: T. Fisher Unwin, 1896）, vol. 1, p. 118.
6. 曾國藩家書，同治二年四月十日（May 27, 1863），《曾國藩全集》，vol. 7, p. 2702.
7. 曾國藩日記，同治二年四月二十二日條（June 8, 1863），《曾國藩全集》，vol. 10, p. 3890.
8. 曾國藩奏稿，同治二年二月二十七日（April 14, 1863），《曾國藩全集》，vol. 3, p. 1131; also cited and translated in C. A. Curwen, *Taiping Rebel: The Deposition of Li Hsiu-Ch'eng*（Cambridge, England: Cambridge University Press, 1977）, p. 275，對焦土戰術有類似看法。
9. 曾國藩奏稿，同治二年二月二十七日（April 14, 1863），《曾國藩全集》，vol. 3, p. 1131.
10. 龍盛運，《湘軍史稿》（成都：四川人民出版社，1990），p. 418.
11. Ibid., p. 419; Lindley, *Ti-Ping Tien-Kwoh,* pp. 621–622; 郭廷以，《太平天國史事日誌》（臺北：臺灣商務印書館，1976）, p. 999，把日期說為六月三十日，且說兩萬守軍遭殲。

58. Morse, *The International Relations of the Chinese Empire,* vol. 2, pp. 88–89; Boulger, *Life of Gordon,* p. 93.
59. Gordon, "Memorandum on the Events Occurring Between the 28th November and 6th December, 1863, inclusive," in *Papers Relating to the Affairs of China*（*in Continuation of Papers Presented to Parliament in March 1863*）, pp. 195–198.
60. Hake, *Events in the Taeping Rebellion,* pp. 375 and 196.
61. Ibid., p. 196.
62. Ibid., p. 490.
63. Ibid., p. 198.
64. Charles Gordon to his mother, December 24, 1863, quoted in Smith, *Mercenaries and Mandarins,* p. 146.
65. "Minutes of a Meeting held at the British Consulate, Shanghae, December 16, 1863," in *Papers Relating to the Affairs of China*（*in Continuation of Papers Presented to Parliament in March 1863*）, pp. 192–193.
66. "The Civil War in China," *The Times,* January 29, 1864（quoting letter dateline Hong Kong, December 15, 1863）.
67. "The Chinese Civil War," *The New York Times*, December 20, 1863.
68. *The Economist,* January 9, 1864.
69. Edward Bowra, diary entry for December 13, 1863（typescript pp. 78–79）.
70. Layard to Lugard, Foreign Office, April 25, 1864, in *Correspondence Relative to Lieut.-Colonel Gordon's Position in the Chinese Service,* p. 17.
71. *Hansard,* May 20, 1864, vol. 175, c. 530.
72. *Hansard,* April 22, 1864, vol. 174, c. 1547.
73. *Hansard,* May 31, 1864, vol. 175, c. 916.
74. Ibid., cc. 965–966.
75. "The Future of China," *The New York Times* editorial, June 26, 1864.
76. *Hansard,* May 31, 1864, vol. 175, c. 968.
77. *Reports on the Trade at the Ports in China Open by Treaty to Foreign Trade, for the Year 1865*（Shanghai: Imperial Maritime Customs' Press, 1866）, p. 11，因為總貿易統計數據顯示，從一八六一年度的二五三萬一七六三兩銀子，增加為一八六四年度的七七二萬八七四七兩，增加了二〇五%。

Blackwood's Edinburgh Magazine 93, no. 568（February 1863）: 133–148, quotation on p. 148.

48. 曾國藩奏稿，同治元年十二月十二日（January 30, 1863），《曾國藩全集》，vol. 3, p. 1108.
49. Morse, *International Relations of the Chinese Empire,* vol. 2, pp. 38–40.
50. Edward Bowra, diary, at School of Oriental and African Studies（PPMS 69, Bowra, Box 1, Folder 6）, accessed via Adam Matthew Digital, "China: Trade, Politics and Culture, 1793–1980," entry for November 5, 1863.
51. "Captain Osborn's Remarks upon Prince Kung's Letter of Instructions," Beijing, September 28, 1863, in *Correspondence Respecting the Fitting Out, Dispatching to China, and Ultimate Withdrawal, of the Anglo-Chinese Fleet under the Command of Captain Sherard Osborn*（London: Harrison and Sons, 1864）, pp. 10–12, quotation on p. 11.
52. Hake, *Events in the Taeping Rebellion,* p. 307; Morse, *International Relations of the Chinese Empire,* vol. 2, p. 41; see also Augustus F. Lindley, *Ti-Ping Tien-Kwoh; The History of the Ti-ping Revolution*（London: Day & Son, Ltd., 1866）, pp. 577, 579–582, for a scathing（and extremely partisan）description of their behavior in Shanghai.
53. Burlingame to Seward, November 7, 1863, in *Papers Relating to Foreign Affairs, Accompanying the Annual Message of the President to the Second Session, Thirty-Eighth Congress,* part III（Washington, D.C.: Government Printing Office, 1865）, p. 344; also Frank J. Merli, *The* Alabama, *British Neutrality, and the American Civil War*（Bloomington: Indiana University Press, 2004）, pp. 174–175; Morse, *International Relations of the Chinese Empire,* vol. 2, p. 42.
54. "Statement of C. F. Jones, Lately Commanding the Steamer 'Kajow,'" in *Papers Relating to the Affairs of China*（*in Continuation of Papers Presented to Parliament in March, 1863*）, pp. 172–175.
55. 簡又文，*The Taiping Revolutionary Movement,* p. 501; Lindley, *Ti-Ping Tien-Kwoh,* p. 642.
56. "Statement of C. F. Jones, Lately Commanding the Steamer 'Kajow,'" p. 174.
57. Hake, *Events in the Taeping Rebellion,* p. 332.

His Later Career(New Haven, Conn.: Yale University Press, 1927), pp. 265–266; "Colonel Gordon' s Chinese Force," *Blackwood's Edinburgh Magazine* 101, no. 616 (February 1867): 165–191, see p. 189.

31. Bruce to Russell, Beijing, September 9, 1863, in *Papers Relating to the Affairs of China*(*in Continuation of Papers Presented to Parliament in March, 1863*), pp. 155–156.
32. 被引用於鄧嗣禹，*The Taiping Rebellion and the Western Powers: A Comprehensive Survey*(Oxford, England: Clarendon Press, 1971), p. 315.
33. Stanley Spector, *Li Hung-chang and the Huai Army: A Study in Nineteenth-Century Chinese Regionalism*(Seattle: University of Washington Press, 1964), p. 60.
34. Detrick, "Henry Andrea Burgevine in China," p. 109, n. 90(citing *The North-China Herald* for November 29, 1862).
35. 曾國藩致李鴻章信，同治元年九月二十日（November 11, 1862），見嶽麓書社版《曾國藩全集》(長沙：嶽麓書社，1992), vol. 5, pp. 3176–3177.
36. 曾國藩致吳煦信，《曾國藩全集》，vol. 5(批牘)，pp. 1706–1707.
37. 曾國藩日記，同治二年二月二十日條（April 7, 1863)，《曾國藩全集》，vol. 10, p. 3868.
38. 容閎，*My Life in China and America*(New York: Henry Holt & Co., 1909), p. 127ff.；他運送了六萬五千箱茶葉，每箱六十磅。
39. Ibid., pp. 113–136.
40. Ibid., p. 142.
41. Jonathan Spence, *The Search for Modern China*(New York: W. W. Norton, 1999), p. 196；容閎，*My Life in China and America,* p. 144.
42. 容閎，*My Life in China and America,* p. 148.
43. 趙烈文，《能靜居日記》，同治三年四月八日條（May 13, 1864)，收於《太平天國》，vol. 10, p. 249.
44. 容閎，*My Life in China and America,* p. 144.
45. Ibid., p. 152.
46. Spence, *The Search for Modern China,* p. 196. 他主動請纓加入聯邦軍遭婉拒，因為中國需要他。
47. Sherard Osborn, "Progress in China, Part 2: The Taepings and Their Remedy,"

and Co., 1891), p. 256.

17. Cahill, *A Yankee Adventurer,* p. 256.
18. Had one shot as an example: Hake, *Events in the Taeping Rebellion,* p. 12; paid their arrears: Cahill, *A Yankee Adventurer,* p. 256.
19. "Memorandum Embodying the Substance of Major Gordon's Reports on Affairs at Soochow, Between the 28th of November and 7th December, 1863 (translation of which was forwarded by Sir F. Bruce to the Foreign Board at Peking)," in *Correspondence Relative to Lieut.-Colonel Gordon's Position in the Chinese Service* (London: Harrison and Sons, 1864), pp. 7–11, quotation on p. 8.
20. Lyster, *With Gordon in China,* p. 110.
21. Jane Burlingame, letter to her sister, Beijing, May 11, 1863, Burlingame Papers, Library of Congress, Washington, D.C.
22. Burlingame to Seward, Beijing, October 27, 1861, reprinted in appendix to Robert S. Rantoul, "Frederick Townsend Ward," in *Historical Collections of the Essex Institute* 44, no. 1 (January 1908): 55–56.
23. Prince Kung to Anson Burlingame, March 16, 1864, in *Papers Relating to Foreign Affairs, Accompanying the Annual Message of the President to the Second Session, Thirty-Eighth Congress,* part III (Washington, D.C.: Government Printing Office, 1865), p. 377.
24. Jane Burlingame, letter to her father, March 28, 1864, Burlingame Papers, Library of Congress.
25. Jane Burlingame, letter to her sister, May 11, 1863, Burlingame Papers, Library of Congress.
26. Demetrius C. Boulger, *The Life of Gordon,* 2 vols. (London: T. Fisher Unwin, 1896), vol. 1, pp. 57–58 on Burgevine's character and temper, p. 90 on leaving for Taiping; also Bruce to Russell, Beijing, September 9, 1863, quoted in Hake, *Events in the Taeping Rebellion,* pp. 298–299.
27. "The Chinese Civil War," *The New York Times,* November 1, 1863.
28. "Important from China," *New York Herald,* November 4, 1863.
29. Quoted in "The War in China," *Chicago Tribune,* November 11, 1863.
30. William James Hail, *Tseng Kuo-fan and the Taiping Rebellion, with a Short Sketch of*

7. Holger Cahill, *A Yankee Adventurer: The Story of Ward and the Taiping Rebellion*(New York: Macauley, 1930), p. 249; Detrick, "Henry Andrea Burgevine in China: A Biography," p. 114.
8. Bruce to Russell, Beijing, March 14, 1863, in *Papers Relating to the Affairs of China* (*In Continuation of Papers Presented to Parliament in March, 1863*) (London: Harrison and Sons, 1864), p. 67.
9. Jack J. Gerson, *Horatio Nelson Lay and Sino-British Relations, 1854–1864* (Cambridge, Mass.: Harvard East Asian Monographs, 1972), pp. 180–181.
10. Bruce to Major General Brown, Beijing, October 6, 1863, in *Papers Relating to the Affairs of China* (*In Continuation of Papers Presented to Parliament in March, 1863*), p. 163.
11. Per jacket flap copy for Arthur Orrmont, *Chinese Gordon: Hero of Khartoum* (New York: G. P. Putnam' s Sons, 1966).
12. Archibald Forbes, *Chinese Gordon: A Succinct Record of His Life* (New York: Funk and Wagnalls, 1885), p. 9.
13. Richard Davenport-Hines, "Gordon, Charles George," *Oxford Dictionary of National Biography* (Oxford, England: Oxford University Press, 2004–2010); lisp: Cahill, *A Yankee Adventurer,* p. 255.
14. The *North-China Herald* editorial is quoted in "British Ambition: New Developments," *The New York Times,* June 15, 1863 (dateline Shanghai, March 15, 1863).
15. "The Conquest of Southern Asia," *The Spectator,* October 31, 1863; reprinted in *The Living Age,* no. 1018 (December 5, 1863): 457–459, quotation on p. 459.
16. 三千士兵: Richard J. Smith, *Mercenaries and Mandarins: The Ever-Victorious Army in Nineteenth-Century China* (Millwood, N.Y.: KTO Press, 1978), p. 118；簡又文認為是五千，見 *The Taiping Revolutionary Movement* (New Haven, Conn.: Yale University Press, 1973), p. 495; William Hail說是兩千兩百五十，見 *Tseng Kuo-fan and the Taiping Rebellion, with a Short Sketch of His Later Career* (New Haven, Conn.: Yale University Press, 1927), p. 264; A. Egmont Hake describes one of the shallow-draft steamers in *Events in the Taeping Rebellion, Being Reprints of Mss. Copied by General Gordon, C.B. in His Own Handwriting . . .* (London: W. H. Allen

41. 曾國藩給紀澤信，同治元年十月二十四日（December 15, 1862）, in ibid., p. 2648；被引用於朱東安，《曾國藩傳》, p. 199；這封信提及一八六〇年春（咸豐十年）在祁門，時間肯定有錯，因為他於一八六〇年夏才抵祁門，他在祁門覺得情況不妙，是隔年春季的事。
42. 曾國藩日記，同治元年十月二十四日條（December 15, 1862），《曾國藩全集》，vol. 10, p. 3834.
43. 曾國藩日記，同治元年十月二十四至同治元年十一月二十二日（December 15, 1862–January 11, 1863）, in ibid., pp. 3834–3843；曾國藩給國荃信，同治元年十一月二十二日（January 11, 1863），《曾國藩全集》，vol. 7, p. 2655.

十五、鮮血與榮耀

1. Edward Forester, "Personal Recollections of the Tai-ping Rebellion," part 3, in *Cosmopolitan* 22, no. 2（December 1896）: 209–216, see p. 216.
2. Ibid.
3. Hosea Ballou Morse, *The International Relations of the Chinese Empire*, vol. 2: *The Period of Submission, 1861–1893*（London: Longmans, Green, and Co., 1918）, p. 83.
4. Burlingame to Seward, Beijing, June 20, 1863, in *Papers Relating to Foreign Affairs, Accompanying the Annual Message of the President to the First Session, Thirty-Eighth Congress,* part II（Washington, D.C.: Government Printing Office, 1864）, pp. 859–863; on p. 861：「為了讓我知道他不希望由英國軍官出掌華爾部隊，（卜魯斯）告訴我，他已敦促任命美國人白齊文將軍——這是我寫報告時還不知道的事。」
5. Thomas Lyster, *With Gordon in China: Letters from Thomas Lyster, Lieutenant Royal Engineers*（London: T. Fisher Unwin, 1891）, p. 113; Robert Harry Detrick, "Henry Andrea Burgevine in China: A Biography," Ph.D. diss., Indiana University, 1968, p. 7.
6. Jane Burlingame, letters to her father, April 10, 1863（「他人很好，大不同於華爾。」）, and to her sister, May 22, 1863（「他是個很好的年輕人，是在這裡特別受喜愛的將軍。」）, Burlingame Papers, Box 3, Library of Congress, Washington, D.C.

集》，vol. 10, pp. 3812–3813.

26. 曾國藩家書，同治元年九月二日（October 24, 1862），《曾國藩全集》，vol. 7, p. 2624；他寫到他們將每日需要一千石米，以滿足十萬部隊所需。一石約合五十六公斤。
27. 曾國藩日記，同治元年九月七日條（October 29, 1862），《曾國藩全集》，vol. 10, p. 3816.
28. 曾國藩日記，同治元年九月二日條（October 24, 1862）, in ibid., p. 3814，提到炸彈和爆炸性炮彈；曾國藩家書，同治元年九月四日（October 26, 1862），提到它們購自洋人，並用到落地開花炮這個詞。《曾國藩全集》，vol. 7, p. 2625.
29. 曾國藩日記，同治元年九月四日條（October 26, 1862），《曾國藩全集》，vol. 10, p. 3815.
30. 曾國藩日記，同治元年九月五日條（October 27, 1862）, in ibid., p. 3815.
31. 曾國藩日記，同治元年九月十七日條（November 8, 1862）, in ibid., p. 3820；曾國藩，致李鴻章信，同治元年九月二十日（November 11, 1862），見嶽麓書社版《曾國藩全集》（長沙：嶽麓書社，1992）, vol. 5, pp. 3176–3177.
32. 曾國藩家書，同治元年九月二十一日（November 12, 1862），《曾國藩全集》，vol. 7, p. 2634.
33. 龍盛運，《湘軍史稿》，p. 414.
34. 朱東安，《曾國藩傳》，p. 200.
35. 曾國藩給紀澤信，同治元年十月四日（November 25, 1862），《曾國藩全集》，vol. 7, p. 2640.
36. 朱洪章，《從戎紀略》（臺北：文海出版社影印本，1968）, p. 89.
37. 曾國藩日記，同治元年十月十一日條（December 2, 1862），《曾國藩全集》，vol. 10, p. 3831（他於農曆五十二歲生日那天收到這消息）。
38. Curwen, *Taiping Rebel: The Deposition of Li Hsiu-Ch'eng*（Cambridge, England: Cambridge University Press, 1977）, p. 138.
39. 曾國藩給國荃信，同治元年十月十五日（December 6, 1862），《曾國藩全集》，vol. 7, p. 2645.
40. 曾國藩家書，同治元年十月十四日（December 5, 1862）, in ibid., p. 2644.

7. 王闓運，《湘軍志》（長沙：嶽麓書社，1983）, p. 64，關於八月在湘軍中蔓延的疫病。
8. 曾國藩奏稿，同治元年八月二十九日（September 22, 1862），《曾國藩全集》，vol. 3, pp. 1065–1066.
9. 曾國藩奏稿，同治元年七月二十一日（August 22, 1862）, in ibid., p. 1053.
10. Rennie, *The British Arms in North America,* p. 317.
11. 曾國藩，安慶大營批示，《曾國藩全集》，vol. 5（批牘），p. 1699.
12. 王闓運，《湘軍志》，p. 64.
13. 曾國藩日記，同治元年九月一日條（October 23, 1862），《曾國藩全集》，vol. 10, p. 3814.
14. "Medical Statistical Returns of the East Indian and China Station," p. 226: "This disease, it would appear, had been prevailing to a large extent for some time amongst the Chinese rebels."
15. *Correspondence between Military Authorities at Shanghai and War Office Respecting the Insalubrity of Shanghai as a Station for European Troops*（Parliamentary Papers, 1863 [466]）, p. 17; *The British Medical Journal,* vol. 2 for 1864（July–December）, issue of September 24, 1864, p. 378：「據估計，一八六二年，上海與松江之間約四十英里長的地區，約八分之一中國人口死於霍亂。」
16. 曾國藩奏稿，同治元年五月十七日（June 13, 1862），《曾國藩全集》，vol. 3, p. 1037.
17. 簡又文，*The Taiping Revolutionary Movement*（New Haven, Conn.: Yale University Press, 1973）, p. 519.
18. 王盾，《湘軍史》（長沙：湖南大學出版社，2007）, p. 553.
19. 龍盛運，《湘軍史稿》（成都：四川人民出版社，1990）, p. 412.
20. 王盾，《湘軍史》，p. 553.
21. 朱東安，《曾國藩傳》（天津：百花文藝出版社，2000）, p. 193.
22. 王闓運，《湘軍志》，pp. 62–63.
23. 趙烈文，《能靜居日記》，同治元年六月二十日條（July 16, 1862），收於《太平天國》，vol. 7, p. 153.
24. 王闓運，《湘軍志》，p. 63.
25. 曾國藩日記，同治元年八月二十七日條（October 20, 1862），《曾國藩全

China, Part II: The Taepings and Their Remedy," *Blackwood's Edinburgh Magazine* 93, no. 568（February 1863）: 133–148, see p. 147.

63. "The Anglo-Chinese Expedition," *The Times,* May 8, 1863；《泰晤士報》報導，該船「被所有在場的海軍當局和科學當局一致譽為最快的船隻之一」。蒲安臣呈文給美國國務卿蘇厄德（Seward）說：「有人告訴我其中一艘是世上最快的戰船。」見 Burlingame to Seward, November 7, 1863, in *Papers Relating to Foreign Affairs, Accompanying the Annual Message of the President to the Second Session, Thirty-Eighth Congress,* Part III（Washington, D.C.: Government Printing Office, 1865）, p. 345.

十四、雨花

1. 于醒民，《上海，一八六二年》（上海：人民出版社，1991）, p. 14; Earl Cranston, "Shanghai in the Taiping Period," *Pacific Historical Review* 5, no. 2（June 1936）: 147–160, see p. 155.
2. "Medical Statistical Returns of the East Indian and China Station," in *A Copy of the Statistical Report of the Health of the Navy, for the Year 1862*（Return to an Order of the Honourable The House of Commons, June 26, 1865）, pp. 204–248, see pp. 232–233; Kerrie L. MacPherson, *A Wilderness of Marshes: The Origins of Public Health in Shanghai, 1843–1893*（New York: Oxford University Press, 1987）, p. 81.
3. Edward Bowra, diary entry for July 29, 1862（manuscript p. 72）, School of Oriental and African Studies, accessed via Adam Matthew Digital, "China: Trade, Politics and Culture, 1793–1980."
4. James Henderson, *Memorials of James Henderson, MD, . . . Medical Missionary to China*（London: James Nisbet and Co., 1867）, p. 147; unburied bodies, boxes and straw: "Medical Statistical Returns of the East Indian and China Station," p. 229; three thousand per day: MacPherson, *A Wilderness of Marshes,* p. 30, citing report of Robert Alexander Jamieson.
5. MacPherson, *A Wilderness of Marshes*, p. 280, n. 50.
6. David Field Rennie, *The British Arms in North China and Japan: Peking 1860; Kagosima 1862*（London: John Murray, 1864）, p. 316.

35.

47. Andrew Wilson, *The "Ever-Victorious Army": A History of the Chinese Campaign under Lt.-Col. C. G. Gordon . . .*（Edinburgh: William Blackwood and Sons, 1868）, p. 260.
48. Horatio Nelson Lay, *Our Interests in China: A Letter to the Right Hon. Earl Russell*（London: Robert Hardwicke, 1864）, p. 19.
49. Ibid., p. 20.
50. Samuel Wells Williams, *The Middle Kingdom*（New York: Charles Scribner' s Sons, 1883）, vol. 2, p. 694.
51. "Memorandum," enclosure in doc. 151, in Ian Nish, ed., *British Documents on Foreign Affairs: Reports and Papers from the Foreign Office Confidential Print*（Frederick, Md.: University Publications of America, 1994）, Part I, Series E（Asia, 1860–1914）, vol. 19, p. 207.
52. The text of the agreement is reprinted in Morse, *The International Relations of the Chinese Empire,* vol. 2, p. 37.
53. Frank J. Merli, *The* Alabama, *British Neutrality, and the American Civil War*（Bloomington: Indiana University Press, 2004）; see chap. 7, "The Confederacy's Chinese Fleet, 1861–1867," on Bulloch and Lay.
54. "Punch' s Essence of Parliament," *Punch,* August 9, 1862, p. 52.
55. "Events at Ningpo," a letter to the editor of the London *Daily News,* dated August 29, 1862; reprinted in Sykes, *The Taeping Rebellion in China,* pp. 35–46, quotation on p. 45.
56. *Hansard's Parliamentary Debates*（London: T. C. Hansard）, February 5, 1863, vol. 169, c. 81.
57. Ibid., c. 86.
58. Ibid., c. 99.
59. *Hansard,* February 9, 1863, vol. 169, c. 187.
60. *The Times,* December 12, 1862（editorial beginning "The Royal Geographical Society"）.
61. Ibid.
62. Horatio Nelson Lay, *Our Interests in China,* p. 15; Sherard Osborn, "Progress in

30. 簡又文，*The Taiping Revolutionary Movement,* pp. 410–411.
31. 〈英王陳玉成口述〉，收於《太平天國》vol. 3, p. 267.
32. 朱洪章，《從戎紀略》(臺北：文海出版社，1968；1890年原版影印本)，p. 78.
33. 〈洪仁玕自述〉，英譯本，in Franz Michael, *The Taiping Rebellion: History and Documents* (Seattle: University of Washington Press, 1966–1971), vol. 3, pp. 1511–1530, quotation on p. 1528.
34. C. A. Curwen, *Taiping Rebel: The Deposition of Li Hsiu-Ch'eng* (Cambridge, England: Cambridge University Press, 1977), p. 136.
35. 曾國藩奏稿，同治元年五月十七日 (June 13, 1862)，《曾國藩全集》，vol. 3, p. 1036.
36. 王闓運，《湘軍志》(嶽麓書社版，1983), p. 63；郭廷以，《太平天國史事日誌》(臺北：臺灣商務印書館，1976), pp. 902–903.
37. Based on personal observation and also a description by Charles Gordon in Curwen, *Taiping Rebel,* p. 298.
38. 曾國藩致弟信，同治元年五月二十日和同治元年六月二日 (June 16 and 28, 1862)，《曾國藩全集》，vol. 7, pp. 2603, 2606.
39. 曾國藩家書，同治元年九月十一日 (November 2, 1862), in ibid., pp. 2628–2629.
40. 曾國藩致弟信，同治元年九月二十九日 (November 20, 1862), in ibid., p. 2638.
41. 曾國藩奏稿，咸豐十一年七月十八日 (August 23, 1861)，《曾國藩全集》，vol. 3, p. 950.
42. 曾國藩奏稿，咸豐十一年七月十八日 (August 23, 1861), in ibid., p. 948.
43. Ibid.
44. Gideon Chen, *Tseng Kuo-fan: Pioneer Promoter of the Steamship in China* (Beijing: Yenching University Economics Department, 1935), pp. 37–38.
45. 曾國藩日記，同治元年七月四日條 (July 30, 1862)，《曾國藩全集》，vol. 10, p. 3786; Chen, *Tseng Kuo-fan,* p. 41.
46. Hosea Ballou Morse, *The International Relations of the Chinese Empire,* vol. 2: *The Period of Submission, 1861–1893* (London: Longmans, Green, and Co., 1918), p.

(November 1862), p. 636; James McPherson, *Battle Cry of Freedom* (New York: Oxford University Press, 1988), pp. 552–553.

21. "Bull in China," *Vanity Fair,* August 30, 1862, p. 107.
22. "English Consistency," *The Saturday Evening Post,* August 9, 1862, p. 2.
23. 關於理雅各當時在國內的名聲，一八六三年七月六日，納斯勛爵於平民院中提到他時，稱他是「幾乎比其他任何英格蘭人還更瞭解中國的人，一個完全不偏袒任一方的見證人」。*Hansard's Parliamentary Debates* (London: T. C. Hansard), July 6, 1863, vol. 172, c. 294.
24. Holger Cahill, *A Yankee Adventurer: The Story of Ward and the Taiping Rebellion* (New York: Macaulay, 1930), pp. 193–194; Hallett Abend, *The God from the West* (Garden City, N.Y.: Doubleday, 1947), p. 180; Robert Harry Detrick, "Henry Andrea Burgevine in China: A Biography," Ph.D. diss., Indiana University, 1968, pp. 71–72.
25. *The Spectator* of June 21, 1862, quoted in W. H. Sykes, letter of October 17, 1862, to the editor of the London *Daily News,* in Sykes, *The Taeping Rebellion in China,* p. 62.
26. 《牛津國家人物傳記大辭典》(*Oxford Dictionary of National Biography*) James Hope詞條，提到在他結束中國的職務之後，「關於他的外交本事，外界的保留意見」；至於撤換他一事所引發的反感，見帕金頓 (John Pakington) 一八六三年二月二十四日在平民院的演說：「請問，奉派接任詹姆斯·何伯爵士在華職務的那位英武海軍上將已拒接司令職，此事是真是假？如今有謠言說海軍部已徵求四或五位有資格在艦上懸旗表示職銜的海軍將官，接替這位英勇軍官的職務，還有謠言說不可能找到接掌該職務的人。」(*Hansard,* vol. 169, c. 781.)
27. Sir William Laird Clowes, *The Royal Navy: A History from the Earliest Times to the Death of Queen Victoria,* 7 vols. (London: Sampson Low, Marston and Company, 1903), vol. 7, pp. 172–174.
28. Cahill, *A Yankee Adventurer,* p. 194.
29. 簡又文，*The Taiping Revolutionary Movement* (New Haven, Conn.: Yale University Press, 1973), pp. 463–466;〈英王陳玉成口述〉，收於《太平天國》，vol. 3, p. 267.

5. "Events in China," *The New York Times,* July 29, 1862.
6. "The Rebellion in China," *The New York Times,* August 14, 1862.
7. "Travels in China from Ningpo Through the Silk Country into the Fai Chow Tea District and on to Shanghai," originally published in the Hong Kong *Daily Press,* July 10, 1862; reprinted in W. H. Sykes, *The Taeping Rebellion in China: Its Origin, Progress, and Present Condition*（London: Warren Hall & Co., 1863）, pp. 49–53.
8. Karl Marx, "Chinese Affairs," *Die Presse,* July 7, 1862; reprinted in Schlomo Avineri, ed., *Karl Marx on Colonialism and Modernization*（New York: Anchor, 1969）, pp. 442–444.
9. *The Times,* May 16, 1862（editorial beginning "Nature has been so indulgent as to create for even the most noxious and ferocious of her offspring some humble friend"）.
10. *The Times,* June 14, 1862（editorial beginning "What is going on in China?"）.
11. Ibid.
12. "Operations in China," *The Times,* July 16, 1862; Edward Forester, "Personal Recollections of the Tai-ping Rebellion," second of three installments, *Cosmopolitan* 22, no. 1（November 1896）: 34–38, p. 35 on size of Ward's force present.
13. Sir William Laird Clowes, *The Royal Navy: A History from the Earliest Times to the Death of Queen Victoria*（London: Sampson Low, Marston, and Company, 1903）, vol. 7, p. 166.
14. Forester, "Personal Recollections of the Tai-ping Rebellion," pp. 35–36.
15. Ibid., pp. 36–37.
16. Sykes, *The Taeping Rebellion in China,* pp. 84–85.
17. Vice Admiral Sir J. Hope to the Secretary to the Admiralty, Shanghai, October 20, 1862, in *Further Papers Relating to the Rebellion in China*（London: Harrison and Sons, 1863）, pp. 112–114.
18. W. H. Sykes, letter to the editor of the London *Daily News,* September 10, 1862; reprinted in Sykes, *The Taeping Rebellion in China,* pp. 46–47.
19. "The True Danger in China," *The Economist,* August 2, 1862.
20. "The Crisis of the American War," *Blackwood's Edinburgh Magazine* 92, no. 565

74. Russell to Admiralty, March 11, 1862, in *Papers Relating to the Rebellion in China, and Trade in the Yang-tze-kiang River,* p. 111.
75. Ibid., romanization modified.
76.《泰晤士報》的香港記者於四月二十七日報導，從「剛收到的郵件」中得悉新命令之事，此事若屬實，大概表示在數天前收到，意味著這些命令大概在樂德克離開寧波前不久已送到何伯手上。見 "China," *The Times,* June 12, 1862.
77. "Generals Hwang and Fau to Captain Dew," in *Further Papers Relating to the Rebellion in China,* p. 49.
78. Dew to Hope, Ningbo, May 7, 1862, in *Further Papers Relating to the Rebellion in China,* p. 50.
79. Ibid.
80. "Captain Dew and Lieutenant Kenney to the Tae-ping Chiefs," in *Further Papers Relating to the Rebellion in China,* p. 51.
81. Sykes, *The Taeping Rebellion in China,* p. 43。也見納斯勛爵（Lord Naas）一八六三年七月六日在平民院的演說，演說中提到樂德克上尉和「阿爸」布興有：「一名英國上尉竟會與……若在上海的法庭外被逮到，他覺得必須予以吊死的人搭上線，著實令人覺得事有蹊蹺。」*Hansard's Parliamentary Debates*（London: T. C. Hansard）, July 6, 1863, vol. 172, cc. 279–280.
82. Harvey to Bruce, Ningbo, May 9, 1862, in *Further Papers Relating to the Rebellion in China,* pp. 37–39, quotation on p. 38.

十三、吸血鬼

1. The Ven. Archdeacon Moule, *Personal Recollections of the T'ai-p'ing Rebellion, 1861–1863*（Shanghai: Shanghai Mercury Office, 1898）, pp. 19–20.
2. *The China Mail,* May 22, 1862; quoted in Augustus F. Lindley, *Ti-Ping Tien-Kwoh; The History of the Ti-ping Revolution*（London: Day & Son, Ltd., 1866）, p. 536.
3. Stephen Uhalley, Jr., "The Taipings at Ningpo: The Significance of a Forgotten Event," *Journal of the Hong Kong Branch of the Royal Asiatic Society* 11（1971）: 17–32, see pp. 27–28.
4. Quoted in Lindley, *Ti-Ping Tien-Kwoh,* pp. 537–538.

60. Extract from the *North China and Japan Market Report,* February 21, 1862, in *Papers Relating to the Rebellion in China, and Trade in the Yang-tze-kiang River,* p. 154.
61. Sir William Laird Clowes, *The Royal Navy: A History from the Earliest Times to the Death of Queen Victoria,* 7 vols.(London: Sampson Low, Marston and Company, 1903), vol. 7, p. 165.
62. William J. Boone to Samuel Wells Williams, March 17, 1862. Samuel Wells Williams Family Papers, Sterling Memorial Library, Manuscripts and Archives, Yale University, New Haven, Conn.
63. "Present State of the Rebellion in China," *New-York Evangelist,* July 3, 1862.
64. Quoted in Augustus F. Lindley, *Ti-Ping Tien-Kwoh; The History of the Ti-ping Revolution*(London: Day & Son, Ltd., 1866), p. 454.
65. Harvey to Bruce, Ningbo, May 9, 1862, in *Further Papers Relating to the Rebellion in China,* p. 37; Moule, *Personal Recollections,* p. 17.
66. "China(from Our Own Correspondent)," *The Times,* May 26, 1862(dateline April 15, 1862).
67. *Reports on the Trade at the Ports in China Open by Treaty to Foreign Trade, for the Year 1865*(Shanghai: Imperial Maritime Customs' Press, 1866)。頁十的歷史圖表顯示，來自寧波的總貿易收入，從一八六一年的十四萬五二六四兩，增加為一八六二年的二十六萬三八六二兩。
68. "The Rebellion in China," *The Times,* June 17, 1862.
69. Moule, *Personal Recollections,* p. 17, says three were killed.
70. "Hwang, General Commanding in Ningpo, to Commander Craigie," in W. H. Sykes, *The Taeping Rebellion in China: Its Origin, Progress, and Present Condition*(London: Warren Hall & Co., 1863), p. 37; also in *Further Papers Relating to the Rebellion in China,* p. 44.
71. James Hope, "Orders Issued to Captain Dew," April 25, 1862, in *Further Papers Relating to the Rebellion in China,* pp. 44–45.
72. "Captain Dew to Generals Hwang and Fau," Ningbo, April 27, 1862, in ibid., p. 48.
73. "Captain Dew to the Officer in Command of Tae-ping Troops, Ningpo," Ningbo, April 28, 1861, in ibid., p. 46.

Relating to the Rebellion in China, and Trade in the Yang-tze-kiang River, p. 155.

44. 茅家琦，《郭著〈太平天國史事日誌〉校補》，p. 173.
45. See, e.g., Carr, *Devil Soldier,* pp. 214–215.
46. From the Frederick Townsend Ward Papers, Sterling Memorial Library, Manuscripts and Archives, Yale University, New Haven, Conn.
47. Carr, *Devil Soldier,* pp. 83, 211–212.
48. "Minute of Conference between the Military and Naval Authorities, at Shanghae, February 13, 1862," in *Papers Relating to the Rebellion in China, and Trade in the Yang-tze-kiang River,* p. 149.
49. Hope to Bruce, Shanghai, February 22, 1862, in *Further Papers Relating to the Rebellion in China,* p. 10.
50. Bruce to Hope, Beijing, March 19, 1862, in ibid., pp. 10–11.
51. 曾國藩家書，咸豐十一年五月一日（June 18, 1861），《曾國藩全集》，vol. 7, p. 2511.
52. 曾國藩奏稿，同治元年一月二十二日（February 20, 1862），《曾國藩全集》，vol. 3, pp. 987–988.
53. 曾國藩家書，咸豐十一年十二月十四日（January 13, 1862），《曾國藩全集》，vol. 7, p. 2580.
54. 曾國藩家書，咸豐十一年十二月十四日（January 13, 1862）, in ibid., p. 2581.
55. Medhurst to Bruce, Shanghai, March 21, 1862（relaying Admiral Hope's words）, in *Further Papers Relating to the Rebellion in China*（*In Continuation of Papers Presented to Parliament, May 2, 1862*）（London: Harrison and Sons, 1862）, p. 9.
56. 曾國藩家書，同治元年三月四日（April 2, 1862），《曾國藩全集》，vol. 7, p. 2588.
57. Ibid.
58. 郭廷以，《太平天國史事日誌》（臺北：臺灣商務印書館，1976）, p. 873；關於曾國荃從湖南抵達和後來離開一事，見曾國藩日記，同治元年二月十五日、同治元年二月二十四日條（March 15 and 24, 1862），《曾國藩全集》，vol. 10, pp. 3745, 3747.
59. Medhurst to Hope, Shanghai, February 19, 1862, in *Papers Relating to the Rebellion in China, and Trade in the Yang-tze-kiang River,* pp. 152–153.

29. Ibid., p. 998.
30. Robertson to Hammond, Canton, January 29, 1862 in *Papers Relating to the Rebellion in China, and Trade in the Yang-tze-kiang River,* p. 129.
31. Extract from *Daily Shipping and Commercial News,* in ibid., pp. 129–130.
32. *The North-China Herald,* February 1, 1862.
33. Jonathan Spence, *God's Chinese Son*（New York: W. W. Norton, 1996）, p. 302; The Ven. Archdeacon Moule, *Personal Recollections of the T'ai-p'ing Rebellion, 1861–1863*（Shanghai: Shanghai Mercury Office, 1898）, p. 15.
34. "A Remarkable Career: Col. Forrester, Once Commander in a Chinese Army," *The Sarnia Observer,* November 21, 1890；那篇文章說他來自緬因州，但巴爾的摩《太陽報》的另一篇文章說他來自紐約州的傑佛遜郡（"Remarkable Romance in Real Life: A New York Sailor Ruling a Chinese City," *The Sun,* August 6, 1862）.
35. D. J. MacGowan, "Memoir of Generals Ward and Burgevine, and of the Ever Conquering Legion," *The Far East,* new ser., vol. 2（January–June 1877）: 104; Robert Harry Detrick, "Henry Andrea Burgevine in China: A Biography," Ph.D. diss., Indiana University, 1968, pp. 11–12.
36. Cahill, *A Yankee Adventurer,* pp. 148–149.
37. Caleb Carr, *The Devil Soldier: The American Soldier of Fortune Who Became a God in China*（New York: Random House, 1992）, pp. 162–165.
38. John Keegan, *The American Civil War: A Military History*（New York: Knopf, 2009）, pp. 7, 44.
39. Richard J. Smith, *Mercenaries and Mandarins: The Ever-Victorious Army in Nineteenth-Century China*（Millwood, N.Y.: KTO Press, 1978）, p. 90.
40. "China: Important Defeat of the Rebels," *Otago Witness,* July 26, 1862.
41. "List of Articles Abstracted from a Pocket-Book Found on Board a Vessel with Arms &c., for Sale to the Rebels," in *Further Papers Relating to the Rebellion in China*（London: Harrison and Sons, 1863）, p. 103.
42. 茅家琦，《郭著〈太平天國史事日誌〉校補》（臺北：臺灣商務印書館，2001），p. 172.
43. Report from *Daily Shipping and Commercial News,* February 10, 1862, in *Papers*

17. "The Chinese Foreign Legion," *The North-China Herald,* June 8, 1861; Bruce to Russell, July 3, 1861, in *Papers Relating to the Rebellion in China, and Trade in the Yang-tze-kiang River*（London: Harrison and Sons, 1862）, p. 61.
18. "Colonel Ward and the Supposed Privateer Neva," *New York Herald,* November 9, 1861.
19. Whiskey: William Minns Tileston, letter to his mother, Shanghai, September 2, 1861, Massachusetts Historical Society, Boston, Mass.; celebrated fillibuster: "The Rebels at Work in Chinese Waters," *The New York Times,* November 3, 1861; seceding rascals: "Colonel Ward and the Supposed Privateer Neva," *New York Herald,* November 9, 1861.
20. William Minns Tileston, letter, October 5, 1862, Massachusetts Historical Society, Boston, Mass.
21. "From Hong Kong: The End of Our Squadron in the China Seas," *The New York Times,* February 23, 1862.
22. Hallett Abend, *The God from the West*（Garden City, N.Y.: Doubleday, 1947）, p. 139; Augustus Allen Hayes, "Another Unwritten Chapter in the Late War," *The International Review,* vol. 11（1881）: pp. 519ff.
23. Holger Cahill, *A Yankee Adventurer: The Story of Ward and the Taiping Rebellion*（New York: Macaulay, 1930）, p. 152.
24. William Minns Tileston, letter to his mother, Shanghai, March 5, 1862, Massachusetts Historical Society, Boston, Mass.
25. Extract from "Shanghai Shipping News," January 13, 1862, in *Papers Relating to the Rebellion in China, and Trade in the Yang-tze-kiang River,* pp. 130–131.
26. William Minns Tileston, letter to his mother, Shanghai, June 2, 1862, Massachusetts Historical Society, Boston, Mass.
27. Capt. Willes to Vice-Admiral Sir J. Hope, Wusong, January 20, 1862, in *Papers Relating to the Rebellion in China, and Trade in the Yang-tze-kiang River,* p. 139（「由於有機會在遠征白河之役中見到清朝官軍，看到他們有模有樣的裝備和組織，我相當震驚。」）
28. 〈忠王李秀成諭尚海、松江人民兵勇洋商告示〉，in Michael, *The Taiping Rebellion,* vol. 3, pp. 996–998, quotation on p. 997.

2588.

3. 曾國藩奏稿，咸豐十一年十月十四日（November 16, 1861），《曾國藩全集》，vol. 3, p. 962.
4. 朱東安，《曾國藩傳》，p. 187.
5. Arthur W. Hummel, ed., *Eminent Chinese of the Ch'ing Period*（*1644–1912*）（臺北：成文出版社影印本，1967）, p. 464.
6. Stanley Spector, *Li Hung-chang and the Huai Army: A Study in Nineteenth-Century Chinese Regionalism*（Seattle: University of Washington Press, 1964）, pp. 18–19.
7. Lolan Wang Grady, "The Career of I-Hsin, Prince Kung, 1858–1880: A Case Study of the Limits of Reform in the Late Ch' ing," Ph.D. diss., University of Toronto, 1980, pp. 118–119.
8. 曾國藩日記，咸豐十一年十一月十四日條（December 15, 1861），《曾國藩全集》，vol. 10, p. 3717.
9. 曾國藩日記，咸豐十一年十一月二十五日條（December 26, 1861）, in ibid., pp. 3720–3721.
10. 例如，見曾國藩奏稿，同治元年一月十日（February 8, 1862），《曾國藩全集》，vol. 3, pp. 981–982.
11. 曾國藩奏稿，同治元年一月二十二日（February 20, 1862）, in ibid., pp. 986–987.
12. 關於安排門生出任要職，見朱東安，《曾國藩傳》，p. 185.
13. "Letter from Rev. I. J. Roberts," January 22, 1862, in *Papers Relating to the Rebellion in China, and Trade in the Yang-tze-kiang River*（London: Harrison and Sons, 1862）, pp. 142–143, for this paragraph and following.
14. John A. Rapp, "Clashing Dilemmas: Hong Rengan, Issachar Roberts, and a Taiping 'Murder' Mystery," *Journal of Historical Biography* 4（Autumn 2008）: 27–58; Lindesay Brine, *The Taeping Rebellion in China: A Narrative of Its Rise and Progress*（London: John Murray, 1862）, p. 299.
15. 〈洪仁玕自述〉，英譯本，in Franz Michael, *The Taiping Rebellion: History and Documents*（Seattle: University of Washington Press, 1966–1971）, vol. 3, pp. 1511–1530, quotation on p. 1527.
16. Brine, *The Taeping Rebellion in China,* p. 299.

Rebellion in China, and Trade in the Yang-tze-kiang River, p. 89.

39. Moule, *Personal Recollections,* p. 9.
40. W. H.（William Henry）Sykes, *The Taeping Rebellion in China: Its Origin, Progress, and Present Condition*（London: Warren Hall & Co., 1863）, p. 34.
41. Harvey to Hammond, Ningbo, January 3, 1862, in *Papers Relating to the Rebellion in China, and Trade in the Yang-tze-kiang River,* p. 106.
42. Quoted in Stephen Uhalley, Jr., "The Taipings at Ningpo: The Significance of a Forgotten Event," *The Journal of the Hong Kong Branch of the Royal Asiatic Society,* vol. 11（1971）: 17–32, p. 20; also in Sykes, *The Taeping Rebellion in China,* p. 19.
43. Harvey to Bruce, Ningbo, December 31, 1861, in *Papers Relating to the Rebellion in China, and Trade in the Yang-tze-kiang River,* pp. 107–108.
44. Lindesay Brine, *The Taeping Rebellion in China: A Narrative of its Rise and Progress*（London: John Murray, 1862）, p. 333.
45. Bruce to Russell, Beijing, January 18, 1862, in *Papers Relating to the Rebellion in China, and Trade in the Yang-tze-kiang River,* p. 143.
46. Vice Admiral Sir J. Hope to the Secretary to the Admiralty, Shanghai, January 9, 1862, in ibid., p. 106.
47. Mail steamer description based on Edward Bowra' s diary entry for October 11, 1863.
48. Stanley Lane-Poole, *The Life of Sir Harry Parkes,* 2 vols.（London: Macmillan and Co., 1894）, vol. 1, p. 465.
49. "Commander Bingham to the Tae-ping Authorities at Nanking," January 1, 1862, in *Papers Relating to the Rebellion in China, and Trade in the Yang-tze-kiang River,* p. 104.
50. "Our China Correspondence," *The New York Times,* March 29, 1862（dateline January 17）.

十二、破釜沉舟

1. 朱東安，《曾國藩傳》(天津：百花文藝出版社，2000), p. 188；提及同治元年十月十六、十七日（December 7–8, 1862）的家書。
2. 曾國藩家書，同治元年三月四日（April 2, 1862），《曾國藩全集》，vol. 7, p.

平天國》，vol. 8, p. 77.

21. 沈梓，《避寇日記》，咸豐十一年十二月六日條（January 5, 1862），收於《太平天國》，vol. 8, p. 77.
22. Curwen, *Taiping Rebel*, p. 129.
23. Ibid., p. 260, n. 26，引用許瑤光的話。
24. Bruce to Consul Sinclair, Tianjin, December 21, 1860, in *Papers Relating to the Rebellion in China, and Trade in the Yang-tze-kiang River*（London: Harrison and Sons, 1862）, p. 2.
25. Bruce to Hope, Tianjin, December 23, 1860, in ibid.
26. Hope, "Orders Addressed to Captain Dew," Nagasaki, May 8, 1861, in ibid., p. 16.
27. Russell to Bruce, July 24, 1861 and August 8, 1861, in ibid., pp. 23 and 46.
28. Bruce to Hope, Beijing, June 16, 1861, in ibid., pp. 56–59.
29. 茅家琦，《郭著》，p. 167.
30. Hope to Bruce, Hong Kong, July 11, 1861, in *Papers Relating to the Rebellion in China, and Trade in the Yang-tze-kiang River*, p. 60.
31. "Memorandum by Mr. Alabaster, on the condition of the Tae-ping Insurgents at Cha-poo," in ibid., pp. 61–62.
32. Harvey to Bruce, Ningbo, June 18, 1861, in ibid., p. 66；明確地說：「樂德克上尉告知道臺：他奉艦隊司令的指示前來檢查和商議寧波防禦叛軍來犯的措施；雖然沒有真的受命阻止對該城的攻擊，但他篤信回上海時會接到那些命令。」
33. Hope to Admiralty, Shanghai, December 22, 1861, in ibid., pp. 90–91.
34. Harvey to Bruce, Ningbo, November 12, 1861, in ibid., p. 83.
35. The Ven. Archdeacon Moule, *Personal Recollections of the T'ai-p'ing Rebellion, 1861–1863*（Shanghai: Shanghai Mercury Office, 1898）, pp. 8–9.
36. "Memorandum by Mr. Parkes on the Capture of Ningpo by the Rebels," in *Papers Relating to the Rebellion in China, and Trade in the Yang-tze-kiang River*, pp. 92–96, see esp. p. 94.
37. Moule, *Personal Recollections*, p. 11.
38. Harvey to Hammond, Ningbo, December 18, 1861, in *Papers Relating to the*

3. "A History of the External Trade of China, 1834–81," in *Decennial Reports on the Trade, Navigation, Industries, etc., of the Ports Open to Foreign Commerce, and on Conditions and Development of the Treaty Port Provinces,* 5th issue（1922–1931）（上海：海關總稅務司署統計科，1933），vol. 1, pp. 1–144; see p. 56; also see chart in Brady, "A Reconsideration," p. 159.
4. Brady, "A Reconsideration,"' pp. 156–158.
5. "A History of the External Trade of China, 1834–81," pp. 61 and 77.
6. David McLean, letter of January 10, 1863, from Shanghai. In letter book held at School of Oriental and African Studies, University of London（MS380401/11）, p. 26. Accessed via Adam Matthew Digital, "China: Trade, Politics and Culture, 1793–1980."
7. Quoted in James McPherson, *Battle Cry of Freedom: The Civil War Era*（New York: Oxford University Press, 1988）, p. 388.
8. *The Times,* May 13, 1861（editorial beginning "Every successive mail brings proof of the soundness of our latest policy towards China"）.
9. *Hansard's Parliamentary Debates*（London: T. C. Hansard）, May 31, 1861, vol. 163, cc. 379–381.
10. Ibid., cc. 381–383.
11. Ibid., c. 391.
12. Ibid., cc. 383–385.
13. Ibid., c. 386.
14. Ibid., c. 388.
15. Ibid., c. 401.
16. *The Times,* June 3, 1861（editorial beginning "Our House of Commons, which claims to unite all power and all dexterity"）.
17. C. A. Curwen, *Taiping Rebel: The Deposition of Li Hsiu-Ch'eng*（Cambridge, England: Cambridge University Press, 1977）, p. 258, n. 14.
18. 茅家琦，《郭著〈太平天國史事日誌〉校補》（臺北：臺灣商務印書館，2001）, p. 168.
19. Curwen, *Taiping Rebel,* p. 128.
20. 沈梓，《避寇日記》，咸豐十一年十二月七日條（January 7, 1862），收於《太

34. Lolan Wang Grady, "The Career of I-Hsin, Prince Kung, 1858–1880: A Case Study of the Limits of Reform in the Late Ch' ing," Ph.D. diss., University of Toronto, 1980, p. 101.
35. Rennie, *Peking and the Pekingese,* vol. 2, pp. 128–129.
36. Ibid., vol. 2, p. 160.
37. Hummel, *Eminent Chinese,* p. 668; William Robson, *Griffith John: Founder of the Hankow Mission Central China*（London: S. W. Partridge & Co., n.d. [1901?]）, p. 60, citing eyewitness account of Lockart; see also Rennie, *Peking and the Pekingese,* vol. 2, pp. 125–166.
38. Rennie, *Peking and the Pekingese,* vol. 2, p. 134.
39. William Minns Tileston, letter to his mother, Shanghai, October 18, 1860, Massachusetts Historical Society, Boston, Mass.
40. Edward Bowra, diary, at School of Oriental and African Studies（PPMS 69, Bowra, Box 1, Folder 6）, accessed via Adam Matthew Digital, "China: Trade, Politics and Culture, 1793–1980," entry for June 1, 1863（manuscript pp. 35–36）.
41. Josiah Cox, "A Missionary Visit to Nanking and the 'Shield King,'" in *The Wesleyan Missionary Notices,* no. 100, 3rd ser.（April 1862）: 61–66, quotation on p. 62.
42. "Extract from the Journal of the Rev. Josiah Cox," in *The Wesleyan Missionary Notices,* no. 101, 3rd ser.（May 1862）: 69–76, quotation on p. 70.
43. Cox, "A Missionary Visit to Nanking and the 'Shield King,'" p. 62.
44. Ibid., p. 65；自J. S. Gregory的一九五六年論文問世以來，西方史學界均把這句話誤認為出自洪仁玕之口——那說明了他家人對他安危的關心，而非他本身政策上的改變。
45. Ibid., p. 62, emphasis added.

十一、十字路口

1. "The New War in China," *The London Review,* July 12, 1862, p. 27.
2. Eugene A. Brady, "A Reconsideration of the Lancashire 'Cotton Famine,'" *Agricultural History* 37, no. 3（July 1963）: 156–162, see p. 159.

15. Michael, *The Taiping Rebellion,* vol. 3, p. 969.
16. Ibid., vol. 1, pp. 159–160.
17. Thomas W. Blakiston, *Five Months on the Yang-tsze*（London: John Murray, 1862）, p. 49.
18. Ibid., p. 52.
19. Ibid., p. 54.
20. Ibid., pp. 52–54.
21. Jane R. Edkins, *Chinese Scenes and People, With Notices of Christian Missions and Missionary Life* . . .（London, James Nisbet & Co., 1863）, pp. 201–206, for quotations in this paragraph and following.
22. Ibid., pp. 29–33.
23. Griffith John, letter to the Rev. Dr. Tidman, Hankow, November 5, 1861, reprinted in *The Missionary Magazine and Chronicle,* no. 309, new ser., no. 26（February 1862）: 36–37.
24. Parkes to Bruce, Beijing, May 10, 1861, in *Papers Relating to the Rebellion in China, and Trade in the Yang-tze-kiang River,* quotation on p. 35.
25. Roberts, letter to *The North-China Herald*, March 30, 1861; quoted in Prescott Clarke and J. S. Gregory, *Western Reports on the Taiping: A Selection of Documents*（Honolulu: University Press of Hawaii, 1992）, p. 263.
26. "Our editorial of last week . . .," *The North-China Herald,* September 14, 1861.
27. Introduction to letter from I. J. Roberts, *China Mail,* no. 856（July 11, 1861）.
28. 例如，"The Taeping Rebels," *The Louisville Daily Journal,* May 8, 1862說：「有人認為，西方世界的基督教國家未向他們表現出更務實的支持，乃是件怪事。由於『天王』指導者傳教士羅伯茲先生（羅孝全）是美國人這項人盡皆知的事，這個想法如今已大體上盛行於我國。」
29. Letter from I. J. Roberts, *China Mail,* no. 856（July 11, 1861）.
30. Rawski, *The Last Emperors,* p. 103.
31. Ibid., p. 127.
32. Arthur W. Hummel, ed., *Eminent Chinese of the Ch'ing Period*（*1644–1912*）（臺北：成文出版社影印本，1967）, p. 668; Rawski, *The Last Emperors,* p.103.
33. Rennie, *Peking and the Pekingese*, vol. 2, pp. 141, 125.

收於《太平天國》，vol. 7, p. 108）。

十、天與地

1. David Field Rennie, *Peking and the Pekingese: During the First Year of the British Embassy at Peking,* 2 vols.（London: John Murray, 1865）, vol. 1, pp. 267–269; for further rumors of the emperor' s death in Beijing that August, see ibid., pp. 317, 335.
2. 《蘋湖筆記》，收於《太平天國》，vol. 5, p. 31.
3. 趙烈文，《能靜居日記》，咸豐十一年八月一日條（September 5, 1861），收於《太平天國》，vol. 7, p. 96.
4. 曾國藩日記，咸豐十一年七月三十日條（September 4, 1861），《曾國藩全集》，vol. 10, pp. 3684–3685.
5. 曾國藩日記，咸豐十一年八月十日條（September 14, 1861）, in ibid., p. 3687.
6. 曾國藩日記，咸豐十一年八月十日條（September 14, 1861）, in ibid., pp. 3687–3688.
7. Evelyn S. Rawski, *The Last Emperors: A Social History of Qing Imperial Institutions*（Berkeley: University of California Press, 1998）, pp. 140–141; 他的妃嬪有四分之三從未懷孕。
8. 洪仁玕，〈誅妖檄文〉，英譯本，in Franz Michael, *The Taiping Rebellion: History and Documents*（Seattle: University of Washington Press, 1966–1971）, vol. 3, pp. 859–869, quotation on p. 863, romanization and capitalization modifi ed.
9. Rennie, *Peking and the Pekingese,* vol. 1, p. 173.
10. Ibid., pp. 173–174.
11. Parkes to Bruce, Beijing, May 10, 1861, in *Papers Relating to the Rebellion in China, and Trade in the Yang-tze-kiang River*（London: Harrison and Sons, 1862）, pp. 23–35; quotations on p. 32.
12. 洪仁玕，致李秀成信，收於《洪仁玕選集》，揚州師範學院中文系編（北京：中華書局，1978）, p. 56.
13. Michael, *The Taiping Rebellion,* vol. 3, p. 1526.
14. 徐川一，《太平天國安徽省史稿》（合肥：安徽人民出版社，1991）, p. 283.

待此說出處。

59. William James Hail, *Tseng Kuo-fan and the Taiping Rebellion, with a Short Sketch of His Later Career*（New Haven, Conn.: Yale University Press, 1927）, p. 233提到名稱不詳的奏稿。
60. 曾國藩家書，咸豐十一年三月二十四日，《曾國藩全集》，vol. 7, pp. 2483–2484, quotation on p. 2484.
61. Hail, *Tseng Kuo-fan,* p. 234.
62. 簡又文，*The Taiping Revolutionary Movement,* p. 422；也見曾國藩家書，咸豐十一年五月三十日（June 30, 1861），《曾國藩全集》，vol. 7, p. 2526.
63. 根據朱洪章《從戎紀略》頁76–77中的描述寫成；也見趙烈文，《能靜居日記》，咸豐十一年八月十三日條（September 17, 1861），收於《太平天國》，vol. 7, p. 107；龍盛運，《湘軍史稿》，p. 262；Arthur W. Hummel所編，*Eminent Chinese of the Ch'ing Period*（*1644–1912*）（臺北：成文出版社影印本，1967）一書，p. 106，論英王陳玉成的部分，說打了六天六夜，並說開打於八月二十一日，但根據朱洪章的說法，八月二十七日（農曆七月二十二日）開始真正大打，九月三日（農曆七月二十九日）夜結束。
64. 龍盛運，《湘軍史稿》，p. 262, n. 2; Augustus Lindley、朱洪章、王闓運都說守軍已離城（據Lindley的說法，藉由與湘軍達成協議離城；據朱洪章的說法，透過地道出城），而與曾國藩所謂湘軍轟垮城牆擊敗守軍的說法相忤。趙烈文說湘軍挖了一條地道，但那條地道直到九月上旬（農曆七月底）才完工，湘軍於戰鬥結束後才利用該地道進城。他描述了和火炮拴在一塊的炮手，說湘軍進城時未遇抵抗。見《能靜居日記》，咸豐十一年八月十三日條（September 17, 1861），收於《太平天國》，vol. 7, p. 108.
65. 趙烈文，《能靜居日記》，咸豐十一年八月十三日條（September 17, 1861），收於《太平天國》，vol. 7, pp. 107–108.
66. 曾國藩家書，咸豐十一年五月十八日（June 25, 1861），《曾國藩全集》，vol. 7, p. 2523.
67. 簡又文，《太平天國全史》（香港：猛進書屋，1962），vol. 3, p. 1893，推斷城裡所有人都遇害，無論男女老少；龍盛運說女人被帶走，男丁和男童則全遭屠戮（《湘軍史稿》，p. 262；趙烈文說小孩倖免於難，有萬餘名女人被士兵帶走，數十名女人自盡（《能靜居日記》，咸豐十一年八月十三日條，

Rebellion, vol. 3, p. 835.

44. 洪仁玕，〈止戈〉，收於《洪仁玕選集》，p. 67.
45. 夏春濤，《洪仁玕》, p. 261.
46. Ibid., p. 248；簡又文，*The Taiping Revolutionary Movement,* p. 423.
47. 曾國藩家書，咸豐十一年五月四日（June 11, 1861），《曾國藩全集》，vol. 7, p. 2514；還有家書，咸豐十一年五月十四日（June 21, 1861），《曾國藩全集》，vol. 7, p. 2522.
48. 王闓運，《湘軍志》（1879年版），卷五，p. 8a.
49. 曾國藩於七月九日收到這消息；見他的家書，咸豐十一年六月二日（July 9, 1861），《曾國藩全集》，vol. 7, p. 2527.
50. 朱洪章，《從戎紀略》，pp. 73–74"；朱說一萬人，但曾國荃報給曾國藩的數字是八千（與收繳的武器數量相符）。見曾國藩家書，咸豐十一年六月四日（July 11, 1861），《曾國藩全集》，vol. 7, p. 2528.
51. 曾國藩家書，咸豐十一年六月四日（July 11, 1861），《曾國藩全集》，vol. 7, p. 2528.
52. 曾國藩家書，咸豐十一年六月五日（July 12, 1861）, in ibid.
53. 曾國藩家書，咸豐十一年六月十二日（July 19, 1861）, in ibid., p. 2530.
54. 曾國藩家書，咸豐十一年四月二十四日（June 2, 1861）, in ibid., p. 2506.
55. 曾國藩家書，咸豐十一年四月二十六日（June 4, 1861）, in ibid., pp. 2508–2509.
56. 曾國藩家書，咸豐十一年五月六日（June 13, 1861）, in ibid., p. 2516；這艘船卸下三千石，一石相當於一百二十四磅，也就是五十六公斤的米。後來，曾國藩估計要供養一百名士兵，每日需要一石米。據此，在正常配給下，三千石將可維持三萬人十天所需。見曾國藩家書，同治元年九月二日（October 24, 1861）, in ibid., p. 2624.
57. 曾國藩家書，咸豐十一年五月六日（June 13, 1861）, in ibid., p. 2516.
58. "The Prince of Kung to Mr. Bruce," July 18, 1861, in *Papers Relating to the Rebellion in China, and Trade in the Yang-tze-kiang River,* pp. 67–68; Bruce to Medhurst, Beijing, July 23, 1861, in ibid., p. 68; quotation is from Bruce to Russell, Beijing, July 30, 1861, ibid., pp. 64–65；簡又文在 *The Taiping Revolutionary Movement* 一書第426頁表示，英國人其實與曾國藩的水師一同實施了海軍封鎖，但未交

vol. 10, p. 3641；也被引用於朱東安，《曾國藩傳》，p. 164.

26. 曾國藩日記，咸豐十一年三月十三日條（April 22, 1861）, in ibid., p. 3644.
27. 曾國藩家書，咸豐十一年三月十三日（April 22, 1861），《曾國藩全集》，vol. 7, pp. 2475–2476.
28. Ibid., p. 2476.
29. "Report of Mr. Parkes of His Visit to the Ying Wang at Hwang-chow, March 22, 1861," in *Papers Relating to the Rebellion in China, and Trade in the Yang-tze-kiang River,* pp. 53–56, quotation on p. 54.
30. Ibid., p. 54.
31. Lindley, *Ti-Ping Tien-Kwoh,* p. 350.
32. "Report by Mr. Parkes of Visit to Ngan-king [Anqing], March 24, 1861," in *Correspondence Respecting the Opening of the Yang-tze-kiang River to Foreign Trade,* pp. 25–27.
33. "Report by Mr. Parkes on Communications with the Insurgents at Nanking, March 29 to April 2, 1861," in *Papers Relating to the Rebellion in China, and Trade in the Yang-tze-kiang River,* pp. 10–15, see p. 12.
34. As reported by Garnet Wolseley, who passed by in the spring of 1861; Wolseley, *Narrative of the War with China in 1860,* p. 370.
35. "Report by Mr. Parkes of Visit to Ngan-king [Anqing], March 24, 1861," p. 27.
36. Curwen, *Taiping Rebel,* p. 123.
37. Ibid.
38. Ibid., pp. 124–125.
39. 〈李秀成致賴文光諄諭〉，英譯本，in Franz Michael, *The Taiping Rebellion: History and Documents,* 3 vols.（Seattle: University of Washington Press, 1966–1971）, vol. 3, pp. 1043–1044; 這封信最後流落大英博物館。
40. 簡又文，*The Taiping Revolutionary Movement,* pp. 421–422.
41. 夏春濤，《洪仁玕》（武漢：湖北教育出版社，1999）, p. 257.
42. 曾國藩家書，咸豐十一年四月二十四日（June 2, 1861），《曾國藩全集》，vol. 7, p. 2506.
43. 洪仁玕，《題御賜金筆》，收於《洪仁玕選集》，揚州師範學院中文系編（北京：中華書局，1978）, p. 62; translation based on Michael, *The Taiping*

10. 來自官文奏摺，被引用於茅家琦，《郭著〈太平天國史事日誌〉校補》（臺北：臺灣商務印書館，2001），p. 157.
11. Parkes, "Report of Mr. Parkes of his Visit to the Ying Wang at Hwang-chow, March 22, 1861," in *Papers Relating to the Rebellion in China, and Trade in the Yang-tze-kiang River*（London: Harrison and Sons, 1862）: 53–56, see p. 55.
12. 曾國藩家書，咸豐十年七月三日（August 19, 1860），《曾國藩全集》，vol. 7, p. 2400.
13. 曾國藩日記，咸豐十年十月十一日條（November 23, 1860），《曾國藩全集》，vol. 10, p. 3600.
14. 曾國藩日記，咸豐十年十月十一日、十九日條（November 23 and December 1, 1860），《曾國藩全集》，vol. 10, pp. 3600, 3602.
15. 朱東安，《曾國藩傳》（天津：百花文藝出版社，2000），p. 162.
16. 陳昌，《霆軍紀略》（上海申報館，1882），卷三，p. 26b.
17. 曾國藩家書，咸豐十年十月二十日（December 2, 1860），《曾國藩全集》，vol. 7, p. 2430.
18. C. A. Curwen, *Taiping Rebel: The Deposition of Li Hsiu-Ch'eng*（Cambridge, England: Cambridge University Press, 1977）, pp. 122–123.
19. 陳昌，《霆軍紀略》，卷三，p. 27a.
20. 曾國藩家書，咸豐十年十一月十四日（December 25, 1860），《曾國藩全集》，vol. 7, pp. 2436–2437。（請注意：《曾國藩全集》排印出錯，把這封信誤列在咸豐十年十一月四日）。
21. 曾國藩，致胡林翼信，咸豐十年十一月十六日（December 27, 1860），被引用於茅家琦，《郭著》，p. 150.
22. 曾國藩家書，咸豐十年十一月十八日、咸豐十年十一月二十二日、二十四日（December 29, 1860, and January 2 and 4, 1861），《曾國藩全集》，vol. 7, pp. 2437, 2438–2439.
23. 曾國藩奏稿，咸豐十年十一月二十八日（January 8, 1861），《曾國藩全集》，vol. 3, pp. 887–888.
24. 簡又文，*The Taiping Revolutionary Movement,* p. 415；朱東安，《曾國藩傳》，p. 163.
25. 曾國藩日記，咸豐十一年三月五日條（April 14, 1861），《曾國藩全集》，

Sterling Memorial Library, Yale University, New Haven, Conn.
56. 鄧嗣禹，*The Taiping Rebellion and the Western Powers: A Comprehensive Survey*（Oxford, England: Clarendon Press, 1971）, p. 305.
57. Caleb Carr, *The Devil Soldier: The American Soldier of Fortune Who Became a God in China*（New York: Random House, 1992）, pp. 150–151.
58. Edward Forester, "Personal Recollections of the Tai-ping Rebellion," *Cosmopolitan* 21, no. 6（October 1896）: 629; Carr, *Devil Soldier,* pp. 153–154.

九、看誰撐得久

1. 敘述部分來自於Thomas W. Blakiston, *Five Months on the Yang-tsze*（London: John Murray, 1862）, p. 61; Viscount Garnet Wolseley, *Narrative of the War with China in 1860, to Which Is Added the Account of a Short Residence with the Tai-ping Rebels at Nankin . . .*（London: Longman, Green, Longman and Roberts, 1862）, pp. 369–372.
2. As described by Laurence Oliphant in *Narrative of the Earl of Elgin's Mission to China and Japan in the Years 1857, '58, '59,* 2 vols.（London and Edinburgh: William Blackwood and Sons, 1859）, vol. 2, pp. 363–364.
3. Augustus F. Lindley（Lin-le）, *Ti-Ping Tien-Kwoh; The History of the Ti-ping Revolution*（London: Day & Son, Ltd., 1866）, p. 345; Wolseley, *Narrative of the War with China in 1860,* p. 371.
4. 張德堅，《賊情匯纂》(臺北：文海出版社，1968，1855年原版影印本）, p. 173.
5. Lindesay Brine, *The Taeping Rebellion in China: A Narrative of Its Rise and Progress*（London: John Murray, 1862）, p. 307.
6. 朱洪章，《從戎紀略》(臺北：文海出版社影印本，1968）, p. 68.
7. "Report by Mr. Parkes of Visit to Ngan-king [Anqing], March 24, 1861," in *Correspondence Respecting the Opening of the Yang-tze-kiang River to Foreign Trade*（London: Harrison and Sons, 1861）, pp. 25–27, see p. 26.
8. 簡又文，*The Taiping Revolutionary Movement*（New Haven, Conn.: Yale University Press, 1973）, p. 412.
9. 這反映了他們真正的意圖，而與李秀成在供詞中所述的策略稍有差異。

43. Parkes to Hammond, June 12, 1861, in *Papers Relating to the Rebellion in China, and Trade in the Yang-tze-kiang River,* p. 45.
44. Lane-Poole, *The Life of Sir Harry Parkes,* vol. 1, p. 265.
45. "Report by Mr. Parkes of Visit to Woo-Hoo and Tae-Ping," March 28, 1861, in *Papers Relating to the Rebellion in China, and Trade in the Yang-tze-kiang River,* p. 31.
46. Hope to Admiralty, April 6, 1861, in *Correspondence Respecting the Opening of the Yang-tze-kiang River to Foreign Trade* (London: Harrison and Sons, 1861), p. 10.
47. Michie, *The Englishman in China,* p. 376.
48. 這一不進入上海方圓五十公里範圍的承諾，究竟只限於該年，還是永遠有效，有所爭議。巴夏禮的原始報告完全未提到一年之事，但卜魯斯後來提到太平天國已承諾不侵擾上海「十二個月」，而且巴夏禮於將近一年後再到南京要求展期（結果遭拒）。此外，一八六二年十月十五日，何伯在給接任其職的庫柏的指示中，提到該協議「只限於該年」有效。見Bruce to Hope, Beijing, June 16, 1861, in *Papers Relating to the Rebellion in China, and Trade in the Yang-tze-kiang River,* p. 56; and "Extract from a Memorandum dated October 15, 1862, addressed to Rear-Admiral Kuper by Vice-Admiral Sir J. Hope, on resigning the Command of the Station," in *Further Papers Relating to the Rebellion in China* (London: Harrison and Sons, 1863), p. 111.
49. "Report by Mr. Forrest of Journey from Shanghae to Nanking," in *Correspondence Respecting the Opening of the Yang-tze-kiang River to Foreign Trade,* pp. 27–30.
50. 人馬獸號船長描述大運河岸上「因布滿人骨而簡直白花花一片」。Aplin to Hope, March 21, 1861, in ibid., p. 21.
51. "Report by Mr. Forrest of Journey from Shanghae to Nanking," in ibid., p. 29.
52. 湘軍營級指揮官月薪五十兩銀子。月薪六十兩，相當於年薪超過一千美元，而在上海某商行工作的一名美國年輕人William Mills Tileston年薪九百美元。
53. Forrest to Bruce, April 20 and May 1, 1861, in *Papers Relating to the Rebellion in China, and Trade in the Yang-tze-kiang River,* pp. 41–42.
54. Medhurst to Bruce, May 6, 1861, enclosing "Deposition" of John Hinton, in ibid., pp. 42–43.
55. The letter is in the Frederick Townsend Ward Papers, Manuscripts and Archives,

26. J. S. Gregory, "Stephen Uhalley, Jr. and Westerners in China: A Further Comment," *The Journal of Asian Studies* 35, no. 2 (February 1976): 364–365.
27. 花蘭芷的信刊登在數個地方，包括一八六〇年十二月一日的《傳教通訊》(*Church Missionary Intelligencer*)。
28. "The Chinese Insurgents, and Our Policy with Respect to Them," *The London Review* 16, no. 31 (April 1861): 222–246; quotations, including from *Overland Register,* on pp. 232, 235, and 242.
29. John Scarth, *British Policy in China: Is Our War with the Tartars or the Chinese?* (London: Smith, Elder and Co., 1860), front cover.
30. Ibid., pp. 23, 31, and 32.
31. *The Economist,* May 11, 1861, p. 513.
32. "China," *Dublin University Magazine,* May 1861, p. 569.
33. *Dictionary of National Biography* (New York: Macmillan, 1909), vol. 19, p. 258.
34. Sykes' s speech quoted here and in following paragraphs is in *Hansard*, March 12, 1861, vol. 161, cc. 1841–1856.
35. Ibid., cc. 1858–1859.
36. *Hansard*, April 12, 1861, vol. 162, c. 522.
37. Description of rain from Thomas W. Blakiston, *Five Months on the Yang-tsze* (London: John Murray, 1862), pp. 1–2.
38. "Fighting Jimmy" : Robert S. Rantoul, "Frederick Townsend Ward," *Historical Collections of the Essex Institute* 44, no. 1 (January 1908): 1–64, p. 31；根據 Alexander Michie, *The Englishman in China During the Victorian Era* (Edinburgh: William Blackwood and Sons, 1900), p. 349，何伯是個「高大、具貴族氣息之人，有著予人好感、極為紳士的外表」。
39. Stanley Lane-Poole, *The Life of Sir Harry Parkes,* 2 vols. (London: Macmillan and Co., 1894), vol. 1, pp. 265–266.
40. Harry Parkes, "Report of an Interview with Rebel Authorities at Nanking, March 1, 1861," in *Papers Relating to the Rebellion in China, and Trade in the Yang-tze-kiang River,* pp. 35–37.
41. Lane-Poole, *The Life of Sir Harry Parkes,* vol. 1, p. 263.
42. Ibid., p. 264.

10. Arthur W. Hummel, ed., *Eminent Chinese of the Ch'ing Period*（*1644–1912*）（臺北：成文出版社，影印本，1967）, p. 666.
11. Lolan Wang Grady, "The Career of I-Hsin, Prince Kung, 1858–1880: A Case Study of the Limits of Reform in the Late Ch' ing," Ph.D. diss., University of Toronto, 1980, pp. 23–24.
12. Grady' s translation, from ibid. pp. 94–95.
13. Ibid., p. 100.
14. Ibid., pp. 100–101.
15. Jennifer Rudolph, *Negotiated Power in Late Imperial China: The Zongli Yamen and the Politics of Reform*（Ithaca, N.Y.: Cornell University East Asia Program, 2008）, pp. 184–185.
16. R. K. I. Quested, *Sino-Russian Relations: A Short History*（Boston: George Allen & Unwin, 1984）, pp. 71–77; Quested, *The Expansion of Russia in East Asia, 1857–1860*（Kuala Lumpur: University of Malaya Press, 1968）, pp. 64–153.
17. Quested, *Sino-Russian Relations,* pp. 75–77.
18. 茅家琦，《郭著〈太平天國史事日誌〉校補》（臺北：臺灣商務印書館，2001），p. 151。五口通商大臣這時由江蘇巡撫薛煥兼任，後來他交出巡撫之職，專心督辦南方通商口岸的貿易。見Rudolph, *Negotiated Power,* p. 113.
19. 茅家琦，《郭著》，pp. 149–150.
20. 曾國藩奏稿，咸豐十年十一月八日（December 19, 1860），《曾國藩全集》，vol. 3, pp. 879–882.
21. Masataka Banno, *China and the West, 1858–1861: The Origins of the Tsungli Yamen*（Cambridge, Mass.: Harvard University Press, 1964）, p. 209 and p. 332, n. 26.
22. 茅家琦，《郭著》，p. 154，引用了這份奏稿：「即令夷船駛往，非特不能收夾擊之效，並恐……（無人陪同的俄人）與賊勾結，別生他變。」
23. Earl Grey' s speech, quoted here and in following paragraphs, is in *Hansard,* February 19, 1861, vol. 161, cc. 546–569.
24. Ibid., c. 580.
25. Meadows to Russell, February 19, 1861（received April 12, 1861）, in *Papers Relating to the Rebellion in China, and Trade in the Yang-tze-kiang River*（London: Harrison and Sons, 1862）, p. 3.

and Documents（Seattle: University of Washington Press, 1966–1971）, vol. 3, pp. 799–831, quotations on pp. 804, 806, 807.

65. Ibid., p. 817.
66. 洪仁玕，第三份南昌供詞，收於《太平天國》, vol. 2, p. 414.
67. C. A. Curwen, *Taiping Rebel: The Deposition of Li Hsiu-Ch'eng*（Cambridge, England: Cambridge University Press, 1977）, pp. 121–122.
68. Curwen, *Taiping Rebel,* p. 122（from folio 72）.
69. 慕維廉所提供的日期。他在一八六一年二月十二日寫道，洪仁玕已於上個安息日離開南京，若屬實，就是二月十日星期日，即農曆正月初一。
70. W. Muirhead, "Visit of the Rev. W. Muirhead to the City of Nanking," *The Missionary Magazine and Chronicle,* vol. 25（July 1861）: 197–209; see p. 206. Muirhead' s article is dated February 1861.

八、文明之劫

1. Reported in *The Economist,* February 9, 1861, p. 146.
2. *The Times,* December 25, 1860（editorial beginning "The News which arrived just as the bells were ringing their first Christmas chime"）.
3. "Capture of Pekin," *The Illustrated News of the World,* December 15, 1860.
4. 此信全文收於雨果著作合集，*Oeuvres Complètes: Pendant l'Exil: 1852–1870*（Paris, 1883）, pp. 267–270.
5. 這段話來自一八六一年的信，但他於一八七〇年又表達了同樣的想法：*"S'associer à l'Angleterre pour donner à la Chine le spectacle de l'Europe vandale, stupéfi er de notre barbarie les barbares, détruire le palais d'Été de compte à demi avec le fils de lord Elgin qui a mutilé le Parthénon,"* in *Oeuvres Complètes: Pendant l'Exil: 1852–1870,* p. 530.
6. *Hansard's Parliamentary Debates*（London: T. C. Hansard）, February 14, 1861, vol. 161, c. 392.
7. Ibid., c. 410.
8. James Bruce, Earl of Elgin, *Letters and Journals of James, Eighth Earl of Elgin,* ed. Theodore Walrond（London: John Murray, 1872）, pp. 391–392.
9. Ibid., p. 393.

非亡國之君」。

47. 趙烈文，《能靜居日記》，咸豐十年九月四日條（October 17, 1860），收於《太平天國》，vol. 7, p. 69.
48.《庚申避難日記》，咸豐十年八月二十七日條（October 11, 1860），收於《太平天國》，vol. 6, p. 206.
49. 王蒔蕙，《咸豐象山粵氛紀實》，收於《太平天國》，vol. 5, p. 219.
50. 王彝壽，《越難志》，收於《太平天國》，vol. 5, p. 143.
51.《虜在目中》，收於《太平天國》，vol. 5, p. 436.
52. 張曉秋，《粵匪紀略》，收於《太平天國》，vol. 4, p. 56.
53. 王彝壽，《越難志》，收於《太平天國》，vol. 5, p. 144.
54. Kathryn Bernhardt, "Elite and Peasant During the Taiping Occupation of the Jiangnan, 1860–1864," *Modern China* 13, no. 4（October 1987）: 379–410; Xiaowei Zheng, "Loyalty, Anxiety, and Opportunism: Local Elite Activism during the Taiping Rebellion in Eastern Zhejiang, 1851–1864," *Late Imperial China* 30, no. 2（December 2009）: 39–83.
55. Bernhardt, "Elite and Peasant," pp. 384–388.
56. Ibid., pp. 383–384.
57. 例如，見《庚申避難日記》，收於《太平天國》，vol. 6, p. 200，論「真長毛」只占少數。
58. Blakiston, *Five Months on the Yang-tsze,* pp. 48–49.
59. 王彝壽，《越難志》，收於《太平天國》，vol. 5, p. 157.
60. 湯氏，《鰍聞日記》，咸豐十一年三月二日條（April 11, 1861），收於《太平天國》，vol. 6, pp. 346–347；《庚申避難日記》，咸豐十一年二月二十七日條（April 6, 1861），收於《太平天國》，vol. 6, pp. 214–215.
61. 這段出自《論語》的作文提示，記載於《庚申避難日記》，咸豐十一年三月八日條（April 17, 1861），收於《太平天國》，vol. 6, p. 215；也見湯氏，《鰍聞日記》，咸豐十一年三月二日條（April 11, 1861），收於《太平天國》，vol. 6, p. 346.
62. Edkins, "Narrative of a Visit to Nanking," pp. 280–281.
63. Ibid., p. 301.
64. 洪仁玕，《英傑歸真》，英譯本。In Franz Michael, *The Taiping Rebellion: History*

29. Ibid., p. 110.
30. Ibid., p. 109.
31. Ibid., p. 134.
32. 翁同龢，《翁文恭公日記》，咸豐十年七月二十五日條（September, 10, 1860），收於《第二次鴉片戰爭》，六卷，齊思和等合編（上海：上海人民出版社，1978–1979）, vol. 2, p. 89.
33. 陳志讓，"The Hsien-fêng Inflation," *Bulletin of the School of Oriental and African Studies, University of London*, 21, no. 1–3（1958）: 578–586.
34. 延宕兩個月後，兩份報告於十一月二日送到他手上。見Leone Levi, ed., *Annals of British Legation*（London: Smith, Elder, & Co., 1862）, vol. 10, p. 313.
35. *The Times,* November 16, 1860（editorial beginning "The Empire of China, as most readers know, has two capitals"）.
36. A. A. Hayes, "An American Soldier in China," *The Atlantic Monthly,* February 1886, 193–199, quotation on p. 194.
37. "The Chinese Rebellion," *The New York Times*, September 1, 1860.
38. Quoted in Lindley, *Ti-Ping Tien-Kwoh,* p. 296.
39.《蘋湖筆記》，收於《太平天國》vol. 5, p. 29.
40. J. S. Gregory, *Great Britain and the Taipings*（London: Frederick A. Praeger, 1969）, pp. 88–89.
41. 趙烈文，《能靜居日記》，咸豐十年七月五日條（August 21, 1860），收於《太平天國》，vol. 7, p. 67.
42. James Bruce, Earl of Elgin, *Letters and Journals of James, Eighth Earl of Elgin,* ed. Theodore Walrond（London: John Murray, 1872）, p. 376.
43. Quoted in Gregory, *Great Britain and the Taipings,* pp. 89–90.
44. Quoted in ibid., pp. 95–96；鮑爾比一八六〇年九月一日的日記，提及額爾金和卜魯斯間有類似的意見交換，當時額爾金在天津，卜魯斯在上海。見James Bowlby, ed. C. C. Bowlby（printed for private circulation, 1906）, *An Account of the Last Mission and Death of Thomas William Bowlby,* p. 91.
45. 趙烈文，《能靜居日記》，咸豐十年七月二十三日條（September 8, 1860），收於《太平天國》，vol. 7, p. 68.
46. Ibid. 我推斷《太平天國》一書抄寫這條日記時有筆誤，誤抄為「清朝皇帝

in China During the Taiping Rebellion," Ph.D. diss., The American University, 1977, pp. 34–35.

10. Merriam, *A History of American Baptist Missions,* p. 59.
11. Pruden, "Issachar Jacox Roberts and American Diplomacy in China," pp. 164–166.
12. Ibid., pp. 193–195.
13. Ibid., p. 215.
14. Notice in the *Vermont Chronicle,* February 6, 1855, p. 22. "Wang" changed to "King" for clarity.
15. W. A. P. Martin, *A Cycle of Cathay*（New York: F. H. Revell Co., 1896）, p. 29.
16. Edkins, "Narrative of a Visit to Nanking," p. 275.
17. Viscount Garnet Wolseley, *Narrative of the War with China in 1860, to Which Is Added the Account of a Short Residence with the Tai-ping Rebels at Nankin . . .*（London: Longman, Green, Longman and Roberts, 1862）, p. 338.
18. Masataka Banno, *China and the West, 1858–1861: The Origins of the Tsungli Yamen*（Cambridge, Mass: Harvard University Press, 1964）, p. 71.
19 Clarke and Gregory, *Western Reports on the Taiping,* pp. 253–254.
20. Jane Edkins, letter to her mother-in-law, Chefoo, December 12, 1860, in Edkins, *Chinese Scenes and People,* p. 192.
21. Ralph Wardlaw Thompson, *Griffith John: The Story of Fifty Years in China*（London: The Religious Tract Society, 1906）, p. 143.
22. Jane Edkins, letter to her brother Simon, Chefoo, December 11, 1860, in Edkins, *Chinese Scenes and People,* p. 189.
23. Thompson, *Griffith John,* pp. 147–148.
24. Clarke and Gregory, *Western Reports on the Taiping,* p. 278.
25. Thompson, *Griffith John,* p. 150.
26. William Robson, *Griffith John: Founder of the Hankow Mission Central China*（London: S. W. Partridge & Co., n.d. [1901?]）, p. 51.
27. 容閎，*My Life in China and America*（New York: Henry Holt & Co., 1909）, p. 96（他把年份弄錯為一八五九）。
28. Ibid., pp. 100–101.

68. 曾國藩家書，咸豐十年九月四日（October 17, 1860），《曾國藩全集》，vol. 7, p. 2416.
69. 曾國藩家書，咸豐十年九月一日（October 14, 1860），《曾國藩全集》，vol. 7, pp. 2414–2415.
70. 曾國藩日記，咸豐十年九月二十四日條（November 6, 1860），《曾國藩全集》，vol. 10, p. 3596.

七、教義的力量

1. Augustus F. Lindley（呤唎），*Ti-Ping Tien-Kwoh; The History of the Ti-ping Revolution*（London: Day & Son, Ltd., 1866）, p. 281.
2. 洪仁玕，第三份南昌供詞，收於《太平天國》，vol. 2, p. 414.
3. 洪仁玕，席寶田營第二份供詞，收於《太平天國》，vol. 2, p. 404.
4. 洪仁玕，江西巡撫衙門供詞，收於《太平天國》，vol. 2, p. 416.
5. 英國及海外聖經公會（British and Foreign Bible Society）保存了一份這面石壁的拓印，在Thomas Jenner的小冊子 "The Nanking Monument of the Beatitudes"（London: William Clowes and Sons, 1911）裡，則複製了這份拓印；對這面石壁的描述，也見於Joseph Edkins, "Narrative of a Visit to Nanking," in Jane R. Edkins, *Chinese Scenes and People: With Notices of Christian Missions and Missionary Life in a Series of Letters from Various Parts of China*（London: James Nisbet and Co., 1863）, pp. 241–307, see p. 264；艾約瑟把「福」誤譯為「幸福」（happiness）。
6. From the account of J. S. Burdon in Prescott Clarke and J. S. Gregory, *Western Reports on the Taiping: A Selection of Documents*（Honolulu: University Press of Hawaii, 1982）, p. 240; description of tablet from Catharina Van Rensselaer Bonney, *A Legacy of Historical Gleanings*（Albany, N.Y.: J. Munsell, 1875）, p. 341.
7. Thomas W. Blakiston, *Five Months on the Yang-tsze*（London: John Murray, 1862）, pp. 49–51; Josiah Cox, "A Missionary Visit to Nanking and the 'Shield King,'" in *The Wesleyan Missionary Notices,* 3rd ser., vol. 10（April 1862）: 61–66, see esp. p. 62.
8. Edmund F. Merriam, *A History of American Baptist Missions*（Philadelphia: American Baptist Publication Society, 1900）, p. 59.
9. George Blackburn Pruden, Jr., "Issachar Jacox Roberts and American Diplomacy

51. 簡又文，*The Taiping Revolutionary Movement,* pp. 328–336.
52. 曾國藩家書，咸豐十年四月二十四日（June 13, 1860），《曾國藩全集》，vol. 7, p. 2389.
53. 曾國藩，江西行轅批示，《曾國藩全集》，vol. 5（批牘），p. 1674.
54. 曾國藩奏稿，咸豐九年六月二十二日（August 8, 1859），《曾國藩全集》，vol. 3, p. 814.
55. 曾國藩奏稿，咸豐九年六月十八日（August 4, 1859），《曾國藩全集》，vol. 3, pp. 809–811.
56. 簡又文，*The Taiping Revolutionary Movement,* p. 341；曾國藩致左宗棠信，《曾國藩全集》，vol. 13（書札），p. 4959.
57. 趙烈文，《能靜居日記》，同治三年四月八日條（May 13, 1864），收於《太平天國》，vol. 7, p. 249；朱東安，《曾國藩傳》，p. 147.
58. 他幾乎立即（在六月）指派江西省的財政主管督辦他軍隊的補給。見龐百騰，"The Income and Military Expenditure of Kiangsi Province in the Last Years（1860–1864）of the Taiping Rebellion," *The Journal of Asian Studies* 26, no. 1（November 1966）: 49–65, p. 57.
59. 曾國藩奏稿，咸豐九年十月十七日（November 11, 1859），《曾國藩全集》，vol. 3, pp. 820–822.
60. 朱東安，《曾國藩傳》，p. 152.
61. 陣形描述見張德堅，《賊情匯纂》（臺北：文海出版社，1968，1855年原版影印本），pp. 366–378.
62. 曾國藩，〈兵〉，《曾國藩全集》，vol. 16（文集），pp. 5992–5993.
63. 曾國藩致李續宜（李希庵）信，《曾國藩全集》，vol. 14（書札），p. 5092.
64. 曾國藩家書，咸豐十年八月四日、咸豐十年八月五日（September 18 and 19, 1860），《曾國藩全集》，vol. 7, pp. 2407–2408.
65. 曾國藩家書，咸豐十年九月十四日（October 27, 1860），《曾國藩全集》，vol. 7, p. 2419；朱東安於《曾國藩傳》頁156–161有相關論點。
66. 曾國藩家書，咸豐十年九月十七日（October 30, 1860），《曾國藩全集》，vol. 7, p. 2420.
67. 曾國藩日記，咸豐十年九月中旬條（一八六〇年十月下旬），《曾國藩全集》，vol. 10, pp. 3594–3595.

30. 綠營薪級表，見Wade, "The Army of the Chinese Empire," *Chinese Repository,* vol. 20（1851）, p. 414: 湘軍月薪四 ·二兩，綠營月薪一 ·五兩。
31. 曾國藩，〈曉諭新募鄉勇〉，《曾國藩全集》，vol. 15（文集），pp. 5953–5955；獎賞列於p. 5955.
32. Ibid., p. 5953.
33. Ibid., p. 5955.
34. 曾國藩，〈營規〉，「招募之規」一節，《曾國藩全集》，vol. 15（文集），p. 5999.
35. Hail, *Tseng Kuo-fan and the Taiping Rebellion,* p. 201, n. 34.
36. 謝正光，"Tseng Kuo-fan, A Nineteenth Century Confucian General," pp. 98–99.
37. 曾國藩，〈討粵匪檄〉，《曾國藩全集》，vol. 15（文集），p. 5768.
38. 見《庚申避難日記》，咸豐十一年二月十九日條（March 29, 1861），收於《太平天國》，vol. 6, p. 214.
39. 簡又文，*The Taiping Revolutionary Movement,* p. 100.
40. 王闓運，《湘軍志》（長沙：嶽麓書社，1983）, p. 159; 也見羅爾綱，《湘軍兵志》，p. 93；曾國藩，〈營規〉，《曾國藩全集》，vol. 16（文集），pp. 5996–5999；羅爾綱認為這一版本的營規一八六〇年誕生於祁門，並指出它自此定型，未再改變（羅爾綱，《湘軍兵志》，p. 92）。
41. 羅爾綱，《湘軍兵志》，pp. 94–95.
42. William Minns Tileston, letter to his mother, February 12, 1863, Massachusetts Historical Society, Boston, Mass.
43. 明確地說，四十艘快蟹，五十艘長龍，一百五十艘武裝舢舨。
44. 朱東安，《曾國藩傳》，p. 102.
45. Ibid., p. 103；簡又文，*The Taiping Revolutionary Movement,* p. 236.
46. 簡又文，*The Taiping Revolutionary Movement,* p. 242，引自薛福成，《庸庵筆記》。
47. 朱東安，《曾國藩傳》，p. 144，論多隆阿的部分；王闓運，《湘軍志》，p. 62.
48. 曾國藩，〈愛民歌〉，《曾國藩全集》，vol. 16（文集），pp. 5966–5967.
49. 曾國藩，江西行轅批示，《曾國藩全集》，vol. 5（批牘），p. 1671.
50. 《曾國藩年譜》，咸豐四年十二月二十五日條（February 11, 1855），《曾國藩全集》，vol. 1, p. 189.

13. William James Hail, *Tseng Kuo-fan and the Taiping Rebellion, with a Short Sketch of His Later Career*（New Haven, Conn.: Yale University Press, 1927）, p. 148，提及咸豐二年十二月十六日至二十二日（January 24–30, 1853）的書信；明確地說，他「恐為益僅十之二，而撫累者十之八」。
14.《曾國藩年譜》，收於《曾國藩全集》，vol. 1, p. 158，咸豐二年十二月十三日日記（January 21, 1853）.
15. Thomas Wade, "The Army of the Chinese Empire," in *Chinese Repository,* vol. 20（January–December 1851）, pp. 250–280, 300–340, and 363–421; see p. 421.
16. Dai Yingcong（戴英聰），"Military Finance of the High Qing Period," in *Military Culture in Imperial China,* ed. Nicola di Cosmo（Cambridge, Mass.: Harvard University Press, 2009）, pp. 296–316.
17. Ralph Powell, *The Rise of Chinese Military Power, 1895–1912*（Princeton, N.J.: Princeton University Press, 1955）, pp. 13–16.
18. 曾國藩奏稿，咸豐元年三月九日（April 10, 1851），《曾國藩全集》，vol. 2, p. 385.
19. 曾國藩致魁蔭庭信，《曾國藩全集》，vol. 13, p. 4747.
20. 曾國藩奏稿，咸豐二年十二月二十二日（January 30, 1853），《曾國藩全集》，vol. 2, pp. 401–402.
21. Ibid.
22. 曾國藩奏稿，咸豐五年四月一日（May 16, 1855），《曾國藩全集》，vol. 2, pp. 561–562.
23. 羅爾綱，《湘軍新志》（臺北：黎明文化事業公司，1988）, pp. 201–210.
24. 曾國藩，江西行轅批示，《曾國藩全集》，vol. 5（批牘）, p. 1678.
25. 曾國藩，〈赦〉，《曾國藩全集》，vol. 16（文集）, pp. 5968–5969.
26. 李志茗，《湘軍——成就書生勳業的「民兵」》（上海：古籍出版社，2007）一書引用此文，p. 52.
27. Maochun Yu（余茂春）, "The Taiping Rebellion: A Military Assessment of Revolution and Counterrevolution," in *A Military History of China,* ed. David Graff and Robin Higham（Boulder: Westview, 2002）, pp. 135–152, see p. 148.
28. 羅爾綱，《湘軍新志》，pp. 201–202.
29. 簡又文，*The Taiping Revolutionary Movement,* p. 227.

Duke University Press, 2003）, p. 90.

89. Sarah A. Southall Tooley, *The Personal Life of Queen Victoria*（London: Hodder and Stoughton, 1897）, p. 256; Hevia, *English Lessons,* pp. 86–88.
90. Account quoted in Rennie, *The British Arms in North China,* pp. 165–166; also Swinhoe, *Narrative of the North China Campaign,* p. 331.
91. Swinhoe, *Narrative of the North China Campaign,* p. 330.
92. Ibid., pp. 330–331.

六、勉強接任的將領

1. 曾國藩日記，咸豐十年九月二日、三日、四日條（October 15–17, 1860），《曾國藩全集》，vol. 10, p. 3591.
2. Andrew C. K. Hsieh（謝正光），"Tseng Kuo-fan, A Nineteenth Century Confucian General," Ph.D. diss., Yale University, 1975, pp. 9–13.
3. A. L. Y. Chung, "The Hanlin Academy in the Early Ch' ing Period," *Journal of the Hong Kong Branch of the Royal Asiatic Society,* vol. 6（1966）: 100–119; p. 101 指出十八世紀時翰林院編制百名翰林。
4. 簡又文在 *The Taiping Revolutionary Movement*（New Haven, Conn.: Yale University Press, 1973）一書中有類似的看法，p. 218.
5. 謝正光，"Tseng Kuo-fan, A Nineteenth Century Confucian General," p. 17.
6. 曾國藩家書，道光二十二年十二月二十日（January 20, 1843），《曾國藩全集》，vol. 6, p. 2012.
7. 謝正光，"Tseng Kuo-fan, A Nineteenth Century Confucian General," p. 22, and many other places.
8. 朱東安，《曾國藩傳》（天津：百花文藝出版社，2000）, p. 51.
9. Joanna Waley-Cohen, "Militarization of Culture in Eighteenth-Century China," in *Military Culture in Imperial China,* ed. Nicola di Cosmo（Cambridge, Mass.: Harvard University Press, 2009）, pp. 278–295.
10. 謝正光，"Tseng Kuo-fan, A Nineteenth Century Confucian General," p. 64; see also p. 209, n. 29, for original reference to Tang Jian' s biography.
11. 朱東安，《曾國藩傳》，p. 55.
12. 謝正光，"Tseng Kuo-fan, A Nineteenth Century Confucian General," p. 78.

密準備活動，見Henry Brougham Loch, *Personal Narrative of Occurrences During Lord Elgin's Second Embassy to China in 1860*（London: John Murray, 1900）, pp. 88–90.

72.〈庚申都城戒嚴事記〉，收於《第二次鴉片戰爭》，vol. 2, p. 34.

73.〈庚申北略〉，咸豐十年八月三日（September 17, 1860），收於《第二次鴉片戰爭》，vol. 2, pp. 29–30.

74. Elgin, *Letters and Journals,* pp. 356–357.

75. Swinhoe, *Narrative of the North China Campaign,* pp. 253–254.

76. Viscount Garnet Wolseley, *Narrative of the War with China in 1860, to Which Is Added the Account of a Short Residence with the Tai-ping Rebels at Nankin . . .*（London: Longman, Green, Longman and Roberts, 1862）, p. 189.

77. 吳可讀，〈罔極編〉，收於《第二次鴉片戰爭》，vol. 2, pp. 66–69; see p. 67.

78. 文祥，日記，《文文忠公事略》（臺北：文海出版社，1882年版影印本），卷二，pp. 32a–33b；趙烈文，《能靜居日記》，咸豐十年九月二十四日條（November 6, 1860），收於《太平天國》，vol. 7, pp. 70–71；吳可讀，〈罔極編〉，收於《第二次鴉片戰爭》，vol. 2, p. 66.

79.〈庚申北略〉，咸豐十年八月八至十九日（September 22–October 3, 1860），收於《第二次鴉片戰爭》，vol. 2, pp. 30–31.

80. Ibid., 咸豐十年八月二十二日（October 6, 1860），收於《第二次鴉片戰爭》，vol. 2, p. 31.

81. Allgood, *China War 1860,* p. 84.

82. Alexander Bruce Tulloch, *Recollections of Forty Years' Service*（London: William Blackwood and Sons, 1903）, pp. 117–118.

83. Ibid., p. 119.

84. Elgin, *Letters and Journals,* pp. 361–362.

85. Loch, *Personal Narrative,* pp. 102–103.

86. "Deposition of Bughel Sing, sowar, 1st troop Fane' s Horse; and also of sowar Khan Sing, of the same regiment," quoted in Loch, *Personal Narrative,* p. 165.

87. Tulloch, *Recollections of Forty Years' Service,* p. 117.

88. Rennie, *The British Arms in North China,* pp. 166–167; James Hevia, *English Lessons: The Pedagogy of Imperialism in Nineteenth-Century China*（Durham, N.C.:

55. Parkes, letter of August 26, 1860, in Lane-Poole, *The Life of Sir Harry Parkes,* vol. 1, p. 364.
56. Mann, *China, 1860,* p. 91.
57. "The Capture of the Taku Forts（from our Special Correspondent）," *The Times,* November 3, 1860; reprinted in Bowlby, *An Account of the Last Mission,* p. 281.
58. "Parkes, Sir Harry Smith," *Oxford Dictionary of National Biography*（Oxford, England: Oxford University Press, 2004–2010）.「巴夏禮身材矮瘦，頭大，金髮往下日益稀薄，連到連鬢鬍子，藍色雙眼炯炯有神。輕快的步伐和機敏的相貌，是他粗魯、易怒脾氣的外在表徵。他是個工作狂，幾乎受不了被動式休閒活動。」
59. 見J. Y. Wong（黃宇和）, "Harry Parkes and the 'Arrow' War in China," *Modern Asian Studies* 9, no. 3（1975）: 303–320.
60. Thomas Bowlby, diary entry for September 1, 1860, in Bowlby, *An Account of the Last Mission,* p. 90.
61. Parkes, letter of August 26, 1860, in Lane-Poole, *The Life of Sir Harry Parkes,* vol. 1, p. 368.
62. Bowlby, *An Account of the Last Mission,* pp. 37, 93.
63. Swinhoe, *Narrative of the North China Campaign,* p. 197; Lane-Poole, *The Life of Sir Harry Parkes,* vol. 1, p. 369.
64. Elgin, journal, September 8, 1860, in *Letters and Journals,* p. 350.
65. Bowlby, *An Account of the Last Mission,* pp. 289, 292.
66. Bowlby, diary, September 3, 1860, in ibid., p. 93.
67. 〈庚申北略〉，咸豐十年七月一至二日（August 17–18, 1860），收於《第二次鴉片戰爭》，vol. 2, pp. 28–29.
68. 翁同龢，《翁文恭公日記》，咸豐十年七月十日與咸豐十年七月二十三日條（August 26 and September 8, 1860），收於《第二次鴉片戰爭》，vol. 2, pp. 88–89.
69. Allgood, *China War 1860,* p. 80.
70. Rennie, *The British Arms in North China,* pp. 161–162; Elgin, *Letters and Journals,* p. 355.
71. 這道密旨在《翁文恭公日記》的咸豐十年七月二十四日條（September 9, 1860）中有提及，見《第二次鴉片戰爭》，vol. 2, p. 89；羅亨利親眼見到祕

Sons, 1859）, pp. 362–363.

37. Bowlby, *An Account of the Last Mission,* p. 62.

38. Ibid., p. 63.

39. 巴夏禮觀月有感，from letter of August 6, 1860, in Stanley Lane-Poole, *The Life of Sir Harry Parkes,* 2 vols.（London: Macmillan and Co., 1894）, vol. 1, p. 354；巴夏禮說有十至十二艘船，但額爾金認為是八艘（*Letters and Journals,* p. 341）.

40. George Allgood, *China War 1860: Letters and Journal*（London: Longmans, Green and Co., 1901）, p. 41.

41. 鮑爾比說只有法軍幹下此事，但巴夏禮八月六日信（見Lane-Poole, *The Life of Sir Harry Parkes,* vol. 1, p. 358）坦承，英法兩軍都參與此事，唯一的歧異之處，在於英國人曾試圖懲罰違反軍紀的自己人，而法國人並無此意。

42.〈庚中北略〉，收於《第二次鴉片戰爭》，六卷，齊思和等合編（上海：上海人民出版社，1978–1979）, vol. 2, pp. 28–33, see p. 28.

43. Bowlby, *An Account of the Last Mission,* pp. 63–64.

44. Parkes, letter of August 6, 1860, in Lane-Poole, *The Life of Sir Harry Parkes,* vol. 1, p. 355.

45. Thomas Bowlby, diary entry for August 9, 1860, in Bowlby, *An Account of the Last Mission,* p. 73.

46. Bowlby, *An Account of the Last Mission,* p. 245.

47. Ibid., p. 285.

48. The Rev. R. J. L. M' Ghee, *How We Got to Pekin: A Narrative of the Campaign in China of 1860*（London: Bentley, 1862）, p. 114.

49. Mann, *China, 1860,* p. 58.

50. Rennie, *The British Arms in North China,* p. 88（「那是阿姆斯特朗炮在戰場上發出的第一炮」）.

51. Mann, *China, 1860,* p. 59, quoting James Hope Grant; Rennie, *The British Arms in North China,* pp. 91–92.

52. Allgood, *China War 1860,* pp. 75–76.

53. Ibid., p. 46.

54. Thomas Bowlby, diary entry for August 23, 1860, in Bowlby, *An Account of the Last Mission,* p. 83.

1860; quoted in Lindley, *Ti-Ping Tien-Kwoh,* p. 297.

21. Earl Cranston, "Shanghai in the Taiping Period," *Pacific Historical Review* 5, vol. 2 (June 1936): 147–160, see p. 158.
22. "The Chinese Rebellion and the Allies," *The New York Times,* October 1, 1860.
23. Ibid.
24. "The Chinese Insurgents, and Our Policy with Respect to Them," *The London Review* 16, no. 31 (April 1861): 222–246, quotation on p. 246.
25. "The Visit of the Rebel Forces to Shanghai: No Attack Made by Them," *The New York Times,* November 17, 1860.
26. "The Chinese Revolution," *Tait's Edinburgh Magazine,* November 1860, p. 581.
27. Descriptions from Michael Mann, *China, 1860* (Salisbury, Wiltshire: M. Russell, 1989), p. 9; Bowlby, *An Account of the Last Mission,* pp. 38, 204; David Field Rennie, *The British Arms in North China and Japan: Peking 1860; Kagosima 1862* (London: John Murray, 1864), pp. 19, 43.
28. George Armand Furse, *Military Transport* (London, 1882), p. 41; rations on p. 72.
29. Rennie, *The British Arms in North China,* p. 98.
30. Mark S. Bell, *China: Being a Military Report on the North-Eastern Portions on the Provinces of Chih-li and Shan-tung; Nanking and Its Approaches; Canton and Its Approaches . . . and a Narrative of the Wars Between Great Britain and China* (Calcutta, India: Office of the Superintendent of Government Printing, 1884), vol. 2, p. 423.
31. James Bruce, Earl of Elgin, *Letters and Journals of James, Eighth Earl of Elgin,* ed. Theodore Walrond (London: John Murray, 1872), pp. 376–377.
32. Robert Swinhoe, *Narrative of the North China Campaign of 1860* (London: Smith, Elder & Co., 1861), pp. 191–193.
33. Bowlby, *An Account of the Last Mission,* p. 165.
34. Swinhoe, *Narrative of the North China Campaign,* p. 195.
35. Rennie, *The British Arms in North China,* p. 112.
36. Laurence Oliphant, *Narrative of the Earl of Elgin's Mission to China and Japan in the Years 1857, '58, '59,* 2 vols. (London and Edinburgh: William Blackwood and

8. Frederick Bruce to Joseph Edkins, Shanghai, July 28, 1860, in *Correspondence Respecting Affairs in China, 1859–1860*（London: Harrison and Sons, 1861）, p. 92.
9. Bruce to Russell, Shanghai, August 1, 1860, in *Correspondence Respecting Affairs in China, 1859–1860,* p. 91.
10. On Meadows, see John King Fairbank, "Meadows on China: A Centennial Review," *The Far Eastern Quarterly* 14, no. 3（May 1955）: 365–371; for another positive assessment of Meadows's sources and insight, see pp. 152–153 of Pierre-Étienne Will, "Views of the Realm in Crisis: Testimonies on Imperial Audiences in the Nineteenth Century," *Late Imperial China* 29, no. 1 suppl.（June 2008）: 125–159.
11. Thomas Taylor Meadows, *The Chinese and Their Rebellions*（Stanford, Calif.: Academic Reprints, 1953, orig. published by Smith, Elder & Co., London, 1856）, p. 464; also quoted in Fairbank, "Meadows on China," p. 370.
12. Meadows, *The Chinese and Their Rebellions,* p. 465.
13. Meadows to Bruce, July 27, 1860, in *Correspondence Respecting Affairs in China, 1859–1860,* p. 93, romanization modified.
14. Bruce to Meadows, July 31, 1860, in ibid., romanization modified.
15. The letter is in Franz Michael, *The Taiping Rebellion: History and Documents,* 3 vols.（Seattle: University of Washington Press, 1966–1971）, vol. 3, p. 1119.
16. Account in *The North-China Herald,* August 25, 1860, quoted in Augustus Lindley（Lin-le）, *Ti-Ping Tien-Kwoh; The History of the Ti-Ping Revolution*（London: Day & Son, 1866）, p. 297; C. A. Montalto de Jesus, *Historic Shanghai*（Shanghai: The Shanghai Mercury, Ltd., 1909）, pp. 107–111.
17. Letter from Jane Edkins to her brother, Shanghai, September 4, 1860, in Edkins, *Chinese Scenes and People: With Notices of Christian Missions and Missionary Life in a Series of Letters from Various Parts of China*（London: James Nisbet and Co., 1863）, pp. 147–151.
18. "The Advance of the Tai-ping Insurgents on Shanghai," *The North-China Herald,* August 25, 1860.
19. Ibid.
20. Account in *The North-China Herald*, reprinted in the *Nonconformist,* November 14,

Praeger, 1969), p. 135.

49. "The Chinese Revolution—Its Principles—British Duty and Policy," *Tait's Edinburgh Magazine,* November 1860, pp. 562–563, "Kwang-si" changed to "Taiping" for clarity.
50. "The Chinese Insurgents, and Our Policy with Respect to Them," *The London Review* 16, no. 31 (April 1861): 222–246, quotation on p. 225.
51. Ibid., p. 226.
52. Ibid., p. 223, romanization modified.

五、北方之約

1. *Hansard's Parliamentary Debates* (London: T. C. Hansard), January 24, 1860, vol. 156, c. 21.
2. Ibid., c. 25.
3. Immanuel C. Y. Hsü (徐中約), *The Rise of Modern China,* 3rd ed. (New York: Oxford University Press, 1983), p. 215; George Armand Furse, *Military Transport* (London, 1882), pp. 40–41 on commissariat; Robert Swinhoe, *Narrative of the North China Campaign of 1860* (London: Smith, Elder & Co., 1861), pp. 44–45 on numbers of cavalry horses; Michael Mann, *China, 1860* (Salisbury, Wiltshire: M. Russell, 1989), pp. 5–6 have a chart of overall numbers.
4. As quoted in R. K. I. Quested, *The Expansion of Russia in East Asia, 1857–1860* (Kuala Lumpur: University of Malaya Press, 1968), p. 261.
5. Nikolai Pavlovich Ignatiev, *The Russo-Chinese Crisis: N. P. Ignatiev's Mission to Peking, 1859–1860,* ed. and tr. John Evans. (Newtonville, Mass.: Oriental Research Partners, 1987), p. 100, romanization modified.
6. Bruce to Russell, Shanghai, December 5, 1859, in *Further Correspondence with Mr. Bruce, Her Majesty's Envoy Extraordinary and Minister Plenipotentiary in China* (London: Harrison and Sons, 1860), p. 1.
7. "The British Expedition to China (from our Special Correspondent)," *The Times,* August 29, 1860, reprinted in Thomas Bowlby, *An Account of the Last Mission and Death of Thomas William Bowlby,* ed. C. C. Bowlby (printed for private circulation, 1906), pp. 154–175, see especially pp. 158, 160.

29. "Visit of Messrs. Edkins, John, MacGowan, and Hall, to the Chinese Insurgents," *The Missionary Magazine and Chronicle,* no. 293（October 1860）, pp. 270–277.
30. Ibid., p. 273, with romanization modified.
31. "The Rebellion in China," *The New York Times,* September 1, 1860.
32. "The Chinese Insurgents, and Our Policy with Respect to Them," *The London Review* 16, no. 31（April 1861）: 222–246, quotation on p. 246.
33. "Visit of Messrs. Edkins, John, MacGowan, and Hall," p. 272. The authorship of this narrative is attributed to Joseph Edkins by Griffith John's biographer Richard Thompson. See Thompson, *Griffith John: The Story of Fifty Years in China,* p. 128.
34. Augustus F. Lindley（Lin-le）, *Ti-Ping Tien-Kwoh; The History of the Ti-ping Revolution*（London: Day & Son, Ltd., 1866）, pp. 71–72.
35. "Visit of Messrs. Edkins, John, MacGowan, and Hall," p. 276.
36. Ibid.
37. Ibid., p. 274.
38. Ibid., p. 275.
39. Ibid., pp. 276, 277.
40. Jane Edkins, letter to her mother-in-law, July 1860, in Jane R. Edkins, *Chinese Scenes and People: With Notices of Christian Missions and Missionary Life in a Series of Letters from Various Parts of China*（London: James Nisbet and Co., 1863）, p. 129.
41. Jane Edkins, letter to her father, August 1860, in *Chinese Scenes and People,* p. 143.
42. Jane Edkins, letter to her mother-in-law, July 31, 1860, in *Chinese Scenes and People,* pp. 134–135.
43. Thompson, *Griffith John,* p. 138.
44. "Visit of Missionaries to Soo-chow; Conferences with Hung-Jin," *The Missionary Magazine and Chronicle,* no. 294（November 1860）, p. 301.
45. "Mission of Hung-Jin to Tae-Ping-Wang, Chief of the Chinese Insurgents at Nanking," *The Missionary Magazine and Chronicle,* no. 293（October 1860）, p. 277.
46. "Sketch of the Early History of Hung-Jin," *The Missionary Magazine and Chronicle,* no. 294（November 1860）, p. 296.
47. "Mission of Hung-Jin to Tae-Ping-Wang," p. 278
48. Cited in J. S. Gregory, *Great Britain and the Taipings*（London: Frederick A.

Embassy to China in 1860 (London: John Murray, 1900), pp. 11–12.

12. Bruce to Russell, June 10, 1860, in *Correspondence Respecting Affairs in China, 1859–1860*, p. 66.
13. Bruce to Russell, May 30, 1860, in ibid., p. 60, romanization modified.
14. Bruce to Russell, June 10, 1860, in ibid., p. 67.
15. William Minns Tileston, letter to his mother, March 3, 1863, Massachusetts Historical Society, Boston, Mass.
16. Hallett Abend, *The God from the West* (Garden City, N.Y.: Doubleday, 1947), p. 73.
17. Ibid., p. 14.
18. Ibid., p. 15.
19. Holger Cahill, *A Yankee Adventurer: The Story of Ward and the Taiping Rebellion* (New York: Macaulay, 1930), p. 40.
20. Edward Forester, "Personal Recollections of the Tai-ping Rebellion," in *Cosmopolitan* 21, no. 6 (October 1896): 628.
21. D. J. MacGowan, "Contributions to the History of the Insurrection in China," a companion to the *Shanghai Almanac* for 1857 (Shanghai, 1857), p. 3.
22. Abend, *God from the West,* p. 74.
23. On stinkpots, see Joseph Needham, *Science and Civilisation in China* (Cambridge, England: Cambridge University Press, 1986), vol. 3, part 7, sect. 30 (continued), pp. 191–192.
24. Forester, "Personal Recollections," pp. 627–629.
25. Demetrius Boulger, *The History of China,* 2 vols. (London: W. Thacker & Co., 1898), vol. 2, p. 364.
26. "Visit of Missionaries to Soo-chow; Conferences with Hung-Jin," *The Missionary Magazine and Chronicle,* no. 294 (November 1860): 299–302, quotation on p. 300. (Hung-Jin is Hong Rengan.)
27. "Mission of Hung-Jin to Tae-Ping-Wang, Chief of the Chinese Insurgents at Nanking," *The Missionary Magazine and Chronicle,* no. 293 (October 1860), p. 277.
28. Joseph Edkins, "City of Su-Chow," *The Missionary Magazine and Chronicle,* no. 292 (September 1860), pp. 253–254.

40. Janet Theiss, "Managing Martyrdom: Female Suicide and Statecraft in Mid-Qing China," in *Passionate Women: Female Suicide in Late Imperial China,* ed. Paul S. Ropp, Paola Zamperini, and Harriet T. Zurndorfer（Boston: E. J. Brill, 2001）: 47–76; see "Epilogue" on p. 74.
41. Crossley, *Orphan Warriors,* p. 129; Jen Yu-wen, *The Taiping Revolutionary Movement,* p. 372.
42. 根據簡又文，*The Taiping Revolutionary Movement,* pp. 371–372.
43. Augustus F. Lindley（Lin-le）, *Ti-Ping Tien-Kwoh; The History of the Ti-ping Revolution*（London: Day & Son, Ltd., 1866）, p. 269.
44. 簡又文，*The Taiping Revolutionary Movement,* p. 380.

四、試探

1. 薛鳳九，《難情雜記》，收於《太平天國》，vol. 5, p. 273.
2. Ibid., p. 274.
3. C. A. Montalto de Jesus, *Historic Shanghai*（Shanghai: The Shanghai Mercury, Ltd., 1909）, p. 41.
4. William Minns Tileston, letter to his mother, October 18, 1860, Massachusetts Historical Society, Boston, Mass.
5. Lindesay Brine, *The Taeping Rebellion in China: A Narrative of Its Rise and Progress*（London: John Murray, 1862）, map after p. 254; "queer flat lonely" from Edward Bowra, diary, at School of Oriental and African Studies（PPMS 69, Bowra, Box 1, Folder 6）, accessed via Adam Matthew Digital, "China: Trade, Politics and Culture, 1793–1980," entry for October 15, 1863.
6. Bowra diary, May 3, 1863, on his arrival in Shanghai.
7. Bowra diary, October 15, 1863, five months after arrival.
8. Ralph Wardlaw Thompson, *Griffith John: The Story of Fifty Years in China*（London: The Religious Tract Society, 1906）, p. 47.
9. William C. Milne, quoted in Montalto de Jesus, *Historic Shanghai,* p. 43.
10. Bruce to Russell, June 10, 1860, in *Correspondence Respecting Affairs in China, 1859–1860*（London: Harrison and Sons, 1861）, p. 66.
11. Loch, Henry Brougham, *Personal Narrative of Occurrences During Lord Elgin's Second*

20. Michael, *The Taiping Rebellion*, vol. 3, p. 735.
21. 美國里奇蒙的報紙*Daily Dispatch*也表達同樣的看法，表示「好戰的韃靼人肯定是比卑劣的中國人還高尚的種族」（"Honorable War Not to Be Deplored," *The Daily Dispatch,* May 18, 1861）.
22. D. J. MacGowan, "Contributions to the History of the Insurrection in China," a companion to the *Shanghai Almanac* for 1857（Shanghai, 1857）, p. 6.
23. W. A. P. Martin, "The Recognition of the Nanking Government," *The North-China Herald,* June 20, 1857.
24. 洪仁玕，《資政新篇》，英譯本，收於Franz Michael, *The Taiping Rebellion: History and Documents*（Seattle: University of Washington Press, 1966–1971）, vol. 3, pp. 751–776, quotation on p. 758.
25. Ibid., pp. 758–759, 765.
26. Ibid., p. 759.
27. Ibid., p. 761.
28. "The Chinese Insurgents, and Our Policy with Respect to Them," *The London Review* 16, no. 31（April 1861）: 222–246, quotation on p. 229.
29. 洪仁玕，《資政新篇》，英譯本，p. 763.
30. Ibid., p. 771.
31. 洪仁玕，席寶田營第二份供詞，收於《太平天國》，vol. 2, pp. 401–405; plan is given on p. 402.
32. Arthur W. Hummel, ed., *Eminent Chinese of the Ch'ing Period*（*1644–1912*）（Taipei: Chengwen, reprint, 1967）, p. 294.
33. Curwen, *Taiping Rebel,* p. 188, n. 66.
34. 簡又文，*The Taiping Revolutionary Movement*（New Haven, Conn.: Yale University Press, 1973）, p. 370.
35. 洪仁玕，席寶田營第二份供詞，收於《太平天國》，vol. 2, p. 403.
36. Ibid.
37. Ibid.
38. Ibid., p. 404.
39. Pamela Crossley, *Orphan Warriors: Three Manchu Generations and the End of the Qing World*（Princeton, N.J.: Princeton University Press, 1990）, pp. 128–130.

於《太平天國》，vol. 2, pp. 412–414; 也見於他在江西巡撫衙門的供詞，〈本部院提訊逆酋供〉，in ibid., vol. 2, pp. 415–416; 對通過梅關的路線的描述，根據同時代一次反方向行程的記述寫成，見William Charles Milne, *Life in China*（London: G. Routledge & Co., 1857）, pp. 356–364.

2. 羅爾綱，《綠營兵志》（重慶：商務印書館，1945）。
3. 沈渭濱，《洪仁玕》（上海：上海人民出版社，1982）, p. 25.
4. Archibald Little, *Gleanings from Fifty Years in China*（London: Sampson Low, Marston & Co., 1910）, p. 113.
5. 洪仁玕，第三份南昌供詞，收於《太平天國》，vol. 2, p. 413.
6. 沈渭濱，《洪仁玕》，p. 26.
7. 夏春濤，《從塾師、基督徒到王爺：洪仁玕》（武漢：湖北教育出版社，1999）, p. 64.
8. 茅家琦，《郭著〈太平天國史事日誌〉校補》（臺北：臺灣商務印書館，2001）, p. 127.
9. 夏春濤，《洪仁玕》，p. 64.
10. 洪仁玕，第三份南昌供詞，收於《太平天國》，vol. 2, p. 413.
11. John Lovelle Withers, "The Heavenly Capital: Nanjing Under the Taiping, 1853–1864," Ph.D. diss., Yale University, 1983, pp. 159 ff.
12. Franz Michael, *The Taiping Rebellion: History and Documents*（Seattle: University of Washington Press, 1966–1971）, vol. 2, pp. 15–16.
13. C. A. Curwen, *Taiping Rebel: The Deposition of Li Hsiu-Ch'eng*（Cambridge, England: Cambridge University Press, 1977）, p. 200.
14. Ibid., p. 148.
15. Ibid., p. 83.
16. Ibid.
17. 洪仁玕，第三份南昌供詞，收於《太平天國》，vol. 2, p. 413.
18. Philip Kuhn, "The Taiping Rebellion," in *The Cambridge History of China*（Cambridge, England: Cambridge University Press, 1978）, vol. 10, part 1, pp. 264–317.
19. William C. Wooldridge, "Transformations of Ritual and State in Nineteenth-Century Nanjing," Ph.D. diss., Princeton University, 2007, pp. 160–179.

York: G. P. Putnam' s Sons, 1898), p. 91.

64. 張功臣，《僧格林沁傳奇》(北京：中國人民大學出版社，2003)，p. 96.
65. 郭嵩燾，《玉池老人自敘》，節錄於《第二次鴉片戰爭》，六卷，齊思和等合編(上海：上海人民出版社，1978–1979)，vol. 2, p. 277;他在此指的是華北的捻匪。
66. Ibid., p. 277.
67. 張功臣，《僧格林沁傳奇》，p. 97.
68. George Battye Fisher, *Personal Narrative of Three Years' Service in China*(London: Richard Bentley, 1863), pp. 190–193.
69. Williams, *Life and Letters,* p. 309.
70. James D. Johnston, *China and Japan: Being a Narrative of the Cruise of the U.S. Steam-Frigate* Powhatan *in the Years 1857, '58, '59, and '60*(Philadelphia: Charles Desilver, 1860), p. 234.
71. Williams, *Life and Letters,* pp. 308–311.
72. Maclay, *Reminiscences of the Old Navy,* p. 83.
73. *The Times,* September 16, 1859(editorial beginning "We fear that we cannot accuse the Mongols"); quoted in Leavenworth, *The Arrow War with China,* p. 138.
74. Williams, *Life and Letters,* p. 310.
75. "Blood Is Thicker than Water," in Wallace Rice and Clinton Scollard, *Ballads of Valor and Victory: Being Stories in Song from the Annals of America*(New York: Fleming H. Revell, 1903), p. 84.
76. 蔣廷黻，"China after the Victory of Taku, June 25, 1859," *American Historical Review* 35, no. 1(October 1929): 79–84, see p. 81.
77. Ibid., pp. 83–84.
78. Samuel Wells Williams, letter to William Frederick Williams, July 5, 1859, from USS *Powhatan* off Peiho. Samuel Wells Williams Family Papers, Sterling Memorial Library, Yale University, New Haven, Conn.
79. Williams, *Life and Letters,* p. 312.

三、干王

1. 洪仁玕所走的路線，見於他的第三份南昌供詞，〈南昌府提訊逆酋供〉，收

47. Elgin to Malmesbury, Shanghai, January 5, 1859, in *Correspondence Relative to the Earl of Elgin's Special Missions,* p. 443.
48. Elgin, *Letters and Journals,* p. 285.
49. Franz Michael, *The Taiping Rebellion: History and Documents* (Seattle: University of Washington Press, 1966–1971), vol. 2, p. 713.
50. Ibid., vol. 2, p. 720.
51. Ibid., vol. 2, pp. 724–725.
52. "Sir Thomas F. Wade, K.C.B.," *The Far East,* new ser., vol. 1 (July–December 1876): 37–41.
53. Thomas Wade, "Report on the Town of Woo-hoo," in *Correspondence Relative to the Earl of Elgin's Special Missions,* p. 448, Romanization modified.
54. Thomas Wade, "Report on the Town of Nganking [Anqing]," in *Correspondence Relative to the Earl of Elgin's Special Missions,* p. 449; quoted in Scarth, *Twelve Years in China,* to make a similar point, p. 270.
55. Thomas Wade, "Translation of a Paper Handed to Captain Barker, R.N., by an Insurgent at Woo-hoo," in *Correspondence Relative to the Earl of Elgin's Special Missions,* p. 450.
56. Lindesay Brine, *The Taeping Rebellion in China: A Narrative of Its Rise and Progress* (London: John Murray, 1862), p. 268.
57. Elgin to Malmesbury, Shanghai, January 5, 1859, in *Correspondence Relative to the Earl of Elgin's Special Missions,* p. 442.
58. Elgin, *Letters and Journals,* pp. 304–305.
59. "Address of the Shanghae Merchants to the Earl of Elgin," Shanghai, January 18, 1859, in *Correspondence Relative to the Earl of Elgin's Special Missions*, pp. 457–458.
60. Ibid., p. 458.
61. "Bruce, Sir Frederick William Adolphus Wright," *Oxford Dictionary of National Biography* (Oxford, England: Oxford University Press, 2004–2010).
62. Frederick Wells Williams, *The Life and Letters of Samuel Wells Williams, LL.D.* (New York: G. P. Putnam' s Sons, 1889), p. 299.
63. Edgar Stanton Maclay, *Reminiscences of the Old Navy: From the Journals and Private Papers of Captain Edward Trenchard, and Rear-Admiral Stephen Decatur Trenchard* (New

24. Osborn, "Notes, Geographical and Commercial," p. 72.
25. Elgin, *Letters and Journals,* p. 250.
26. Oliphant, *Narrative,* vol. 1, pp. 316–317.
27. Moges, *Recollections,* pp. 216–217.
28. Ibid., p. 217; Osborn, "Notes, Geographical and Commercial," p. 73.
29. Osborn, "Notes, Geographical and Commercial," p. 73.
30. Oliphant, *Narrative,* vol. 1, p. 326.
31. Osborn, "Notes, Geographical and Commercial," p. 73.
32. Immanuel C. Y. Hsü, *China's Entrance into the Family of Nations: The Diplomatic Phase, 1858–1880*（Cambridge, Mass.: Harvard University Press, 1968）, pp. 67–68.
33. Elgin, *Letters and Journals,* p. 209.
34. John Morley, *The Life of William Ewart Gladstone*（New York: Macmillan, 1911）, p. 563; for the speech itself, see *Hansard's Parliamentary Debates*（London: T. C. Hansard）, March 3, 1857, vol. 144, cc. 1787–1808.
35. Elgin, *Letters and Journals,* p. 279.
36. "The First News Dispatch Over the Atlantic Cable," *The New York Times,* August 27, 1858；這是第一條成功橫跨大西洋的纜線，但只營運約一個月。
37. "Our Relations with China," *The New York Times,* August 20, 1858.
38. "The Chinese Treaties," *The New York Times,* September 23, 1858.
39. "End of the China War," *The New York Times,* August 27, 1858.
40. 額爾金在日記中寫道：「領事已如願和日本締結一份很理想的條約，而此事能夠如願，顯然受了我們在中國的行動的連帶效應影響。」Elgin, *Letters and Journals,* p. 263.
41. Elgin, *Letters and Journals,* p. 261.
42. Ibid., p. 274.
43. Ibid., p. 272.
44. Elgin to Malmesbury, January 5, 1859, in Foreign Office, Great Britain, *Correspondence Relative to the Earl of Elgin's Special Missions to China and Japan, 1857–1859*（London: Harrison and Sons, 1859）, p. 440.
45. Ibid., p. 443.
46. Oliphant, *Narrative,* vol. 2, p. 299.

. *Subsisting between Great Britain and Foreign Powers* . . . (London: Butterworth, 1859) , vol. 10, pp. 61–62.

4. MacGowan, "Contributions to the History of the Insurrection," p. 3.
5. Teng Ssu-yu (鄧嗣禹) , *The Taiping Rebellion and the Western Powers: A Comprehensive Survey* (Oxford: Clarendon Press, 1971) , p. 191.
6. Ibid., p. 189.
7. Douglas Hurd, *The Arrow War: An Anglo-Chinese Confusion, 1856–1860* (London: Collins, 1967) , p. 98.
8. James Bruce, Earl of Elgin, *Letters and Journals of James, Eighth Earl of Elgin,* ed. Theodore Walrond (London: John Murray, 1872) , p. 199.
9. Ibid.
10. Ibid., p. 185.
11. 磷光的描述見Sherard Osborn, "Notes, Geographical and Commercial, Made During the Passage of HMS *Furious,* in 1858, from Shanghai to the Gulf of Pecheli and Back," *Proceedings of the Royal Geographical Society of London* 3, no. 2 (November 22, 1858) : 55–87;在頁66，阿思本指出，磷光「明亮如在赤道地區所見」。
12. Moges, *Recollections,* p. 208.
13. Ibid., p. 206.
14. Laurence Oliphant, *Narrative of the Earl of Elgin's Mission to China and Japan in the Years 1857, '58, '59,* 2 vols. (London and Edinburgh: William Blackwood and Sons, 1859) , vol. 1, p. 295.
15. Augustus F. Lindley (呤唎) , *Ti-Ping Tien-Kwoh; The History of the Ti-Ping Revolution* (London: Day & Son, 1866) , p. 621.
16. Moges, *Recollections,* pp. 209–210.
17. Oliphant, *Narrative,* vol. 1, p. 299.
18. "China: History of the Allied Expedition," *The New York Times,* August 20, 1858.
19. Ibid.
20. Elgin, *Letters and Journals,* p. 248.
21. Oliphant, *Narrative,* vol. 1, p. 305.
22. Osborn, "Notes, Geographical and Commercial," pp. 71–72.
23. Oliphant, *Narrative,* vol. 1, p. 316.

22. Ralph Wardlaw Thompson, *Griffith John: The Story of Fifty Years in China*（London: The Religious Tract Society, 1906）, p. 125.
23. Ibid.
24. Smith, "Notes on Friends and Relatives," p. 125.
25. "The Taiping Rebellion: Its Rise and Fall," *The Merchant's Magazine and Commercial Review,* January 1865, pp. 38–49, see p. 44.
26. Described in John Scarth, *Twelve Years in China*（Edinburgh: Thomas Constable & Co., 1860）, pp. 106, 239; also George Wingrove Cooke, *China: Being "The Times" Special Correspondence from China in the Years 1857–58*（London: G. Routledge & Co., 1858）, p. 50.
27. Thomas Taylor Meadows, *The Chinese and Their Rebellions*（Stanford, Calif.: Academic Reprints, 1953, orig. published 1856 by Smith, Elder & Co.）, p. 454.
28. Scarth, *Twelve Years in China,* pp. 237–238.
29. 容閎，*My Life in China and America*（New York: Henry Holt & Co., 1909）; 他的教育計畫見p. 41；重學中國話，見p. 52；引文見pp. 53–54。
30. James Legge, "The Colony of Hong Kong," p. 171.
31. 夏春濤，《洪仁玕》（武漢：湖北教育出版社，1999），p. 51.
32. 簡又文，*The Taiping Revolutionary Movement*（New Haven, Conn.: Yale University Press, 1973）, p. 355.
33. Pfister, *Striving for "The Whole Duty of Man,"* p. 43.
34. Adapted from translation in Michael, *The Taiping Rebellion,* vol. 3, p. 836.

二、中立

1. Alfred Moges, *Recollections of Baron Gros's Embassy to China and Japan in 1857–58*（London: Griffin, Bohn, and Company, 1861）, p. 203; p. 206列出十五艘英國炮艇、四艘法國炮艇，還有英國與法國各自的旗艦。航行一千八百英里（約三千公里），見Thomas Bowlby, *An Account of the Last Mission and Death of Thomas William Bowlby,* ed. C. C. Bowlby（printed for private circulation, 1906）, p. 154.
2. D. J. MacGowan, "Contributions to the History of the Insurrection in China," a companion to the *Shanghai Almanac* for 1857（Shanghai, 1857）, p. 3.
3. Lewis Hertslet（comp.）, *A Complete Collection of the Treaties and Conventions . .*

2. The Rev. Theodore Hamberg, *The Visions of Hung-Siu-Tshuen, and Origin of the Kwang-si Insurrection*（Hong Kong: China Mail Office, 1854）, pp. 61–62.
3. "China," *The Times,* June 21, 1853.
4. Jonathan Spence, *God's Chinese Son*（New York: Norton, 1996）, p. 198.
5. 一八五三年五月七日《北華捷報》有關赫耳墨斯號到訪的報導指出：「這場叛亂的起事者，來歷仍不清楚，我們相信未來會費很大心力予以釐清。」
6. Quoted in Dona Torr, ed., *Marx on China: 1853–1860*（London, Lawrence & Wishart, 1968）, p. 1, n. 3.
7. Karl Marx, "Revolution in China and Europe," *New-York Daily Tribune,* June 14, 1853; in Torr, *Marx on China,* p. 1.
8. Ibid., p. 4.
9. "The Revolution in China"（editorial）, *Daily Picayune,* May 22, 1853.
10. "The Rebellion in China," *North China Mail,* reprinted in *The Times,* April 8, 1853.
11. *The Times*, August 30, 1853（editorial beginning "The Chinese revolution is in all respects"）.
12. Carl T. Smith, "Notes on Friends and Relatives of Taiping Leaders," *Journal of the Hong Kong Branch of the Royal Asiatic Society* 16（1976）: 117–134, see p. 121.
13. 〈洪仁玕自述〉，英譯本，in Franz Michael, *The Taiping Rebellion: History and Documents*（Seattle: University of Washington Press, 1966–1971）, vol. 3, pp. 1511–1530, see p. 1511.
14. 除開有另外注明出處，下面這段敘述根據Theodore Hamberg的*The Visions of Hung-Siu-Tshuen*寫成，且引用了pp. 10, 13, 14, 24, and 29的文字。
15. Hamberg, *The Visions of Hung-Siu-Tshuen,* p. 63.
16. 沈渭濱，《洪仁玕》(上海：上海人民出版社，1982)，p. 21.
17. Smith, "Notes on Friends and Relatives," p. 122.
18 〈洪仁玕自述〉，英譯本，pp. 1511–1512.
19 Lauren F. Pfi ster, *Striving for "The Whole Duty of Man": James Legge and the Scottish Protestant Encounter with China*（New York: Peter Lang, 2004）, pp. 32–33.
20 Legge, "The Colony of Hong Kong," p. 172.
21 Helen Edith Legge, *James Legge: Missionary and Scholar*（London: The Religious Tract Society, 1905）, p. 91.

注釋

套書：

《曾國藩全集》，十六卷，北京：中國致公出版社，2001。

羅爾綱、王慶成編，《太平天國》，十冊，桂林：廣西師範大學出版社，2004。

前言：天子

1. 南京城陷落那天，咸豐帝其實不在圓明園，而是在北京執行儀式、接見朝臣。為因應太平天國作亂，他已遷入他所厭惡的紫禁城，拒絕圓明園的逸樂，以示自懲。此舉無濟於事，一八五四年他會搬回圓明園長住，度過此後大部分餘生。他為時短暫的自懲，在Wong Young-tsu（汪榮祖），*A Paradise Lost: The Imperial Garden Yuanming Yuan*（Honolulu: University of Hawaii Press, 2001）, pp. 113–114中有提及，書中引用了《圓明園》（上海：古籍出版社，1991）的內容，vol. 1, pp. 544–545；一八五三年三月十九日使咸豐帝置身北京的儀式，見《清代起居注冊，咸豐朝》（臺北：故宮博物院，1983），咸豐三年（1853），vol. 11的記載。晚近咸豐帝一直在祈求祖先保護一事，進一步說明了他內心的慌亂，而且他發了兩道諭旨，表明這場叛亂的發生，罪在他本人。見茅海建，《苦命天子：咸豐皇帝奕詝》（臺北：聯經，2008），p. 88。本書中的南京陷落情景，根據密迪樂的描述寫成，而密迪樂係在南京陷落一個月後（英船赫耳墨斯號航行期間），在南京經由叛軍之口得知。密迪樂的記述於一八五三年五月七日首度刊載於《北華捷報》；也見Jen Yu-wen（簡又文），*The Taiping Revolutionary Movement*（New Haven, Conn.: Yale University Press, 1973）, pp. 117–118；有些記述提到滿人占人口比例更高；還有一些記述大大表彰滿人守軍的英勇，但沒有爭議的是，滿人遭種族屠殺。

一、傳教士助理

1. James Legge, “The Colony of Hong Kong,” *The China Review* 3（1874）: 165, 173–175.

Wright, Mary Clabaugh. *The Last Stand of Chinese Conservatism: The T'ung-Chih Restoration, 1862–1874*. Stanford, Calif.: Stanford University Press, 1967.

Wu, James T. K. "The Impact of the Taiping Rebellion upon the Manchu Fiscal System." *Pacific Historical Review* 19, no. 3 (1950): 265–275.

Yu, Maochun. "The Taiping Rebellion: A Military Assessment of Revolution and Counterrevolution." In *A Military History of China*, ed. David Graff and Robin Higham. Boulder, Colo.: Westview, 2002.

Yung Wing (容閎). *My Life in China and America.* New York: Henry Holt & Co., 1909.

Zhang Hongxing. "Wu Youru's 'The Victory Over the Taiping': Painting and Censorship in 1886 China." Ph.D. diss., School of Oriental and African Studies, University of London, 1999.

Zheng Xiaowei. "Loyalty, Anxiety, and Opportunism: Local Elite Activism during the Taiping Rebellion in Eastern Zhejiang, 1851–1864." *Late Imperial China* 30, no. 2 (December 2009): 39–83.

University Press, 2009, pp. 278–295.

Wang Yeh-chien（王業鍵）. "The Impact of the Taiping Rebellion on Population in Southern Kiangsu." *Harvard Papers on China* 19（1965）.

Ward, Frederick Townsend. Frederick Townsend Ward Papers, Manuscripts and Archives, Sterling Memorial Library, Yale University, New Haven, Conn.

Will, Pierre-Étienne. "Views of the Realm in Crisis: Testimonies on Imperial Audiences in the Nineteenth Century." *Late Imperial China* 29, no. 1 suppl.（June 2008）: 125–159.

Williams, Frederick Wells. *Anson Burlingame and the First Chinese Mission to Foreign Powers.* New York: Charles Scribner' s Sons, 1912.

———. *The Life and Letters of Samuel Wells Williams, LL.D.: Missionary, Diplomatist, Sinologue.* New York and London: G. P. Putnam' s Sons, 1889.

Williams, Samuel Wells. *The Middle Kingdom.* New York: Charles Scribner' s Sons, 1883.

———. Samuel Wells Williams Family Papers, Manuscripts and Archives, Sterling Memorial Library, Yale University, New Haven, Conn.

Wilson, Andrew. *The "Ever-Victorious Army": A History of the Chinese Campaign under Lt.-Col. C. G. Gordon* . . . Edinburgh: William Blackwood and Sons, 1868.

Withers, John Lovelle. "The Heavenly Capital: Nanjing Under the Taiping, 1853–1864." Ph.D. diss., Yale University, 1983.

Wolseley, Garnet Wolseley, Viscount. *Narrative of the War with China in 1860, to Which Is Added the Account of a Short Residence with the Tai-ping Rebels at Nankin* . . . London: Longman, Green, Longman and Roberts, 1862.

Wong, J. W. *Deadly Dreams: Opium, Imperialism, and the Arrow War（1856–1860）in China.* Cambridge, England: Cambridge University Press, 1998.

Wong, J. Y. "Harry Parkes and the 'Arrow' War in China." *Modern Asian Studies* 9, no. 3（1975）: 303–320.

Wong Young-tsu. *A Paradise Lost: The Imperial Garden Yuanming Yuan.* Honolulu: University of Hawaii Press, 2001.

Wooldridge, William C. "Transformations of Ritual and State in Nineteenth-Century Nanjing." Ph.D. diss., Princeton University, 2007.

Teng, Yuan Chung. "The Failure of Hung Jen-k' an' s Foreign Policy." *The Journal of Asian Studies* 28, no. 1 (November 1968): 125–138.

———. "Note on a Lost Taiping Book." *The Journal of Asian Studies* 23, no. 3 (May 1964): 447–448.

———. "Reverend Issachar Jacox Roberts and the Taiping Rebellion." *The Journal of Asian Studies* 23, no. 1 (November 1963): 55–67.

Theiss, Janet. "Managing Martyrdom: Female Suicide and Statecraft in Mid-Qing China." In *Passionate Women: Female Suicide in Late Imperial China,* ed. Paul S. Ropp, Paola Zamperini, and Harriet T. Zurndorfer. Boston: E. J. Brill, 2001, pp. 47–76.

Thompson, Ralph Wardlaw. *Griffith John: The Story of Fifty Years in China.* London: The Religious Tract Society, 1906.

Tileston, William Minns. William Minns Tileston Letters, Massachusetts Historical Society, Boston, Massachusetts.

Torr, Dona, ed. *Marx on China: Articles from the* New York Daily Tribune, *1853–1860.* London: Lawrence & Wishart, 1968.

Tsiang, T. F. "China after the Victory of Taku, June 25, 1859." *American Historical Review* 35, no. 1 (October 1929): 79–84.

Tulloch, Alexander Bruce. *Recollections of Forty Years' Service.* London: William Blackwood and Sons, 1903.

Uhalley, Stephen, Jr. "The Foreign Relations of the Taiping Revolution." Ph.D. diss., UC Berkeley, 1967.

———. "The Taipings at Ningpo: The Signifi cance of a Forgotten Event." *Journal of the Hong Kong Branch of the Royal Asiatic Society* 11 (1971): 17–32.

Wade, Thomas F. "The Army of the Chinese Empire . . ." *The Chinese Repository* 20, no. 5 (May 1851): 250–280; continued in 20, no. 6 (June 1851): 300–339; continued in 20, no. 7 (July 1851): 363–471.

Wagner, Rudolf G. *Reenacting the Heavenly Vision: The Role of Religion in the Taiping Rebellion.* Berkeley: Institute of East Asian Studies, University of California, 1982.

Waley-Cohen, Joanna. "Militarization of Culture in Eighteenth-Century China." In *Military Culture in Imperial China,* ed. Nicola di Cosmo. Cambridge, Mass.: Harvard

———. *Twelve Years in China: The People, the Rebels, and the Mandarins.* Wilmington, Del.: Scholarly Resources, Inc., 1972, orig. published 1860 by Thomas Constable & Co., Edinburgh.

Shih, Vincent Y. C. *The Taiping Ideology: Its Sources, Interpretations, and Influences.* Seattle: University of Washington Press, 1967.

"Sir Thomas F. Wade, K.C.B." *The Far East,* new ser., vol. 1（July–December 1876）: 37–41.

Smith, Carl T. "Notes on Friends and Relatives of Taiping Leaders." *Journal of the Hong Kong Branch of the Royal Asiatic Society* 16（1976）: 117–134.

Smith, Richard J. *Mercenaries and Mandarins: The Ever-Victorious Army in Nineteenth-Century China.* Millwood, N.Y.: KTO Press, 1978.

So Kwan-wai, Eugene P. Boardman, and Ch' iu P' ing. "Hung Jen-kan, Taiping Prime Minister, 1859–1864." *Harvard Journal of Asiatic Studies* 20, no. 1–2（June 1957）: 262–294.

Spector, Stanley. *Li Hung-chang and the Huai Army: A Study in Nineteenth-Century Chinese Regionalism.* Seattle: University of Washington Press, 1964.

Spence, Jonathan. *God's Chinese Son.* New York: W. W. Norton, 1996.

———. *The Search for Modern China.* New York: W. W. Norton, 1999.

Suppression of the Taiping Rebellion in the Departments Around Shanghai. Shanghai: Kelly & Co., 1871.

Swinhoe, Robert. *Narrative of the North China Campaign of 1860.* London: Smith, Elder & Co., 1861.

Sykes, W. H.（William Henry）. *The Taeping Rebellion in China: Its Origin, Progress, and Present Condition.* London: Warren Hall & Co., 1863.

Taylor, Charles. *Five Years in China: With Some Account of the Great Rebellion . . .* New York: Derby & Jackson, 1860.

Teng, S. Y. "Hung Jen-kan, Prime Minister of the Taiping Kingdom and his Modernization Plans." *United College Journal*（Hong Kong)8（1970–1971）: 87–95.

Teng, Ssu- yu. *The Taiping Rebellion and the Western Powers: A Comprehensive Survey.* Oxford, England: Clarendon Press, 1971.

Powell, Ralph. *The Rise of Chinese Military Power: 1895–1912*. Princeton, N.J.: Princeton University Press, 1955.

Pruden, George Blackburn, Jr. "Issachar Jacox Roberts and American Diplomacy in China During the Taiping Rebellion." Ph.D. diss., The American University, 1977.

Quested, R. K. I. *The Expansion of Russia in East Asia, 1857–1860*. Kuala Lumpur: University of Malaya Press, 1968.

————. "Further Light on the Expansion of Russia in East Asia: 1792–1860." *The Journal of Asian Studies* 29, no. 2 (February 1970): 327–345.

————. *Sino-Russian Relations: A Short History*. Boston: George Allen & Unwin, 1984.

Rantoul, Robert S. "Frederick Townsend Ward." *Historical Collections of the Essex Institute* 44, no. 1 (January 1908): 1–64.

Rapp, John A. "Clashing Dilemmas: Hong Rengan, Issachar Roberts, and a Taiping 'Murder' Mystery." *Journal of Historical Biography* 4 (Autumn 2008): 27–58.

Rawski, Evelyn S. *The Last Emperors: A Social History of Qing Imperial Institutions*. Berkeley: University of California Press, 1998.

Reilly, Thomas H. *The Taiping Heavenly Kingdom: Rebellion and the Blasphemy of Empire*. Seattle: University of Washington Press, 2004.

Rennie, David Field. *The British Arms in North China and Japan: Peking 1860; Kagosima 1862*. London: John Murray, 1864.

————. *Peking and the Pekingese: During the First Year of the British Embassy at Peking*. 2 vols. London: John Murray, 1865.

Roberts, I. J. "Tae Ping Wang: The Chinese Revolutionist." *Putnam's Monthly Magazine* 8, no. 46 (October 1856): 380–383.

Robson, William. *Griffith John: Founder of the Hankow Mission Central China*. London: S. W. Partridge & Co., n.d. (1901?).

Rudolph, Jennifer. *Negotiated Power in Late Imperial China: The Zongli Yamen and the Politics of Reform*. Ithaca, N.Y.: Cornell University East Asia Program, 2008.

Scarth, John. *British Policy in China: Is Our War with the Tartars or the Chinese?* London: Smith, Elder and Co., 1860.

vols. Seattle: University of Washington Press, 1966–1971.

Michie, Alexander. *The Englishman in China During the Victorian Era.* Edinburgh: William Blackwood and Sons, 1900.

Moges, Alfred, Marquis de. *Recollections of Baron Gros's Embassy to China and Japan in 1857–58* (authorized translation of *Souvenirs d'une ambassade*). London and Glasgow: R. Griffin, Bohn, and Co., 1861.

Montalto de Jesus, C. A. *Historic Shanghai.* Shanghai: The Shanghai Mercury, Ltd., 1909.

Morse, Hosea Ballou. *The International Relations of the Chinese Empire.* Vol. 2: *The Period of Submission, 1861–1893.* London: Longmans, Green, and Co., 1918.

Moule, The Ven. Archdeacon. *Personal Recollections of the T'ai-p'ing Rebellion, 1861–1863.* Shanghai: Shanghai Mercury Office, 1898.

Ng, Kam-yuen. "The Interaction between Hong Kong and Mainland China: The Tai Ping Tian Guo Movement as a Case Study." Ph.D. diss., Chinese University of Hong Kong, 2003.

Oliphant, Laurence. *Narrative of the Earl of Elgin's Mission to China and Japan in the Years 1857, '58, '59.* 2 vols. London and Edinburgh: William Blackwood and Sons, 1859.

Osborn, Sherard. "Notes, Geographical and Commercial, Made During the Passage of HMS *Furious,* in 1858, from Shanghai to the Gulf of Pecheli and Back." *Proceedings of the Royal Geographical Society of London* 3, no. 2 (November 22, 1858): 55–87.

———. "Progress in China, Part II: The Taepings and Their Remedy." *Blackwood's Edinburgh Magazine* 93, no. 568 (February 1863): 133–148.

Pfister, Lauren F. *Striving for "The Whole Duty of Man": James Legge and the Scottish Protestant Encounter with China.* New York: Peter Lang, 2004.

Pong, David. "The Income and Military Expenditure of Kiangsi Province in the Last Years (1860–1864) of the Taiping Rebellion." *The Journal of Asian Studies* 26, no. 1 (November 1966): 49–65.

Porter, Jonathan. *Tseng Kuo-fan's Private Bureaucracy.* Berkeley: Center for Chinese Studies, University of California, 1972.

Little, Archibald. *Gleanings from Fifty Years in China.* London: Sampson Low, Marston & Co., 1910.

Loch, Henry Brougham. *Personal Narrative of Occurrences During Lord Elgin's Second Embassy to China in 1860.* London: John Murray, 1900.

Lyster, Thomas. *With Gordon in China: Letters from Thomas Lyster, Lieutenant Royal Engineers.* London: T. Fisher Unwin, 1891.

MacGowan, D. J. "Contributions to the History of the Insurrection in China," a companion to the *Shanghai Almanac* for 1857. Shanghai, 1857.

———. "Memoir of Generals Ward and Burgevine, and of the Ever Conquering Legion." *The Far East,* new ser., vol. 2 (January–June 1877): 102–108, 119–124; vol. 4 (July–December 1877): 22–26, 44–50, 58–66, 75–83, 103–110.

Maclay, Edgar Stanton. *A History of the United States Navy from 1775 to 1894.* 2 vols. New York: D. Appleton and Co., 1895.

———. *Reminiscences of the Old Navy: From the Journals and Private Papers of Captain Edward Trenchard, and Rear-Admiral Stephen Decatur Trenchard.* New York: G. P. Putnam' s Sons, 1898.

Mann, Michael. *China, 1860.* Salisbury, Wiltshire: M. Russell, 1989.

Martin, W. A. P. *A Cycle of Cathay.* New York: F. H. Revell Co., 1896.

Meadows, Thomas Taylor. *The Chinese and Their Rebellions.* Stanford, Calif.: Academic Reprints, 1953, orig. published 1856 by Smith, Elder & Co., London.

———. "Description of an Execution Ground at Canton." *Journal of the Royal Asiatic Society* 16 (1856): 54–58.

Medhurst, W. H. *China: Its State and Prospects, with Especial Reference to the Spread of the Gospel.* London: John Snow, 1838.

Merli, Frank J. *The* Alabama, *British Neutrality, and the American Civil War.* Bloomington: Indiana University Press, 2004.

Merriam, Edmund F. *A History of American Baptist Missions.* Philadelphia: American Baptist Publication Society, 1900.

M' Ghee, The Rev. R. J. L. *How We Got to Pekin: A Narrative of the Campaign in China of 1860.* London: Bentley, 1862.

Michael, Franz with Chung-li Chang. *The Taiping Rebellion: History and Documents.* 3

Chengwen, reprint, 1967.

Hurd, Douglas. *The Arrow War: An Anglo-Chinese Confusion, 1856–1860*. London: Collins, 1967.

Ignat' ev, Nikolai Pavlovich. *The Russo-Chinese Crisis: N.P. Ignatiev's Mission to Peking, 1859–1860*. Ed. John Evans. Newtonville, Mass.: Oriental Research Partners, 1987.

Jansen, Marius. *China in the Tokugawa World*. Cambridge, Mass: Harvard University Press, 1992.

Jen Yu-wen（簡又文）. *The Taiping Revolutionary Movement*. New Haven, Conn.: Yale University Press, 1973.

Johnston, James D. *China and Japan: Being a Narrative of the Cruise of the U.S. Steam-Frigate* Powhatan *in the Years 1857, '58, '59, and '60*. Philadelphia: Charles Desilver, 1860.

Kuhn, Philip. *Rebellion and Its Enemies in Late Imperial China: Militarization and Social Structure, 1796–1864*. Cambridge, Mass.: Harvard University Press, 1970.

Lane-Poole, Stanley. *The Life of Sir Harry Parkes*. 2 vols. London: Macmillan and Co., 1894.

Lay, Horatio Nelson. *Our Interests in China: A Letter to the Right Hon. Earl Russell*. London: Robert Hardwicke, 1864.

Leavenworth, Charles S. *The Arrow War with China*. London: Sampson Low, Marston and Co., 1901.

Legge, Helen Edith. *James Legge: Missionary and Scholar*. London: The Religious Tract Society, 1905.

Legge, James. "The Colony of Hong Kong." *The China Review* 3（1874）: 165, 173–175.

Li Xiucheng（李秀成）. *The Autobiography of the Chung-Wang*（忠王李秀成自述）. Trans. W. T. Lay. Shanghai: Presbyterian Mission Press, 1865.

Lindley, Augustus F. *The Log of the Fortuna: A Cruise on Chinese Waters*. London: Cassell, Petter & Galpin, 1870.

———（Lin-le）. *Ti-Ping Tien-Kwoh; The History of the Ti-ping Revolution*. London: Day & Son, Ltd., 1866.

Graff, David, and Robin Higham, eds. *A Military History of China.* Boulder, Colo.: Westview, 2002.

Gregory, J. S. "British Intervention Against the Taiping Rebellion." *The Journal of Asian Studies* 19, no. 1 (November 1959): 11–24.

———. *Great Britain and the Taipings.* London: Frederick A. Praeger, 1969.

———. "Stephen Uhalley, Jr. and Westerners in China: A Further Comment." *The Journal of Asian Studies* 35, no. 2 (February 1976): 364–365.

Hail, William James. *Tseng Kuo-fan and the Taiping Rebellion, with a Short Sketch of His Later Career.* New Haven, Conn.: Yale University Press, 1927.

Hake, A. Egmont. *Events in the Taeping Rebellion, Being Reprints of Mss. Copied by General Gordon, C.B. in His Own Handwriting* . . . London: W. H. Allen and Co., 1891.

Hamberg, The Rev. Theodore. *The Visions of Hung-Siu-Tshuen and Origin of the Kwang-si Insurrection.* Hong Kong: China Mail Office, 1854.

Hansard's Parliamentary Debates (Third Series). London: T. C. Hansard, 1853–1864.

Harris, David. *Of Battle and Beauty: Felice Beato's Photographs of China.* Santa Barbara, Calif.: Santa Barbara Museum of Art, 1999.

Hayes, A. A. "An American Soldier in China." *The Atlantic Monthly* (February 1886): 193–199.

Henderson, James. *Memorials of James Henderson, MD, . . . Medical Missionary to China.* London: James Nisbet and Co., 1867.

Hevia, James. *English Lessons: The Pedagogy of Imperialism in Nineteenth-Century China.* Durham, N.C.: Duke University Press, 2003.

Horowitz, Richard Steven. "Central Power and State Making: The Zongli Yamen and Self- Strengthening in China, 1860–1880." Ph.D. diss., Harvard University, 1998.

Hsieh, Andrew C. K. "Tseng Kuo-fan, A Nineteenth Century Confucian General." Ph.D. diss., Yale University, 1975.

Hsü, Immanuel C. Y. *China's Entrance into the Family of Nations: The Diplomatic Phase, 1858–1880.* Cambridge, Mass.: Harvard University Press, 1968.

———. *The Rise of Modern China,* 3rd ed. New York: Oxford University Press, 1983.

Hummel, Arthur W., ed. *Eminent Chinese of the Ch'ing Period (1644–1912)*. Taipei:

and People. London: James Nisbet and Co., 1863, pp. 241–307.

Elgin, James Bruce, Earl of. *Letters and Journals of James, Eighth Earl of Elgin.* Ed. Theodore Walrond. London: John Murray, 1872.

Elliott, Mark C. *The Manchu Way: The Eight Banners and Ethnic Identity in Late Imperial China.* Stanford, Calif.: Stanford University Press, 2001.

Extracts from "The Taepings as They Are, by One of Them." London: Harrison and Sons, 1864.

Fairbank, John King. "Meadows on China: A Centennial Review." *The Far Eastern Quarterly* 14, no. 3（May 1955）: 365–371.

Fisher, George Battye. *Personal Narrative of Three Years' Service in China.* London: Richard Bentley, 1863.

Forbes, Archibald. *Chinese Gordon: A Succinct Record of His Life.* New York: Funk and Wagnalls, 1885.

Foreign Office, Great Britain. *Correspondence Relative to the Earl of Elgin's Special Missions to China and Japan, 1857–1859.* London: Harrison and Sons, 1859.

Forester, Edward. "Personal Recollections of the Tai-ping Rebellion." *Cosmopolitan* 21, no. 6（October 1896）: 625–629; continued in 22, no. 1（November 1896）: 34–38; continued in 22, no. 2（December 1896）: 209–216.

Furse, George Armand. *Military Transport.* London, 1882.

Gerson, Jack J. *Horatio Nelson Lay and Sino-British Relations, 1854–1864.* Cambridge, Mass.: Harvard East Asian Monographs, 1972.

Giquel, Prosper. *A Journal of the Chinese Civil War, 1864.* Ed. Steven A. Leibo. Honolulu: University of Hawaii Press, 1985.

Gordon, Charles George. *General Gordon's Private Diary of His Exploits in China; Amplified by Samuel Mossman.* London: S. Low, Marston, Searle, and Rivington, 1885.

Gordon, Henry William. *Events in the Life of Charles George Gordon, from Its Beginning to Its End.* London: Kegan Paul, Trench, & Co., 1886.

Grady, Lolan Wang. "The Career of I- Hsin, Prince Kung, 1858–1880: A Case Study of the Limits of Reform in the Late Ch' ing." Ph.D. diss., University of Toronto, 1980.

Documents. Honolulu: University Press of Hawaii, 1982.

Clowes, Sir William Laird. *The Royal Navy: A History from the Earliest Times to the Death of Queen Victoria.* 7 vols. London: Sampson Low, Marston and Company, 1903.

Cooke, George Wingrove. *China: Being "The Times" Special Correspondence from China in the Years 1857–58.* Wilmington, Del.: Scholarly Resources, Inc., 1972, orig. published London by G. Routledge & Co., 1858.

Cox, Josiah. "A Missionary Visit to Nanking and the 'Shield King.'" *The Wesleyan Missionary Notices,* 3rd ser., vol. 10（April 1862）: 61–66.

Cranston, Earl. "Shanghai in the Taiping Period." *Pacific Historical Review* 5, no. 2（June 1936）: 147–160.

Crossley, Pamela. *The Manchus.* Cambridge, Mass.: Blackwell, 1997.

———. *Orphan Warriors: Three Manchu Generations and the End of the Qing World.* Princeton, N.J.: Princeton University Press, 1990.

Curwen, C. A. *Taiping Rebel: The Deposition of Li Hsiu-Ch'eng.* Cambridge, England: Cambridge University Press, 1977.

Dai Yingcong. "Military Finance of the High Qing Period." In *Military Culture in Imperial China,* ed. Nicola di Cosmo. Cambridge, Mass.: Harvard University Press, 2009.

Davis, John Francis. "A View of the Great Valley of the Yang-tse-keang Before and Since Its Occupation by the Rebels." *Proceedings of the Royal Geographic Society* 3（1859）: 164–171.

Deng Yuanzhong. *Americans and the Taiping Rebellion: A Study of American-Chinese Relationship, 1847–1864.* Taipei: China Academy in Hwa Kang, 1982.

Detrick, Robert Harry. "Henry Andrea Burgevine in China: A Biography." Ph.D. diss., Indiana University, 1968.

Di Cosmo, Nicola. Ed. *Military Culture in Imperial China.* Cambridge, Mass: Harvard University Press, 2009.

Edkins, Jane R. *Chinese Scenes and People: With Notices of Christian Missions and Missionary Life in a Series of Letters from Various Parts of China.* London: James Nisbet and Co., 1863.

Edkins, Joseph. "Narrative of a Visit to Nanking." In Jane R. Edkins, *Chinese Scenes*

Cambridge, Mass.: Harvard University Press, 1964.

Bernhardt, Kathryn. "Elite and Peasant During the Taiping Occupation of the Jiangnan, 1860–1864." *Modern China* 13, no. 4 (October 1987): 379–410.

Bickers, Robert. *The Scramble for China: Foreign Devils in the Qing Empire, 1832–1914*. London: Allen Lane, 2011.

Blakiston, Thomas W. *Five Months on the Yang-tsze*. London: John Murray, 1862.

Bonney, Catharina Van Rensselaer. *A Legacy of Historical Gleanings*. Albany, N.Y.: J. Munsell, 1875.

Boulger, Demetrius C. *The Life of Gordon*. 2 vols. London: T. Fisher Unwin, 1896.

Bowlby, Thomas. *An Account of the Last Mission and Death of Thomas William Bowlby*. Ed. C. C. Bowlby. Printed for private circulation, 1906.

Brine, Lindesay. *The Taeping Rebellion in China: A Narrative of Its Rise and Progress*. London: John Murray, 1862.

Burlingame, Anson. Anson Burlingame Papers, Manuscripts Division, Library of Congress, Washington, D.C.

Cahill, Holger. *A Yankee Adventurer: The Story of Ward and the Taiping Rebellion*. New York: Macaulay, 1930.

Callery, Joseph- Marie. *History of the Insurrection in China: With Notices of the Christianity, Creed, and Proclamations of the Insurgents*. New York: Paragon Book Reprint Co., 1969, orig. published London, 1853.

Carr, Caleb. *The Devil Soldier: The American Soldier of Fortune Who Became a God in China*. New York: Random House, 1992.

Cheang, Sarah. "Women, Pets, and Imperialism: The British Pekingese Dog and Nostalgia for Old China." *Journal of British Studies* 45 (April 2006): 359–387.

Chen, Gideon. *Tseng Kuo- fan: Pioneer Promoter of the Steamship in China*. Beijing: Yenching University Economics Department, 1935.

Ch' ên, Jerome. "The Hsien-fêng Inflation." *Bulletin of the School of Oriental and African Studies, University of London* 21, no. 1–3 (1958): 578–586.

Chung, A. L. Y. "The Hanlin Academy in the Early Ch' ing Period." *Journal of the Hong Kong Branch of the Royal Asiatic Society* 6 (1966): 100–119.

Clarke, Prescott, and J. S. Gregory. *Western Reports on the Taiping: A Selection of*

普穎華，《曾國藩兵法》，臺北：昭文社，1996。

《湘鄉縣志》，1874。

曾國藩，《曾國藩家訓》，成曉軍、唐兆梅編，瀋陽：遼寧古籍出版社，1997。

———《曾國藩全集》，十六卷，北京：中國致公出版社，2001。

———《曾國藩未刊往來函稿》，長沙：岳麓書社，1986。

董恂，《還讀我書室老人手訂年譜》，臺北：文海出版社，1968；1892原版影印本。

楊亦青，《湖南地方志中的太平天國史料》，長沙：岳麓書社，1983。

齊思和等編，第二次鴉片戰爭，六卷，上海：上海人民出版社，1978-1979。

趙烈文，《能靜居日記》，收於《太平天國》，羅爾綱、王慶成編，十冊，桂林：廣西師範大學出版社，2004；第七冊，pp. 42-366。

劉鐵銘，湘軍與湘鄉，長沙：岳麓書社，2006。

龍盛運，《湘軍史稿》，成都：四川人民出版社，1990。

蕭一山，《清代通史》，臺北：商務印書館，1962-1963。

羅爾綱，《李秀成自述原稿注》，北京：中華書局，1982。

———《綠營兵志》，重慶：商務印書館，1945。

———《湘軍兵志》，北京：中華書局，1984。

———《湘軍新志》，臺北：黎明文化事業公司，1988。

——— 編，《太平天國文物圖釋》，南京：江蘇人民出版社，1992。

——— 編，《太平天國文選》，香港：南國出版社，1969。

——— 與王慶成編，《太平天國》，十冊，桂林：廣西師範大學出版社，2004。

薛鳳九，《難情雜記》，收於《太平天國》，羅爾綱、王慶成編，十冊，桂林：廣西師範大學出版社，2004；第五冊，pp. 271-288。

酈純，《洪仁玕》，上海：上海人民出版社，1957。

Abend, Hallett. *The God from the West.* Garden City, N.Y.: Doubleday, 1947.

Adams, Ephraim Douglass. *Great Britain and the American Civil War.* New York: Russell & Russell, 1958.

Allgood, George. *China War 1860: Letters and Journal.* London: Longmans, Green and Co., 1901.

Banno, Masataka. *China and the West, 1858–1861: The Origins of the Tsungli Yamen.*

師範大學出版社，2004；第六冊，pp. 198-290。
洪仁玕，《洪仁玕選集》，揚州師範學院中文系編，北京：中華書局，1978。
———《洪仁玕自述》，收於《太平天國文獻彙編》，楊家駱編，臺北：鼎文書局，1973，pp. 846-855。
———《太平天日》，收於《續修四庫全書・史部・雜史類》，上海：商務印書館重印本，1948，pp. 359-377。
俞炳坤等編，《清政府鎮壓太平天國檔案史料》，二十六冊，北京：光明日報出版社，1990-。
陳昌，《霆軍紀略》，上海：上海申報館，1882。
陳啟天，《曾國藩平亂要旨》，臺北：臺灣商務印書館，1967。
唐浩明，《唐浩明評點曾國藩家書》，三冊，長沙：岳麓書社，2002。
翁同龢，《翁文恭公日記》，部分收於《第二次鴉片戰爭》，齊思和等編，六卷，上海：上海人民出版社，1978-1979，第二卷。
夏春濤，《從塾師、基督徒到王爺：洪仁玕》，武漢：湖北教育出版社，1999。
徐川一，《太平天國安徽省史稿》，合肥：安徽人民出版社，1991。
徐立亭，《咸豐同治帝》，長春：吉林文史出版社，1993。
崔之清、胡臣友，《洪秀全評傳（附洪仁玕評傳）》，南京：南京大學出版社，1994。
郭廷以，《太平天國史事日誌》，臺北：臺灣商務印書館，1976。
郭毅生，《太平天國歷史地圖集》，北京：中國地圖出版社，1989。
茅海建，《苦命天子：咸豐皇帝奕詝》，臺北：聯經，2008。
茅家琦，《郭著〈太平天國史事日誌〉校補》，臺北：臺灣商務印書館，2001。
———《太平天國與列強》，南寧：廣西人民出版社，1992。
梅英傑，《湘軍人物年譜》，長沙：岳麓書社，1987。
《清代起居注冊・咸豐朝》，臺北：國立故宮博物院，1983。
張德堅，賊情匯纂，臺北：文海出版社，1968；1855年原版影印本。
張功臣，《僧格林沁傳奇》，北京：中國人民大學出版社，2003。
張曉秋，《粵匪紀略》，收於《太平天國》，羅爾綱、王慶成編，十冊，桂林：廣西師範大學出版社，2004；第四冊，pp. 46-60。
張雲，《曾國藩與湘軍》，瀋陽：遼寧人民出版社，2008。
勞柏林，《三河之役》，長沙：岳麓書社，1988。

書目

于醒民，《上海，一八六二年》，上海：人民出版社，1991。

《上海新報中的太平天國史料》，上海：上海圖書館，1964。

方宗誠，《柏堂師友言行記》，臺北：文海出版社重印本，1968。

中央研究院近代史研究所編，《近代中國對西方及列強認識資料彙編》，南港：中央研究院近代史研究所，1972。

王定安，《湘軍記》，長沙：岳麓書社，1983。

王盾，《湘軍史》，長沙：湖南大學出版社，2007。

王爾敏，《淮軍志》，北京：中華書局，1987。

王闓運，《湘軍志》，與郭振墉《湘軍志平議》及朱德裳《續湘軍志》合為一冊，長沙：岳麓書社，1983。

王時蕙，《咸豐象山粵氛紀實》，收於《太平天國》，羅爾綱、王慶成編，十冊，桂林：廣西師範大學出版社，2004；第五冊，pp. 207-219。

王彝壽，《越難志》，收於《太平天國》，羅爾綱、王慶成編，十冊，桂林：廣西師範大學出版社，2004；第五冊，pp. 139-163。

文祥，《文文忠公事略》，臺北：文海出版社，1968，1882年原版影印本。

皮明勇，《湘軍》，太原：山西人民出版社，1999。

朱洪章，《從戎紀略》，臺北：文海出版社，1968；1890年原版影印本。

杜文瀾，《江南北大營記事本末》，臺北：臺聯國風出版社，1969；1869原版影印本。

———《平定粵匪紀略》，群玉齋，1870。

沈渭濱，《洪仁玕》，上海：上海人民出版社，1982。

沈梓，《避寇日記》，收於《太平天國》，羅爾綱、王慶成編，十冊，桂林：廣西師範大學出版社，2004；第八冊，pp. 1-264。

〈庚申北略〉，收於《第二次鴉片戰爭》，齊思和等合編，六卷，上海：上海人民出版社，1978–1979；第二卷，pp. 28-33。

《庚申避難日記》，收於《太平天國》，羅爾綱、王慶成編，十冊，桂林：廣西

藍 書系
知識共同體 O7

太平天國之秋

Autumn in the Heavenly Kingdom: China, the West, and the Epic Story of the Taiping Civil War

作者	史蒂芬・普拉特（Stephen R. Platt）
譯者	黃中憲
執行長	陳蕙慧
總編輯	張惠菁
責任編輯	莊瑞琳、吳崢鴻、洪仕翰
封面題字	張大春
封面設計	張瑜卿
封面圖片授權	國立故宮博物院
排版	宸遠彩藝
社長	郭重興
發行人兼出版總監	曾大福
出版	衛城出版／遠足文化事業股份有限公司
發行	遠足文化事業股份有限公司
地址	23141 新北市新店區民權路 108-2 號九樓
電話	02-22181417
傳真	02-86671065
客服專線	0800-221029
法律顧問	華洋法律事務所 蘇文生律師
製版	瑞豐電腦製版印刷股份有限公司
初版一刷	2013 年 5 月
初版十二刷	2022 年 11 月
定價	520 元

太平天國之秋 / 史蒂芬 普拉特(Stephen R. Platt)著；黃中憲譯. – 初版. – 新北市：衛城出版：遠足文化發行, 2013. 05
面；公分. –（藍書系；7）
譯自：Autumn in the Heavenly Kingdom：China, the West, and the epic story of the Taiping Civil War

ISBN 978-986-88793-7-9（平裝）

1. 太平天國 2.中美關係 3.中英關係

627.74 102007056

ACRO POLIS 衛城出版
Email acropolis@bookrep.com.tw
Blog www.acropolis.pixnet.net/blog
Facebook www.facebook.com/acropolispublish

填寫本書線上回函

● 親愛的讀者你好，非常感謝你購買衛城出版品。
我們非常需要你的意見，請於回函中告訴我們你對此書的意見，
我們會針對你的意見加強改進。

若不方便郵寄回函，歡迎傳真回函給我們。傳真電話 —— 02-2218-1142

或上網搜尋「衛城出版FACEBOOK」
http://www.facebook.com/acropolispublish

● 讀者資料

你的性別是 □ 男性 □ 女性 □ 其他

你的職業是 ______________ 你的最高學歷是 ______________

年齡 □ 20 歲以下 □ 21-30 歲 □ 31-40 歲 □ 41-50 歲 □ 51-60 歲 □ 61 歲以上

若你願意留下 e-mail，我們將優先寄送 ______________ 衛城出版相關活動訊息與優惠活動

● 購書資料

● 請問你是從哪裡得知本書出版訊息？（可複選）
□ 實體書店 □ 網路書店 □ 報紙 □ 電視 □ 網路 □ 廣播 □ 雜誌 □ 朋友介紹
□ 參加講座活動 □ 其他 ______

● 是在哪裡購買的呢？（單選）
□ 實體連鎖書店 □ 網路書店 □ 獨立書店 □ 傳統書店 □ 團購 □ 其他 ______

● 讓你燃起購買慾的主要原因是？（可複選）
□ 對此類主題感興趣
□ 參加講座後，覺得好像不賴
□ 覺得書籍設計好美，看起來好有質感！
□ 價格優惠吸引我
□ 議題好熱，好像很多人都在看，我也想知道裡面在寫什麼
□ 其實我沒有買書啦！這是送（借）的
□ 其他 ______

● 如果你覺得這本書還不錯，那它的優點是？（可複選）
□ 內容主題具參考價值 □ 文筆流暢 □ 書籍整體設計優美 □ 價格實在 □ 其他 ______

● 如果你覺得這本書讓你好失望，請務必告訴我們它的缺點（可複選）
□ 內容與想像中不符 □ 文筆不流暢 □ 印刷品質差 □ 版面設計影響閱讀 □ 價格偏高 □ 其他 ______

● 大都經由哪些管道得到書籍出版訊息？（可複選）
□ 實體書店 □ 網路書店 □ 報紙 □ 電視 □ 網路 □ 廣播 □ 親友介紹 □ 圖書館 □ 其他 ______

● 習慣購書的地方是？（可複選）
□ 實體連鎖書店 □ 網路書店 □ 獨立書店 □ 傳統書店 □ 學校團購 □ 其他 ______

● 如果你發現書中錯字或是內文有任何需要改進之處，請不吝給我們指教，我們將於再版時更正錯誤

請沿虛線剪下

廣　告　回　信
臺灣北區郵政管理局登記證
第 1 4 4 3 7 號

請直接投郵•郵資由本公司支付

23141
新北市新店區民權路108-2號9樓

衛城出版 收

● 請沿虛線對折裝訂後寄回，謝謝！

ACRO POLIS 衛城出版

藍書系
知識共同體

ACRO
POLIS
衛城
出版

ACRO
POLIS
衛城
出版